SCORPIO

Ulrich Warnke

Quanten-
philosophie
und
Interwelt

Der Zugang zur verborgenen Essenz
des menschlichen Wesens

SCORPIO

Hinweis des Verlags

Der Inhalt des Buches führt zu den elementaren Mechanismen des Lebens. Damit ist eine Veränderung von Lebensfunktionen durchführbar. Besonders der 3. Teil »Die Praxis« beschreibt Techniken und Methoden, die bei unverantwortlicher Anwendung und mangelnder Reife der Psyche zu geistiger Verwirrung und Orientierungsschwierigkeiten führen können. In der Anwendung besteht bei labilen Persönlichkeiten ein Risiko. Es bedarf daher des eigenverantwortlichen und bewussten Umgangs mit der Anwendung, die nicht für jeden Leser geeignet sein mag.

Der Autor und der Verlag übernehmen keinerlei Gewähr oder Zusage hinsichtlich der Richtigkeit, Gültigkeit, Nutzbarkeit und Vollständigkeit des Buchs für den individuellen Gebrauch und haften nicht für Schäden und Folgen eventueller Anwendungen.

MIX
Papier aus verantwor-
tungsvollen Quellen
FSC® C014496

4. Auflage 2016

2013 © Scorpio Verlag GmbH & Co. KG München
Umschlaggestaltung und Motiv: Hauptmann & Kompanie,
Werbeagentur, Zürich
Satz: BuchHaus Robert Gigler, München
Druck und Bindung: GGP Media GmbH, Pößneck
ISBN 978-3-943416-04-6

www.scorpio-verlag.de

Inhalt

Einleitung:
Die spirituelle Dimension der Quantenphysik

»Menschen, die nicht wissen, dass es ein höchstes Ziel im Leben gibt, halten alles andere als das höchste Ziel für wertvoll. So irren sie wie Blinde umher, die von anderen Blinden geführt werden, und verstricken sich immer mehr ins Netz der Ziellosigkeit.«

SRIMAD-BHAGAVATAM 7.5.31

Seit etwa 9 000 Jahren beschäftigen sich die Menschen mit einem Phänomen, das sie »Anderwelt« oder »Parallelwelt« nannten. Unsere Vorfahren waren überzeugt, dass die sichtbare Welt nur eine trügerische Oberfläche sei, hinter der sich ein magischer Kosmos auftue. In den archetypischen Erzählungen wimmelt es geradezu von Wesen, die allein mit ihrem Willen und Wollen schier Unglaubliches vollbringen. Sie zeigen sich in vielerlei Gestalt: als Geister und Götter, Engel und Teufel, Hexen und Elfen, Riesen und Zwerge. Mit ihren geheimnisvollen Kräften erheben sie sich über die materiellen Naturgesetze von Raum und Zeit. Sie können zaubern und fliegen, Formen verwandeln, Tote zum Leben erwecken.

Nicht alles ist bloße Fantasterei. In den Mythen und Märchen träumten die Menschen bereits von Fähigkeiten, die sich aus heutiger Sicht als intuitiver – und höchst kreativer – Umgang mit der Welt beschreiben lassen. Wir haben das Wissen über den Einfluss geistiger Energien nur aus den Augen verloren, weil wir einem mechanistischen Weltbild anhängen. Jetzt können wir die alten Mythen in einem neuen Licht betrachten. Dank der modernen Physik ist es gelungen, das Rätselhafte, ja Fantastische der Anderwelt zu durchdringen und plausibel zu erklären: als ein energetisch-informatives Instanzengeschehen, das ich Interwelt nenne.

In unserem Universum wirken verborgene Einflüsse, unsichtbar fürs Auge, unsichtbar auch für die herkömmlichen Naturwissenschaften. Wir leben in der Schöpfungswirklichkeit eines hochintelligenten, universalen Geistes, in einem Hologramm energetisch transformierter Informationen. In meinem Buch »Quantenphilosophie und Spiritualität« habe ich bereits beschrieben, welche Offenbarungen mit der Verschmelzung von moderner Physik und spirituellem Denken möglich sind. Jetzt gehe ich einen Schritt weiter. Ich habe mich auf eine Expedition in die Sphäre der Interwelt begeben. Hier ereignen sich all jene Informationsprozesse, die das Leben des Menschen beeinflussen und sein Wesen ausmachen. Es gehörte zu den aufregendsten Momenten meiner Recherchensammlung, als ich begriff, dass ausschließlich die Interwelt unseren Weg und unser Schicksal bestimmt. Sie ist die Bühne, auf der sich unser geistiges und seelisches Leben abspielt. Auf dieser Bühne spielen wir die Hauptrolle und greifen machtvoll in unser Schicksal ein. Damit geben wir unserer Existenz eine ganz neue Dimension.

Von jeher fragten die Menschen nach dem Sinn ihrer Existenz: Woher kommen wir? Was ist unsere Bestimmung? Wie können wir ein glückliches, erfülltes Leben fuhren? Dafür reichte die Annahme einer magischen Parallelwelt nicht aus. Die Antwort aller Völker und Kulturen waren daher spirituelle Lehren, von Schamanismus und Naturreligion bis hin zu Buddhismus oder Christentum. Intuitiv spürten die Menschen, dass es höhere Kräfte gibt, jenseits des Sichtbaren, die sie sich zunutze machen konnten. In Kulten und Ritualen beschworen sie Gottheiten und Naturgewalten. Über Generationen hinweg gaben sie dieses heilige Wissen weiter und hüteten es wie einen Schatz.

Damit ist es vorbei. Heute ignoriert der überwiegende Teil der Naturwissenschaften die Existenz einer transzendenten Ebene.

Und da in unserer westlichen Gesellschaft allein die Naturwissenschaften darüber bestimmen, was wir denken und glauben, werden Religion, Spiritualität sowie das gesamte transzendente Wissen als bloße Spekulation abgetan. Was tatsächlich um uns herum geschieht, welche geheimen Energien und Informationen wir uns nutzbar machen können, all das wird systematisch ausgeblendet. Nur was wissenschaftlich beweisbar ist, halten wir auch für wahr – ein verhängnisvoller Irrtum.

Unsere Welt ist wesentlich komplexer, als vergleichsweise simple Theorien es wahrhaben wollen. Schon Shakespeare ahnte: »Es gibt mehr Dinge zwischen Himmel und Erde, als Eure Schulweisheit sich erträumen läßt.«[1] Leider bestimmt das mechanistische Weltbild noch immer die verbreiteten Lehrmeinungen mit unerträglicher Ignoranz. Dabei erfasst das Standardwissen der wissenschaftlichen Lehre gerade einmal vier Prozent der brisanten energetischen Prozesse, die unser Leben ausmachen, einen verschwindend geringen Bruchteil also.

Durch meine langjährige universitäre Lehrtätigkeit weiß ich nur zu gut, mit welchen Vereinfachungen gearbeitet wird. Als Wissenschaftler durfte auch ich lediglich weitergeben, was dem Mainstream entspricht. In meinen Spezialgebieten Biophysik, Biomedizin und Bionik werden Themen wie das menschliche Bewusstsein allein auf der materiellen Ebene untersucht. Man misst Hirnströme, analysiert hirnchemische Vorgänge und reduziert die Essenz des Menschen auf rein zerebrale Funktionen. Aber ist das wirklich alles? Sind Träume lediglich die Folge vagabundierender Hirnströme? Ist Glaube nur eine Aktivität bestimmter Hirnareale? Bedeutet Liebe nichts weiter als ein hirnchemisches Feuerwerk, das uns Illusionen vorgaukelt? Oder sind wir als denkende und fühlende Wesen nicht weit mehr als das Produkt biologischer Vorgänge?

Im Laufe meiner interdisziplinären Forschung, an der Schnittstelle zwischen Biologie, Physik, Medizin und Psychologie, wurde mir schnell klar: Was uns Menschen im Kern ausmacht, sind Geist und Bewusstsein, Gedanke, Wille und Gefühl. Das unterscheidet uns von vielen anderen Lebewesen, das unterscheidet uns auch von den Algorithmen eines Computers. Wir sind weder Sklaven unserer Instinkte noch reine Verstandeswesen. Sobald wir das erkennen, lösen wir uns von den Fesseln rein materieller Betrachtungsweisen und nähern uns unserer wahren Bestimmung: auf die Stufe der bewussten höheren Wahrnehmung zu gelangen. Deshalb ist es an der Zeit, Wissenschaft und Spiritualität auf neuartige Weise zu verknüpfen. Die Erkenntnisse, die uns erwarten, sind spektakulär. Alles, was bisher fehlte, war der Mut, sich in dieses unentdeckte Gebiet vorzuwagen, ohne Tabus, ohne Denkverbote.

Spiritualität, abgeleitet aus dem lateinischen »spiritus« – Geist, Hauch –, ist die Fähigkeit, das volle Potenzial von Geist und Seele zu nutzen. Dann verlassen wir das Stadium vorbewusster Körperlichkeit und leben die Verbindung zum Transzendenten. Sukzessive bilden wir eine höhere Form von Intelligenz aus und erhalten Zugang zu allen Informationen, die wir für ein selbstbestimmtes Leben brauchen. Möglich ist das auch dem modernen Menschen, denn niemand wird ohne spirituelle Begabung geboren. Ganz im Gegenteil: Jeder Mensch hat die Anlagen dazu. Die Frage ist nur, ob diese einzigartige Fähigkeit gefördert wird oder ob man sie verkümmern lässt.

Sobald wir uns bewusst mit Spiritualität auseinandersetzen, schauen wir hinter die Kulissen des erdenschweren Daseins, hinterfragen und erforschen, was uns umgibt. Mit vorgegebenen Lehrmeinungen geben wir uns dann nicht mehr zufrieden. Begeben wir uns auf den Weg der Spiritualität, so entdecken wir, welche unermesslichen schöpferischen Potenziale wir in uns tragen. Sie stehen im Einklang mit dem schöpferischen Universalgesetz, aus dem sich alles entfaltet. Staunend stellen wir fest: Unser Leben liegt in unserer Hand. Wir selbst können darüber bestimmen, ob wir glücklich oder unglücklich sind, subjektiv erfolgreich oder erfolglos, ob wir Liebe finden oder in emotionaler Isolation gefangen bleiben.

Deshalb habe ich dieses Buch geschrieben. Es ist ein Leitfaden für eine völlig neue Lebensauffassung, durch die wir von bloßen

Zuschauern zu wirkmächtigen Akteuren des Universums werden. Das Wissen um die verborgenen Kräfte der Interwelt erlöst uns von Ängsten und Zweifeln, sogar von der Angst vor dem Tod. Wir müssen uns nicht länger im »niederen Staub winden«, sondern können uns frei bewegen, als Herren und Meister unseres Schicksals. Wissen ist Macht, dieser uralte Satz gewinnt eine ganz neue Bedeutung. Nun liegt es an uns, ob wir lediglich Spielbälle unverstandener Kräfte bleiben oder ob wir neueste Erkenntnisse über erschaffende Energien zum Gesetz unseres Handelns machen.

Alle spirituellen Lehren haben sich mit dem Einfluss des Bewusstseins auf die Qualität des Lebens auseinandergesetzt. Die faszinierende Begegnung von Wissenschaft und Spiritualität führte zu einem neuen Denken, der Quantenphilosophie. Weitgehend unbemerkt von der Öffentlichkeit, existiert der Begriff bereits seit fast einem Jahrzehnt. Für mich ist sie die Königsdisziplin der innovativen Geisteswissenschaften, die sich gerade über die Quantenphilosophie mit den Naturwissenschaften verbindet. Zugleich ist es der Schlüssel für die Erforschung unserer erschaffenden Potenziale. Diese statten uns mit jenen nahezu magischen Kräften aus, die wir bisher allein mythischen Wesen zusprachen. Bildlich gesprochen, tragen wir Zauberstäbe und Zaubertränke in uns, als Fähigkeit, schier Unglaubliches zur greifbaren Realität werden zu lassen.

Es mag verblüffen, dass ausgerechnet die Physik als exakte Wissenschaft zur Schnittstelle philosophischer und spiritueller Reflexion wurde. Wie war das möglich? Die Pioniere der Quantentheorie standen zunächst vor einem Rätsel. Denn im Bereich der Quanten, innerhalb des energetischen Geschehens der Atome, ereignen sich Dinge, die den traditionellen Naturgesetzen nicht mehr folgen. Zunächst erzeugte das starke Irritationen. Natürlich war man gewohnt, experimentell gewisse Gesetzmäßigkeiten herauszufinden. Doch je genauer die Experimente wurden, desto weniger war deren Ausgang berechenbar. Man vermutete Messfehler oder andere Fehlerquellen. Erst allmählich setzte sich die Erkenntnis durch: Alles, was sich auf der subatomaren Ebene ereignet, geschieht durch den Einfluss von Bewusstsein und Gedanken. Die Quintessenz lautete: Der Beobachter formt das Beobachtete. Sobald nämlich ein bewusstes Wesen in quantenphysikalische Prozesse eingreift, verändern sich die Resultate.

Dieser Paradigmenwechsel sorgte für einiges Aufsehen. Quantenphilosophen wie Carl Friedrich von Weizsäcker stellten fest: Echtes Wissen ist immer subjektives Wissen – das Wissen des Beobachters. Daher sei die Vorstellung einer objektiven Wirklichkeit eine Täuschung. Mit anderen Worten: Es gibt keine gesicherte Realität, sondern nur das, was das handelnde Subjekt erschafft. Nun stellte sich die Frage, ob sich diese Erkenntnis von der Quantenphysik auf die Lebenswelt des Menschen übertragen lässt. Oder, wie es von Weizsäcker formuliert, »in welchem Umfang die Subjektivität, also unsere Seele und unser Bewusstsein, Gegenstand eines Wissens von der Art der Quantentheorie sein könnte«.[2]

Letztlich kam die Quantentheorie auf eine Fragestellung zurück, die rein gedanklich bereits erörtert worden war: Ist Natur bloße Materie? Oder wirkt in ihr nicht vielmehr ein geistiges Prinzip? Und falls es so ist, wie können wir die geistige Dimension der Natur, des Menschen, des gesamten Kosmos ergründen? In der Philosophie war das Thema schon lange diskutiert worden. So hatte Friedrich Wilhelm Joseph Schelling Anfang des 19. Jahrhunderts verkündet: »Die Natur ist der Geist, der sich (noch) nicht als Geist kennt.«

Mit dem Zeitalter der Naturwissenschaft waren seit dem 18. Jahrhundert exaktes Wissen und Philosophie getrennt worden. Für Schelling und seine Zeitgenossen blieb das Geistige der Natur deshalb eine bloße Behauptung. Sie konnten nicht ahnen, dass ein Jahrhundert später wissenschaftliche Beweise für ihre Thesen gefunden werden sollten. Erst mit der Quantentheorie ergaben sich Berührungspunkte, mit weitreichenden Folgen. Die Entdeckung des menschlichen Geistes als Schöpfer materieller Realitäten war eine Sensation. Doch damit nicht genug. Dieses Wirkmuster lässt sich auch im Makrokosmos, in unserer Wirklichkeit beobachten. Unser gesamtes Universum beruht auf bewusst handelnden Entitäten, die das große Ganze immer wieder aufs Neue formen und verändern – so, wie ein Quantenphysiker durch die Macht seiner Gedanken das subatomare Geschehen beeinflusst.

Wir sollten nicht an der Tür stehen bleiben, die uns die Quantentheorie geöffnet hat. Wir sollten hindurchschreiten und in Augenschein nehmen, was sich dahinter verbirgt: jene Sphäre, die ich Interwelt nenne. Sie ist bisher Terra incognita, unbekanntes Gebiet. Und doch gehören die Vorgänge der Interwelt zu den spannendsten Phänomenen, mit denen wir uns heute auseinandersetzen können. Wenn in unserer Ära des wissenschaftlichen Fortschritts noch weiße Flecken auf der Landkarte des Wissens existieren, dann betreffen sie die Interwelt.

Im Grunde steht der Begriff Interwelt für geistige Phänomene, die immer schon spirituelle Meister und Philosophen in ihren Bann schlugen. Seit den bahnbrechenden Erkenntnissen der Quantenphilosophie werden daher auch die alten spirituellen Lehren ungeahnt aktuell. Plötzlich verstehen wir, dass die Interwelt ein Bereich ist, in dem wir allein kraft unseres Geistes die Wirklichkeit verändern können, ganz nach unserem Belieben. Nichts in unserer Welt ist wie in Stein gemeißelt und ewig. Alles ist wandelbar. Und alles kann vom Einzelnen in bestimmten Grenzen verändert werden, je nachdem, ob wir uns als handelnde Subjekte oder passive Opfer definieren. Deshalb ist es an der Zeit, ein neues Weltbild zugänglich zu machen, und damit neue Spielräume.

Mir ist bewusst, dass die wissenschaftlichen Grundlagen zum Verständnis meiner Überlegungen für Laien zunächst etwas kompliziert klingen mögen. Doch ich wurde angehalten, die Zusammenhänge und die Ausdrucksweise so einfach wie möglich darzustellen, um die Aussagen einer möglichst breit gefächerten Leserschaft zugänglich zu machen. Dafür zeige ich gerne Verständnis. Meine freundliche Lektorin schließlich tat ihr Bestes in diese Richtung. Dadurch ist mein Stil, den meine Lesergemeinde aus meinen früheren Büchern kennt, ungewohnt verfremdet. Schlimmer noch, durch das Weglassen erklärender physikalischer Grundlagen entsteht eine Lücke, die den Vorwurf von unzulässigen Spekulationen nähren könnte. Allerdings gewinnt das Buch an Lesbarkeit und besserem Überblick.

Daher möchte ich betonen: Alles, was in diesem Buch beschrieben wird, ist als plausibles Modell mit eingestreuten Fakten zu verstehen; im Sinne von »so könnte es funktionieren«. Dies entbindet mich von der ohnehin nicht möglichen Beweisführung. Meine Modelle beruhen durchaus auf harten Fakten und gehören zum festen Bestandteil der modernen Physik. Dies mag eine wichtige Rolle spielen, wenn ich feststelle: Die eigene persönliche Erfahrung mit diesem Modell ist die beste Beweisführung.

Lassen Sie mich in einem kleinen Exkurs etwas genauer darlegen, wie ich selbst zum Entdecker der Interwelt wurde.

Ausgangspunkt meiner Expedition war die Quantenphilosophie, die zu den aufregendsten wissenschaftlichen Revolutionen der letzten 100 Jahre gehört. Carl Friedrich von Weizsäcker war nicht der Erste, der feststellte, es gebe keine objektive Wirklichkeit. Das war erstmals durch Experimente der Quantenphysiker deutlich geworden. Werner Heisenberg resümierte: »Wenn wir aus den atomaren Erscheinungen auf Gesetzmäßigkeiten schließen wollen, so stellt sich heraus, dass wir nicht mehr objektive Vorgänge in Raum und Zeit gesetzmäßig verknüpfen können, sondern Beobachtungssituationen. Nur für diese erhalten wir empirische Gesetzmäßigkeiten« (Heisenberg 1973).

Mit einem Mal existierten keine allgemeingültigen Vorhersagen über ein Geschehen mehr. Stattdessen ereignete sich genau das, was der Beobachter durch die Art seines Experiments hervorrief.

Das kam einem wissenschaftlichen Umsturz gleich, denn es bedeutete das Ende des mechanistischen Weltbilds. Sir Isaac Newton war noch davon ausgegangen, dass physikalische Abläufe immer exakt gleich bleiben. Wasser beginnt zu kochen, wenn es auf hundert Grad Celsius erhitzt wird. Ein Stein mit einem Gewicht von einem Kilo fällt aus einem Abstand von zwei Metern immer mit derselben Geschwindigkeit zu Boden. Solche Abläufe sind berechenbar. Anders in der Quantenphysik. Dort kam es zu ganz unterschiedlichen Ergebnissen bei gleichen äußeren Bedingungen. Auschlaggebend war allein die Art und Weise, wie sie beobachtet wurden.

Was Heisenberg herausfand, wirkte wie ein Paukenschlag: Der subjektive Beobachter verändert die scheinbar objektive Wirklichkeit. Oder, noch radikaler: Es gibt überhaupt keine objektive Wirklichkeit. Alles ist im Fluss. Entscheidend ist immer, welches Bewusstsein auf das Geschehen einwirkt – der Geist formt die Materie. Selbstverständlich war diese Erkenntnis ein Schock für die Mainstream-Wissenschaft. Ein neues Weltbild brach sich Bahn und wirbelte alte Gewissheiten durcheinander, für Hardliner eine Provokation.

Plötzlich reichten auch die alten wissenschaftlichen Begriffe nicht mehr aus. Man kann nur noch eine gewisse Wahrscheinlichkeit vorhersagen, je nachdem, in welche Richtung ein Experiment geht.

Carl Friedrich von Weizsäcker schreibt im Nachwort des Sammelbandes des Spektrumverlages mit dem Titel »Quantenphilosophie« einen bemerkenswerten Absatz mit der Überschrift »Zur Philosophie der Quantentheorie«. Er bezieht sich auf den Einbruch der Subjektivität in die objektive Realität. Als Beleg führt er an: »Schrödinger bezeichnet in seinem Aufsatz die Wellenfunktion als ›Wissen‹ und diskutiert die ›Reduktion der Wellenfunktion durch Beobachtung‹ als Änderung des Wissens.« Von Weizsäcker fragt sich nun, ob die Quantentheorie die Trennung von Ereignissen in der »ausgedehnten Substanz«, also bei Teilchen oder Feldern, und von Ereignissen in der »denkenden Substanz«, also bei Bewusstseinsvorgängen, endlich überwinden kann.[3]

Die Experimente der Quantenphysiker bewiesen: Schon allein die Fragestellung eines Experiments beeinflusst das Geschehen. Je nach Versuchsanordnung ist dasselbe Konstrukt einmal eine mathematisch beschreibbare Wahrscheinlichkeitswelle, dann wieder ein Teilchenzusammenbau oder aber ein rein physikalisches Wellenmuster. Der Physiker John Archibald Wheeler, Pionier der Quantenphilosophie, sagte deshalb: »Die wichtigste Lehre der

Quantenmechanik ist, dass physikalische Phänomene durch die Frage, die wir nach ihnen stellen, definiert sind.«[4] Die Frage entscheidet also über die Antwort. Fragen wir nach Teilchen, sehen wir eine Teilchenkonstruktion. Fragen wir nach einer Welle, sehen wir eine Welle. Fragen wir nach Wissen, erleben wir informationsträchtige Entitäten, die Erfahrungen sammeln.

Die Konsequenzen betrafen zunächst die engere Zone der modernen Physik. Sie musste sich neu aufstellen, um den überraschenden Erkenntnissen gerecht zu werden. Werner Heisenberg schrieb: »Auch in der Naturwissenschaft ist also der Gegenstand der Forschung nicht mehr die Natur an sich, sondern die der menschlichen Fragestellung ausgesetzte Natur.«

Diese erstaunliche Vieldeutigkeit brachte die Quantenphilosophen auf eine weitere Idee. Sie überlegten nämlich: Kann man überhaupt noch zwischen Geist und Materie unterscheiden? Gehören subatomare Teilchen und bestimmte Felder auf die eine Seite der Wirklichkeit und Bewusstseinsvorgänge auf die andere Seite? So behauptete es die traditionelle Naturwissenschaft. Seit der Quantenmechanik ließ sich die Trennung nicht mehr aufrechterhalten. Nun war offenbar: Auch auf der materiellen Ebene wirken geistige Einflüsse. Der Physiker Niels Bohr, der 1975 den Physiknobelpreis erhielt, ergänzte: »In der Physik geht es nicht darum, wie die Welt ist, sondern darum, was wir über die Welt sagen können.« Im Mittelpunkt steht immer wieder die Information, worauf auch der Physiker Zurek verweist, wenn er die Realitätsbildung in der Quantenphysik beschreibt: »Das System wird dekohärent, weil Information nach außen sickert« (Yam 2003).

Aus Naturwissenschaftlern wurden Philosophen, ein einzigartiger Vorgang.

Lange schien es, als ob der Mensch als Krone der Schöpfung durch die Naturwissenschaften entthront werde. Er konnte scheinbar nur zusehen und analysieren, was ihn umgab. Naturgesetze galten als unverrückbar, unabhängig vom Menschen. Damit war es nun vorbei. Der Philosoph Alfred North Whitehead fasste diesen Perspektivwechsel in dem Satz zusammen: »Das gegenwärtige

Weltbild beruht auf dem Prinzip der Objektivierung, aber: Die fundamentalen ›Atome der Realität‹ sind in Wirklichkeit nur ›Pulse der Erfahrung‹.«[5] In all diesen Aussagen steht der bewusste Mensch mit seinen geistigen Energien im Mittelpunkt. Überall wirken Geist und Bewusstsein, blinde, gleichsam selbsttätige Abläufe existieren nicht.

Die meisten Menschen gehen allerdings davon aus, dass die Alltagswelt unabhängig von uns existiert – bei näherem Hinsehen eine sehr oberflächliche Betrachtungsart. So wie bei jedem Experiment Beobachtung, Messung und Interpretation der Ergebnisse die entscheidende Rolle spielen, ist auch unsere Realität kein simples Faktum. Der handelnde Mensch erschafft die Wirklichkeit – das Subjekt steht im Zentrum. So stieg die Quantenphilosophie zu einer neuen Theorie der Welt auf. Was uns heute interessiert, sind die Folgen für unser persönliches Leben: Wie lassen sich das Wissen und die Erfahrungen der Quantentheorie konkret auf die menschliche Existenz übertragen?

Die Doppeldeutigkeit des Wirklichen, von Niels Bohr als eine Alternative von Teilchen oder Welle beobachtet, ist die Brücke zwischen Mikrowelt und Makrowelt. Denn auch unsere vermeintlich objektive Alltagswelt folgt dem Gesetz von Frage und Antwort. Bildlich gesprochen: Fragen wir nach Freundlichkeit, verändern wir mit freundlichem Blick unser Umfeld und empfangen Freundlichkeit. Fragen wir nach Hass, aggressiv aufgeladen und feindselig, begegnet uns eine hasserfüllte Wirklichkeit. Dieses Beispiel ist stark vereinfachend, beleuchtet aber in groben Zügen schon die spannende Beziehung zwischen Geist, Bewusstsein und Wirklichkeit. Vollends deutlich werden die Bezüge, wenn wir sie vor dem Hintergrund der Interwelt betrachten. Dann nähern wir uns der verborgenen Essenz des menschlichen Seins und seines Wesens.

Bereits die chinesische Dao-Lehre setzte sich mit der Interwelt auseinander. Jahrhunderte vor unserer abendländischen Kultur formulierte die Dao-Lehre prophetisch genau, was wir uns heute mühsam wieder aneignen müssen. Der Weise Laozi (604–531

v. Chr.) schilderte die Interwelt erstmals in seinem Werk »Daodeijing«.[6] Er unterscheidet drei Ebenen. Die erste ist das Diesseits, You genannt. Die letzte Ebene wird als Wu bezeichnet, das Nichts oder die Leere. Verbunden werden You und Wu durch das energetische Prinzip Wuyou. You ist demnach das Faktische, Wu entspricht dem, was sein könnte, dem »Meer aller Möglichkeiten«. Dazwischen existiert eine Mischwelt – Wuyou, die Interwelt. Sie vermittelt zwischen den beiden Gegenpolen Diesseits und Leere. Die Interwelt nennt Laozi das »immer und ewig gebärende Wuyou«. Aus dem Wu wirke eine Kraft heraus, die alles Neue hervorbringe – das dann im You sichtbar werde. In der Dao-Lehre wird die erschaffende Kraft als Wuwei bezeichnet, wörtlich übersetzt das »Wirken aus Wu heraus«. Laozi war überzeugt: Auch wir Menschen können uns schöpferische Energien zu eigen machen. Letztlich müssten wir nur an etwas erinnert werden, das bereits in uns vorliege, durch die Verstrickung in weltliche Aktivitäten jedoch verdeckt sei. Erst durch meditative Versenkung kämen wir in Kontakt mit Qi, dem energetischen Hauch, der die inneren Kräfte erweckt. Durch spezielle Bewusstseinsübungen könnten wir auf einem sich selbst bahnenden Pfad von You zu Wu gelangen. Eine helle, glückliche Zukunft scheine am Horizont auf, denn Wuyou steht für alles Großartige und Schöne, das uns zugänglich wird: zunehmende Erkenntnis, Heilung, Tugend, Einsichten in den eigenen Ursprung.

Auch innerhalb der Mahayana-Buddhologie gibt es diese drei Ebenen mit identischen Charakterisierungen. Erst einmal ist der Ursprung laut östlicher Tradition eine vollkommen gestaltlose Einheit, kann aus sich heraustreten und differenziert sich. In der Yogachara-Schule wird die Existenz in drei Körpern (kaya) gelehrt: erstens der Körper der Transzendenz Dharma-kaya, eine grenzenlos schöpferische, ungeformte Totalität, aus der alle Dinge entstehen. Zweitens der Körper der Herrlichkeit Sambhoga-kaya, worin unmittelbar andauernd Energie aus dem Grund der Leere aufblitzt. Und schließlich drittens der erschaffene Körper Nirmana-kaya, wo immer wieder Energie zu Form und Manifestation verdichtet wird, womit natürlich die Materie gemeint ist. Im Körper der Transzendenz wird direkte Offenbarung des Wissens von höheren Ebenen zuteil, wie es heißt.

Ähnlich wie diese indisch-asiatische Philosophie versuchte auch die Philosophie der Griechen zu Zeiten Platons und des Sokrates, der Interwelt auf die Spur zu kommen. Auch hier steht das Wiedererinnern an Verborgenes (anamnesis) im Mittelpunkt. Hochinteressant ist dabei der Hinweis auf die Umsetzung der Philosophie. Sie ist laut Platon »die Praxis des Sterbens« (meléte thanátou). Das wirkt im ersten Moment verwirrend, ja, bedrohlich: Müssen wir etwa sterben, um Weisheit zu erlangen? Offenbart sich die große Erkenntnis erst an der Schwelle des Todes? Auch, ja.

Glücklicherweise ist der Tod aber nicht die einzige Chance, das wahre Wesen der Welt zu erkennen. Wiedererlernen und Erinnern an Verborgenes können laut Platon auch durch Träume möglich werden. Zwischen Wachen und Schlafen, in den Geheimnissen von Tagträumen und Visionen, ist uns tatsächlich ein Blick in die magische Zwischenwelt, in das »Meer aller Möglichkeiten« gewährt. In solchen Momenten wird uns die Existenz eines höheren geistigen und seelischen Wirkens bewusst. Platon geht noch einen Schritt weiter: Durch Praxis und Übung könnten wir schließlich lernen, die Interwelt zu jedem gewünschten Zeitpunkt aufzusuchen. Mittels Willen und Gedanken könnten wir sie sogar in einer Weise manipulieren, dass sie unser Leben in einen nahezu paradiesischen Zustand überführe.

Sowohl das Dao als auch der Buddhismus und die Philosophie Platons basieren wie die Quantenphilosophie auf der Gewissheit: Wir sind mehr als bloße Materie. Vielmehr befinden wir uns in einem größeren energetischen Zusammenhang, der wesentlich durch Informationsflüsse bestimmt ist. Und sobald wir Zugang zu den Informationen der Interwelt erhalten, werden wir zu Schöpfern unserer Realität. Natürlich müssen wir dafür nicht mehr an Zauberer oder Hexen glauben. Näher kommen wir den Wirkmechanismen der Interwelt, wenn wir beispielsweise rätselhafte psychische Phänomene betrachten. Dazu gehören wissenschaftlich dokumentierte Nahtoderfahrungen, Hypnoseeffekte, Telepathie und Präkognition, Savants. Rational erklären kann man diese Phänomene nicht. Auf wundersame Weise widersetzen sie sich der Logik von Kausalität, Zeit und Raum.

Wie ist es möglich, dass ein Mensch einem anderen unter Hypnose Aufgaben gibt, die tatsächlich ausgeführt werden? Auf welchen geheimen Wegen kommunizieren Menschen telepathisch über Meere und Kontinente hinweg? Wie kann es sein, dass Ereignisse unabhängig von Entfernungen gesehen werden? Und warum berichten klinisch tote Patienten nach der Reanimation, sie hätten über dem eigenen Körper geschwebt und – ohne Augen, ohne Ohren – alles wahrgenommen, was sich im Krankenzimmer abspielte?

Solche Erscheinungen zwingen uns geradezu, das bisherige Weltbild infrage zu stellen. Stets scheinen Informationen ohne die üblichen Übertragungswege zu fließen – von Geist zu Geist, von Seele zu Seele. Ob Mythen oder rätselhafte Erfahrungen, verstehen können wir all das erst, wenn wir sie als Manifestation der Interwelt begreifen. Dann erkennen wir, über welche Fähigkeiten und Kräfte wir verfügen. Wir schalten die herkömmliche Wahrnehmung der Wirklichkeit aus und fokussieren uns auf die erschaffenden Energien und Informationen unseres Geistes und unserer Seele.

Es ist, als ob sich ein Kreis schließt. Was wir früher nur glauben konnten, können wir heute erfahren und wissen. Deshalb zieht dieses Buch die Konsequenzen aus dem gesamten spirituellen Wissen der Menschheit unter dem Aspekt der aufregenden quantenphilosophischen Erkenntnisse.

Sie werden Bekanntschaft mit wissenschaftlich dokumentierten Phänomenen machen, die bislang als übersinnliche Erfahrungen galten, aber ganz im Einklang mit der quantenphilosophischen Interpretation der Welt stehen. Und Sie werden erfahren, wie sich der Paradigmenwechsel der Quantenphilosophie konkret auf Ihr Leben auswirken kann. Ihnen stehen nahezu wunderbare

Möglichkeiten zur Verfügung, wenn Sie das wahre Wesen der Wirklichkeit durchschauen und erkennen, dass Ihr Geist alles vermag. Ja, auch Sie als Leser dieses Buches werden ermächtigt, Ihr Leben neu zu gestalten, durch erschaffende Energien und Informationen, mit denen Sie sich verbünden. Willkommen in der Interwelt.

1. Teil
Die Welt als Illusion und Wunderkammer

»Alles, was nahen und entfernten Bezug auf
die geistigen Vorgänge und auf Kräfte im
Allgemeinen hat, muss genauso studiert werden
wie jede andere Wissenschaft auch. Es gibt da
keinerlei Wunder, nichts Übernatürliches, nichts,
was Aberglauben erzeugen oder nähren kann.«

CLAUDE BERNARD, COLLÈGE DE FRANCE, 1929

Kapitel 1:
Nichts ist, wie es scheint

Die Realität, eine perfekte Illusion

Nichts ist, wie es scheint? Ist das nicht eine reichlich überzogene Behauptung? Schauen Sie aus dem Fenster – vielleicht sehen Sie einen Baum, dessen Blätter und Zweige sich leicht im Wind bewegen. Vermutlich haben Sie sich nie gefragt, ob es sich wirklich um einen Baum handelt. Und dennoch sehen Sie lediglich etwas, was Ihrer Erfahrung nach ein Baum sein könnte. Theoretisch könnte es auch eine Fata Morgana sein oder die Projektion eines Films über Bäume. Nachprüfen können Sie das nicht, solange Sie in dem Sessel sitzen bleiben, in dem Sie gerade dieses Buch lesen.

Wir glauben, die Erscheinungen in Raum und Zeit seien wirklich. Es gibt aber immer nur vorgestellte Dinge. Die Wirklichkeit ist letztlich nur der Gedanke, den wir gerade denken, erzeugt durch ein Bild, das ein visueller Reiz auf der Netzhaut in unserem Bewusstsein erzeugt. Worauf ich hinauswill: Streng genommen existiert nicht der Baum, sondern lediglich Ihre Vorstellung des Baums aufgrund eines Reizes. Wäre es draußen dunkel, würden Sie den Baum gar nicht sehen. Sie können ihn nur wahrnehmen, solange er von der Sonne oder einer anderen Lichtquelle beleuchtet wird.

Diese Unterscheidung könnte man spitzfindig nennen, wenn sie uns nicht auf etwas sehr Wichtiges aufmerksam machen würde: Alles, was unseren Alltag bestimmt, was so geheimnislos und dinghaft erscheint, offenbart bei näherem Hinsehen eine Wirklichkeit mit doppeltem Boden. Bleiben wir noch einen Moment beim Baum und bei der Tatsache, dass Sie ihn sehen. Woraus besteht das Licht, das ihn beleuchtet? Sonnenlicht ist eine elektromagnetische Energie mit verschiedenen Frequenzen. Diese Energie wird in Einzelquanten – beim Sonnenlicht sind es Photonen – von den Materieelektronen des Baums absorbiert.

Dabei geschieht Folgendes: Die Elektronen in den Atomen von Stamm, Ästen und Blättern werden durch die Sonneneinstrahlung in ihrem Energieniveau angehoben. Einen gewissen Teil der zugeführten Energie benötigen die materiellen Bestandteile des Baums für die Versorgung ihrer pflanzlichen Zellen. Ein weiterer Teil der angeregten Elektronenenergie ist nicht verwertbar, und so fallen die kurzzeitig angeregten Elektronen wieder auf ihren Grundzustand zurück. Dabei senden sie die überschüssige Energie als Lichtstrahlung nach außen – und der Baum strahlt elektromagnetische Energie aus.

Möglicherweise sehen Sie den Baum jetzt mit ganz anderen Augen. Denn er ist letztlich ein Empfänger und Sender unzähliger überlagerter elektromagnetischer Schwingungen. In gleicher Weise werden Schwingungen von jedem einzelnen Grashalm, von jeder Blume, von der Erde, den Steinen und von den Molekülen der Luft aufgenommen und abgesendet. Wir sprechen zwar von Materie, in Wahrheit aber besteht jeder Gegenstand aus Schwingungen, die sich mit Lichtgeschwindigkeit in alle Richtungen ausbreiten. Einige dieser Schwingungen treffen durchs Fensterglas auf Ihre Netzhaut und gehen in energetische Resonanz mit Ihrem Augenhintergrund, mit den Stäbchen und Zäpfchen der Retina. Von dort werden sie als Schwingungsmuster zu Ihrem Gehirn weitergeleitet.

Fassen wir zusammen: Der Baum ist kein Baum im materiellen Sinne, vielmehr ist er ein Empfänger und Sender vielfältiger elektromagnetischer Schwingungen. Da diese Schwingungen von Rezeptoren im Baum aufgenommen werden können, verwandeln sich Schwingungen in Quanten, die wir Photonen nennen. Somit ist unser Baum ein Photonensender – und Ihre Augen sind Photonenempfänger.

Photonen übertragen Energie und Information. Nachdem die Quantenenergie und die Quanteninformation der Photonen zu den Stäbchen und Zäpfchen Ihrer Augen übertragen wurden, lösen sie physikalisch-chemische Reaktionen aus, die wiederum die elektrische Spannung Ihrer Nervenzellenmembranen verändern. Diese Veränderungen werden als elektrische Impulse durch Ihr Gehirn geleitet und gelangen nacheinander in verschiedene Areale. Ihr Gehirn konstruiert daraufhin ein Muster, indem es unzählige elektrische Frequenzen, Impulse und Wellen verrechnet und interpretiert – von einem Bild eines Baums ist allerdings weit und breit noch nichts zu sehen.

Wie kann nun Ihr Gehirn aus einem elektrischen Frequenzgewirr plötzlich etwas so Konkretes wie ein Bild zaubern? Dies ist ein fantastischer, rein geistiger Prozess. Denn ganz allein der Geist erzeugt aus physikalischen Energien Form und Gestalt von Gegenständen – ein wahrhaftiger Schöpfungsakt. Schon allein dieser Vorgang ist ein Wunder, denn kein Wissenschaftler kann heute schlüssig erklären, wie aus elektrischen Gehirnaktivitäten Bilder entstehen. Wir stehen vor einem Rätsel, entwickelt von einer universellen, erschaffenden Intelligenz.

Das Beispiel zeigt: Wenn wir annehmen, wir existierten isoliert von einer faktisch vorhandenen Außenwelt, so ist dies eine Illusion, wenn auch eine perfekte Illusion. Wir konstruieren unsere Wirklichkeit. Das können wir aber nur tun, weil wir ein Teil von ihr sind. Die Unterscheidung von Ich und Außenwelt ist damit nicht mehr aufrechtzuerhalten. In Wahrheit gibt es keine Trennung in Innen und Außen. Wenn wir erkennen, wie unsere Wahrnehmung entsteht, wie wir denken und interpretieren, entdecken wir eine Welt, in der alles mit allem vernetzt ist. Alle Sinnesempfindungen, alle Gedankenbilder, alle Bewertungen und Interpretationen sind Ausdrucksformen unseres Geistes und unserer Seele, reine Projektionen also, angeregt von informativen Reizen.

So bleibt die Frage: Wenn wir das Bild des Baums in uns selbst generiert haben, warum sehen wir den Baum dann außerhalb von uns, genau dort, wo er wirklich wächst und gedeiht? Diese gezielte Lokalisation im Raum ist eine Fähigkeit, die wir uns mühsam aneignen müssen. Kleine Kinder sind noch nicht in der Lage, Entfernungen abzuschätzen. Sie laufen auf den gesehenen Baum zu, wollen ihn betasten, begreifen, riechen, am liebsten auch schmecken. Dies tun sie immer und immer wieder, bis sie schließlich Entfernung und Charakteristik des gesehenen Gegenstands einzuschätzen gelernt haben – wieder ein großartiger geistiger Prozess.

Der erschaffende Geist

Mit einigem Respekt können wir feststellen: Der Geist besitzt immense Fähigkeiten. Ohne ihn hätten wir nichts, woran wir uns orientieren könnten. Gleichzeitig müssen wir uns eingestehen, dass wir, wissenschaftlich betrachtet, Bilder aufbauen, die uns wenig über die tatsächliche Realität sagen. So beständig und unveränderbar die Dingwelt auch erscheinen mag, sie ist lediglich ein elektrisch und elektromagnetisch schwingendes Interferenzmuster, das sich innerhalb eines größeren Interferenzmusters der Umgebung bewegt und mit ihm verschmilzt. Alles rauscht, als Folge unzähliger energetischer und akustischer Wellen, die einander überlagern. Wir nehmen das Rauschen wahr, weil auch wir daraus bestehen. Doch nur der Geist kann das Rauschen auflösen, einzelne Elemente unterscheiden und zu Bildern umwandeln.

Letztlich erschafft also der Geist Gegenstände mit genauer Form. Dafür ist die Annahme eines dreidimensionalen Raums notwendig, der ebenfalls vom Geist konstruiert wird – so »erfand« das Lebewesen den Raum. Da unser Geist registriert, dass sich die Formen bewegen und verändern, erleben wir dies als Vorher und Nachher – so entwickelte der Mensch außerdem eine Vorstellung von Zeit. Und schon finden wir uns in einem spannenden erkenntnistheoretischen Dilemma wieder. Denn die beiden Dimensionen Raum und Zeit sind demnach keine faktischen Gegebenheiten.

Vielmehr sind sie Hilfskonstruktionen, die wir für das Erkennen und Wiedererkennen von Gegenständen brauchen, für Erinnerung und Orientierung.

Der Geist ist ein beeindruckender Illusionskünstler. Seine Imaginationen sind täuschend echt, so echt, dass wir sie mit der Realität verwechseln. Was aber ist dann real? Woran können wir uns wirklich halten, wenn wir das Wesen der Welt verstehen wollen? Das wirklich Reale und immer Fortbestehende liegt jenseits des Rauschens. Was ewig existiert, sind unsere Ideen und das Selbst als Ausdruck von Geist und Bewusstsein. Anders formuliert: Die einzig unwandelbare, konkret fassbare Realität ist nicht die Welt der Materie, sondern das, was ich Interwelt nenne. Dort finden wir alle Ideen und Formen vor, mit denen wir unsere Wirklichkeit erkennen können – wie das reine Bewusstsein. Es ist die höchste Stufe der Selbsterkenntnis, und es ist auch die höchste Stufe der Welterkenntnis. So wie es das heilige Sanskrit-Mantra »Om mani padme hum« ausdrückt: »Reines Bewusstsein ist das Juwel im Herzen der Form.«

Wir trauen natürlich gern unseren Sinnen. Schließlich können wir materielle Dinge anfassen, sie mit allen Sinnen in uns aufnehmen. Und ist nicht ein Stein, ein Stück Holz oder die Tasse in Ihrer Hand sehr konkret? Nur mit einem gewissen Widerstreben akzeptieren wir, dass solche Konkretionen höchst unsichere Daten liefern. Denn die Materie verändert sich durch den Einfluss wechselnder Energien und Informationen, vom Geist geformt und geordnet, von der Seele mit Sinn und Bedeutung versehen. Ohne das Bewusstsein gäbe es für uns auch keine Materie.

Wie das Beispiel des Baums zeigte, können Seele und Geist eine Außenwelt erschaffen, so wie ein Schriftsteller sich eine Welt ausdenkt, die nur in seinem Kopf existiert. Im Alltag passiert das vollkommen unbewusst, ohne, dass wir es überhaupt bemerken. C. G. Jung fasste diese Tatsache in den Begriff des Archetypus. Damit meinte er, dass wir in allem das erkennen, was wir aufgrund unserer menschlichen Psyche erwarten. Jung spricht deshalb von einer »psychischen Wahrscheinlichkeit«. Was für uns objektiv vorhanden zu sein scheint, ist in Wirklichkeit eine Spiegelung unserer unbewussten und bewussten Erwartung.

Möglicherweise fragen Sie sich jetzt, warum ich der scheinhaften Realität so viel Aufmerksamkeit widme. Die Gründe liegen auf der Hand: Solange wir an einer einseitigen, rein materiellen Vorstellung von Realität festhalten, bleibt uns das wahre Wesen der Welt verborgen. Wir ordnen uns ihren vermeintlichen Gesetzen unter und erfassen nicht im Mindesten, wie beschränkt unsere Wahrnehmung ist. Vollends verschlossen bleibt uns die Welt jenseits des Sichtbaren. So verspielen wir unsere Chance, eine eigenständige Existenz zu entdecken und die Wirklichkeit nach unseren Wünschen zu verändern. Wir verharren im Gefängnis unserer gewohnten Erfahrungen, ohne den rettenden Ausgang zu finden.

Für spirituelle Lehren war das Schimärische der Wahrnehmung schon immer eine Gewissheit. Im Hinduismus beispielsweise spricht man von Maya als der sichtbaren Welt. Sie sei jedoch nur eine Täuschung, hinter der sich das Absolute, Brahman, verberge – Maya ist die Sanskritbezeichnung für Illusion. Solange wir die sichtbare Welt für die eigentliche Welt halten, so das hinduistische Verständnis, bleiben wir Opfer unserer materiellen Ausrichtung und müssen uns dem Gesetz des Karma unterwerfen. Erst wenn wir den Schleier der Maya lüften und die Welt im Lichte der Wahrheit erblicken, könnten wir wahrhaft frei sein. Auch im Buddhismus und in der Vedanta wird die diesseitige Welt mit Maya gleichgesetzt.

Lösen können wir unsere Fesseln nur, wenn wir den Mechanismus durchschauen. Wenn wir also begreifen, dass unsere Wahrnehmung nur vorläufig ist. Allerdings erkennen die meisten Menschen nicht, dass sie einer rein subjektiv erzeugten Täuschung erliegen. Sie glauben felsenfest, dass die projizierten Objekte die Ereignisse bestimmen, und verstehen nicht, dass unser Selbst, unser Geist und unsere Seele dafür verantwortlich sind. Kein Wunder, denn in der Alltagswelt orientieren wir uns ja zunächst durch Sehen, Hören, Riechen, Schmecken und Tasten. Das ist notwendig, denn unsere fünf Sinne sind ein Garant dafür, dass wir überleben, uns mit Nahrung versorgen und alles dafür tun, ideale Lebensbedingungen für unseren Körper zu schaffen.

Man könnte diese Orientierung an den fünf Sinnen als Basisfunktion bezeichnen. Wir erhalten unsere Existenz aufrecht, indem wir unserer Umwelt genau jene Energien und Informationen entnehmen, um gut ernährt und vor schädlichen Einflüssen wie Wind und Regen geschützt zu sein. Dabei fungieren unsere Sinnesorgane als Antennen. Sie signalisieren uns Hunger und Durst, Kälte und Wärme, warnen uns vor Verletzungen und Gefahren.

Nach und nach entdeckte der Mensch, dass er sich weitere Energien nutzbar machen konnte, etwa die elektromagnetische Energie. Die gravitatorische Energie hielt ihn fest am Boden. Schließlich drang er zu den Bausteinen der Materie vor, den Atomen. Sie bestehen bekanntlich aus Atomhülle, Elektronen und einem Atomkern, der sich aus Protonen und Neutronen zusammensetzt. Die Atome werden von Kräften dirigiert, die nur auf geringster Distanz wirken, in der Physik Starke Kraft und Schwache Kraft genannt. Alles, was für uns die Alltagswelt ausmacht, alles, was wir mit den Sinnen wahrnehmen, Autos und Flugzeuge, Dörfer und Städte, ist auf diese Urkräfte zurückzuführen.

Doch mit Atomen allein können nicht das Wesen des Lebens, unsere Gefühle und unsere Vorstellungskraft erklärt werden. Warum sind wir fähig, zu glauben und damit unsere Wirklichkeit zu verändern? Woher kommen jene Gefühle und Empfindungen, die jenseits instinkthafter Reflexe entstehen? Wie beeinflussen sie uns? Lange näherte man sich den Antworten durch philosophische Überlegungen oder durch die exakten Naturwissenschaften. Einige Theorien wurden aufgestellt, andere widerlegt. Zur Essenz drang man nicht vor. Mit der Quantenphilosophie hat sich das geändert. Wir erkennen, dass der Mensch – so wie das gesamte Universum – nicht nur in der Alltagswelt der Urkräfte lebt, sondern sogar überwiegend in einer vollkommen anderen Welt: in der Welt des Bewusstseins.

Das Geheimnis unseres Bewusstseins

In allen Zeiten und Epochen fragten Menschen danach, was das Lebensglück ausmache. Über die kulturellen und zeitlichen Schranken hinweg lauteten die Antworten ähnlich: Wir wünschen uns Gesundheit, Freude, Freiheit, Wohlbefinden, Harmonie, Liebe. Schwieriger schon gestaltet sich die Antwort darauf, wie wir das alles erlangen können. Letztlich richten wir unser gesamtes Leben danach aus, glücklich zu sein – selten mit befriedigenden Ergebnissen. Es scheint, als jagten wir einem Glück hinterher, das wir niemals ganz erreichen. Wir probieren alles Mögliche aus, wirklich glücklich werden wir nur in Ausnahmefällen.

Selbst schlichtere Zeitgenossen ahnen, dass es keine materiellen Errungenschaften sind, die uns wahres Glück bescheren. Weder Haus noch Auto, weder Luxusuhren noch Ferienreisen können unseren Geist und unsere Seele längerfristig in einen Zustand absoluter Harmonie versetzen. Welche Faktoren begünstigen also eine Entwicklung, die uns jene paradiesischen Verhältnisse schenken, von denen Laozi und Platon sprachen?

Um die grundlegenden Prozesse zu verstehen, müssen wir wissen, in welcher Beziehung Geist, Seele und Wirklichkeit stehen. Geht es um diese ungeheuer wichtigen Zusammenhänge, lässt uns die herkömmliche Wissenschaft kläglich im Stich. Jeder muss sich dieses Wissen selbst aneignen. Viele scheitern dabei und bleiben zeitlebens Suchende, von materiellen Motivationen getrieben. Warum aber sind wir derart fixiert auf die materielle Seite unserer Existenz, wo doch so viel mehr auf uns wartet?

Schauen Sie noch einmal nach draußen, zum Baum. Bestimmt ist Ihnen mittlerweile klar, dass die Realität zwar eine Selbstverständlichkeit zu sein scheint, aber in Wahrheit mit den Sinnen nicht voll erfasst werden kann. Wir schauen uns zwar um und meinen: Das, was ich sehe, ist die Wirklichkeit – der Baum, die Wolke, die Stadt. Wir denken sogar: Selbst wenn ich nicht hinschaue, ist die Realität immer noch da. Und doch existiert keine Realität unabhängig vom Betrachter.

Weithin unbekannt ist, dass wir die Realität in jeder Sekunde mitformen, ja, dass wir sie willentlich beeinflussen können – so wirkmächtig, dass sich die materielle Beschaffenheit von Dingen verändern kann. Kaum zu glauben? Ich gebe Ihnen ein Beispiel. Vermutlich haben Sie vom sogenannten Placeboeffekt gehört. Dabei wird einem erkrankten Patienten eine Tablette ohne jeglichen Wirkstoff verabreicht, der Patient jedoch geht davon aus, ein hochwirksames Medikament einzunehmen. Unzählige wissenschaftliche Versuche bewiesen: Schon der bloße Glaube an ein wirksames Medikament führt zur Heilung. Die feste Überzeugung ist also so einflussreich, dass die erkrankte Zelle tatsächlich gesundet. Mit anderen Worten: Der Geist hat die Materie verändert. Ähnlich wirkungsvoll kann auch die Suggestion mystischer Erfahrungen oder tief verankerter Glaubensinhalte sein. In der Bibel heißt es entsprechend: »Der Glaube versetzt Berge.«

Suchen wir bewusst Kontakt zur Interwelt, stehen uns ähnliche Kräfte zur Verfügung, wie sie im Placeboeffekt oder in starken Glaubensüberzeugungen manifest sind. Dabei sollten wir immer bedenken, dass die Interwelt die Heimat von Geist und Seele ist, also nicht fern am Himmel steht, sondern in uns wirkt und alles steuert, was uns umgibt. Wie sehen nun die Feinabstimmungen von Wahrnehmung und Erfahrung aus? Wie verändern wir die materielle Wirklichkeit?

Beginnen wir mit einer einfachen Feststellung: Der Mensch wird mit einem Materiekörper in eine Materiewelt hineingeboren. Noch ist er ein unbeschriebenes Blatt. Das ändert sich bald. Von Kindesbeinen an bis ins hohe Erwachsenenalter machen wir individuelle Erfahrungen. Wir lernen eine Menge, werden dabei aber auch konditioniert – durch unsere Eltern und das weitere Umfeld, durch Gesellschaft und Kultur. Unsere Erfahrungen sind also nicht offen, sondern folgen immer stärker erlernten und verinnerlichten Wahrnehmungsrastern. Wir machen es uns zur Gewohnheit, die Welt aus einem allgemein akzeptierten Blickwinkel heraus zu erfassen.

Wie wir anhand der Quantentheorie gesehen haben, verändern alle Lern- und Erfahrungsprozesse die Materie. Am deutlichsten wird das anhand unseres Gehirns. Jede Erfahrung, jeder Lernschritt erzeugt im Neuronennetzwerk des Hirns neue Synapsenverknüpfungen, erkennbar an der veränderten Dichte von Nervenfasern. Das sind mehr als momentane Zustandsveränderungen. Im Folgenden hängt von unserer Hirnstruktur ab, wie wir die Welt sehen, wie wir weitere Erfahrungen bewerten, welche Handlungsweisen wir bevorzugen. Alles Lernen, Konditionieren, Erfahren prägt sich im Bewusstsein und Unterbewusstsein ein. Hier werden die Informationen von außen permanent gefiltert, sortiert und verarbeitet. Allerdings mit dem Nachteil, dass wir immer weniger Eindrücke bewusst wahrnehmen, sondern nur noch das, was in die erlernten Raster passt.

Der steuernde Wille

Der Motor für bewusste Lernprozesse ist unser Wille. Daneben spielen angeborene Instinkte eine Rolle, etwa der Selbsterhaltungstrieb oder der Fortpflanzungstrieb. Unsere Triebe und unser Wille sind die entscheidenden Instanzen, nach denen wir unser Leben ausrichten. Dazu gesellt sich eine dritte Kraft, die innere Motivation. Alle entstammen der Interwelt mit Bewusstsein und Unterbewusstsein. Daraus entwickeln sich Vernunft und Gefühl, Geist und Seele.

Während Bewusstsein und Unterbewusstsein alle Informationen zum Geist und zur Seele des Menschen hin schalten, hat der Wille eine andere Funktion: Er dirigiert die Informationen zielgenau und ordnet sie zum Muster künftigen Handelns. Die Motivation schließlich ist dafür verantwortlich, dass wir bestimmte Informationen erwarten. Man könnte auch sagen: Die Motivation ist der Wille des Unterbewusstseins. Nach und nach entsteht ein Zensor. Denn wir machen schon bald ausschließlich zielgerichtete Erfahrungen, fragen also bewusst und unbewusst nach dem Nutzen dessen, was uns begegnet. Alles andere wird ausgeblendet.

Vordergründig ist diese Taktik sehr entlastend. Wenn wir täglich alles aufnehmen und verarbeiten müssten, was an Signalen und Botschaften auf uns einstürmt, würden wir vor der Fülle kapitulieren. Schon der morgendliche Weg zur Arbeit wäre ein einziger Hindernisparcours. Wir würden uns bemühen, jedes einzelne Werbeplakat, jedes Nummernschild eines Autos zu lesen, würden uns die Gesichter von Passanten einprägen, die uns zufällig begegnen. Alles wäre gleich interessant, gleich wichtig. Im Büro würden wir vermutlich nie ankommen.

Daher suchen wir uns aus, was wir wahrnehmen wollen. Allerdings führt das naturgemäß zu einer Verengung des Blicks. Es könnte ja durchaus sein, dass uns Informationen entgehen, die wir zwar im Moment nicht brauchen, die aber zu einem anderen Zeitpunkt wichtig werden könnten. Jeder Kriminalroman basiert darauf, dass scheinbar harmlose, unwichtige Indizien nach einem Verbrechen plötzlich brisante Informationen enthalten, die entscheidende Hinweise auf den Täter geben.

Kehren wir nun wieder zurück zu den Filtern unserer Wahrnehmung. Die Unterscheidung zwischen Trieb, Wille und Motivation ist grundlegend, um das Verhalten des Menschen, sein Denken und seine Handlungen zu verstehen. Trieb, Wille, Gefühl und Bewusstsein sind angeboren und stehen allen Menschen gleichermaßen zur Verfügung, da sie mit der Evolution eingeprägt wurden. Was die Evolution erzeugt, ist quasi von der Natur vorgegeben.

Das wirkt zunächst einmal wenig spektakulär. In Wahrheit sehen wir hier die Schnittstelle zum größeren universalen System: Denn die gesamte Natur, auch die Natur des Menschen, ist Teil des Universums. Damit sind auch Wille und Motivation mit Bewusstsein, Unterbewusstsein Teil des Universums, und das Bewusstsein und Unterbewusstsein als alles entscheidender Schalter für Informationen sind im gesamten Kosmos gleichermaßen wirksam.

Es gibt zahlreiche Hinweise darauf, dass selbst die Entstehung des Universums kein selbsttätiger, zufälliger Akt war, sondern einer Absicht und einem zielorientierten Willen folgte. Je mehr sich Physiker und Evolutionsbiologen mit der Geschichte unserer Erde beschäftigten, desto klarer wurde, dass Millionen von Möglichkeiten ausgeschlossen werden mussten, bevor Leben entstand und bevor die Entwicklung hin zum Menschen einsetzte.

Das führt uns zu einer spannenden Schlussfolgerung: Unser Menschsein, mit der Gesamtheit von Bewusstsein, Unterbewusstsein und Emotionalität, gehört in den Kontext universaler evolutionärer Prozesse. Wir sind im vollen Sinne des Wortes ein Bestandteil des Universums, mit allen Absichten, mit dem innewohnenden Geist. Damit hat uns die Natur die Fähigkeit verliehen, jegliche Information des Universums zu decodieren. Obwohl wir zunächst nur aus Materie zu bestehen scheinen, stehen wir von Geburt an mit dem Universum in Beziehung. Wir könnten also prinzipiell jederzeit mühelos abrufen, was bereits an Informationen existiert. Das Wissen von Milliarden Jahren wäre uns zugänglich, von der Entstehung des Universums bis heute. Alles, was wir dafür tun müssen, ist, uns diesem Wissen zu öffnen. Die spirituellen Lehren bevorzugen dafür meditative Praktiken – die Entleerung der Seele von irdischen Gedanken und die Hinwendung zu reinem Geist.

Richten wir unsere Aufmerksamkeit nun einen Moment lang auf das, was wir Bewusstsein nennen. Bei Informationen, die wir bewusst verarbeiten, verlassen wir die Ebene des angeborenen Instinkts. Stattdessen lernen wir im Einklang mit unserem Umfeld, wie wir Situationen interpretieren sollten. Man könnte auch sagen: Die Wahrnehmung formt sich im Sinne erlernter Programme. Dabei wird einerseits der Neokortex des Gehirns aktiv. Er ist das Werkzeug, mit dem wir nach der Logik des Verstands unsere Welt wahrnehmen. Andererseits wird aber gleichzeitig das Mittelhirn aktiv, um zwischen wichtig und unwichtig, positiv und negativ zu unterscheiden.

Auf der einen Seite stehen daher das angeborene universelle Bewusstsein und Unterbewusstsein, engstens verbunden mit der

Welt der Ideen für Konstruktions- und Funktionsmöglichkeiten wie ersichtlich im Evolutionsprozess.

Auf der anderen Seite stehen das angeborene individuelle Bewusstsein und Unterbewusstsein, eng mit der Welt der Formen, Gestalten und Strukturen verbunden. Diese Welt wird durch unsere Sinne ausgelotet. Sie formt das Ich und, im Laufe der persönlichen Entwicklung, das Ego. Ich und Ego erschaffen aus Strukturen und angeeigneten Mechanismen schließlich eine eigene Erlebniswelt.

Daraus ergibt sich nicht nur, dass jeder sozusagen in seiner eigenen Welt lebt. Darüber hinaus enthält gerade das Ego auch eine gewisse Problematik. Wer unreflektiert sein Ego lebt, stellt sich selbst in den Mittelpunkt seines Denkens und Fühlens, macht die eigenen Interessen zur Leitlinie seines Verhaltens. Gleichzeitig schottet er sich aber auch ab. Informationen, die nicht auf den ersten Blick eigenen Vorteilen dienen, werden ignoriert. Wer also sein Ego kultiviert, schränkt seinen Blickwinkel und damit auch den Informationsfluss weiter ein. Da wir bereits wissen, dass unser Universum ein riesiger Informationspool ist, ist offensichtlich, dass ein egofixierter Mensch nur einen Bruchteil der gesamten zirkulierenden Informationen wahrnehmen kann.

Wie aber entstehen überhaupt Informationen? Alles, was der Geist über das Bewusstsein neu erschafft, wird augenblicklich in der Welt der Ideen als Informationsmuster eingespeichert: in der Interwelt. Sie ist der Speicher, in dem die Informationen abgelegt werden, und von dort kann man sie auch wieder abrufen. Die Interwelt ist daher einer riesigen Festplatte für Gedanken und Gefühle, Ideen und Erfindungen vergleichbar. Das Funktionsprinzip ähnelt dem Internet: Jeder Gedanke, umgewandelt in Worte, Sätze, Sprache und Gefühl, wird eingespeist und bleibt virtuell erhalten. Und so, wie die Urheberschaft der eingespeisten Information beim Autor bleibt, ist die Interwelteingabe auf ewig mit dem jeweiligen Individuum verbunden. Sind unser Bewusstsein und unser Unterbewusstsein aufnahmebereit aktiviert, sind keine Filter und Barrieren vorhanden, dann können wir das gesamte Wissen der Festplatte einbeziehen, sobald wir denken, fühlen und handeln.

Andere Welten

Wir sind nicht in uns abgeschlossene Individuen, sondern stehen prinzipiell in andauernder Verbindung mit der Interwelt. Als Welt der Ideen entzieht sie sich jedoch den vertrauten Gesetzen der Materie. Der Bereich der Interwelt ist gleichsam körperlos. So ist zu erklären, dass darin die alten physikalischen Gesetze von Zeit und Raum, die an Materie gebunden sind, keine Gültigkeit mehr haben. Wer im Kontakt mit diesem Informationsspeicher steht, befreit sich von der Welt der Materie und kann sich auch über erlernte Muster hinwegsetzen. Er ist nicht länger ein Gefangener seines Egos mit allen begleitenden Einschränkungen. Stattdessen schaut er sozusagen über den Tellerrand des Ich und öffnet sich für universale Informationen. Gewohnheiten und Konventionen engen ihn nicht länger ein – er wird offen und selbstbestimmt.

Auf den ersten Blick scheint das noch nicht weiter aufregend zu sein. In Wahrheit haben wir hier bereits den Schlüssel für eine höhere Existenzform in Händen. Lassen Sie einmal Ihre Entscheidungen der letzten Tage Revue passieren. Wie haben Sie die Welt erlebt? Welche Konventionen haben Sie befolgt? Wie viele Freiheiten haben Sie sich zugestanden? Ich vermute, dass Sie vieles unbewusst auf der Basis des Gewohnten entschieden haben. Oder, anders gesagt: Sie haben Ihrem Neokortex die Entscheidung überlassen, ohne tiefer gehende Reflexion.

Ganz anders hätten Sie sich verhalten, wenn Sie das Tor zur Welt der Ideen durchschritten und die anders gestalteten Informationen der Interwelt einbezogen hätten. Vielleicht hätten Sie etwas Neues gewagt, etwas, was Sie nie zuvor getan haben. Das hätte Ihnen einen ungeheuren Erfahrungszuwachs und ungekannte Impulse beschert. Womit sich die Frage stellt: Wie erhalten Sie Zugang zur Interwelt?

Im Zusammenhang mit Platons Philosophie erwähnte ich bereits, dass uns Grenzerfahrungen für die Interwelt öffnen können. Solche Erfahrungen machen viele Menschen leider erst angesichts des nahenden Tods. Liegt ein Mensch im Sterben, werden sukzessive alle Gehirnfunktionen abgeschaltet. Der Geist, bis dahin gehemmt durch erlernte Filter, befreit sich, die inneren Zensoren schweigen. Alle einengenden Gewohnheiten fallen weg, und der Sterbende taucht in die Interwelt ein. Plötzlich sieht er Dinge, die er nie zuvor gesehen hat, meist verbunden mit einer glückhaften Euphorie. Erfahrungsberichte von Patienten, die klinisch tot waren und reanimiert werden konnten, belegen das in vielen Varianten. Diese Menschen berichten, sie hätten über ihrem Körper geschwebt, losgelöst von ihrer materiellen Existenz. Von Lichtvisionen ist die Rede, von Gefühlen ekstatischer Freude.

Lange waren Nahtoderfahrungen ein Rätsel. Wie konnte es sein, dass ein klinisch toter Mensch derart intensive Erlebnisse hatte? Warum erlosch sein Bewustssein nicht mit dem Versagen des Gehirns? Heute weiß man: Das Bewusstsein ist nicht an Materie gebunden, rein geistig bestimmt, so wie die Welt der Informationen, die Interwelt. Deshalb lebt ein Sterbender auf der Bewusstseinsebene weiter und kann weiterhin Informationen der Interwelt abrufen. Für die herkömmliche Wissenschaft ist das eine Provokation. Sie behauptet, das materielle Hirn sei der Sitz des Bewusstseins, und lehnt Nahtoderfahrungen als Erkenntnisquelle selbstverständlich ab.

Plausible Erklärungen kann die Mainstreamwissenschaft allerdings nicht geben. Sie versagt, wenn es um die Geheimnisse des Bewusstseins und der Seele geht. In Wahrheit sind Nahtoderfahrungen ein Hinweis darauf, was uns erwartet, wenn wir uns durch meditative Praktiken der Interwelt öffnen: eine voll bewusste Existenz.

Das normale Wachbewusstsein ist nur eine vorläufige Art des vollen Bewusstseins. Ein Beleg dafür ist die verzögerte Reaktion des Wachbewusstseins auf Informationen von außen. Sie geschieht ähnlich wie beim Bildaufbau auf einem Computermonitor: Die

Rechenoperationen sind abgeschlossen, die notwendigen Bildinformationen liegen vor, doch erst nach und nach zeigt sich das Gesamtbild in allen Details. Der Hirnforscher Benjamin Libet hat nachgewiesen, dass bestimmte Informationen schon Gleichspannungspotenziale im Gehirn entstehen lassen, bevor das Bewusstsein von einem Geschehen erfährt. Die typische Verzögerung lässt sich an vielen Beispielen belegen. Wenn Licht auf unsere Netzhaut trifft, so nehmen wir die Lichtquelle bewusst erst hundert Millisekunden später wahr. Auch auf emotional aufregende Bilder reagieren wir bereits messbar, bevor sie uns in ihrer ganzen Aussage bewusst werden. Schon hier sei erwähnt, dass die frühzeitige Aktivität des Gehirns – noch vor dem Bewusstwerden – ein universell gesteuerter Quantenprozess ist.

Wir leben also einerseits geistig, unabhängig von Raum und Zeit, und andererseits erdgebunden, im Hier und Jetzt. Die Quantenphilosophie verbindet diese beiden Ebenen und fügt ihr eine dritte hinzu. Wir erleben zunächst die Alltagswelt, die von der Ich-Instanz geformt wird. Die Alltagswelt umfasst aktuelle Sinneswahrnehmungen, auch das Planen und Kalkulieren des Ich. Alles, was das Ich daraufhin erlebt, wird wie auf einer Festplatte mit unbeschränkter Speicherkapazität in der Interwelt abgespeichert. Der Informationsaustausch mit dem Speicher entsteht durch Gedanken, Erinnerungen, Fantasien, Ideen, Träume. Die Einheitswelt ist dann das »Meer aller Möglichkeiten«, in dem alle vorstellbaren Optionen schlummern. Deshalb ist hier kein gewohntes Erleben möglich, nur die Erfahrung absoluter Ruhe und universeller Stille. Dennoch ist die Einheitswelt keine passive Zone. Alles, was jemals entstanden ist, hat in ihr ihre Quelle.

Alle drei Welten – Alltagswelt, Interwelt und Einheitswelt – existieren in jedem Menschen und außerhalb jedes Menschen. Die Übergänge sind fließend. Somit befinden wir Menschen uns an der Schnittstelle des materiellen Diesseits und der immateriellen Interwelt. Aktivieren wir diese Schnittstelle, so sind wir in der Lage, höchste Weisheit und höchste Erkenntnis zu erlangen und uns weit über unsere materielle Wirklichkeit zu erheben. Alles hängt davon ab, ob unsere Motivation und unser Wille so weit entwickelt sind, dass wir uns der Erfahrung höherer Welten öffnen. Das bedeutet auch, dass wir gewillt sein müssen, eine spirituelle Transformation durchzumachen. Erst dann können wir unsere Fähigkeit trainieren, mit Interwelt und Einheitswelt zu kommunizieren und ihre Informationen aufzunehmen.

Das klingt kompliziert, leuchtet aber sofort ein, wenn wir uns beispielsweise unser Erinnerungsvermögen anschauen. Da unsere Erfahrungen in der Interwelt abgespeichert sind, überschreiten wir im Akt des Erinnerns die konkrete sinnliche Erfahrung – denn Erinnerung ereignet sich jenseits von Zeit und Raum. Sie ist rein virtuell. Ein Erlebnis kann viele Jahrzehnte her sein, wir können es weit weg auf einem anderen Kontinent gehabt haben, und doch ist es wieder in unserer bewussten Wahrnehmung, sobald wir es erinnernd abrufen. Wir riechen den Duft einer Blume, obwohl sie längst verwelkt ist. Wir spüren die Wärme eines Menschen, den wir seit Jahren nicht mehr gesehen haben. Wir durchleben noch einmal das Hochgefühl einer Bergbesteigung, obwohl wir nie wieder im Gebirge waren und körperlich auch gar nicht mehr in der Lage wären, Derartiges zu wiederholen.

Sobald wir frühere Erlebnisse abrufen, gehen wir in Resonanz mit der Interwelt, wo diese Erlebnisse als Informationskomplexe zugänglich sind. Wir sehen also: Allein schon das bloße Erinnern ist ein Phänomen, das in nichts einer aktuellen Wirklichkeitserfahrung entspricht. Wir rufen uns Situationen ins Gedächtnis, bei denen der materielle Körper und das Gehirn lediglich Werkzeuge der Erfahrung waren. In der Erinnerung spielt die materielle Präsenz jedoch keine Rolle mehr. Wir müssen nicht ein zweites Mal Räume durchschreiten und Erlebnisse in der vergehenden Zeit erleben. Das ist längst getan. Beim Erinnern verflüchtigen sich deshalb aktuell an die Materie gebundene Zeit und gebundener Raum. Nur die Information dieser Beziehung existiert weiter.

Das Medium der Erinnerung ist das Bewusstsein. Hier wurden einstige Wahrnehmungen verankert – ohne Bewusstsein keine Wahrnehmung. Doch sobald der Erinnerungsprozess einsetzt, verlässt das Bewusstsein die irdischen, materiellen Gesetze von Ursache und Wirkung, Raum und Zeit. Wir begreifen, dass sie lediglich Hilfskonstruktionen waren, um Erfahrungen zu sammeln. Sind diese Erfahrungen erst einmal in der Interwelt abgespeichert, müssen wir nicht mehr Berge besteigen, um Bilder aus dem Gebirge zu sehen, oder einen Kuchen essen, um uns seinen süßen Geschmack vorzustellen.

Alles ist da, alles steht uns zur Verfügung. Im Nachhinein verlieren Begriffe wie Chronologie, Entfernung oder Vergangenheit deshalb vollkommen an Bedeutung. Es waren rein subjektive Kriterien im Augenblick der Wahrnehmung. Sobald wir uns erinnern, brauchen wir sie konkret nicht mehr. Diese Überschreitung von Zeit und Raum war die große Entdeckung der Relativitätstheorie. Einstein stellte fest, dass Raum und Zeit keine objektiven Größen sind, sondern immer nur etwas über den aktuellen Standort des Beobachters aussagen.

Die Alltagswelt ist nur eine Fiktion von Zeit und Raum. Allerdings neigen wir dazu, diese Fiktion für bare Münze zu nehmen: Wir erleben materielle Lebensbedingungen als wirklich. Das mag zunächst hilfreich sein, denn im konkreten Augenblick ermöglichen sie uns eine Orientierung. Allerdings hat die Verwechslung von Materie und Wirklichkeit à la longue eine negative Nebenwirkung: Das materielle Erleben schiebt einen Filter vor die Interwelt, etwa durch starre Wahrnehmungsmuster oder gesellschaftliche Zwänge. Wir sehen den Wald vor lauter Baumen nicht, wie man so schön sagt, gefangen in der Froschperspektive.

Dabei muss es nicht bleiben. Interwelt und Einheitswelt sind aus der Alltagswelt heraus erreichbar, wie das Beispiel des Erinnerungsvermögens zeigte. Doch wir können noch weitere Informationen aus der Interwelt abrufen, sogar solche, die gar nicht zu unseren persönlichen Erinnerungen gehören. Was wir dafür brauchen, ist die Bereitschaft, neue Bewusstseinserfahrungen zu machen. Wissenschaftlich gesprochen, werden dabei auf der subatomaren Ebene neurologische und biochemische Prozesse ausgelöst, die aus der Quantentheorie bekannt sind. Dazu gehören sogenannte Quantenverstärker, Quantenlöscher und subtile Quantenverschränkungen. Sie generieren Prozesse des Bewusstseins und Unterbewusstseins, die man als übergeordnete Steuerungsmechanismen bezeichnen kann: Wir beginnen, die Welt zu verändern.

Schon die überlieferten Weisheiten aus China, Japan, Indien und Arabien setzten sich mit der Frage auseinander, wie wir uns aus passiven Opfern höherer Mächte zu selbstbestimmt handelnden Wesen entwickeln könnten. Das Ziel der traditionellen spirituellen Lehren war die bewusste, willentliche Steuerung aller drei Welten: Alltagswelt, Interwelt, Einheitswelt. Und damit die Überwindung sowohl angeborener als auch erlernter Denk- und Handlungsmuster, die uns von Interwelt und Einheitswelt ausschließen. Es ging darum, die Filter auszuschalten, die unsere Präsenz in der Interwelt verschleiern. Gelingt dies, hat die Welt der Materie keine Macht mehr über uns, und wir denken universal. Vor allem handeln wir anders, denn uns ist bewusst, dass schon ein einziger Gedanke alles verändern kann – sowohl den Informationspool der Interwelt als auch rückgekoppelt die materielle Wirklichkeit.

Damit eröffnet sich ein Feld, das uns zu hochbewussten, intelligenten Meistern unseres Schicksals macht. Deshalb sind alle spirituellen Lehren mit Ritualen und Übungen verbunden, die einen meditativen Zustand der Empfänglichkeit nach sich ziehen. Die Wirksamkeit solcher Bewusstseinszustände ist mittlerweile gut nachgewiesen. So beruhen tiefe Meditation, aber auch Träume und Nahtoderfahrungen auf der Aktivierung der körpereigenen Droge Dimethyltryptamin (DMT). Sie bewirkt Quanteninformationsmuster, die unsere Körpermaterie in einer Weise beeinflussen, dass Filter und Zensoren abgeschaltet werden. Wir behandeln das Thema noch ausführlich.

Das bewusste Erleben der Interwelt ist beispielsweise durch den »Luziden Traum« möglich, auch Klartraum genannt. Wir kennen solche Erfahrungen aus dem Zwischenreich zwischen Schlafen und Wachen. Dann regt sich zwar schon unser Bewusstsein, doch wir unterliegen noch nicht der strengen Kontrolle durch Verstand und Konvention. Wir haben möglicherweise Visionen, wagen, uns das Unmögliche vorzustellen, überschreiten die Grenzen, die wir uns selbst gesetzt haben.

Sind solche Klarträume besonders intensiv, nehmen wir alle Informationen wahr, die jemals als gedachte und gefühlte Erfahrungen in der Interwelt abgelegt wurden. Besonders bei Künstlern geschehen solche Momente. Wie aus heiterem Himmel überkommt sie eine Inspiration für ein Gemälde, eine Komposition oder einen Roman. Sie müssen gar nichts dafür tun, außer empfänglich zu sein für das, was ihnen förmlich zufliegt. Einst umschrieben Künstler diesen inspirierenden Moment als Kuss der Muse, eine sehr hübsche Formulierung für das, was aus der Interwelt in sie einströmt. Doch solche Erfahrungen sind nicht nur Kreativen vorbehalten. Jeder Mensch kann sich in den Zustand der Empfänglichkeit versetzen, wenn er sich voll bewusst, ohne die Kontrolle von Instinkt und Verstand, den Eingebungen der Interwelt überlässt.

Im zweiten Schritt erweitern sich die Gestaltungsspielräume. Wir spüren im Kontakt mit der Interwelt, dass wir keine Rädchen im Getriebe sind, sondern ein aktiver Teil der Schöpfung. In der spirituellen Tradition spricht man auch von der All-eins-Erfahrung. Wir fühlen uns verbunden mit allem, was ist, werden eins mit dem Kosmos. Diese Erfahrung lässt uns ein göttliches Potenzial in uns spüren. Nicht von ungefähr kennen wir aus spirituellen Überlieferungen Sätze wie: »Wir sind göttlichen Ursprungs« oder: »Gott schuf uns nach seinem Ebenbild.« Auch der Satz: »Macht euch die Erde untertan« ist ein Appell an unser geistiges Potenzial und unser höheres Bewusstsein. Was wirklich damit gemeint ist, wissen die wenigsten: Göttlich sind wir als aktiver Teil des Kosmos, als Träger erschaffender Energien.

Die geistige Natur des Menschen

Viele neue Forschungsdisziplinen beschäftigen sich mit dem menschlichen Denken und Fühlen. Biophysiker und Neurologen, Biochemiker und Informationstheoretiker versuchen zu ergründen, was den Menschen als intelligentes, emotionales Wesen ausmacht. Weit weniger wurde bisher die geistige Natur des Menschen erforscht. Vielleicht liegt es daran, dass die Naturwissenschaften immer noch das materiell Greifbare bevorzugen. Solange sie Messungen vornehmen können, fühlen sie sich auf sicherem Terrain. Natürlich ist es faszinierend, etwa den chemischen Cocktail zu analysieren, der unser Hirn im Zustand des Verliebtseins flutet. Schwerer tun sich die Wissenschaftler schon mit dem, was nicht materiell manifest ist. Und am schwersten fällt es ihnen, Aussagen über die geistige Natur des Menschen zu machen.

Hier betreten wir die Zone der Interwelt, wo alle gewohnten Denkschemata und Naturgesetze außer Kraft gesetzt sind. Anhand des Erinnerungsvermögens haben wir schon gesehen, dass Zeit und Raum in der Interwelt ihre Gültigkeit verlieren, weil Erinnerungen jede beliebige Phase der Vergangenheit und jeden beliebigen Ort wiederauferstehen lassen können. Das aber heißt, dass wir uns dabei in einer Welt bewegen, die unendlich und ewig ist – ohne die bekannten Dimensionen des Raums und der Zeit. Wir können die Vergangenheit weder konkret sehen, hören, tasten, riechen noch schmecken, dennoch wird sie in uns lebendig, sobald wir uns erinnern. Das Vergangene existiert rein geistig weiter, unabhängig von seiner materiellen Anwesenheit.

So wie Erinnerungen sind auch Träume, Visionen und Glaubensinhalte in der Interwelt beheimatet. Hier versagen die üblichen Instrumente der Wissenschaft. Wie sollen wir Erinnerungen messen? Wie lässt sich ein Traum quantifizieren? Mit welchen mathematischen Formeln ließe sich der menschliche Hang zur Spiritualität erfassen? Mit den üblichen Hilfsmitteln der exakten Wissenschaften kommen wir hier nicht weiter, so wenig wie mit unseren fünf Sinnen.

Alle vom Menschen erfundenen Messgeräte dienen nur dazu, die Empfindungen der Sinnesorgane mathematisch darzustellen. Wir empfinden wohlige Wärme – und ein Thermometer zeigt die genaue Lufttemperatur in Celsius an. Wir hören eine angenehme Musik – und ein Messgerät informiert uns über die entsprechenden Frequenzgemische. Oder wir verlieben uns – und ein Chemiker ermittelt die Konzentration von Glückshormonen in unserem Blut. Was aber sagt das über die Liebe aus? Nichts. Genauso wenig wie eine Frequenzanalyse Aussagen darüber machen kann, warum uns eine bestimmte Musik gefällt, oder ein Thermometer angibt, warum der eine von wohliger Wärme spricht, wenn sich der andere schon über drückende Hitze beschwert.

Vollends der menschliche Geist ist unmessbar. Was sich in Zahlen und Tabellen ausdrücken lässt, gehört zum Diesseits, zur materiellen Alltagswelt. Alles Unwägbare, nicht Messbare dagegen gehört zum Jenseits, zur Interwelt. Die Tatsache, dass sie ohne konkrete Zeit und ohne konkreten Raum auskommt, wirft für traditionell denkende Wissenschaftler unlösbare Probleme auf. Sie können nicht nach dem Beginn fragen, wenn sich etwas außerhalb der Zeit ereignet. Sie können auch nicht nach Form und Struktur einer Sache fragen, wenn sie sich außerhalb des Raums befindet. So flüchten sich die meisten Wissenschaftler aus diesem Dilemma, indem sie alles, was jenseits von Zeit und Raum passiert, kurzerhand ignorieren.

Aus den genannten Gründen ist die geistige Interwelt einer größeren Öffentlichkeit so gut wie unbekannt – weil nicht sein kann, was nicht sein darf, wie Christian Morgenstern einmal dichtete. Daher bleiben die meisten Menschen unwissend. Sie agieren in einer Wirklichkeit, deren wahres Wesen sie nicht kennen, nicht einmal ahnen. Sie würden sich selbstbestimmter verhalten und glücklicher werden, wenn sie wüssten: Alles ist untrennbar miteinander verbunden, es gibt nur ein einheitliches Sein. Und das bedeutet zugleich: Unser Wirkungskreis ist weit größer, als unsere Sinnesorgane uns signalisieren.

Mit der Erfahrung der Interwelt kommen wir nicht umhin, nach dem alles überstrahlenden Prinzip zu fragen, unter dem sie organisiert wurde. Berücksichtigt man das rein geistige Gesamtsystem des Universums mit seinen Informationsflüssen, kann man feststellen: Ein intelligenter Weltgeist stellt uns eine objektive Realität zur Verfügung, die unsere subjektiv gefühlte Realität bei Weitem übersteigt. Möglich wird das, wenn Weltgeist und individueller menschlicher Geist einander durchdringen. Nur so kann der Einzelne bewusst mit der Interwelt Kontakt aufnehmen, um essenzielle Informationen und erschaffende Energien einzuspeisen und zu übernehmen. Das Ich samt Ego erhält die Chance, sich durch objektive Erkenntnisse über das wahre Wesen der Welt zu entwickeln und zu vervollkommnen. Dies ist die Grundlage für eine Transformation mithilfe des Modus Bewusstsein und für eine befreite, glückliche Existenz.

Beschreiten wir den Weg der geistigen Transformation, öffnen sich uns neue Perspektiven. Wir können substanzielle Erfahrungen machen, die sich jenseits bekannter Muster bewegen, echte Erfahrungen sozusagen. Nur sie werden in der Interwelt abgespeichert und in Erinnerungen und Träumen aufs Neue belebt. Wer im Vorbewusstsein der gängigen Alltagserfahrung verharrt, erkennt nicht, dass wir in einem immerwährenden, fein justierten Systemzusammenhang leben, der von einer universalen Intelligenz erschaffen wurde. Materie und Geist, Diesseits und Jenseits, Alltagswelt und Interwelt, Endlichkeit und Unendlichkeit, Jetzt und Ewig – das sind keine Gegensätze, vielmehr sind sie vollkommen miteinander verwoben.

Nun könnte man einwenden, dass auch ohne das Wissen um dieses System ein glückliches Leben möglich sein müsse. Worin besteht die besondere Qualität des neuen Weltbilds einer umfassenden Einheit?

Solange wir die Interwelt ignorieren, verkennen wir die geistige Macht, die alles dirigiert. Dann fehlt uns die innere Überzeugung für einen Glauben, der uns »Berge versetzen« lässt. Stattdessen fühlen wir uns oftmals ohnmächtig und ausgeliefert. Wir kommen gar nicht erst auf die Idee, dass wir selbst machtvoll in unser Schicksal eingreifen könnten. Ohne bewussten Kontakt zur Interwelt haben wir keinen Zugang zu wertvollen Ratschlägen, die wir vor allem in Krisensituationen dringend brauchen. Wir bemühen lediglich erlernte und konditionierte, meist aufgezwungene Reaktionsmuster – und scheitern an neuen Herausforderungen. Dabei steht es jedem frei, seine ureigenste Realität wirkungsvoll zum Positiven zu verändern, gerade dann, wenn uns Krisen und Rückschläge beuteln.

Jeder Mensch besitzt einen geistigen Kern mit Erlebnissen und Erfahrungen, Seele genannt. Die geformte Materie des Menschen, sein Körper, ist lediglich ein vorübergehendes Gefäß für die Seele. Carl Friedrich von Weizsäcker bemerkt dazu: »Der Körper ist nur die Form, in der eine Seele der andern erscheint.«[7] In spirituellen Traditionen wird die Seele der Interwelt als feinstofflich und die Materiekonstruktion der Alltagswelt als grobstofflich beschrieben. Heute definieren wir Grobstofflichkeit als Masse der Elemente. Feinstofflich dagegen sind die Informationsmuster, die der Masse ihre spezifische Form verleihen. Das Verhältnis von Grobstofflichem und Feinstofflichem fügt sich in eine klare Hierarchie: Aus der feinstofflichen Ebene mit ihren Ideen und Informationen kann sich Grobstoffliches, also Materie formen, niemals umgekehrt.

Meist wird verkannt, dass keine Materie ohne ein entsprechendes Informationsmuster existieren würde. Doch erst dann, wenn wir den Informationsgehalt eines Gegenstands oder eines Ereignisses wahrnehmen, können wir wahrhaftige, aufschlussreiche Erfahrungen machen. Sonst prallen wir an den Oberflächen ab, und die Informationen dringen nicht zu uns vor. Und was entgeht uns dabei?

Wir haben es bei der Interwelt mit einem gigantischen Weltgedächtnis zu tun. Alle Bibliotheken weltweit und das gesamte Internet sind nur winzige Teilbereiche. Weil jede Menschengeneration auf alles bereits Abgespeicherte zurückgreifen kann und außerdem neue Erlebnisse und Erfahrungen hinzufügt, weiß jede folgende Generation mehr über die Welt als die vorherige. Wenn man bedenkt, wie viele Millionen von Generationen bereits auf der Erde gelebt haben, bekommt man eine vage Ahnung von dem überreichen geistigen Erfahrungsschatz, aus dem wir schöpfen können. Wir müssen nicht alles neu erlernen, sondern können auf bereits Erlebtes und Gedachtes zurückgreifen.

Das Wissen, das vorliegt, ist immens. Es sprengt in seiner überbordenden Fülle unser Vorstellungsvermögen. Und es ist so kostbar, dass wir letztlich gar nicht darauf verzichten können. Wo stünde die Welt heute, wenn es für jeden einen bewussten Zugang zur Interwelt gäbe, mit allen Lernprozessen, allen kreativen Ideen, allen Visionen, die jemals abgespeichert wurden? Wie viel Leid, wie viele Kriege hätten verhindert werden können? Es ist jedem selbst überlassen, sich solch eine wissende Welt auszumalen.

Kapitel 2:
Rätselhafte Phänomene

Jenseits der Theorie

Auf den folgenden Seiten werden Ihnen Phänomene begegnen, die vieles auf den Kopf stellen, was Sie bisher für möglich hielten. Daher werden Sie vielleicht einiges mit einer gewissen Skepsis zur Kenntnis nehmen und sich fragen: Kann so etwas tatsächlich geschehen? Ich versichere Ihnen, dass ich nur Fallbeispiele ausgewählt habe, die zuverlässig beobachtet wurden. Alle hier vorgestellten Phänomene sind nur Hinweise, nichts ist wirklich belastbar bewiesen. Naturgemäß stimmen sie nicht überein mit dem Weltbild, das die Mainstream-Wissenschaft entwirft. Doch die Evidenz der beobachteten Phänomene ist unbestritten, und so spricht alles dafür, dass es an der Zeit ist, unser Weltbild zu korrigieren.

Wir können es uns nicht länger leisten, besondere Wahrnehmungen und Erfahrungen auszuklammern, nur weil sie alten Vorstellungen widersprechen. Mit meinem Modell von Interwelt und wirklichkeitserzeugendem Bewusstsein wird das anfangs Unerklärliche äußerst plausibel. Vieles mag ungewohnt und neu sein, doch es ist nun einmal die Aufgabe der Wissenschaft, nach der Wirklichkeit zu suchen und sie aufzudecken. Vermutlich werden Sie ohnehin feststellen, dass einige der merkwürdigen Erscheinungen Ihnen sogar vertraut sind. In diesem Fall werden Sie hier erfahren, warum Sie in manchen Augenblicken etwas Übersinnliches und scheinbar Übernatürliches erleben. Daran ist nichts, was Sie beunruhigen sollte. Wie Sie später sehen werden, beruhen scheinbar unerklärliche Phänomene auf naturwissenschaftlichen Vorgängen, die sogar gut erforscht sind. Diese Abläufe zu begreifen wird Ihnen nicht nur Erkenntnisgewinne, sondern auch ein tiefes Verständnis Ihrer eigenen Fähigkeiten erschließen.

Eine kurze Reise durchs Hirn

Da die materialistische Erklärung von Geist und Bewusstsein immer noch große Deutungsmacht besitzt, ist es wichtig, sich einmal klarzumachen, was das materielle Gehirn eigentlich leistet. Im Umkehrschluss wird dann auch deutlich, was es nicht leisten kann. Dies hat seinen Sinn und Zweck, denn rätselhafte Phänomene werden immer noch gern auf Funktionsstörungen des Hirns reduziert. Wenn wir wissen, dass die Funktionen zwar fantastisch sind, aber weder Geist noch Bewusstsein erzeugen, sind wir einen wesentlichen Schritt weitergekommen.

Ich gebe Ihnen ein anschauliches Beispiel. Die Neurologen haben in den letzten Jahrzehnten unsere Hirnareale nahezu umfassend kartografiert. Wir wissen heute um die unterschiedlichen Funktionen der einzelnen Regionen, und wir kennen auch die Veränderungen, die beim Übergang vom Wachzustand zum Traumzustand vor sich gehen. Die Ursache dieser Veränderung ist jedoch keine Fehlleistung, sie ist vielmehr eine quantenphysikalische Ankopplung an das Informationsfeld der Interwelt. Dadurch werden Gedanken und Empfindungen geändert, und daraus folgt wiederum eine veränderte Realitätsschaltung.

Wenn wir abstrakt denken, sind innerhalb des Neokortex, dem Sitz des logischen Verstands, der linke und rechte Stirnlappen aktiv. Das Gegenteil von abstraktem Denken wäre es, die Welt in Bildern aufzunehmen, wie wir es zunächst tun. Der anschließende Verarbeitungsprozess im Neokortex hat durchaus Vorteile: Abstrakte Vorstellungen dienen der Verallgemeinerung. Auf diese Weise können wir die immense Informationsflut, die täglich auf uns einströmt, systematisieren und bewältigen.

Beim Träumen verschwindet die Dominanz des Neokortex. Stattdessen werden die Mittelhirnregionen und das Limbische System aktiver. Vor allem aber wird die Aktivität der linken Gehirnhälfte weitgehend heruntergefahren, sodass logisches und analytisches Denken in den Hintergrund treten. Im Gegenzug ist die rechte Gehirnhälfte, der Sitz von Kreativität und Intuition, aufnahmebereiter. Diese Umschaltung beruht auf Signalen, die von der erhöhten Aktivität des Limbischen Systems stammen.

Die Umschaltung auf die rechte Gehirnhälfte ist nicht nur in Träumen möglich, sondern kann erlernt werden. Manchmal passiert das auch unfreiwillig, durch Traumata oder Verletzungen. Eine andere Möglichkeit besteht, wenn eine Dominanz der rechten Hirnhälfte angeboren ist, was sich als erhöhte Kreativität zeigt, etwa bei Künstlern und Schriftstellern. Andere Menschen mit Rechtshirn-Dominanz haben, wie etwa Synästhetiker, eine ganzheitliche Wahrnehmungsfähigkeit, oder, wie die Savants, erstaunliche Inselbegabungen.

Die funktionale Bedeutung der rechten und linken Gehirnhälfte lässt sich gut anhand einer tabellarischen Übersicht darstellen – wobei anzumerken ist, dass sich die spezifischen Funktionen bei angeborener Linkshändigkeit umkehren. Die folgende systematische Aufstellung ist in Anlehnung an die Ergebnisse der Hirnforscherin Diane Hennacy Powell entstanden, deren sehr innovativer Forschungsansatz mit meinem übereinstimmt (Powell 2009).

Linke Gehirnregion	Rechte Gehirnregion
Vernunft, logisch	Seele, gefühlsbasiert
orientiert sich am Detail	auf das Ganze orientiert
Fakten stehen im Zentrum	Vorstellungen, Möglichkeiten, Tagträume
Bedeutung laut Wort und Text	Bildsprache, Symbolik
Sprache, Syntax, Semantik	Phonologie, Intonation, Sinn
Vergangenheit und Zukunft	Gegenwart

Linke Gehirnregion	Rechte Gehirnregion
Naturwissenschaft und Mathematik	Philosophie und Spiritualität
Alltagswirklichkeit, zweckgebunden, zielorientiert	Interweltwirklichkeit, Fantasie, Freude am reinen Dasein
Glaube, ein einzelnes Individuum zu sein	Gefühl der Einheit mit einer höheren Macht
dominante Neurotransmitter: Acetylcholin (Merkfähigkeit), Dopamin (Feinmotorik wie zum Sprechen notwendig)	dominante Neurotransmitter: Noradrenalin (visuell-räumliche Wahrnehmung, Erregung durch Motivation), Dopamin (künstlerische Umsetzungen)
neuronale Verschaltungen sind vertikal	neuronale Verschaltungen sind horizontal-axial
Verarbeitung der Signale geschieht seriell oder linear, System kann bei Defekt eines Einzelmodus »abstürzen«	Verarbeitung der Signale geschieht parallel, Information wird schneller verarbeitet, System ist stabiler

Der Informationsaustausch zwischen den beiden Gehirnhälften verläuft über eine Brücke, Corpus callosum genannt. Sie besteht aus Nervenfasern, deren Anzahl von Mensch zu Mensch variiert. Im Durchschnitt sind es etwa 300 Millionen Einzelfasern, in manchen Fällen nur zwei Millionen oder sogar noch weniger. Um die Wirkungsweise dieser Brücke zwischen rechter und linker Hemisphäre näher zu erforschen, griff man in den 60er-Jahren zu einem drastischen Mittel: Im Rahmen medizinischer Experimente wurde sie operativ durchtrennt. Das Ergebnis waren zwei isoliert arbeitende Hirnhälften, das Split brain. Dadurch ergaben sich einige Beeinträchtigungen. Da das Sprachzentrum meist in der linken Hirnhälfte liegt, können Menschen mit einem Split Brain beispielsweise keine Gegenstände sprachlich benennen, die sie mit dem Auge sehen, das in der rechten Gehirnhälfte repräsentiert ist.

In unserer westlichen Kultur mit ihrer Neigung zu Logik und Analyse dominiert im Allgemeinen die linke Gehirnhälfte – oder, besser gesagt: Die Leistungen der linken Hirnhälfte sind gefragter, und so wird sie auch weit häufiger benutzt. Diese mentale Ausrichtung lässt unter anderem Intuition und Mitgefühl verkümmern, zwei Fähigkeiten, die in der rechten Hemisphäre lokalisiert sind. Von Natur aus sollten beide Hirnhälften in einer harmonischen Balance stehen. So wirkt sich eine hohe Aktivität der linken Gehirnhälfte deutlich auf ein gut funktionierendes Immunsystem aus. Die Natur hat hier offensichtlich nicht Einseitigkeit, sondern ein gleichberechtigtes Zusammenspiel mit wechselnden Aktivitätshochs vorgesehen.

In der ostasiatischen Kultur mit ihrer Präferenz für meditative Techniken kennt man einige Strategien, um die rechte Gehirnhälfte zu aktivieren. Bei der Meditation wie auch im Yoga geht es immer darum, den denkenden Verstand zurücktreten zu lassen und ein ruhig schauendes Gewahrsein, möglichst sogar die völlige Entleerung des Neokortex von Gedanken zu erreichen. So ist zu erklären, dass diese Kulturen wesentlich empfänglicher für spirituelle Erfahrungen sind als die strenge Verstandeskultur unserer westlichen Gesellschaft. Auch die Koans im Zen, die auf Paradoxien beruhen, sind eine Maßnahme, um die linke Gehirnhälfte außer Kraft zu setzen. Koans sperren sich jeder Logik, wie bei der Aufforderung: »Klatscht in die Hände. Wie hört es sich an, wenn nur eine Hand klatscht?« In der Kreativitätstheorie würde man von mentaler Provokation sprechen, eine Taktik, um die kreative rechte Hemisphäre anzusprechen.

Die Dominanz der Gehirnhälften ist auch von der Schriftkultur abhängig. Piktografische Schriften wie etwa die ägyptische Hieroglyphenschrift werden wie Bildinformationen behandelt und deshalb von der rechten Gehirnhälfte verarbeitet. Das Alphabet, das von den Griechen etwa 1000 v. Chr. eingeführt wurde, verlangt dagegen kognitive Fähigkeiten, die entsprechend linkshirnig stattfinden. Hinzu kommt, dass die meisten phonetischen Schriftarten, deren Buchstaben für Laute stehen, von links nach rechts geschrieben werden. Das ist ein signifikanter Unterschied zur piktografischen Schrift, die von oben nach unten angeordnet ist. Die Leserichtung von links nach rechts, wie bei allen westlichen Sprachen üblich, fördert die Dominanz der linken Gehirnhälfte – anders als beim Lesen von oben nach unten, wodurch die rechte Gehirnseite aktiviert ist.

Diese Erkenntnisse über das Gehirn wirken noch recht geheimnislos. Faszinierend wird es, wenn wir betrachten, wie sich Geist und Bewusstsein weit über die materiellen Gegebenheiten der Hirnstruktur erheben. Übersinnliche Wahrnehmungen, rätselhafte Phänomene, schier unglaubliche Fähigkeiten machen immer wieder von sich reden. Mit den gängigen Modellen des Gehirns sind sie nicht erklärbar. Lassen wir uns also zunächst einmal auf das ein, was an Auffälligkeiten und Abweichungen beobachtet wird, um später nach den Ursachen zu fragen.

Synästhetiker und Gedächtniskünstler

Zu den spannenden Phänomenen, die sich jenseits der Alltagserfahrung bewegen, gehört die Synästhesie. Der Begriff entstand aus »syn«, griechisch für »zusammen«, und aisthesis, »Wahrnehmung«. Synästhetiker verknüpfen einzelne Sinneswahrnehmungen mit völlig anderen, ohne erkennbaren Grund. Beispielsweise wird der Buchstabe A als blau und kalt wahrgenommen oder ein Geigenton als rot und zylindrisch. Oft werden Zahlen mit Farben assoziiert. Das Besondere ist, dass diese Verknüpfungen spontan, also ohne irgendeine vorherige Prägung ablaufen. Synästhetiker riechen Zahlen, hören Farben oder sehen Musik. Oft sind alle fünf Sinne gleichzeitig beteiligt. Man erklärte sich diese ganzheitliche Wahrnehmung lange damit, dass Nervenstränge, die normalerweise einzelne Gehirnregionen ansteuern, ihre Signale austauschen.

Aus der Geschichte sind viele Synästhetiker bekannt. Einer der berühmtesten war der expressionistische Maler Wassily Kandinsky, dessen Bilder oft musikalische Titel tragen. Aber auch Komponisten wie Franz Liszt, Jean Sibelius, Alexander Skrjabin und Olivier Messiaen hatten synästhetische Erfahrungen. Offenbar war es für diese Künstler eine besondere Inspirationsquelle, dass sie fähig zu ungewöhnlichen Sinnesvernetzungen waren.

Der Neurologe und Neuropsychologe Richard Cytowic beschreibt, dass Synästhetiker häufiger hellsehen oder präkognitiv sein können. Einige von ihnen wandeln Persönlichkeitsmerkmale von Menschen in Farben um, sodass sie eine farbige Aura um Menschen wahrnehmen (Cytowic 2002).

Eine weitere Besonderheit von Synästhetikern ist ein ungewöhnlich detailliertes Erinnerungsvermögen, viele haben zugleich einen hohen Intelligenzquotienten. Einige erklären, sie müssten sich nur vorstellen, was passieren solle, dann geschehe es umgehend. Ihre bewussten Gedanken beeinflussten also ohne jede Anstrengung direkt die Materie. Derartige Erfahrungen und Fähigkeiten kennt man sonst nur aus Träumen. Allerdings mit dem Unterschied, dass dabei lediglich virtuell, in der Vorstellung, die Materie beeinflusst wird, nicht in der realen Alltagswelt.

Physiologische Untersuchungen zeigen, dass Synästhetiker meist eine Dominanz der rechten Gehirnhälfte aufweisen, zuweilen auch Schädigungen der linken Gehirnhälfte. In Versuchen atmeten Probanden mit synästhetischen Empfindungen leicht radioaktives Xenongas ein. Mithilfe von Scannern konnte man daraufhin sehen, dass der Neokortex bei diesen Menschen fast vollständig inaktiv war. Konfrontierte man sie außerdem mit Gerüchen, sanken die Aktivitäten der linken Gehirnhälfte nochmals um 18 Prozent, während das Limbische System stärker durchblutet und aktiver war.

Die spezifischen Voraussetzungen eines Synästhetikers sind damit verminderte Aktivitäten von Neokortex und linker Gehirnhälfte sowie erhöhte Aktivitäten der rechten Gehirnhälfte und des Limbischen Systems. Interessanterweise geschieht das Gleiche unter Einfluss von DMT und LSD. Dabei kommt es häufig zu Visionen und Eingebungen, oft auch zu festen Glaubensüberzeugungen, die unter anderem zu Placeboeffekten führen können. Wie wir noch erfahren werden, sind dies Anzeichen dafür, dass jemand in Kontakt mit dem Wissen und den Energien der Interwelt geht. Insofern kann man resümieren, dass Synästhetiker ungewöhnlich intensiv mit der Interwelt kommunizieren.

Neurologen wie Cytowic, die sich wissenschaftlich eingehend mit den Phänomenen auseinandergesetzt haben, sind der Meinung, dass prinzipiell alle Menschen außergewöhnliche Leistungen des Gedächtnisses, des Erinnerungsvermögens und der gedanklichen Beeinflussung von Materie erbringen könnten. Diese Fähigkeiten seien nur durch andere dominante Gehirnfunktionen verdeckt.

Das enorme Erinnerungsvermögen mancher Synästhetiker kann durch die derzeitigen neurologischen Gedächtnistheorien jedenfalls nicht erklärt werden. Dort vertritt man die Meinung, das Gedächtnis sei eine reine Hirnfunktion, abhängig von der Anzahl von Synapsenverbindungen zwischen Neuronenfasern im Gehirnnetzwerk. Auf die meisten Synästhetiker trifft das jedoch nicht zu. Sie haben sogar oft weniger Synapsenverbindungen und eine geringere Gehirnrindenaktivität als »normale« Menschen, obwohl sie ihnen in einigen Fähigkeiten weit überlegen sind. Insofern ist die Kommunikation mit der Interwelt umso wahrscheinlicher. Auch die paranormalen Fähigkeiten dieser Personen weisen darauf hin, dass Informationen aus der Interwelt abgerufen werden können, die Menschen normalerweise nicht zur Verfügung stehen.

Savants

Lange waren die sogenannten Savants eine Randgruppe, von der man wenig wusste und für die sich auch kaum jemand interessierte. Erst der Hollywoodfilm »Rainman« ließ eine breitere Öffentlichkeit auf diese außergewöhnlichen Menschen aufmerksam werden. Im Film lernen wir Raymond kennen, einen Autisten, der mit ungewöhnlichen Fähigkeiten verblüfft. Unter anderem lernt er mühelos Telefonbücher auswendig, und als einmal eine Packung Zahnstocher zu Boden fällt, erfasst er auf einen Blick die genaue

Anzahl der durcheinanderliegenden Holzstäbchen. Das alles steht in krassem Gegensatz zu seiner Unfähigkeit, die einfachsten Alltagstätigkeiten zu bewältigen – weshalb man in diesem Fall von Inselbegabungen spricht.

Der Film beruht auf der Lebensgeschichte des autistischen Amerikaners Kim Peek. Trotz seiner Kommunikationsstörung hatte er phänomenale Fähigkeiten. Er kannte 12 000 Bücher Wort für Wort auswendig, und er hatte sie nicht nur von vorn nach hinten, sondern auch rückwärts gelesen. Sieben Sekunden pro Seite genügten ihm, um sich den Inhalt einzuprägen und ihn jederzeit exakt wiederzugeben. Seine Auffassungsgabe war schier unglaublich. So konnte er in zwei nebeneinanderliegenden Büchern gleichzeitig lesen, indem er jeweils ein Auge auf das betreffende Buch richtete. Eine andere ungewöhnliche Gabe Peeks war das Kalenderrechnen. In Sekundenschnelle bestimmte er Wochentage, selbst wenn man ihm ein Datum sagte, das weit in der Zukunft lag. Auch Busverbindungen, Telefonnummern, Postleitzahlen und Straßennamen konnte er sich in unvorstellbarem Ausmaß einprägen.

Auffällig ist, dass Kim Peek keine Brücke zwischen den Gehirnhälften besaß, was ihn befähigte, sein rechtes und linkes Auge unabhängig voneinander einzusetzen. Die fehlende Verbindung war es auch, die ihm scheinbar sein gigantisches Erinnerungsvermögen bescherte. Nach Meinung der Neurobiologie können auf diese Weise Informationen völlig ungehemmt in die Wahrnehmung fließen, da keine der beiden Gehirnhälften für die andere als Kontroll- und Filterinstanz auftreten kann. Normalerweise wird durch die Brücke zwischen rechter und linker Hemisphäre der ungehinderte Zugang zu Informationen der jeweils anderen Hirnhälfte kontrolliert. Dies ist jedoch eine reichlich materialistische Erklärung. Denn Savants rufen nicht nur Informationen ab, die andere längst vergessen haben, sie verfügen darüber hinaus über Informationen und Fähigkeiten, die nicht durch gewöhnliche Lernprozesse erklärbar sind.

So ist von einem Savant bekannt, dass er die Sprachen Finnisch, Arabisch und Mandarin beherrschte, nur durch die Lektüre von

Büchern, die er überdies verkehrt herum gelesen hatte. Der autistische Savant Daniel Tammert hatte mit drei Jahren einen epileptischen Anfall. Seither ist er ein Zahlenjongleur und spricht sieben Sprachen. In seinem Buch »Born on a Blue Day« beschrieb er unter anderem seine mathematischen Künste (Tammert 2006). Ohne jede Anstrengung kann er die konstante Zahl Pi mit dem Wert 3,14 bis auf 22 514 Dezimalstellen hintereinander aufzählen.

Der Savant Stephen Wiltshire erstellte nach einem einzigen Flug über London eine genaue Karte der gesamten Skyline. Ein anderer Savant konnte auf einem riesigen Parkplatz auf der Stelle die Marken und Modelle aller geparkten Autos samt Baujahr hersagen. Lesen konnte dieser Mann nicht, hatte sein Wissen also nicht Automagazinen entnehmen können.

Der blinde Savant Leslie Lemke hörte nur ein einziges Mal Tschaikowskys Klavierkonzert Nr. 1 und spielte es daraufhin fehlerfrei nach – obwohl er obendrein nur eine Stunde Klavierunterricht gehabt hatte.

Sobald man sich mit diesem Thema beschäftigt, kann man nicht mehr aufhören, sich zu wundern. Michael Kearny beispielsweise, der im Alltagsleben völlig normal wirkt, begann im Alter von zehn Monaten zu sprechen und vier Wochen später zu lesen. An seinem dritten Geburtstag beherrschte er die Algebra, machte mit zehn Jahren seinen College-Abschluss und mit 14 Jahren seinen Master in Biochemie, mit einer Abschlussarbeit über das Wachstum von Krebszellen. Schließlich gewann er ein Preisgeld von einer Million Dollar in einem kompliziert zu lösenden Online-Reality-Spiel (Jones und Flaxman 2010).

Ergebnisse von Untersuchungen an der University of Chicago unter Leitung von Susan Goldin-Meadow und Carolyn Mylander wurde 1998 in der erstklassischen wissenschaftlichen Zeitschrift »Nature« veröffentlicht und sofort heftig debattiert. Die beiden Forscherinnen hatten im Rahmen einer wissenschaftlichen Studie herausgefunden: Taubstumme Kinder aus den USA und Taiwan entwickelten unabhängig voneinander spontan ein umfangreiches Repertoire gleichartiger Gesten und eine virtuelle Spracharchitektur ohne Anleitung von Eltern und Lehrern. Beide Gruppen stellten das Objekt vor das Verb und unterschieden beim Satzbau zwischen dem Subjekt eines transitiven Satzes (»Die Maus frisst Käse«) und eines intransitiven (»Die Maus rennt«). Im Deutschen wird das Subjekt gleich behandelt, ebenso im Englischen und im Mandarin-Chinesischen. Die chinesischen Kinder konnten ihre Grammatik nicht von den Eltern übernommen haben. Woher kam dann diese Eigenart? Die Wissenschaftler hatten nur noch die Idee, dass diese Regeln angeboren sein könnten. Die Idee eines universalen Geistfelds wurde nicht diskutiert.[8]

Man hatte immer schon gerätselt, wie der Spracherwerb eigentlich vonstattengeht. Warum kann ein normal entwickeltes Kind mit drei Jahren flüssig reden und Sätze bilden, die es nie vorher gehört hat? Der Linguist Noam Chomsky folgerte daraus, es müsse ein Bauplan für Sprache existieren, eine Universalgrammatik, der alle neuen Erdenbürger gleichermaßen unterworfen seien. Doch wo ist dieser Bauplan gespeichert? Kaum vorstellbar, dass er sich auf dem Genom befindet. Hier handelt es sich um Informationen geistiger Natur, und so müssen sie auch von einem geistigen Feld abgerufen werden – vom Informationsfeld der Interwelt.

In neuerer Zeit wurde ein junger Künstler von der renommierten Juillard-School of Music in New York gebeten, eine Violinsonate zu schreiben. Er ließ sich daraufhin von einem nur ihm zugänglichen inneren »Musikkanal« die Partitur diktieren. Sie war offensichtlich im Informationsfeld abgespeichert und musste von ihm nur noch abgerufen werden. In gleicher Weise sollen Bach und Mozart komponiert haben – ohne Zögern, ohne weitere Überlegungen, ohne planende Vorarbeit. Solche Beispiele illustrieren, dass diese Menschen kein erlerntes Wissen reproduzieren, sondern ein übergeordnetes kollektives Wissen der Interwelt kreativ in der Alltagssphäre umsetzen.

Wie Synästhetiker sind auch Savants oft mit sogenannten paranormalen Fähigkeiten ausgestattet (Rimland und Fein 1988). So wird von einem Schüler berichtet, der ohne jeden Hinweis immer genau wusste, wann seine Eltern ihn ausnahmsweise von der

Schule abholten; für gewöhnlich fuhr er mit dem Schulbus. Eine andere Inselbegabte konnte ihre Weihnachtsgeschenke bereits eine Woche vor Weihnachten beschreiben, ohne irgendwelche konkreten Informationen darüber zu haben. Eine weitere Savante sagte den Todestag ihres Vaters voraus, einschließlich der Ursache, ein Herzinfarkt. Sie hatte jede Einzelheit und sämtliche Begleitumstände des Sterbens genau vorhergesehen.

Etwa die Hälfte der Savants sind Autisten. Viele haben eine Gehirnschädigung oder weisen eine mentale Fehlentwicklung auf. Wie bei den meisten Synästhetikern konnte man auch bei Savants eine Dysfunktion der linken Gehirnhälfte und eine erhöhte Funktion der rechten Gehirnhälfte feststellen. Die Gehirntätigkeit ähnelt bei Savants im Wachzustand jenem Modus, der für das Träumen charakteristisch ist. Das heißt, dass ihr Tagesbewusstsein nicht der üblichen Kontrolle durch den Neokortex unterliegt. Vermutlich werden dadurch Wahrnehmungen zugelassen, die auch andere Menschen potenziell haben könnten, die jedoch nicht ins Bewusstsein vordringen.

Das Gehirn kann etwa sechs Milliarden Datenbits pro Sekunde empfangen. Würden diese Bits alle bewusst, könnten wir nicht überleben, überwältigt und erstickt von der Informationsflut. Deshalb bleiben etwa 95 Prozent aller wahrgenommenen Informationen unterhalb der Bewusstseinsschwelle, und nur fünf Prozent erreichen das Bewusstsein. Aus diesem geringen Anteil komprimieren wir einige kleinste Informationspakete, die wir Erfahrung nennen. Anschließend bilden wir daraus Muster für Handlungsprogramme, mit denen wir uns durch die Alltagswelt lotsen. Grundsätzlich ist das gut so. Alle Gehirnregionen verarbeiten in voller Harmonie jene inneren und äußeren Sinnesreize, die absolut lebensnotwendig sind – so unterscheiden wir ganz pragmatisch zwischen wichtig und unwichtig.

Bei Inselbegabten ist das ausgewogene Zusammenspiel der Hirnhemisphären unterbrochen. Die Filter der Auswahlintelligenz sind nicht aktiv, deshalb fließen die hereinkommenden Informationen unsortiert ins Bewusstsein. Savants können darüber hinaus aber auch Informationen abrufen, die sie nie auf die übliche Weise gelernt haben, etwa dann, wenn sie Ereignisse vorhersagen. Diese Hellsichtigkeit ist nur plausibel erklärbar durch ihren Kontakt zur Interwelt, wo die chronologische Zeit keine Bedeutung hat und alles ein immerwährendes Jetzt ist. Deshalb sind die Kategorien von Vergangenheit, Gegenwart und Zukunft für Savants nicht relevant.

Der Kontakt zur Interwelt erklärt auch, warum sich Savants von einem Augenblick zum anderen enorme Wissensmengen oder Fertigkeiten aneignen können. Das Prinzip, das dabei wirkt, kann man sich leicht vor Augen führen. Wer einmal Autofahren oder Radfahren gelernt hat, kann es quasi automatisch abrufen. Man muss sich nicht an alle Details erinnern, die im Lernvorgang noch wichtig waren, sondern greift auf bereits programmierte Abläufe zu. Das heißt: Nach der Programmierung ist der gesamte Vorgang abgespeichert, und wir müssen nur noch die Datei im Speicher öffnen. Solche persönlichen Programme liegen für jeden von uns in der Interwelt bereit. Das Besondere bei Savants ist jedoch, dass sie offenbar auch auf Programme anderer Menschen Zugriff haben. Das zeigt das Beispiel jenes Savants, der das Klavierkonzert von Tschaikowsky nachspielen konnte – ohne eine entsprechende pianistische Ausbildung, ohne eingehende Beschäftigung mit den Noten. Sein Konzerterlebnis wirkte wie ein Codewort. Er musste es nur eingeben, und die Interwelt stellte ihm sowohl die Partitur als auch die pianistische Virtuosität zur Verfügung, für die andere jahrelang diszipliniert hätten üben mussen.

Die Fähigkeiten der Savants sind kein Mythos. Man kann sie heute sehr leicht mithilfe von Computern oder Taschenrechnern nachprüfen. Ihr Konnex mit der Interwelt ist sehr plausibel – vor allem wenn man bedenkt, dass Savants häufig minderbegabt sind, mit sehr niedrigen IQs, die oft nur zwischen 20 und 40 liegen. Es ist also keine herausragende Intelligenz, die sie zu außergewöhnlichen Dingen befähigt. Ihre Inselbegabungen sind Fenster zur Interwelt, die sie öffnen können. Dort haben sie Zugang zu Fakten und Fertigkeiten, die andere vor ihnen erworben haben und die ihnen nun frei zugänglich sind.

Hirnlose Intelligenz

Die veraltete, aber dennoch weithin anerkannte Lehrmeinung, wonach unsere Gedanken, unser Bewusstsein und unser Wille in bestimmten Gehirnzentren entstehen, ist durch nichts bewiesen. Umgekehrt gibt es diverse Untersuchungen und Beobachtungen, dass geistige Aktivitäten sogar mit minimalen Gehirnstrukturen möglich sind. Das vorliegende Material gehört zu den überzeugendsten Argumenten, die wir für den immateriellen Charakter von Geist und Bewusstsein haben. Viele der Forschungsergebnisse stammen aus der zweiten Hälfte des vergangenen Jahrhunderts, wurden aber kaum von einer breiteren wissenschaftlichen Öffentlichkeit beachtet. Man lässt sich offenbar ungern auf neues Terrain führen, wenn man erst einmal ein festes Theoriegebäude errichtet hat. Und ganz sicher sind die folgenden Phänomene dazu geeignet, das gesamte Gebäude einstürzen zu lassen.

Im Jahr 1980 veröffentlichte das renommierte wissenschaftliche Magazin »Science« einen Artikel von Roger Lewin, mit der Überschrift: »Ist unser Gehirn wirklich notwendig?« Diese provokante Frage ergab sich aus den Forschungsarbeiten von John Lorber an der University of Sheffield, London. Lorber ist ein weltweit anerkannter Spezialist für Hydrocephalus, im Volksmund Wasserkopf genannt. Bei den Erkrankten staut sich Flüssigkeit des Hirn-Rückenmark-Systems in den erweiterten Seitenventrikeln des Gehirns. Die Flüssigkeit übt einen erheblichen Druck auf die Gehirnmasse aus, sodass sie sukzessive abstirbt. Neun der fast 300 Patienten, die untersucht wurden, besaßen nur noch etwa fünf Prozent ihrer ursprünglichen Hirnmasse. Dennoch hatten vier von ihnen einen IQ von mehr als 100 und zwei sogar einen IQ von mehr als 126. Unter ihnen war ein Student, der als einer der Besten im Fach Mathematik abgeschnitten hatte, ansonsten aber völlig unauffällig war.

Als Lorber den jungen Mann mit einem Gehirnscanner untersuchte, fand er zwischen Ventrikeln und Schädel eine nur etwa einen Millimeter dicke Schicht Hirnmasse, obwohl sie an dieser Stelle normalerweise 4,5 Zentimeter hätte ausmachen müssen (Lewin 1980). Nach Ansicht von Neurologen war das völlig unmöglich. Wie konnte der Student derartige mathematische Leistungen vollbringen, trotz seiner deutlich reduzierten Hirnmasse? Entsprechend hagelte es Kritik. Vorwürfe wurden laut, es handele sich um unseriöse Methoden. Daraufhin führte Lorber 1984 eine zweite Studie mit dem Probanden durch. Diesmal vermaß er das Gehirn nach allen Regeln der Wissenschaft und wiederholte auch den IQ-Test.

Die Ergebnisse blieben gleich: Bei einem IQ von 126 war die Gehirnmasse insgesamt um 44 Prozent reduziert und beschränkte sich auf eine sehr dünne Schicht unter der Schädeldecke. Dennoch gab es keinerlei Probleme bei der Verarbeitung von Informationen oder bei komplizierten Rechenoperationen (Lorber 1984). Die Fachwelt schüttelte den Kopf. Vergeblich suchte man nach Unstimmigkeiten in Lorbers Arbeit, fand aber nichts. Auch der Anatomieprofessor Patrick Wall vom University College in London war ratlos. Er fragte: »Die medizinische Literatur ist voll von ähnlichen Berichten, und diese reichen weit in die Vergangenheit zurück ... Wie erklären wir sie nur?«[9]

So wie Wall, standen auch andere Mediziner vor einem Rätsel, denn ähnliche Fälle gab es in der Tat. Im Jahr 1997 berichtete die »New York Times« über eine ungewöhnliche und ziemlich radikale Therapie. Bei der Behandlung von Kindern mit Hirndefekten hatte man die geschädigten Areale kurzerhand operativ entfernt, sodass manchmal bis zur Hälfte der Hirnmasse entnommen werden musste. Der geistige Zustand der kleinen Patienten besserte sich sofort – obwohl man ja damit rechnen musste, dass sich nach dieser Operation ein markanter Ausfall diverser Hirnfunktionen einstellen würde. Nichts dergleichen war festzustellen. Eileen Vining von der Johns Hopkins University testete sämtliche 54 Kinder, an denen die Operation vorgenommen worden war. Sie gab ihrem großen Erstaunen Ausdruck, wie normal die Kinder wirkten: »Dass das Gedächtnis offensichtlich erhalten bleibt, erfüllt uns ebenso mit Ehrfurcht wie der Umstand, dass Persönlichkeit und Freude der Kinder nicht beeinträchtigt sind« (Zuger 1997).

In jüngster Zeit wurden vergleichbare Ergebnisse aus Tierversuchen veröffentlicht. So untersuchte man Hamster, die mit erblich bedingtem Wasserkopf geboren worden waren und deren Gehirn fast vollständig verschwunden war. Sie zeigten weder Auffälligkeiten im Verhalten noch Funktionsausfälle (Edwards et al. 2006). Die Konsequenzen lehrten neurologische Hardliner das Fürchten: Hatte man das Hirn bisher überschätzt? Gab es selbst bei Tieren Fähigkeiten, die ohne nennenswerte neuronale Strukturen ablaufen konnten? Der Ausgang der Experimente sprach eindeutig dafür.

Eine weitere Forschungsquelle waren Kriegsteilnehmer mit Hirnverletzungen. Immer wieder wurde festgestellt, dass trotz der Zertrümmerung wesentlicher Gehirnareale das Bewusstsein intakt geblieben war (Bärtschi-Roschaix 1951). Auch C. G. Jung beschäftigte sich mit Soldaten, deren Hirne durch Kopfschüsse und Granatensplitter empfindlich gelitten hatten. Sie erzählten Jung nach ihrer Genesung von Träumen und großartigen Visionen. Für Jung stellte sich die Frage: Wenn große Teile des Gehirns völlig zerstört sind, welches Organ erzeugt dann den Traum? Seine Conclusio lautete: »Nichts spricht gegen die Annahme, dass Bewusstsein losgelöst vom Gehirn existieren könnte« (Serrano 1968). Der Nobelpreisträger Eccles hatte bereits 1975 darauf hingewiesen, dass das Bewusstsein selbst dann weiterexistiere, wenn große Teile der Großhirnrinde entfernt wurden. Auch er folgerte daraus, dass das Bewusstsein außerhalb des Gehirns existieren müsse, unabhängig von Raum und Zeit (Eccles 1975). Im selben Jahr erklärte der hervorragende Neurochirurg Wilder Penfield, das Gehirn komme keinesfalls als Sitz des Bewusstseins infrage (Penfield 1975). Zusammen mit seinem ebenso berühmten Kollegen Karl Popper veröffentlichte Eccles 1982 den programmatischen Satz: »Der sich seiner selbst bewusste Geist muss als etwas vom Gehirn Getrenntes aufgefasst werden« (Eccles und Popper 1982).[10] Derselben Meinung ist auch der Psychiater Stanislaw Grof. Aufgrund seiner Forschungen argumentiert er, die menschliche Erfahrung werde zwar vom Gehirn vermittelt, entspringe ihm aber nicht und sei auch nicht vollständig vom Gehirn abhängig (Grof und Bennet 1997).

Wir können aus diesen Erkenntnissen schließen: Das Gehirn ist letztlich eine Empfangsstation, ähnlich einem Radio oder Fernseher. Stellt man den Empfänger aus, heißt das jedoch nicht, dass damit auch der Sender und das Programm verschwinden. Im Gegenteil: Die Inhalte sind weiterhin auf Sendung. Rückübersetzt auf das menschliche Gehirn heißt das: Um das Programm zu empfangen, genügen offensichtlich einige wenige Gehirnzellen, die Quanteneffekte ausüben. Bei Alzheimer und Demenz sind möglicherweise die geordneten Mechanismen der Quantenübertragung gestört, z. B. die Kohärenz, auf die wir weiter hinten noch zu sprechen kommen. Das lässt sich daraus schließen, dass kurz vor dem Tode diese Patienten häufig ihre volle Bewusstseinsleistung wiederfinden. Da unser Selbst in der Interwelt das Programm ist, brauchen wir kein materielles Empfangsmedium zur Umsetzung – der Informationsfluss erfolgt über das Unbewusste, das direkt mit dem Selbst kommuniziert. Sie werden diese Aussage später besser verstehen.

Der Schweizer Beat Imhof schreibt 2012 in seinem umfassend recherchierten Buch »Wie auf Erden, so am Himmel«: »Wir denken nicht, weil wir ein Gehirn haben, sondern wir haben ein Gehirn, weil wir denken.«

Die genannten Beispiele illustrieren mit großer Eindringlichkeit die Unzerstörbarkeit von Geist, Bewusstsein und Seele. Wer das Geheimnis des Menschseins in einzelnen Gehirnzellen sucht, wird ebenso scheitern wie jemand, der glaubt, Liebe sei lediglich ein Mix körpereigener Chemikalien. Das materielle Zeitalter neigt sich merklich seinem Ende zu. Die neuesten Erkenntnisse über Geist und Bewusstsein erheben den Menschen über eine rein körperliche Existenz und zeigen, dass er höchster Ausdruck einer vollkommen geistig bestimmten Natur ist.

Kapitel 3:
Bewusstsein und Materie

Je weiter wir uns in die Welt seltsamer Phänomene hineinbewegen, desto deutlicher wird: Gedankenübertragungen, Manipulationen von materiellen Gegenständen und vieles mehr können nur stattfinden, wenn der menschliche Geist auf irgendeine Weise mit den Informationsgehalten der Materie kommuniziert. Unglaublich? Wer kommuniziert schon mit seinem Frühstücksbrötchen, seinem Fernseher oder einer Pflanze? Zugegeben – einmal mehr könnte man meinen, fantasiebegabte Wissenschaftler würden Theorien mit Spekulationen verwechseln. Doch wenn Sie die folgenden Abschnitte lesen, offenbaren sich Einflussmöglichkeiten, die jeden Zukunftsroman überflügeln.

Hätten Sie gedacht, dass ein weltweit anerkannter Physiker einst durch seine bloße Anwesenheit Apparaturen eines Labors zerstörte? Oder dass ein Mensch die Zerfallsrate radioaktiver Isotope nur mit seinem Bewusstsein manipulieren kann? Dass sich Gehirne synchronisieren, wenn Menschen gemeinsam meditieren? All dies sind Geschehnisse, die teilweise wissenschaftlich untersucht und dokumentiert wurden. Sie geben eine erste Ahnung von den fast unbegrenzten Möglichkeiten des menschlichen Geistes. Und einmal mehr zeigt sich, dass quantenphilosophische Abläufe ins Spiel kommen, obwohl die bekannten Naturgesetze außer Kraft gesetzt werden.

Telekinese

Um das Phänomen der Telekinese ranken sich zahlreiche Mythen. Immer wieder kursieren Geschichten, in denen Menschen mit purer Gedankenkraft Gegenstände bewegen oder sogar verformen. Die Parapsychologie beschäftigt sich seit Jahrzehnten mit diesen verwirrenden Erscheinungen, die so gar nicht dem Alltagsempfinden des Wahrscheinlichen entsprechen. So sind Unterarten wie die Pyrokinese bekannt, bei der allein durch geistige Konzentration ein Feuer entzündet wird, oder die Kryokinese, bei der ohne jegliche Hilfsmittel Flüssigkeiten gefrieren. Reiner Unsinn? Oder gibt es schlüssige Erklärungen?

Der Neurowissenschaftler Dr. Jacobo Grinberg-Zylberbaum übernahm 1977 einen Lehrstuhl an der Autonomen Nationalen Universität von Mexiko in Mexico City. In nur fünf Jahren führte er mehr als 50 wissenschaftliche Versuche zur telekinetischen Reizübertragung durch. Seine wichtigsten Erfahrungen machte er mit einer Frau namens Pachita. Sie führte alle naturwissenschaftlichen Gesetze ad absurdum. Grinberg-Zylberbaum beobachtete im Zeitraum von mehreren Monaten nahezu haarsträubende Szenen. Beispielsweise führte Pachita Operationen mit einem Allzweckmesser aus, ohne jede Narkose. Dabei »ersetzte« sie erkrankte Organe durch neue, die sie selbst aus dem Nichts hervorholte. Und das Unfassbare war: Die Patienten gesundeten.

Der Wissenschaftler zerbrach sich den Kopf darüber, wie solche Dinge möglich sein könnten. Schließlich stellte er die These auf, es müsse ein »neuronales Feld« geben. Es beruhe auf der Wechselwirkung des Gehirns mit einer von ihm so genannten »Prä-Raumstruktur«. Mit diesem Begriff bezeichnet er ein Urfeld als Quelle von Raum und Zeit, Energie und Materie, letztlich also die Quelle allen biologischen Lebens. In Grinberg-Zylberbaums Vorstellung gibt es ein universales holografisches Netz, das Bewusstsein enthält. Und da im Hologramm an jedem Punkt das gesamte Wissen vorliegt, könne jeder auch das gesamte Wissen abrufen.

Auf diese Weise entwickelte der Forscher eine Theorie der Telekinese. Sie beruht auf folgenden Annahmen: Das neuronale Feld des aktiven Gehirns verzerre das Urfeld. Dies habe eine Wahrnehmung aktueller Geschehnisse zur Folge, die mit Bildern interpretiert würden. Wenn aber die Interpretationsaktivitäten ausblieben, seien das neuronale Feld und das Urfeld deckungsgleich. In diesem Moment werde die Wirklichkeit für den egofreien Menschen ganzheitlich wahrnehmbar, mit dem reinen Bewusstsein.

Alle spirituellen Konzepte, meint Grinberg-Zylberbaum, zielten darauf ab, die unverzerrte, unverfälschte Prä-Raumstruktur zu finden. Er begründete auf diesen Erkenntnissen eine eigene Bewusstseinswissenschaft (Grinberg-Zylberbaum 1994).

Im Jahr 1987 begann er mit weiteren außergewöhnlichen Experimenten. Er ließ zwei Personen 20 Minuten lang meditieren, wodurch offensichtlich eine geistig-spirituelle Verbindung zwischen ihnen hergestellt wurde. Anschließend verteilte er die Probanden auf zwei elektromagnetisch abgeschirmte, schalldichte Räume. Das Elektroenzephalogramm (EEG) der beiden Probanden zeigte nun trotz der Trennung erstaunlich synchrone Muster. Zum einen waren die beiden Gehirnhälften der jeweiligen Person synchronisiert, ein Zeichen intensiver Meditation. Zweitens waren die elektrisch messbaren Hirnaktivitäten der beiden getrennten Probanden auch insgesamt synchron – wobei die Person mit der kohärenteren Aktivität als Schrittmacher der anderen wirkte (Grinberg-Zylberbaum et al. 1987, Grinberg-Zylberbaum et al. 1992).

Die weiterführenden Versuchsergebnisse des Jahres 1994 fielen noch spektakulärer aus. Ergänzend zum vorherigen Versuchsdesign, wurde eine der beiden Testpersonen nach der Meditation und nach der Separierung mit einem grellen Licht geblendet. Danach erfolgte eine Messung des sogenannten evozierten elektrischen Potenzials im EEG, die Reaktion auf den Lichtreiz. Jeder Versuch umfasste 100 Lichtblitze, die nach einem Zufallsprinzip in variierenden Rhythmen abgesendet wurden. Das überraschende Ergebnis: In 25 Prozent aller Fälle tauchte exakt zur gleichen Zeit auch im EEG der nicht geblendeten Person eine parallele Reaktion auf. Hatten die Testpersonen der Kontrollgruppe vorher nicht meditiert, gab es auch keine Übertragung der Lichtreaktion.

Im Folgenden verwendete Grinberg-Zylberbaum außer Lichtreizen auch Geräusche oder geringfügige Elektroschocks an Zeige- und Ringfinger der rechten Hand. Immer wieder kam es bei der zweiten Testperson zur identischen Erregung der betreffenden Gehirnregionen – obwohl sie in einem anderen Raum saß und auch keiner direkten Reizeinwirkung ausgesetzt war. Die Veröffentlichung der Testergebnisse in der renommierten Zeitschrift »Physics Essay« sorgte für einiges Aufsehen. Erstmals erfuhren Wissenschaftler von einem telekinetischen Mechanismus, der als Einstein-Podolsky-Rosen-Paradoxon Geschichte schreiben sollte (Grinberg-Zylberbaum 1994). Kurz nach der Veröffentlichung verschwand Grinberg-Zylberbaum übrigens spurlos und tauchte nie wieder auf. Auch seine Frau verschwand ein Jahr später und wird seither vermisst. Die Gründe sind unbekannt.

Ähnliche Versuchsergebnisse hatten sich schon einige Jahre vor Grinberg-Zylberbaums Experimenten gezeigt, waren aber nicht publik geworden. Auch Charles Tart von der Universitity Berkeley, Kalifornien, hatte Probanden leichte Elektroschocks verabreicht und wies nach, dass sie den Schmerz zeitgleich an andere Personen senden konnten. Als Reaktion wurden bei den gleichsam ferngesteuerten Schmerzeffekten eine erhöhte Herzfrequenz, ein größeres Blutvolumen und andere typische Schmerzindikatoren gemessen. Eine geheime Absprache der Testpersonen war ausgeschlossen, denn die Elektroschocks kamen für die erste Testperson vollkommen unerwartet, konnten von der zweiten also nicht erwartet oder befürchtet werden (Tart 1963).

Auch die Hypnose gehört in diesen Kontext. Sie ist als Methode gut erforscht, was aber im Hintergrund wirkt, darüber ist noch sehr wenig bekannt. Hypnotisierte Menschen sind ohne bewusste Kontrolle fähig, sämtliche vegetativen Prozesse zu verändern. Darüber hinaus scheint auch das Immunsystem aktivierbar zu sein, sodass Heilungen möglich sind.

Der russische Neurologe M. W. Bechterew war aufgrund eigener Versuche ein vehementer Verfechter der Telepathie. Er nannte sie das »Radio des Gehirns«. Sein Schüler Leonid L. Wasiljew arbeitete 1933 zusammen mit einer wissenschaftlichen Kommission, bestehend aus Physiologen, Physikern und Psychologen, aufwendige Versuchsanordnungen zu einer Fernhypnose aus (Wasiljew 1976). Dabei wurden Testpersonen auf Distanz ohne ihr Wissen in Hypnose versetzt und durch Räume dirigiert. Die Versuche sind in einem Sammelwerk dargestellt und genügen durchaus wissenschaftlichen Kriterien. Die Hypnoseeffekte waren selbst über eine Entfernung von 1700 Kilometern, von Sewastopol nach Leningrad, noch erfolgreich. Zur Überprüfung der »Gehirn-Radio-Hypothese« schirmten die Wissenschaftler die Versuchsräume sowohl des Hypnose-Sende-Mediums als auch die des Empfängers mit dicken Bleiplatten als Faradayschen Käfig ab. Völlig unerwartet wurde damit keinerlei Abschwächung der Hypnosebefehle erreicht und gleichzeitig die elektromagnetische Übertragungshypothese widerlegt. Wasiljew charakterisierte die Übertragungsenergie als »weder von der Entfernung noch von Widerständen abhängig«. Er schließt seinen Bericht mit dem Satz: »In der Geschichte der Wissenschaft ist es schon öfter geschehen, dass die Feststellung neuer Fakten, die durch das bisher Bekannte nicht erklärbar waren, zur Entdeckung unvorhersehbarer Seiten des Daseins geführt haben« (Wasiljew 1976).

In anderen Experimenten wird deutlich, dass der Mensch unter Hypnose Informationen aufnehmen kann, die zwar der Erregung seiner fünf Sinne entsprechen, aber nicht mit diesen Sinnen aufgenommen wurden – sondern mit den Sinnen des Hypnotiseurs. Der Proband schmeckt, riecht, hört exakt das, was sich der Hypnotiseur gerade selbst als Reiz zuführt. Oder die hypnotisierte Person verspürt einen lokalen Schmerz, wenn der Hypnotiseur sich mit einer Nadel sticht.

Viele Jahre lang beschäftigte sich der italienische Arzt und Neurologe Nitamo Montecucco mit dem Phänomen der Gehirnsynchronisation. Er stellte fest, dass Meditationen in linker und rechter Gehirnhälfte identische Wellenmuster hervorbringen. Die Signifikanz seiner Testergebnisse machte viele Kollegen sprachlos: Elf von zwölf meditierenden Probanden erreichten eine Synchronisierung der EEG-Wellen von 98 Prozent. Montecucco wiederholte das Experiment am 20. Mai 2007, anlässlich des Meditationstags für den Weltfrieden. Nun kontrollierte der Neurologe das EEG von größeren Menschenmengen, die teilweise mehrere Hundert Kilometer voneinander entfernt waren. Insgesamt meditierten und beteten an diesem Tag mehr als eine Million Menschen in 65 Ländern für den Weltfrieden. Die Synchronisierung innerhalb der Gruppen betrug 0,53 auf der Wahrscheinlichkeitsskala und war damit zweifelsfrei kein Zufall.[11]

Seither ist die Forschung intensiviert worden. Im Institute of HartMath konnten die Versuchsergebnisse reproduziert werden. Versuchspersonen synchronisierten ihre Herz- und Hirnfrequenzen in verschiedenen Räumen, nachdem sie vorher einen engen Umgang gepflegt und einander Wertschätzung, Mitgefühl und Achtsamkeit signalisiert hatten. Der Erfolg der Kopplung, so Versuchsleiter R. Kenny, lag offenbar in verstärkter Ruhe, Verbundenheit und Intuition (Kenny 2004).

Eine besondere Variante der Erforschung von Korrespondenzen sind Experimente unter Hypnose. William Braud, Forschungsleiter am Institute of Transpersonal Psychology in Palo Alto, Kalifornien, ahnte, worauf er sich einließ: Er musste als Hypnotiseur im Namen der Wissenschaft selbst einiges auf sich nehmen. Beispielsweise stach er sich mit einer Nadel in die Hand oder hielt seine Finger in eine Kerzenflamme. Der Hypnotisierte erlebte alles gleichsam hautnah mit und fühlte den gleichen Schmerz. Auch die Wahrnehmung von Sonnenlicht oder Bilder eines Boots wurden vom Hypnotisierten prompt nachvollzogen. Das funktionierte sogar, als Braud viele Kilometer entfernt von seinem Probanden eine bestimmte Information sendete. Da diese Übertragungen auch zwischen Heilern und Patienten nachgewiesen werden können, oft über Tausende Kilometer hinweg, hat sich inzwischen die medizinische Disziplin »Telesomatik« als nicht lokale Medizin etabliert.

Braud experimentierte darüber hinaus mit der klassischen Telekinese, der Manipulation von materiellen Stoffen und Gegenständen. So fand er heraus, dass allein gedankliche Konzentration das Platzen von Erythrozyten in einer Salzlösung weitgehend verhindert. Außerdem wies er nach, dass eine nervöse Menschengruppe aus der Ferne beruhigt werden kann, ohne jeden direkten Kontakt. Ausschlaggebend war allein die Gedankenkraft des Senders (Braud und Schlitz 1983).[12] Vor negativen Einflüssen aus der Ferne konnten sich in anderen Versuchen Menschen schützen, wenn sie eine Art Schutzschild visualisierten, wie Braud ebenfalls dokumentierte (Braud 1991).

Telepathie

Der Telekinese verwandt ist die Telepathie, die körperlose Übermittlung von konkreten Informationen. Dabei werden Ideen, aber auch Gefühle und Bilder oft über weite Strecken transportiert und vom Empfänger auf der Stelle decodiert. Man schätzt, dass etwa 30 Prozent aller Zwillinge telepathisch in Verbindung stehen. Guy Playfair, Mitglied der Society for Psychical Research und bekannt für sein Interesse an nicht geklärten Phänomenen, hat in seinem Buch »Zwillings-Telepathie – die psychische Verbindung« faszinierende Beispiele dafür zusammengetragen. Räumliche Trennungen spielen für Zwillinge keine Rolle. Fast scheint es, als würden sie ein gemeinsames Hirn, einen gemeinsamen Geist und ein gemeinsames Bewusstsein teilen. Es spricht viel dafür, dass hier eine angeborene Disposition für Kohärenz vorliegt (Playfair 2002). Playfair berichtet unter anderem von einem Versuch, der live im Fernsehen übertragen wurde. Dabei brachte man vier Zwillingspaare in getrennten, schallisolierten Räumen unter. Bei jedem einzelnen Probanden wurden nun Vitalparameter wie Blutdruck, Hirnwellen und psychogalvanischer Reflex gemessen, eine Prozedur, die besser als Lügendetektor-Test bekannt ist. Was die Paare nicht ahnen konnten: In ihren Stuhllehnen waren kleine Geräte versteckt, die durchdringende Alarmsignale erzeugen konnten. Wurde ein Zwilling auf diese Weise erschreckt, schlugen die Messgeräte entsprechend weit aus. Dies passierte jedoch auch beim jeweils anderen Zwilling, der keinen Alarmton hörte. Lediglich bei einem der vier Paare gelang diese telepathische Übertragung nicht.

Allerdings ist der telepathische Effekt nicht nur an Zwillinge gebunden. Auch Menschen, die eine tief gehende Beziehung miteinander verbindet, kennen spontane Übermittlungen von Gedanken und Gefühlen: nahe Familienangehörige, Liebende, enge Freunde. Die Wissenschaftsdisziplin DMILS (Distant Mental Influence on Living Systems) untersucht das Phänomen mit dem Ziel, Tricks und Täuschungen auszuschließen. Offensichtlich ist das gelungen. Die Ergebnisse sind belastbarer geworden, und es wird immer deutlicher, dass telekinetische und telepathische Effekte bei allen Menschen latent vorhanden sind. Ab Mitte der 30er-Jahre erforschte J. B. Rhine an der Duke University über mehrere Jahrzehnte telepathische Übertragungen.[13] Die Ergebnisse der Telepathieversuche waren derart signifikant, dass sie keinesfalls Zufall sein konnten. Sie wurden auch nicht durch affektgeladene Situationen beeinträchtigt. Faktoren wie emotionale Spannungen im Labor, hoher Erwartungsdruck, Neugierde, Konkurrenzdenken oder Angst der Probanden unterstützten die Signifikanz sogar. Und es stellte sich außerdem heraus, dass positive Ergebnisse gefördert wurden, wenn eine Sympathie zwischen den telepathischen Partnern bestand, während Antipathie und persönliche Differenzen sie hemmten. Selbst die Stimmungen des Versuchsleiters spielten eine Rolle.

Im Stanford Research Institute, Kalifornien, stellten die Physiker Harold Puthoff und Russell Targ in den 70er-Jahren Experimente an, bei denen die Probanden entspannt im Labor saßen und schildern sollten, welche spontanen Bilder sie vor ihrem geistigen Auge sahen. Was sie beschrieben, waren exakt jene Bilder, die andere, weit entfernte Probanden in einem anderen Labor gerade anschauten. Puthoff und Targ nannten dieses Phänomen »Mind-Reach«, was man mit »Erreichbarkeit des Bewusstseins« übersetzen könnte. Damit war einmal erwiesen, dass Bilder wie auch Gedanken ohne mediale Hilfsmittel direkt übertragen werden können (Targ und Puthoff 1977).

Rein geistige Kommunikationsformen und telesomatische Effekte – die Beeinflussung des Körpers durch den Geist – sind so alt wie die Menschheit. Noch heute gehören sie zu den selbstverständlichen Erfahrungen sogenannter Naturvölker. Dort haben Schamanen, Vodoopriester und Heilmagier eine exponierte Stellung. Mitarbeiter der WHO kamen in einer Untersuchung zu dem Schluss, dass die Heilerfolge dieser magischen Praktiken denen der westlichen Schulmedizin in nichts nachstehen. Der Mediziner Larry Dossey, ein exzellenter Kenner des Gebiets, ist überzeugt, dass nach den pharmazeutischen und psychologischen Therapien bald die telesomatische, nicht-lokale Medizin das Feld erobern wird. Vor allem in Fällen, bei denen die westliche Schulmedizin scheitert und Krankheiten als unheilbar deklariert, erhofft man sich neue Heilungschancen (Dossey 1989, 1992, 1993).

Dennoch – solange der Mechanismus dieser Effekte nicht einwandfrei erkannt ist und solange keine zertifizierte Ausbildungspraxis vorliegt, sollte man höchst wachsam sein. Ohne Frage gibt es viele Scharlatane, die es aufs schnelle Geld abgesehen haben. Seriös dagegen ist die Feststellung, dass Informationsübertragungen unabhängig von Zeit und Raum möglich sind. Die Begründung liefert die Quantentheorie. Wie wir später sehen werden, nannte Albert Einstein die Kommunikation weit entfernter Teilchen ironisch »spukhafte Fernwirkung«, eine Wortwahl, die schon andeutet, dass einem so analytisch denkenden Physiker wie Einstein die Magie solcher Informationsübertragungen nicht entging.

Geistige Einflüsse auf Atomstrukturen

Die Phänomene geistiger Einflüsse stehen in unserer technokratischen, vom Logos dominierten Kultur nicht gerade im Fokus der Aufmerksamkeit. Man schiebt solche Dinge lieber vor sich her, irritiert, oft auch mit dem Hinweis darauf, es handele sich um heikle oder gar unseriöse Vorkommnisse. Außereuropäische Länder haben weniger Berührungsängste. Dort ist man bei der Erforschung von Informations- und Bewusstseinsfeldern schon sehr viel weiter.

Ein Beispiel dafür ist China. Zwar gilt es als hochtechnisierter Industriestaat, doch die spirituellen Traditionen bestehen noch immer und führen zu einem entsprechenden Forschungsinteresse. So untersucht man seit Langem am Institut für Hochenergie-Physik der Chinesischen Akademie und an der Tsinghua University das Phänomen des Qi, jener geheimnisvollen Energie, die als Hauch des Lebens Mensch und Natur beatmen soll. Im Auftrag des chinesischen Gesundheitsministeriums wurde auch der sogenannte Wunderheiler Dr. Yan Xin in die Untersuchungen einbezogen. Die Forschungsdesigns sind so konstruiert, dass Wissenschaft und Spiritualität sich gegenseitig befruchten.

Die chinesischen Forscher kamen zu erstaunlichen Ergebnissen. Unter anderem untersuchte man die geistigen Manipulationsmöglichkeiten beim Zerfall des radioaktiven Isotops 241 Am. Der Heiler Yan Xin konnte allein durch geistige Konzentration die Zerfallsrate erhöhen oder herabsetzen, und dies sogar aus einiger räumlicher Entfernung. Man muss dazu wissen, dass weder elektrische noch magnetische Felder eine Wirkung auf die Zerfallsrate radioaktiver Elemente haben. Yan Xi begründete seine Fähigkeit damit, er habe sich des Qi bedient. So könnte man folgern, dass diese rein geistige Energie den Atomkern mit seinen Protonen und Neutronen verändern kann (Xin Yan et al. 2002).

Was für den Laien überraschend wirkt, ist wenig verwunderlich, wenn man die geistigen Fähigkeiten des Menschen kennt. Der Geist formt die Materie, weil sie selbst geistiger Natur ist – dies ist die bahnbrechende Erkenntnis einiger Quantenphysiker. Es ist lange bekannt, dass unser Bewusstsein die Spins – also die Rotation – der Atomkerne und Elektronen umschalten kann. Das allerdings geht im Verbund mit der physikalischen Schwachen Kraft. Die Schwache Kraft ist auch die Ursache der radioaktiven Betastrahlung, bei der linksdrehende Elektronen freigesetzt werden.

Vielfache Forschungsergebnisse belegen den Einfluss des Bewusstseins auf die atomare Struktur. M. S. Benford wies nach: Bei geistigen Heilungsbehandlungen veränderte sich bei den Patienten die Kernstrahlung einiger Isotope wie K40 in einem Umfang von drei bis sechs Prozent (Benford 1999). Unerschrockene können selbst ihre Hand in eine Isotopenmesskammer halten und die eigene Strahlung spektroskopisch bei unterschiedlichen Isotopen messen. Dabei verändert sich oftmals die Strahlung im Zeitverlauf, und man könnte meinen, dass die Schwankungen den Gedankenkonzentrationen des Probanden folgen.

Diese Zusammenhänge wurden erstmals publik, als der amerikanische Professor Boguslav Lipinski von der Universität Boston eine aufsehenerregende Studie veröffentlichte. Er unternahm die ersten Experimente mit radioaktiven Messungen, die quasi unter Life-Bedingungen stattfanden. Und er suchte sich nicht irgendwelche Orte aus, nein, er ging dorthin, wo er eine hohe Bewusstseinskonzentration und eine starke meditative Konzentration vermutete: in Kirchen. Völlig zu Recht übrigens, wie sich herausstellen sollte.

Die eindrucksvollste Dokumentation veränderter radioaktiver Strahlung gelang Lipinski zwischen dem 15. und 19. März 1985 in der Kirche St. James, einer Wallfahrtskirche. Lipinski maß vor und während der Marienerscheinung die Stärke der ionisierenden Strahlung. Dafür benutzte er ein Messgerät, wie es auch in Kernkraftwerken üblich ist, das kanadische Modell BT 400. Die höchste gemessene Strahlungsintensität betrug 100 000 Millirad pro Stunde, mit extremen Ausschlägen. Diese außerordentlich hohe Strahlung trat aber nur während der intensiven Gebete auf.

Lipinski resümierte: »Es kann sich nicht um Energien nuklearen Ursprungs handeln«, und gab folgende Erklärung dafür: »100 000 Millirad pro Stunde bedeuten, dass die Menschen im Inneren der Kapelle eigentlich einer tödlich wirkenden hochionisierenden Strahlung ausgesetzt gewesen sind.«[14]

Es waren also gleich zwei »Seltsamkeiten« zu bestaunen: zum einen die extreme radioaktive Strahlung, offenbar verursacht durch die energetische Wirkung von Meditation und Gebet, zum anderen die Tatsache, dass diese – objektiv gemessene – Strahlung nicht schädlich wirkte. Interpretiert wurde das Geschehen dahingehend, dass Energiefelder der Isotope zwar messbar sind, dass es sich aber in der Kirche offenbar nicht um die übliche Radioaktivität gehandelt habe. Vielmehr sei eine Kraft wirksam gewesen, die atomare Abläufe auslöst, welche der Radioaktivität lediglich ähnlich seien.

Obwohl es mittlerweile detailliertes Wissen über die atomaren Prozesse und ihre Beeinflussbarkeit durch den Geist gibt, sind die Phänomene immer wieder verblüffend. David Spangler, ein Visionär des New Age, lebte einige Zeit in der Findhorn Community in Nordschottland. Dort hat sich eine tief spirituelle Gemeinschaft gebildet, die in ihrem Zusammenleben, aber auch durch nachhaltige Landwirtschaft eine neue Lebensform entwickelte. Einer ihrer Grundsätze ist die »Zusammenarbeit mit der Intelligenz der Natur«. Dies geschieht nicht nur durch ökologischen Landbau, sondern auch durch ein spirituelles und meditatives Verhältnis zur Arbeit. Zu den Folgen gehören ungewöhnlich ertragreiche Felder mit enormen Ernten. Berühmt wurden unter anderem die riesigen Kohlköpfe von Findhorn.

David Spangler stellte fest: »Die ganze Kernenergie ... reagiert empfindlich auf Einflüsse aus dem Bewusstsein. Sie kann durch Feedback beeinflusst werden, das von der physischen Ebene der Manifestation kommt, oder noch wirksamer von der Ebene des Gefühls oder Geistes oder von spirituellen Ebenen jenseits davon« (Spangler 1978). Die Rolle der Radioaktivität ist auch in manchen nativen Kulturen intuitiv erkannt worden. Natürlich wusste man nicht um die physikalischen Gesetze, doch offenbar war den Menschen bewusst, wo sich besondere Energiezentren befinden. Ein Beispiel sind die Ureinwohner Australiens. Für die Aboriginals gab es von jeher heilige energetische Zonen. Heute weiß man, dass dort große Uranvorkommen vorliegen. Ute Wittmann berichtet in ihrem Buch »Leben wie ein Krieger«: »Während Uran in unserer Zivilisation zu materiellen (destruktiven) Zwecken verwendet wird, bezeichnen die Ureinwohner Uranlagerstätten als heilige

Orte, nutzen ihre offensichtlich psychischen Auswirkungen zur Bewusstseinserweiterung und warnen davor, das Uran aus der Erde zu holen ...« (Wittmann 1984).

Zusammenfassend kann man sagen, dass das Ursachengeschehen für radioaktive Strahlung offenbar eine starke Verbindung mit dem Bewusstsein eingehen kann. Dies kann zu Visionen führen. Nach den wissenschaftlichen Erkenntnissen der chinesischen Forschergruppen greift der menschliche Geist in die Organisation des Atomkerns ein und interagiert mit den Quarks oder mit den Energien, die Quarks entstehen lassen. Darüber hinaus liegen hier eventuelle große Heilungschancen. Was die Chinesen Qi nennen, herrscht demnach auch in der subatomaren Welt. Daher könnte diese Energie für die Wiederherstellung der Urform genutzt werden, indem energetisch das Informationsmuster der ursprünglichen Struktur übertragen wird. Nichts anderes ist Heilung: Abnorme Zellstrukturen normalisieren sich. So verwundert nicht, dass der Chinese Yan Xin, der den radioaktiven Zerfall von Isotopen manipulieren kann, auch ein höchst erfolgreicher Heiler ist, was inzwischen in mehreren asiatischen Ländern wissenschaftlich anerkannt ist (Lu Zuyin 1997).

Auch andere Forscher widmen sich diesen Zusammenhängen. Zu ihnen gehört Joi Jones, Professor für Radiologie an der University of California, Irvine. Unter dem Begriff Prana-Heilung führte er zahlreiche Experimente durch und berichtete darüber auf dem »NIH Think Tank Working Group Meeting« im März 2006. Prana-Heiler sind laut Jones imstande, die Wirkung von Gammastrahlung auf Zellkulturen zu modulieren. Um alle anderen Faktoren auszuschließen, waren die Zellen während der Heilbehandlung von allen Frequenzen elektromagnetischer Strahlung abgeschirmt worden. Die geistige Behandlung der Zellen sowohl vor als auch nach der Bestrahlung erhöhte die Überlebensrate von 50 Prozent auf über 92 Prozent. Die Arbeitsgruppe konnte auch neurophysiologische Effekte im Einfluss des Heilers nachweisen, obwohl Heiler und Patient durch große Distanzen getrennt waren.

Solche Experimente sind zwar aus einschlägigen Fachpublika-
tionen bekannt, haben jedoch bis heute nicht die Mainstream-
Wissenschaftler erreicht. Mit unfassbarer Ignoranz werden hier
wichtige Impulse für eine Verbesserung der Lebensqualität als
Randerscheinung abgetan. Es ist ein Beleg mehr für Meme, die
auch in der Wissenschaft verbreitet sind – als ideologische Verengung des Blicks, die keine noch so brisanten Erkenntnisse zulässt.

Der Pauli-Effekt

In wissenschaftlich arbeitenden Laboren ist der sogenannte Pauli-
Effekt ein bekanntes Phänomen. Der Nobelpreisträger Wolfgang
Pauli, einst Physikprofessor an der Universität Zürich, gab dieser
Erscheinung ihren Namen. Wenn Pauli ein Labor betrat, gescha-
hen merkwürdige Dinge. Wie C. G. Jung berichtet, funktionierten
elektrische Geräte plötzlich nicht mehr, zerstörten sich selbst oder
fingen sogar an zu brennen (Pietschmann 1995). Offenbar kommunizierte Paulis Bewusstsein auf eigentümliche Weise mit den
Laborapparaturen.

Die Vorfälle häuften sich. Im Februar 1950 geriet in einem Labor der Princeton University während eines Besuchs von Pauli ein
Zyklotron in Brand. Das veranlasste Pauli nach vielen ähnlichen
Erfahrungen, sich selbst als Ursache zu betrachten (Pauli et al.
1950). Spaßeshalber wurde vom »zweiten Pauli'schen Ausschlie-
ßungsprinzip« gesprochen, denn mittlerweile schien es unmöglich,
dass sich Pauli und ein funktionierendes Gerät im selben Raum
befanden. Der Kollege Heinz Bethe erzählt: »Das erste Mal traf ich
Pauli 1929 während einer Sektionssitzung der Deutschen Physikalischen Gesellschaft in Freiburg im Breisgau. Als während der Sitzung der Diaprojektor ausfiel, stand Pauli auf und zeigte voller
Stolz auf sich, um den ›Pauli-Effekt‹ anzudeuten. Damals war das
Gerücht umgegangen, dass keine Versuchseinrichtungen funktionieren würden, solange Pauli im Zimmer war« (Bethe 2000). Der
Experimentalphysiker Otto Stern, der mit Pauli befreundet war,

erteilte ihm sogar Laborverbot, so besorgt war er um seine Apparaturen. In einem Interview sagte Stern, die Zahl der dokumentierten Pauli-Effekte sei enorm hoch, daher könne er nicht zulassen, dass sein offenbar mit seltsamen Talenten begabter Kollege weiterhin das Labor betrete (Enz 2009). Pauli selbst war von den Auswirkungen seiner Person auf technische Apparate so überzeugt, dass er sogar das Motorversagen seines Autos während einer Ferienreise im Jahr 1934 auf sich selbst münzte (von Meyenn 1993).

Auch Stephen Hawking verweist ironisch auf den Pauli-Effekt: »Böse Zungen behaupten, er brauche sich nur in einer Stadt aufzuhalten, schon gingen alle dort durchgeführten Experimente schief« (Hawking 1988). Der kleine Seitenhieb spielt auf einen Vorfall an, den James Frank in Göttingen erlebte. Während eines Experiments ging ein Apparat zu Bruch, und Frank schrieb daraufhin Wolfgang Pauli, ihn träfe keine Schuld daran, er sei zur fraglichen Zeit ja nicht in der Stadt gewesen. Pauli schrieb zurück, dass er auf dem Weg nach Kopenhagen genau zum Zeitpunkt des Experiments einen Aufenthalt in Göttingen eingelegt habe.

C. G. Jung erklärte die Geschehnisse als ein Synchronizitätsphänomen. Dabei entspreche ein inneres Ereignis – starke Emotionen, Ideen, Visionen oder Träume – einem äußeren Ereignis. Um herauszufinden, was da vor sich ging, korrespondierte Pauli des Öfteren mit C. G. Jung. In einem Brief vom 28. Juni 1949 an Jung schrieb er, die Phänomene tauchten offenbar auf, wenn sich Gegensatzpaare ausbalancierten. Er verweist dabei auf das I Ging und erwähnt das Zeichen zhèn, was Donner oder Beben bedeutet (Enz 2002).

Pauli war überzeugt, dass es zwischen der atomaren und subatomaren Ebene eine unbekannte Größe außerhalb von Raum und Zeit gebe, die einer anderen Wirklichkeit zugeordnet werden müsse (Pauli und Jung 1952). Damals kam er einer Energie auf die Spur, die nicht mit den bekannten physikalischen Energien zu vergleichen ist, gleichwohl aber mit ihnen zu tun hat: die Kraft des Bewusstseins, die über quantenphysikalische Prozesse mühelos Verbindungen zwischen Geist und Materie herstellt.

Levitation

Das Gesetz der Schwerkraft gehört zu den frühesten menschlichen Erfahrungen. Schon bei den ersten Versuchen zu laufen fällt das Kleinkind unzählige Male zu Boden, bevor es lernt, die Kräfte der Gravitation und die ersten Schritte zu koordinieren. Und das ist noch nicht alles. Gegenstände entgleiten den Händen, den Gesetzen der Erdanziehung gehorchend, andere sind zu schwer, um sie überhaupt anzuheben. Unmöglich, ja undenkbar scheint, dass jemandem unter irdischen Bedingungen gelingen könnte, sich buchstäblich über die Schwerkraft zu erheben. Genau dies geschieht bei der Levitation, vom lateinischen »levitas« – Leichtigkeit – abgeleitet.

Im Spektrum außergewöhnlicher Erfahrungen gehört das Schweben in den Bereich der Psychokinese: Es ist die Fähigkeit eines Menschen, ohne Hilfsmittel die Gravitation zu überwinden. Berichte über Levitationen gibt es in allen Kulturen und sind so alt wie die ältesten überlieferten Schriften. Bereits aus den Anfängen des Buddhismus in Indien wird von Levitationen während ausgedehnter Meditationen berichtet, später auch in anderen Ländern Asiens. Hinduismus und Buddhismus lehren seit frühester Zeit, durch die vollkommene Harmonie von Geist und Körper könne Schwerelosigkeit erlangt werden.

Auch die christliche Religion kennt das Phänomen der Levitation. Das Matthäus-Evangelium berichtet, dass Jesus und Petrus über Wasser gingen, ohne einzusinken. Viele christliche Mystiker hatten ähnliche Erfahrungen, wie Joseph von Görres 1836 in seinem Buch »Die christliche Mystik« schildert. Im achten Kapitel der Apostelgeschichte wird der Zauberer Simon Magus erwähnt. Im ersten Jahrhundert soll er in Rom öffentlich einen »Wunderwettbewerb« mit Simon Petrus ausgetragen haben. Dabei habe er sich in die Lüfte erhoben, sei aber schließlich abgestürzt, was man als Beweis seines Unglaubens wertete.

Die heilige Theresa von Ávila beschreibt eigene Levitationserlebnisse in ihrer Autobiografie. Angeblich gibt es über 230 Heilige, denen die Fähigkeit zur Levitation zugesprochen werden kann. Einige sollen mehrere Meter hoch über dem Boden geschwebt haben, darunter der Franziskaner Joseph von Copertino (1603–1663), dessen über 100 Flüge von damaligen Gelehrten sowie von Papst Urban VIII. und Herzog Friedrich von Braunschweig bezeugt wurden. Es konnte schon mal passieren, dass Joseph zwischen den Ästen eines Olivenbaums hängen blieb, nachdem er nach oben geschwebt war. Seine Gabe erregte großes Staunen, kontrollieren konnte er sie allerdings nicht. Einmal begann er während einer Messe zu schweben und landete unsanft auf den brennenden Kerzen des Altars.

Die Namensliste levitierender historischer Personen ist lang: Apollonius von Tyana, Girolamo Savonarola, Katharina von Siena, Petrus von Alcantara und Alphons von Liguori werden in verschiedenen Quellen genannt. Prinzessin Maria von Savoyen und König Johann II. Kasimir von Polen bezeugten ihre Levitationsbeobachtungen sogar unter Eid.

Einen wissenschaftlichen Nachweis für Levitation gibt es noch nicht. Die Thematik erscheint ohnehin heikel, denn meist ist schwer entscheidbar, ob es sich um eine raffinierte Täuschung oder um echte Levitation handelt. Im 19. Jahrhundert, als die Naturwissenschaften bereits die physikalischen Gesetze der Schwerkraft erforscht hatten, stellte sich Daniel Dunglas Home (1833 bis 1886) aus dem schottischen Currie mit Levitationsvorführungen der Öffentlichkeit. Das wohl spektakulärste Ereignis fand in London am 16. Dezember 1868 statt. Unter den Blicken eines schaulustigen Publikums soll Home aus einem Fenster im dritten Stockwerk hinausgeflogen und durch ein anderes wieder ins Haus hineingeflogen sein. Der Zeitzeuge Lord Viscount Adare schrieb: »Während der Sitzung versetzte sich Mr. Daniel Dunglas Home in Trance und wurde in diesem Zustand durchs Fenster des Nebenraums hinausgetragen. Die Entfernung zwischen den Fenstern betrug etwa 2,3 Meter, und es befand sich mit Sicherheit kein Gegenstand in dem Zwischenraum.«[15]

Den Vorführungen von Home wohnten die Berühmtheiten der damaligen Zeit bei, unter anderem Napoleon III., Fürst Metternich, die britische Königin, Mark Twain, William Makepeace Thackeray und John Ruskin. Selbstverständlich versuchten viele Skeptiker, ihm einen Betrug nachzuweisen, doch vergeblich. Der Präsident der Royal Society, William Crookes, schrieb im damals wichtigsten Wissenschaftsblatt »Quarterly Journal of Science« von dem inneren Widerstreit, dem er ausgesetzt gewesen sei. Einerseits habe er dem »unumstößlichen Wissen« der Schwerkraft glauben wollen, andererseits habe ihn das »mit Augen und Händen Erlebte« verblüfft.

In den Jahren zwischen 1981 und 1986 dokumentierte der Psychiater Berthold Schwarz mit einer Videokamera die Levitationen von Peter Sugleris aus New Brunswick, New Jersey. Der Amerikaner griechischer Abstammung konnte offenbar etwa eine Minute lang einen halben Meter hoch über dem Boden schweben. Durch die enorme Anstrengung geriet er dabei in einen Trancezustand mit kalten Schweißausbrüchen. Danach dauerte es eine Viertelstunde, bis er wieder sein normales Wahrnehmungsbewusstsein erreichte (Swanson 2003).

Die Argumente der Skeptiker sind schnell aufgezählt. Natürlich besteht immer der Verdacht, auch ein Wissenschaftler sei nicht davor gefeit, ahnungslos einem Trick aufzusitzen. Wohl wahr – es steht zu vermuten, dass manch angebliche Levitation mit gewitzten und sehr irdischen Methoden erzeugt wurde. Aber ist das schon ein Gegenbeweis? Nichts gegen gesunde Skepsis, doch es gibt einfach zu viele belegte Beispiele, als dass man sie allesamt als Täuschung abqualifizieren könnte. Besonders interessant sind daher Berichte von Augenzeugen, die Levitationen bei Eingeborenen in Afrika und Südamerika erlebten. Unter einfachen Bedingungen, oft in freier Natur, sind technische Hilfsmittel so gut wie ausgeschlossen. Außerdem fehlt den nativen Völkern meist jede Betrugsabsicht.

Sicherlich ist es das Zirzensische, das die Levitation immer schon in den Ruch einer Jahrmarktsgaukelei brachte. Schausteller aller Zeiten beherrschten die Kunst perfekter Illusionen und führten sie als Kunststücke vor. Da ist das Mädchen, das an seinem

Haar fast einen halben Meter hoch in die Luft gehoben wurde, wie 1860 vom französischen Magier Hamilton in Paris vorgeführt. Oder die sogenannte Asrah-Levitation von Jean Henri Servais Le Roy, die er 1900 zum Besten gab. Er folgte der Dramaturgie von noch heute üblichen Zaubertricks: Zunächst ließ er eine von Tüchern bedeckte Person in der Luft schweben, dann zog er die Tücher weg, und die Person war verschwunden.

In neuerer Zeit waren und sind solche Vorführungen eine beliebte Attraktion der Vergnügungsstadt Las Vegas. Populäre Entertainer wie Siegfried & Roy und David Copperfield faszinieren ihr Publikum, indem sie Personen und Gegenstände in den Schwebezustand versetzen, ebenfalls in illusionärer Perfektion. Den britischen Zauberkünstlern Barry & Stuart gelang es scheinbar, wie Jesus über Wasser zu laufen. Natürlich haben wir es hier nicht mit Levitation zu tun, sondern mit einer Mischung aus Inszenierung und Hightech-Hilfsmitteln.

Doch auch jenseits der populären Magierbühnen herrscht ein regelrechter Kult um das Phänomen der Levitation. Im Internet sind zahlreiche Videos eingestellt, in denen es Menschen offenbar schaffen, sich mehrere Zentimeter über den Boden zu erheben und dort – um Gleichgewicht ringend – zu schweben. Zu den häufig angeklickten Videos gehört eine Szene, in der sich ein Medizinmann innerhalb eines Feuerkreises bis zu zwei Meter in die Luft erhebt und schließlich, offenbar am Ende seiner Kräfte, herunterfällt. Täuschung? Trick?

Eine andere Variante sind Séancen, in denen die Teilnehmer eine Levitation unterstützen. Meist sind es zwei bis vier Personen, die jeweils nur einen Finger unter die Achseln und Kniekehlen einer sitzenden, schwergewichtigen Person schieben. Zunächst scheint es unmöglich, die Person auf diese Weise hochzuheben. Dann aber verständigen sich die Helfer durch gemeinsame Konzentration. Sie stimmen sich im Sinne der Kohärenz miteinander ab, atmen im gleichen Rhythmus und zählen einen Countdown herunter. Nun kann die Person scheinbar völlig anstrengungslos hochgehoben und quasi zum Schweben gebracht werden.

Die wahre Faszination der Levitation scheint darin zu liegen, dass überwältigend viele Menschen in ihren Träumen fliegen können. Die Schwerkraft zu überwinden ist auch im übertragenen Sinne ein Menschheitstraum, vom mythischen Ikarus bis zur Raumfahrt. Letztlich ist es die Sehnsucht, Raum und Zeit zu überwinden, eine Vorstellung, die, wie wir noch sehen werden, ein typisches Interweltphänomen ist. Denn eines ist unbestritten: Wenn derart viele Menschen im Traum völlig selbsttätig fliegen können – gehört das dann nicht zu den archetypischen Erfahrungen?

Möglicherweise ist der Wunsch zu fliegen ein geistiges Bedürfnis nach absoluter Freiheit. Das drückt sich auch in unserer Sprache aus: Jemanden, der sich ganz in seiner geistigen Welt aufhält, nennen wir »abgehoben« oder »in höheren Sphären schwebend«. Wir begegnen ihm mit Skepsis, vielleicht auch zuweilen mit geheimem Neid. Denn ist es nicht beneidenswert, wenn sich jemand allen Alltagsregeln widersetzt und allein seinen geistigen Bedürfnissen folgt?

In den Naturreligionen und in den asiatischen Religionen wird vielen Göttern die Fähigkeit des Fliegens zugesprochen. Entsprechend streben Yogis, Fakire, aber auch buddhistische Mönche danach, sich sichtbar über die Naturgesetze hinwegzusetzen – als Sieg des Geistes über die materielle Erdenschwere. Dabei steht nicht im Vordergrund, etwaige Zuschauer zu verblüffen, sondern eine angemessene Position für meditative Rituale zu finden. Es ist ein symbolischer Akt, und glaubt man Augenzeugen, sind manche buddhistischen Mönche in der Tat solcher Dinge fähig.

Die britische Forscherin Alexandra David-Néel beispielsweise beobachtete einen tibetischen Mönch, der einige Dutzend Meter über das Plateau Cnang Tang flog. Wie ein Tennisball sei er von Zeit zu Zeit zu Boden gegangen und dann wieder hochgeschwebt. Seine Augen hätte er unverwandt auf seinen imaginären Leitstern gerichtet, der, nur für ihn sichtbar, über ihm am Himmel hing. Wir müssen solche Geschichten nicht vorbehaltlos glauben. Allerdings belegen sie einen vitalen Wunsch des Menschen: sich aus der materiellen Welt zu lösen und eine geistige Existenz anzustreben. Und unser quantenphilosophisches Modell zeigt später einen denkbaren Mechanismus auf.

Materieverformung

Wir haben bereits gesehen: Der Einfluss des Geistes auf die Materie kann sich sehr unterschiedlich zeigen, unter anderem durch Telekinese oder die Manipulation des radioaktiven Zerfalls. Auch Handabdrücke im Felsgestein zeugen von dieser ungewöhnlichen geistigen Leistung. Solche Abdrücke sind keine Seltenheit. Ich selbst habe einen Handabdruck in einem Tempeleingang auf Bali gesehen und einen zweiten in der Asura-Höhle von Padmasambhava im Kathmandu-Tal.

Noch bekannter ist der Handabdruck des »ungläubigen Türken« im Felsen des italienischen Montagna-Spaccata-Gebirges. Auch der heute noch gut sichtbare Handabdruck des Yogi Milarepa (1052–1135) in einer Höhle in Zentraltibet hat einige Berühmtheit erlangt. Es wirkt so, als sei eine offene Hand auf Schulterhöhe in den formbaren Felsen hineingedrückt worden. Nur, wie soll dies vonstattengegangen sein? Das Gestein ist nicht vulkanischen Ursprungs, also kann keine halb flüssige Lava zum Material dieses eigentümlichen Abdrucks geworden sein.

Ebenso unerklärlich ist der Fußabdruck, den Jerry MacDonald 1987 in den Roledos Mountains, New Mexico, fand. Die Gebirgsformation stammt aus dem Perm und ist etwa 250 bis 290 Millionen Jahre alt. Es gibt nur wenige plausible Begründungen. Entweder wurde die Hand aus dem Gestein gemeißelt, was man jedoch leicht erkennen würde. Oder es handelt sich um einen echten Abdruck, vielleicht auch um eine versteinerte Hand. Dann aber gibt es Komplikationen mit der Datierung, da der Felsen Millionen Jahre vor dem Erscheinen des Homo erectus und Homo sapiens entstand. Eine weitere Möglichkeit klingt am wenigsten wahrscheinlich, obwohl alles darauf hindeutet: Hat sich hier ein Mensch verewigt, der die Fähigkeit besaß, Gestein zu schmelzen und dann seine Hand hineinzudrücken? Ist so etwas denkbar?

Natürlich würden wir die Frage spontan verneinen. Andererseits wird immer wieder von Eremiten berichtet, die in Höhlen lebten und ihre Zeit mit tiefster Meditation verbrachten, sodass sie schließlich übernatürliche Fähigkeiten entwickelten. Sie sollen Felsgestein aufgelöst, geschmolzen und verschoben haben, so erzählen es viele asiatische Überlieferungen. Wie weit geht die Kraft des bewussten Willens?

Schon an dieser Stelle sei angedeutet, was ich später versuche zu belegen: Jede menschliche Handlung beruht darauf, dass der geistige Wille die Materie beherrscht und verändert. Schon allein wenn wir unseren kleinen Finger bewegen, muss der Impuls des Bewusstseins eine Reaktionskette anstoßen, die schließlich den Muskel des betreffenden Fingers kontrahieren lässt. Gelingen kann das nur, weil wir die geistigen Energien, die uns durchströmen, in physikalische Kräfte umwandeln. Dies geschieht durch die Beeinflussung der Teilchenspins in unseren Atomen, die als Architekten für Materiestrukturen fungieren.

So stellt sich die Frage: Wenn ich Form, Struktur und Gestalt meines Körpers mit meinem Willen verwandeln kann und nachweislich Spins sogar außerhalb meines Körpers durch Geisteskraft verändere, was Stand des Wissens in der Physik ist – wäre es dann nicht auch denkbar, dass der Mensch Strukturen im Felsgestein nach seinem Willen verformt? Und falls das wirklich so funktionieren sollte, wie würde dann ein derart veränderter Felsen aussehen? Meine These lautet: Er würde eventuell an den Stellen, die berührt wurden, »kalt schmelzen« – seine Molekülverbindungen würden eine neue Formation einnehmen.

Das klingt selbstverständlich spekulativ. Aber erstens gibt es diverse kontrollierte Versuche, die eine Veränderung von materiellen Molekülverbindungen allein durch den Willen bestätigen. Zweitens kann man im Original des Handabdrucks von Padmasambhava sehr gut erkennen, dass sich das Gestein nicht nur im Bereich des Handabdrucks, sondern auch rundherum verformt hat. Wenn es stimmt, dass Molekülverbindungen von Felsgestein durch den Willen verändert werden können – und so sieht es aus –, dann sind den Manipulationen keine Grenzen gesetzt.

Wie auch immer man die Handabdrücke bewertet, Fakt ist, dass das Bewusstsein auf der Molekülebene wie auch auf der subatomaren Ebene nahezu Unglaubliches vollbringt. Diese Erfahrung machten auch Angehörige des Physikalischen Instituts der Universität München im Sommer 1976. Um das Ergebnis gleich vorwegzunehmen: Es belegte, dass geistige Einflüsse im Quantenbereich ins Makroskopische übersetzbar sind. Die Wissenschaftler des Instituts erstellten unter der Leitung von Hans-Dieter Betz Protokolle von telekinetischen Experimenten, die das gängige Wissenschaftsbild völlig durcheinanderbrachten. Die Testperson konnte Suppenlöffel auf dem Tisch ohne erkennbare Krafteinwirkung, allein mit ihrem Willen, rotieren lassen, Spielzeugautos in Bewegung setzen und diese Fähigkeit sogar auf die Wissenschaftler übertragen. Getestet wurde auch ein zwölfjähriges Mädchen, das Kupferstücke und Plastikdrähte kunstgerecht verformte.[16] Eine andere Testperson erhöhte einen festen elektrischen Widerstand von 68 auf 244 Ohm. Ebenso spektakulär sind Ergebnisse der Arbeitsgruppe um R. Mandel, Universität Rochester, im Jahr 1997. Ändert sich alleine das intellektuelle Wissen des Experimentators über eine »Welcher-Weg-Information« innerhalb einer experimentellen Lichtstrahlenanordnung, dann wandelt sich die Welle zu einem Photon. Das bloße Erkennen einer möglichen Information zwingt das Photon, sich aus einer Wahrscheinlichkeit heraus zu manifestieren und reale Kraftwirkungen zu vermitteln (Mandel 1997).

Sehen wir uns ein anderes Beispiel an. Von indischen Swamis ist bekannt, dass sie bewusst ihren Herzschlag anhalten können. Der Dalai Lama erwähnte dieses Phänomen auf einer Konferenz mit dem Titel »Andere Wirklichkeiten« im September 1983 in Alpach, Tirol: »Bei manchen Leuten, die sehr viel Erfahrung in einer spirituellen Disziplin haben, kann es vorkommen, dass die Atmung aussetzt und keine Körperwärme mehr festzustellen ist – was für einen Arzt sichere Zeichen des Todes sind –, dass ihr physischer Körper jedoch eine aufrechte Haltung beibehält. Ein Meditierender kann manchmal ein bis zwei Wochen in diesem Zustand verweilen.«[17]

Der willentlich meditativ im Samadhi-Zustand herbeigeführte Herzstillstand hat auch Wissenschaftler auf den Plan gerufen. Sie haben Swamis mittels verschiedener Messgeräte während dieses Zustands untersucht. Sehr gut dokumentiert ist Samadhi beim Yogi Satyamurthi. Hier die Aufzeichnung des EKG. Man sieht, wie das Herz für ganze fünf Tage stillsteht (Kothari et al. 1973).

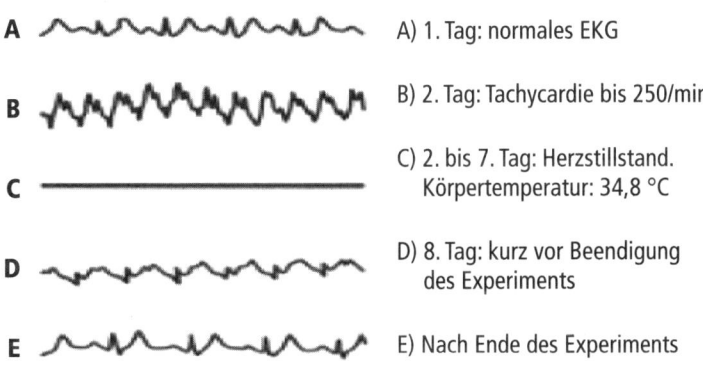

A) 1. Tag: normales EKG

B) 2. Tag: Tachycardie bis 250/min

C) 2. bis 7. Tag: Herzstillstand. Körpertemperatur: 34,8 °C

D) 8. Tag: kurz vor Beendigung des Experiments

E) Nach Ende des Experiments

Selbst medizinische Laien erkennen: Die mittlere Linie ist normalerweise die Grenze des Todes. Wer einmal einen Sterbenden begleitet hat, kennt die flacher werdende Linie, die wie ein Menetekel des nahenden Todes erscheint, begleitet von einem piepsenden Geräusch, das sich schließlich in einen unheilvollen Dauerton verwandelt. Danach ist die Reanimation nur noch mit stärksten Mitteln möglich, mit Unterdruckgeräten oder starken Stromstößen – wenn überhaupt.

Dies alles war bei Satyamurthi nicht der Fall. Äußerlich völlig ruhig und unbeweglich, ganz auf sein Herz konzentriert, übernahm sein Bewusstsein die finale Kontrolle über den Körper und hielt den Herzschlag an. Keine Panik begleitete diesen Vorgang, keine sichtbare Regung. Der Geist siegte über den Körper, über dessen wichtigste Vitalfunktion, den Herzschlag. Es ist das vielleicht eindringlichste Beispiel dafür, was der menschliche Geist vermag, wenn er sich von Raum und Zeit, aber auch von jeglichen Naturgesetzen löst. Dieser Swami hielt ja nicht nur sein Herz an, seine Zellen kamen auch ohne Sauerstoff aus, das normalerweise mit dem Blut durch den Körper gepumpt wird. Wir betrachten hier nicht nur die geistige Energie eines Menschen, der alles vermag, darüber hinaus ernährte er sich auch mit einer Energie, die alle anderen Energien übersteigt, ganz gleich, ob wir sie Prana, Qi oder anders nennen.

Wunderheilungen

Wer glaubt heute schon an Wunder? Wir haben uns angewöhnt, das Wahrscheinliche anzunehmen, und das bedeutet: das Erwartbare, das die bekannten Naturgesetze nahelegen. Geht es um unsere körperliche Gesundheit, vertrauen wir daher dem schulmedizinischen Forschungsstand. Er basiert auf einem sehr einfachen, rein materiellen Verständnis des Menschen. Krankheit ist in dieser Definition eine Funktionsstörung des Materiekörpers, und genau dort setzt man auch an: mit diagnostischen Methoden, die nur erkrankte Körperpartien beachten, mit Apparatemedizin und chemischen Medikamenten, mit Therapien, die das Krankheitsgeschehen isoliert von Geist und Seele betrachten.

Umso stärker irritieren uns Begebenheiten, wie sie immer wieder berichtet werden: beispielsweise Spontanheilungen, Operationen ohne sichtbare Eingriffe, das »Besprechen« von Krankheiten mit sofortigen Gesundungseffekten und vieles mehr. Sind das Wunder oder Betrug? Das Neue Testament erzählt von diversen Spontanheilungen, die Jesus von Nazareth bewirkt. Er heilt Aussätzige, Lahme und Blinde nur durch Handauflegen und durch Worte. »Nimm dein Bett und wandle«, sagt er zu einem Gelähmten, und sofort kann der Angesprochene sich wieder bewegen.

Wunder (lateinisch: » miraculum«) sind im heutigen Christentum recht eindeutig definiert. In der römisch-katholischen Kirche regelt ein im Jahr 993 eingesetztes Verfahren die Wunderanerkennung. Dieses Verfahren hat sich an das heutige Zeitalter der Naturwissenschaftsdominanz angepasst und wird nach sehr strengen rechtsbeständigen Präambeln abgehalten. Ein 23-köpfiges internationales Gremium überwacht das Procedere.

Ein früheres deutsches Mitglied der Expertenkommission ist Rolf Theiß, Chirurg in Saarburg. Er hat sich mit vielen Wunderheilungen auseinandergesetzt, vor allem mit Spontanheilungen in Lourdes, jenem französischen Wallfahrtsort, dessen Quellwasser man eine heilende Wirkung nachsagt. Zu den Auswahlkriterien sagt Theiß: »Wenn die Krankheit als gesichert, organischen Ursprungs, schwerwiegend und lebensbedrohend angesehen wurde, die Heilung plötzlich, unerwartet und nicht durch Medikamente hervorgerufen sein kann, die Heilung im Zusammenhang mit Lourdes steht und die Heilung von Dauer ist, dann wird diese als derzeit unerklärliche Heilung angesehen und die Unterlagen an den Bischof der zuständigen Region weitergegeben.« (Der Spiegel 51, 2000)

Nach diesen Kriterien hat die römisch-katholische Kirche seit 1858 insgesamt 65 Heilungen in Lourdes als Wunder anerkannt, wobei Tricks, Sinnestäuschungen und Zufälle ausgeschlossen sein sollen. Die Zahl der unerklärlichen Heilungen pro Jahr, die nicht als Wunder anerkannt wurden, liegt bei 15 bis 25. Bei derzeit jährlich rund fünf Millionen Besuchern der Quelle, von denen etwa 70 000 schwer krank sind, ist die Anzahl der Wunder also gering. Aber dass überhaupt so etwas wie definierte Wunder passieren, sollte eigentlich die größte Herausforderung der Wissenschaft sein, um das »Ob« und das »Wie« herauszufinden.

Die Spontanheilung von Tumoren, die sogenannte Spontanremission, gilt generell nicht als Wunder. Erklärt werden diese Heilungen mit psychogenen Ursachen, die sich auf das Immunsystem auswirken. Wunder wird nur genannt, was keine biologischen Ursachen erkennen lässt. Ein von der Kirche anerkannter Fall betrifft einen Benediktiner aus einem Kloster am Zürichsee, dessen Heilung offiziell als 57. Wunder von Lourdes katalogisiert ist.

Mehrere Ärzte hatten die Diagnose gestellt, dass er unheilbar an Multipler Sklerose litt, und die Krankheit war bereits so weit fortgeschritten, dass der Mönch nicht mehr gehen konnte. Deshalb war eine Reise nach Lourdes seine letzte Hoffnung. Was dort passierte, schilderte der Mönch als einen Blitz, der ihn durchfahren habe. Ab sofort war er geheilt – so der Bericht.[18]

Da die Kriterien sehr streng sind, ist ein erfundener Bericht ausgeschlossen. Eine Simulation des Patienten kann aufgrund der Ärztegutachten ebenfalls nicht angenommen werden. Was also ist die Ursache für die plötzliche Gesundung? Geist und Bewusstsein stehen prinzipiell über der Materie. Daher kann der Geist die Materie verändern, indem er sie neu »informiert«. Dasselbe ereignete sich, als der Chinese Yan Xi den radioaktiven Zerfall eines Isotops durch die Kraft seiner gedanklichen Konzentration steuerte. Da unser Bewusstsein die Spins der Atomkerne und Elektronen umschalten kann, wäre prinzipiell eine direkte, spontane Änderung von Gewebszellen ebenfalls möglich.

Wenn ein Yogi seinen Herzschlag anhalten kann, ohne zu sterben, wäre es dann nicht denkbar, dass auch ein Kranker seinen Zellen »befehlen« könnte, ihre krankhaften Muster zu ändern? Ausschlaggebend ist immer, dass der gewollte Zustand im Vordergrund steht.

Warum werden Mechanismen derartiger Fälle nicht von einem interdisziplinären Wissenschaftlerverbund überprüft? Wir liefern uns immer noch einer mechanistischen Hightech-Medizin aus, statt zu ergründen, was die Beeinflussung der Materie durch den Geist leisten könnte. Placebo- und Noceboeffekte weisen uns den richtigen Weg. Auf diesem Gebiet sollte zum Wohl des Menschen viel mehr geforscht werden. Die Psychosomatik ist bereits ein Weg zum Verständnis der Geist-Materie-Bezüge, doch meist wird auch diese Forschungsrichtung nur zu diagnostischen Zwecken eingesetzt, bleibt also bei den Symptomen stehen, anstatt die Heilung gezielt zu forcieren. Vermutlich gilt immer noch, was Einstein 1953 sagte: »Es lässt sich schwer sagen, was Wahrheit ist, aber manchmal ist es leicht, etwas Falsches zu erkennen.«[19]

Kapitel 4:
Geist und Geister

Handelnde Wesen

Gedanken können einen unglaublichen Sog entwickeln. Wenn wir uns ihnen überlassen, erzeugen sie unterschiedlichste Stimmungen und Gefühle wie Freude, Selbstbewusstsein, Stolz, aber auch Neid, Frustration oder depressive Verstimmungen. Alles, was wir denken, ist emotional grundiert. Insofern sind unsere Gedanken mächtige Gefühlsproduzenten, obwohl wir das oft gar nicht registrieren. Zugleich sind wir als kommunizierende Wesen auch Sender von Gedanken. Beginne ich den Tag mit sorgenvollen Überlegungen, so schwärmen diese förmlich aus und kehren schwer beladen zu mir zurück. Erwache ich jedoch mit heiteren Gedanken, werde ich den ganzen Tag über die Früchte ernten, weil ich damit eine positive Rückkopplung auslöse.

Langfristig bestimmen unsere Gedanken unsere Persönlichkeit und unseren Charakter. Je achtloser man den Gedanken freien Lauf lässt, vor allem negativen Gedanken, desto fataler wirkt das auf die eigene Persönlichkeit zurück. Aber auch im Umgang mit anderen Menschen zeigt sich, dass die zugelassene Negativität das gesamte Leben vergiftet. Auch die Interwelt ist davon berührt. Als rein geistig geformtes Gebilde bleibt jeder Gedanke für immer erhalten, selbst wenn die betreffende Person irdisch stirbt. Da alle Gedanken in der Interwelt abgespeichert sind, sind sie immer mit uns verbunden und erwarten uns nach dem Übergang vom Erdenleben in die Interwelt ein zweites Mal.

Betrachten wir den Speichervorgang einmal genauer. Gedanken nehmen in der feinstofflichen, also informationsträchtigen Interwelt augenblicklich eine sinngebende Form an, als Informationsmuster, das überdies einen emotionalen Gehalt mit sich trägt. Letztlich wirkt ein ähnliches Prinzip auch in der Alltagswelt. Wir neigen dazu, jeder Wahrnehmung und jedem Erlebnis einen Sinn zuzuordnen. Erst wenn sich uns Sinn und Bedeutung eines Ereignisses erschlossen haben, können wir es interpretieren. Dies manifestiert sich umgehend materiell, in Emotionen, die an unserer Körpersprache ablesbar sind.

Eigentümlich ist, dass jeder dieser Gedanken mit den Informationsgebilden der Interwelt kommuniziert. Liegen noch keine verwandten Informationen vor, entstehen neue Gebilde. Existieren bereits ähnliche Muster, werden vorhandene Informationsgebilde umgeformt. Daraufhin drängt der Gedanke, nun in Gestalt einer energetischen Information, auf Verwirklichung in der materiellen Welt. Alles, was gedacht wird, kann deshalb binnen kurzer Zeit manifestiert werden.

Sind die Gedanken Personen, Tieren oder Pflanzen gewidmet, streben sie zu den entsprechenden Informationsmustern. Genauso erleben wir es im Traum. Wir begegnen dort meist nicht Menschen mit Gesichtern, sondern identifizieren die auftauchenden Figuren anhand der Eigenschaften, die realen Personen anhaften. Natürlich ist das keine objektive Zuschreibung. Es sind lediglich Eigenschaften, die der Träumende im Wachzustand bei den betreffenden Personen empfunden hat. Erscheint Ihnen jemand als geizig, kleben Sie ihm sozusagen das Etikett des Geizes an. Sprechen Sie ihm eine sympathische Ausstrahlung zu, so wird genau diese auch im Traum mit der Person verknüpft. Diese Verknüpfung mit einem empfindenden Gedanken bleibt so lange bestehen, wie Sie ihn aufrechterhalten, etwa durch die wiederkehrende, lebendige Erinnerung an eine bestimmte Person.

Es könnte beispielsweise geschehen, dass Ihnen Ihr verstorbener Vater im Traum erscheint. Sie erkennen ihn an vertrauten Eigenschaften, die Sie real empfinden. Sind Sie in Ihrer Bewusstseinsentwicklung so weit fortgeschritten, dass Sie – ohne zu schlafen – das luzide Träumen beherrschen, können Sie durch Ihre Empfindungen direkt mit dem Vater kommunizieren. Das ist keine Fantasie, sondern vollkommen real: weil Gedanken in der Interwelt unmittelbar Ihrem Wollen folgen und weil Sie mit Ihren Empfindungen in Resonanz zu den abgespeicherten typischen Vater-Eigenschaften gehen. Ob im nächtlichen Traum oder beim luziden Träumen – in beiden Fällen gelingt die Kommunikation, weil die Vernunftfilter des Gehirns ausgeschaltet sind.

Wenn wir erst einmal das Prinzip der Gedankenkräfte verstanden haben, sind wir darüber hinaus fähig, mit jedem beliebigen Wesen zu kommunizieren: mit Verstorbenen, mit geografisch weit entfernten Bekannten, aber auch mit gedachten und empfundenen Wesen – Naturgeistern, Gnomen, Elfen oder Nixen. Wir können sie für uns erschaffen, sobald Empfindung und Wollen sich verbinden.

Falls Sie dies mit einiger Irritation lesen, denken Sie beispielsweise an Schutzengel. Es sind helfende Wesen, die nur deshalb tatsächlich behüten und beschützen können, weil wir an sie glauben wollen, mit aller seelischen, empfindenden Energie. Zahllose Menschen haben erlebt, dass Schutzengel in höchster Not zu Rettern wurden. Denn das Erstaunliche ist: Sobald solche Wesen in unserer geistigen Wirklichkeit existieren, entwickeln sie eine eigenständige Kraft. Die empfindende Gedankenkraft ruft also Informationsgebilde hervor, die wiederum eigene Wesenheiten erzeugen – da Informationen zugleich Seeleneigenschaften repräsentieren. Sie sind rein geistige Konstrukte, aber als Wesen der Interwelt äußerst wirkmächtig. Ich weiß, dass dies fantastisch klingt, fast märchenhaft. Und doch ist es ein absolut natürlicher Vorgang, wenn Menschen mit ihrem empfindenden Wollen jedes beliebige Wesen selbst erschaffen. Auf diese Weise können wir unser Leben entscheidend bereichern – mit Mentoren, Helfern, Gefährten. Wer jetzt noch einwendet, solche Wesen seien nicht real, muss sich nur vergegenwärtigen, dass ja auch unsere Alltagswelt nicht real ist, sondern nur der ewige, unvergängliche Informationspool der Interwelt.

Magisches Denken

Wir wissen bereits: Alles, was in der Alltagswelt erlebt wird, ist als genaue Kopie in der Interwelt abgelegt, was wir als Gedächtnis bezeichnen. Auch alle erlebten Wesen sind dort, Eltern, Verwandte, Geschwister, Freunde und Feinde. Fantasie und Intuition können zusätzlich Bruchstücke von Erlebnissen zu vollständigen Erlebnissen ergänzen oder neue Erlebnisse erschaffen. Jedes Wesen erhält vollständige Kopien der Originalerlebnisse. Die Erinnerung, also das beliebige Abrufen von Erlebnissen der Vergangenheit im Jetzt, beruht auf dieser Interweltfunktion.

Ist ein bestimmtes Wesen erst einmal erschaffen, gewinnt es immer größere Macht, genährt von den Gedanken des Menschen, der es erzeugt hat. Eine intensive Kommunikation beginnt, auch eine Rückkopplung, denn wir spüren immer deutlicher die Wirkungen dieses Wesens. Das permanente Feedback führt quantenphilosophisch zur Wirklichkeitsempfindung. Mit anderen Worten: Je lebhafter und empfindungsreicher wir uns mit dem selbst geschaffenen Wesen beschäftigen, desto deutlicher spüren wir die Gewissheit seiner Präsenz. Wir selbst sind es also, die solche Wesen nicht nur erschaffen, sondern sie immer stärker werden lassen. Das Prinzip intensiviert sich übrigens, sobald viele Menschen gleichzeitig mit dem gedachten Wesen kommunizieren – wenn also ein Konsens darüber besteht, dass Schutzengel, Elfen oder Teufel wirklich sind. Dafür bedarf es nicht einmal spezieller Verabredungen, oft genügt ein gemeinsamer Glaube oder der Zeitgeist.

Derartige Wesen entwickeln dann eine eigene Persönlichkeit und auch eine Eigendynamik, so, wie wir es aus Träumen kennen. Von einem bestimmten Punkt an sind sie nicht mehr beherrschbar. So kann Gutes oder auch Schädigendes von selbst erschaffenen Wesen ausgehen. Agieren sie in negativer Weise, sprach man früher von Dämonen oder Teufeln, auch von Luzifer. Andererseits ist die Interwelt auch bevölkert von Informationsgestalten, die als Geister und Götter vor Jahrhunderten geschaffen und bis heute genährt werden. Es sind strahlende Wesen, zu denen beispielsweise Engel gehören. Der unbedingte Glauben an sie wirkt stärkend für das Empfinden der Menschen. Solche Wesen besitzen für uns die Kraft, in labilen Phasen Angst, Trauer und Zweifel zu zerstreuen und Zuversicht zu schenken.

Es wäre verfehlt, diese Phänomene als Aberglaube oder reine Projektion abzutun. Der Neurowissenschaftler Matthew Hutson stellte vor Kurzem fest, dass magisches Denken das Leben erleichtert, weil es uns Halt in Krisenzeiten gewährt (Hutson 2012). Die Irrationalität des Magischen, so Hutson, beschere uns Glück und Gesundheit. Bevor die Rationalität unser Leben bestimmte, war das magische Denken ohnehin die Kraftquelle aller großen Kulturen. Kein Volk kam ohne Götter, Schutzgeister und Halbgötter aus, die zwischen kosmischen Energien und Erdenleben vermittelten.

Da wir ohnehin unsere Wirklichkeit erschaffen, liegt es auch heute nahe, uns dieser uralten Praktiken zu erinnern. Wie beim Placeboeffekt können wir mithilfe gedachter Wesen zweifelsfrei eine Änderung der materiellen Wirklichkeit hervorrufen.

Hat man das Prinzip erst einmal verstanden, entstehen immer neue Optionen. Die Erschaffung von Wesenheiten durch eigene Gedankenkraft kann sogar materielle Gegenstände der Alltagswelt mit Magie aufladen. Auch dies kennen wir aus allen alten und auch aus heutigen nativen Kulturen. Ob Amulette, wunderkräftige Steine oder Reliquien, immer wird ihnen eine hoch energetische Wesenheit zugesprochen. Daran hat sich auch in unserer westlichen Zivilisation nichts geändert. Die Psychologin Lysann Damisch fand im Rahmen einer wissenschaftlichen Studie heraus, dass Probanden mit sogenannten »Glücksbällen« beim Golfspiel mehr Putts erzielten als solche, denen man normale Bälle gab. Auch bei Gedächtnis- und Wortübungen schnitten Versuchsteilnehmer mit Glücksbringern besser ab als die Kontrollgruppe ohne einen Talisman (Gielas 2013). Das alles hat nichts Übernatürliches. Die Self fulfilling prophecy magischer Praktiken entspricht der Organisation unserer geistig-seelischen Verfasstheit. Wir Menschen sind empfänglich für Transzendentes. Wir spüren die Wirklichkeit all dessen, was wir stark empfinden und glauben – völlig zu Recht. Denn Alltagswelt und Interwelt als Quelle des Geistig-Seelischen sind unauflöslich miteinander verflochten und stehen in permanenter Wechselwirkung.

Die stärkste Empfindung und damit die stärkste Kraft im Erleben des Menschen ist die Liebe. Sie ist zweifellos die höchste und geheimnisvollste Macht des menschlichen Seins. Weitgehend unerforscht ist bisher, ob nicht auch Tiere oder sogar Pflanzen Liebe geben und empfangen. Immerhin weisen Biologen neuerdings darauf hin, dass selbst einfache Organismen offenbar Empfindungen haben: Sie »wissen«, was ihnen guttut, und verhalten sich entsprechend. Bereits die einzelne Zelle, so vermuten Biologen, haben bestimmte Werte. Sie seien Subjekte, keine Automaten. Natürlich ist Liebe – so wie Empfindungen und Gedanken – nicht messbar. Nur die Auswirkungen der Empfindungen sind nachweisbar. Und hier zeigen sich ähnliche Vorgänge wie beim Menschen. Wird ein Tier mit liebevoller Zuneigung umsorgt, gedeiht es besser und prägt keine Verhaltensauffälligkeiten aus. Aber auch Pflanzen wachsen kräftiger, wenn man liebevoll mit ihnen spricht, wie einige Versuche zeigen. Und da wir Empfindungen mit Gedanken verknüpfen, können wir umso wirkmächtiger unsere Wirklichkeit verändern.

Zwerge und Dämonen

Aus dem Vorhergehenden ergibt sich, dass die Interwelt von unsichtbaren Wesenheiten bevölkert ist, von Göttern, Engeln, Geistern, Dämonen, Devas. Freud erkannte sie als Erzeugnisse des Unterbewusstseins, das der Interwelt entspricht. Offenbar neigen wir Menschen dazu, Aufgaben zu delegieren, die wir allein nicht bewältigen können. So schaffen wir uns ein Gegenüber und statten es mit erwünschten Eigenschaften und Fähigkeiten aus.

Manchmal sind solche Wesen überaus nützliche Gesellen. Aus Grimms Märchen kennen wir die sieben Zwerge, die die Hausarbeit verrichten, und die sprichwörtlichen Heinzelmännchen von Köln werden ebenso fleißig dargestellt. Doch auch jenseits der

Märchen existieren Berichte von eigentätig erschaffenen »Hausgeistern«. Der spirituelle Logenbruder Herbert Döhren publizierte unter dem Pseudonym H. E. Douval die mehrbändigen »Bücher der Praktischen Magie«. In Band 10 beschreibt er die Erschaffung eines »Imagospurium«. Er hatte ein konkretes Bild von einem dienstbaren Geist imaginiert, dann eine Holzfigur geschnitzt und beide, das Bild und die Holzfigur, durch starke Gedankenkonzentration miteinander »verschmolzen«. Dann belebte er diese Konstruktion, indem er ihr mit den Händen Energie zuführte, wobei er sich abwechselnd in Trance versetzte und sich auf den Namen der Figur konzentrierte: Cagaster.

Diese Prozedur zog sich tagelang ohne Unterbrechung hin. Den entstandenen Geist sah er zunächst nur als »innere Erscheinung« und schließlich sogar als wirkliche, im Raum stehende Figur. Das Zusammenleben mit dem recht hübschen Wesen verlief anfangs gut. Douval bestellte verschiedene Dinge bei seinem Hausgeist, die auch sogleich gebracht wurden. Aber schließlich verwandelte sich das Wesen in einen Dämon mit scheußlicher Fratze, der nicht mehr zu bändigen war und Douval erkranken ließ. Nur durch diverse Beschwörungen konnte er das Wesen zerstören und seine Gesundheit wiederherstellen.

Da Douval einer Loge angehörte, war er sicherlich von deren Ritualen beeinflusst. Von magischen Logen wird berichtet, dass deren Mitglieder durch gemeinsame Gedankenkonzentration »Egregoren« und weitere Phantomwesen erschufen, die sie Logendaimone nannten (Hartmann 1992). Die Templer hatten beispielsweise ihren Baphomet, der bis heute in Stein gehauen an Logenhäusern zu sehen ist. Was die Darstellung von H. E. Douval alias Döhring betrifft, so spricht einiges dafür, dass er unter einer Psychose litt, die ihn zu solch merkwürdigen Einbildungen trieb.

Geisterwesen treten in allen Kulturen auf. In Tibet spielen beispielsweise Tulkus eine wichtige Rolle, mittels Magie geschaffene Wesen, die ihrem Schöpfer zu Diensten sind. Im tibetischen Tschöd-Ritual, das im 18. Jahrhundert vom Lama Padma Rigdzin in der Dzogtschen-Sekte der »großen Vollendung« eingeführt wurde, sollen die Schüler Dämonen als Geschöpfe ihrer eigenen Einbildungskraft erkennen. Das heißt: Geisterwesen, die durchaus eine eigene Realität annehmen, dienen hier der Selbsterkenntnis (Eliade 1992).

Für manche Menschen werden Geister so real, dass sie von der Wirklichkeit nicht mehr zu unterscheiden sind. Weithin bekannt ist der Fall der französischen Forscherin Alexandra David-Néel. Sie quälte sich mit einem selbst geschaffenen Schemen, Tulpa genannt. Während eines Forschungsaufenthalts in Tibet konnte die nicht gläubige Wissenschaftlerin, die sich selbst als äußerst kritisch einstufte, eine Erfahrung machen, die ansonsten den einheimischen Bergbewohnern vorbehalten war. In ihrem Buch »Magier und Heilige in Tibet« beschreibt sie, wie sich innerhalb weniger Monate durch reine Visualisierung und Konzentration der Phantomkörper eines Mönchs manifestierte. Er wurde praktisch ihr Tischgenosse und begleitete sie täglich auf ihren Exkursionen. Im sehr spirituellen Tibet wunderte sich niemand über ihren imaginären Gefährten, er wurde sogar von Dritten in ihrem Zelt gesehen und als Lama erkannt. David-Néel spürte manchmal den Druck seiner Hand auf ihrer Schulter. Diese ungewohnte Nähe fiel ihr, wie sie sich ausdrückt, zunehmend auf die Nerven, und die permanente Anwesenheit des Wesens wurde zum Albdruck.

Sie beschloss, das Trugbild aufzulösen, zumal es sich immer bösartiger verhielt und unkontrollierbar wurde. Erst nach sechsmonatiger intensiver geistiger Arbeit konnte das Lama-Wesen durch seine Schöpferin vernichtet werden. David-Néel schreibt: »Diese Fälle von ›Verkörperung‹ sind nur deshalb so eigenartig, weil auch dritte Personen solche durch den Gedanken hervorgebrachte Formen sehen können. Manche behaupten, es handele sich wirklich um die Erschaffung einer körperlichen Gestalt, andere wiederum sehen darin nur einen Fall von Suggestion. Dann würde der Gedanke, den der Urheber dieses Schemens hegt, unwillkürlich einen Dritten beeinflussen und ihn etwas sehen lassen, was der Urheber selbst sieht.« (David-Néel 2005)

Wahrheit oder Suggestion? Da wir wissen, dass Gedanken und Vorstellungen der Interwelt angehören und daher die eigentliche, die wahre Realität bilden, erübrigt sich die Frage. Alles, was Menschen mit hohem Bewusstsein und starken Gefühlen imaginieren, ist faktisch ihre Realität.

Auch die Inuit kennen ein selbst geschaffenes Gedankenwesen, den Tupilak. Das Wort bedeutet so viel wie »Seele oder Geist eines Verstorbenen«. Es ist ein spirituelles Wesen, verkörpert in kleinen geschnitzten Skulpturen, überwiegend aus Walrosszähnen gefertigt. Meist tragen sie groteske Züge. Die Inuit sprechen ihnen magische Kräfte zu. Die wesentliche Eigenschaft ist der Schadenszauber, was den Tupilak zu einem gefürchteten Wesen macht. Denn sobald man ihn einsetzt, muss man mit dem Gegenschlag eines feindlichen Tupilak rechnen – eine weise Interpretation, die auf der Erkenntnis beruht, dass negative Gedanken und Absichten immer zum Urheber zurückkehren. Auf dieselbe Weise erfolgen Rückkopplungen in der Interwelt. Insofern ist der Tupilak-Kult Ausdruck eines intuitiven Wissens um eine geistig vernetzte Welt.

Bei den Indern werden vergleichbare Wesen »Elementale« genannt. Sie entsprechen Ideenkomplexen, die informativ-energetisch und emotional aufgeladen sind und so agieren, als hätten sie ein eigenes Bewusstsein. Deshalb können sie Reales bewirken und Aufmerksamkeit auf sich ziehen. Manche spirituellen Lehrer nennen solche Elementale schlicht Programme – denn im Grunde entsprechen diese Wesen Gedanken- und Gefühlsmustern. Dennoch erscheinen sie den Menschen wie eigene Wesen und erzeugen oft Leid und Schmerz. Auch hier ist zu vermuten, dass unbewusst ein Gegenüber geschaffen wird, um Unverarbeitetes sichtbar zu machen.

Engel und Teufel

In der abendländischen Kultur haben Geisterwesen eine lange Tradition. Bereits Marsilio Ficino (1433–1499) und Giordano Bruno (1548–1600) beschrieben derartige Wesen und nannten sie »Phantasmen«. Bruno, der die Idee einer unendlichen, durchgängig beseelten Welt entwickelte, glaubte, dass eine spirituelle Substanz, das universelle Pneuma, alles miteinander verbinde. Träume, Phantasmen und Imaginationen seien Manifestationen des Pneumas und damit etwas Feinstoffliches. Beherrschbar sei der pneumatische Stoff nur durch Magie. Schon Ficino hatte festgestellt, Magie sei eine Energie, um getrennte Teile miteinander zu verbinden: »Die Wirkung der Magie«, so befand er, »besteht in der Anziehung, welche ein Gegenstand auf einen anderen aufgrund einer bestimmten Wesensverwandtschaft ausübt.« Für die beiden Denker der Spätrenaissance hatten die feinstofflichen Wesen also eine integrierende Kraft.

Um 1900 wurden spirituelle Séancen sehr beliebt – und galten alles andere als unseriös. An Séancen des Psychotherapeuten Oskar R. Schlag in Zürich nahmen so berühmte Wissenschaftler wie der Psychologe C. G. Jung, der Philosoph Rudolf Bernoulli und der Psychiater Eugen Bleuler teil. 1926 erlebten sie ein Wesen, das sich selbst als eine »psychoenergetische Kraft« bezeichnete und sich »Atma« nannte. Jung erklärte das Wesen als eine Schöpfung durch das kollektive Unbewusste der Sitzungsteilnehmer. Er hatte einschlägige Erfahrungen. Zehn Jahre zuvor trat er mit einem Wesen in Verbindung, das sich »Basilides« nannte. Woher stammte der ungewöhnliche Name? Basilides war ein Gnostiker gewesen, der im 2. Jahrhundert n. Chr. lebte und eine häretische Sekte anführte. In seiner Manifestation als Geist offenbarte er Jung das transpersonale System »Pleroma«, das in das Konzept des »kollektiven Unbewussten« einging (Schlag 1998).

Äußerst vertraut ist uns in der abendländischen Kultur das Phänomen der Engel. Sie kommen bereits in der Bibel vor und wurden fortlaufend wichtiger in der christlichen Mystik. Unzählige bildliche Darstellungen zeigen sie als schützende Lichtgestalten, meist über den Köpfen schwebend, dann wieder wehrhaft in schimmernden Rüstungen auftretend. So wie die Heiligen vermitteln sie zwischen Gott und Mensch, klassische Mischwesen also, die als ständige Begleiter oder in Notsituationen den Menschen zu Hilfe eilen.

Der 1688 in Stockholm geborene Emanuel Svedberg war ein ausgesprochen neugieriger Mensch. Zeit seines Lebens versuchte der Pfarrerssohn, die Geheimnisse der Interwelt zu erforschen, auch wenn er diese Terminologie noch nicht verwendete. Früh kam er in Kontakt mit spirituellen Ideen, ging dann nach England und wurde Schüler von dem Physiker Isaac Newton und dem Astronomen Edmond Halley. Anschließend setzte er seine Ausbildung in Leiden, Amsterdam und Paris fort. Mit 26 Jahren – jetzt nannte er sich Swedenborg – zeichnete er Konstruktionspläne von Pumpen, Schmelzöfen, Kränen, Tauchbooten und sogar einem Flugzeug, das 1897 nachgebaut wurde und tatsächlich eine kurze Strecke in der Luft fliegen konnte.

Erst als erfolgreicher und berühmter Mann wandte er sich im Alter von 56 Jahren wieder seinen frühen spirituellen Interessen zu. Er begann, Träume zu analysieren, führte willentlich Visionen herbei und war schließlich überzeugt, dass Engel und Geister seine Lehrmeister seien. Er lernte, gleichzeitig auf der Erde und »im Himmel« zu leben, wobei er betonte, dass er diese Begriffe nicht als Orte, sondern als Zustände und Gegebenheiten ansehe. In seinem geistigen Erleben besuchte er Tote in der jenseitigen Welt und kommunizierte mit ihnen.

In seinem Jenseits-Führer »Himmel und Hölle« schildert er Engel in Menschengestalt. Er schreibt: »Nach all meiner Erfahrung, die nun schon viele Jahre andauert, kann ich sagen und versichern, dass die Engel … Gesicht, Augen, Ohren, Brust, Arme, Hände und Füße haben, dass sie sich gegenseitig sehen und hören, miteinander reden – mit einem Wort: dass ihnen gar nichts fehlt, was zum Menschen gehört, außer, dass sie nicht mit einem materiellen Leib überkleidet sind.«[20] Diese Aussage ist hochinteressant, denn auch beispielsweise Japaner beschreiben ihre »Himmelswesen« recht genau, aber eine Beschreibung eines Engels ist nicht dabei.

Eine neuere Untersuchung zeigt, dass jede Kultur ihre helfenden oder zerstörerisch wirkenden Wesen so darstellt, dass sie im

Einklang mit traditionellen Vorstellungen stehen – ein starkes Argument dafür, dass solche Wesen aus den eigenen Überzeugungen heraus geboren werden. Die Inder etwa stellen ihre Devas, die im Devaloka, den sphärischen Bereichen des Bewusstseins, angesiedelt sind, bildlich meist als eine Ansammlung kleiner Wölkchen dar. Die Abhängigkeit der selbst erschaffenden Wesen von kulturellen Prägungen war auch Swedenborg bewusst gewesen, der in ihnen eine Widerspiegelung menschlicher Existenzen vermutete: »Die Engel möchten, dass ich aus ihrem Munde verkünde, dass es im ganzen Himmel nicht einen einzigen Engel gibt, der von Anfang an als solcher erschaffen, noch in der Hölle irgendeinen Teufel, der einst als Engel des Lichts erschaffen und hinabgestoßen worden wäre. Vielmehr sind im Himmel wie in der Hölle alle aus den Menschen hervorgegangen.«[21] Damit ist deutlich wiedergegeben, dass wir sowohl unsere Engel als auch unsere Teufel selbst erschaffen, ein Mechanismus, der den quantenphilosophischen Erkenntnissen entspricht.

Boten der Interwelt

Die Menschen können ihr Schicksal offenbar leichter ertragen und meistern, wenn gedachte Wesen ihr Leben dirigieren. Selbst die volle Verantwortung für Gedanken und Taten zu übernehmen erscheint demgegenüber schwieriger, wahrscheinlich auch belastender. Die angeborene Fähigkeit des Menschen, mithilfe des Quantenprinzips Wesen zu erschaffen, kann zu einer Quelle des Wohlgefühls werden. Man hat es dann mit einer eigenständigen »Intelligenz« zu tun, die ihren Schöpfer bei der Informationsverarbeitung und der Kommunikation zu anderen Wesen unterstützt.

Wir sprechen in diesem Zusammenhang gern von »Einbildung« und meinen eine Illusion. Doch gerade das »Eingebildete« ist inhaltlich und in seinen Konsequenzen nahezu identisch mit der täglichen Lebensplanung – nur, dass sie mit den selbst erschaffenen Wesen wesentlich effizienter abläuft. Unsere Fähigkeit, schöpferisch tätig zu sein, ist die eine Seite unseres Seins. Die andere Seite, die wir noch zu akzeptieren lernen müssen, ist die Tatsache, dass unsere Schöpfungen ein Eigenleben entwickeln. Kunst und Kultur sind Beispiele dafür, die später noch beschriebenen Meme und nun eben auch das, was wir Engel oder Geister nennen.

Aber was ist mit Erscheinungen, die wir nicht willentlich zu verantworten haben, die unabhängig von unseren Gedanken und Erwartungen kommen und gehen? Auch dafür gibt es zahlreiche Beispiele, bis hin zu Besessenheiten durch Dämonen. Der Physik-Nobelpreisträger Gerd Binnig von der Universität München vermutet hier das Wirken von Vorfahren, deren Energien und Informationen weiter existieren. Er erklärt: »Ich glaube, dass die psychische Kraft, die von einer Person ausgeht, für alle Zeiten, auch nach ihrem Tod, weiterwirkt – selbst, wenn man diese Kraft nicht mehr genau lokalisieren kann« (von Rohr 1996). Das klingt ausgesprochen plausibel. Wenn wir uns die Interwelt als direktes informatives Abbild aller Ereignisse der Alltagswelt vorstellen, auch als Heimat der Seelen, dann muss es dort Geister im Sinne individueller Informationsmuster geben, einschließlich aller körperlichen Details. Genau so können wir ja auch im Computer bewegte Figuren und Ereignisse in Spot-Filmen allein mit Informationsmustern als Abbilder programmieren.

Während des Zweiten Weltkriegs gewannen die Engländer die Luftschlacht über London und obsiegten über die Deutschen. 1957 gestand der verantwortliche Marschall Lord Dowding auf dem Internationalen Spiritualisten-Kongress in Paris: »Ich hätte die Luftverteidigung von London zwischen 1940 und 1943 nicht so erfolgreich durchführen können, wenn es mir nicht gelungen wäre, mit den Geistern der abgeschossenen englischen Piloten und sogar mit den Geistern der deutschen Piloten, die bei den Angriffen ums Leben kamen, in Verbindung zu treten.« Ein erstaunliches Bekenntnis, noch dazu von einem militärischen Vertreter. Es zeigt, wie stark mental erschaffene Wesen die Motivation unterstützen und das Handeln beeinflussen, hier sogar schicksalhaft für eine ganze Nation (Brunner 1972).

Ein anderes prägnantes Beispiel stammt aus der Luftfahrt. Der erste Mensch, der 1930 versuchte, mit dem Flugzeug den Atlantik von Ost nach West zu überqueren, war ein Pilot namens Hinchliffe. Aufgrund eines fehlenden Auges trug er eine Augenklappe. Sein Sponsor verlangte, einen weiblichen Kopiloten mitzunehmen. Auf einem Linienschiff, weit entfernt von der Flugroute, waren zwei Freunde von Hinchliffe zu Bett gegangen, der Oberst der Luftstreitkräfte Henderson und der Fliegermajor Rivers Oldmeadow. Beide wussten nichts von dem Flugrekordversuch an diesem Tag. Gegen Mitternacht stürmte Henderson aufgeregt in die Kabine von Oldmeadow und erzählte folgendes Erlebnis: Hinchcliffe sei soeben in seiner Kabine gewesen, in Flieger uniform und mit seiner Augenklappe. Immer wieder habe er gefragt: »Was soll ich bloß tun? Diese Frau ist bei mir, ich bin verloren!« Dann sei er wieder verschwunden. Genau zu dieser Zeit war Hinchliffe abgestürzt, er und seine Begleiterin kamen dabei um (Fuller 1979).

Mit welchen Sinnen können wir solche Geistererscheinungen wahrnehmen? Und welche Ziele verfolgen plötzlich auftauchende Wesenheiten? Wollen sie uns auf etwas aufmerksam machen, was uns sonst entgehen würde? Suchen sie selbst unsere Nähe? Überblickt man die vielen Geschichten, die teilweise schriftlich, teilweise mündlich überliefert sind, so scheinen die positiven Botschaften zu überwiegen. Oft sind es Warnungen, manchmal hilfreiche Visionen, die solche Wesen uns bringen. Wir haben sie zwar selbst evoziert, doch ihre Informationen übersteigen unser eigenes Wissen: sie können wahrnehmen, was wir Alltagswesen nicht können. Uncharmant ausgedrückt, sind sie Vehikel der Interwelt, erschaffen, um uns mit ihren Botschaften zu helfen. Es gibt auch Berichte, dass sie uns schädigen können. Möglicherweise erzählen sie etwas über uns oder unser Verhalten, das wir dringend erfahren sollten. Dann hätten sie eine Funktion wie die tibetischen Tulkus, die der wichtigsten Erkenntnis überhaupt dienen: der Selbsterkenntnis.

Kapitel 5:
Träume und übersinnliche Wahrnehmungen

Exkorporation

Überzeugt von einer Interwelt sind häufig Menschen, die ihren Körper für kurze Zeit verlassen können. Es gibt viele Zeugnisse darüber, denn über außerkörperliche Erfahrungen wird so lange berichtet, wie es die Menschheit gibt. Oft ist ein Nahtoderlebnis der Auslöser dafür, dass jemand lernt, seinen Körper beliebig zu verlassen. Das heißt: Er verlässt dann seinen Körper aufgrund seiner willentlichen Entscheidung, erhebt sich über ihn und sieht ihn unter sich liegen. Diese Menschen beschreiben, wie sie in der Folge immer wieder »mit einem Zweitkörper« aus der Hülle ihres materiellen Körpers aussteigen.

Wer sich diese Fähigkeit angeeignet hat, kann seine Ziele allein mithilfe der Gedanken ansteuern: innerhalb des Zimmers, hoch hinaus durch die Zimmerdecke, in die Nachbarwohnung, außerhalb des Hauses über Straßen hinweg. Dabei kommt es zu paradoxen Erlebnissen. Eine Frau sah einmal während solch eines Fluges, dass ihre Haustür sperrangelweit offen stand. Natürlich wollte sie die Tür daraufhin schließen, konnte aber im außerkörperlichen Zustand nichts dergleichen tun. Sie kehrte in ihren Körper zurück, stand aus dem Bett auf und schloss die Haustür ab. Hätte sie ihren Körper nicht verlassen, so wäre ihr auch nicht die offene Haustür aufgefallen, und vielleicht hätte sie ungewollten Besuch von der Straße bekommen.

Wie sollen wir solche Erzählungen bewerten? Die Mainstream-

Wissenschaftler bezweifeln nicht die Erlebnisse, führen sie aber auf rein physiologische Ursachen zurück: Sauerstoffmangel, Stresssituationen, Drogen, bestimmte Erwartungen. Deshalb stufen sie außerkörperliche Erfahrungen in die Kategorie Halluzination, Einbildung und Fantasie ein. Ein Beweis der rein physiologischen Ursachen scheint zu sein, dass solche Erlebnisse auch auftauchen, wenn bestimmte Gehirnbezirke mit elektrischem Strom gereizt werden. Daraus allerdings zu schließen, die außerkörperlichen Erfahrungen seien dementsprechend reine Gehirn-Halluzinationen, ist auf typische Weise zu kurz gedacht.

Wir haben bereits gesehen. dass die Interwelt mit ihren Eigenschaften bis in jedes Atom unseres Körpers hineinreicht, natürlich auch in jedes Neuron des Gehirns. Den Wirkmechanismus, nach dem die Ankopplung an die Interwelt erfolgt, kann man mit der energetisch induzierten Spinkohärenz der Membranen und der Gehirnhälftenkohärenz erklären, was wir später noch detaillierter besprechen wollen. Beide Kohärenzen können auch durch elektrische Stromreizung auftreten, sodass die besonderen Erfahrungen der Interwelt bei Stromreizungen sogar erwartet werden müssen.

Diejenigen, die von eigenen echten Austritterlebnissen berichten, betonen das vollkommen funktionierende Orientierungsvermögen und die Ich-Präsenz während der Exkorporation. Sie sind vollkommen überzeugt: Hier trennen sich Geist und Seele von der Körpermaterie. Das Besondere an diesen Erfahrungen ist eine erinnerbare Erlebnisfähigkeit ohne Verlust der Ich-Identität und des Bewusstseins. Die Erlebnisse sind völlig frei von rauschhaften Begleitumständen oder okkultistischen Elementen. Immer wieder wird geschildert, wie klar Verstand, Vernunft und Logik dabei arbeiten, exakt wie im Alltagsleben. Das unterscheidet solche Erfahrungen von Träumen, in denen das Ich nicht voll bewusst agiert, sondern eher wie ein Schauspieler in einem unbekannten Film.

Bei der Exkorporation ist die eigene Persönlichkeit wirklich anwesend, sozusagen in der ersten Person, aber losgelöst von jeder Einengung durch den Körper. Das bestätigen auch zahlreiche Wissenschaftler. Der Neurologe Willis Harman, der eine Professur an der berühmten Stanford University innehatte, widmete sich in mehreren Untersuchungen dem Phänomen. Er betonte: Das Faszinierendste an außerkörperlichen Erlebnissen sei, was immer da den Körper verlässt, es könne die Fähigkeit zu denken mitnehmen und ebenso die Fähigkeit, alles wahrzunehmen und es später zu erinnern. Das aber heißt: Geist und Seele sind voll angekoppelt ans Informationsnetz der Interwelt. Der Schweizer Wissenschaftler der Physik und Chemie Ernst Waelti bewertet daher seine eigenen außerkörperlichen Erlebnisse als einen Beweis, dass wir Menschen auch in der Interwelt existieren (Waelti 1983). Charles Tart, amerikanischer Psychologe und Begründer der Transpersonalen Psychologie, lehrte an der University of California, Davis. Er befestigte im dortigen Schlaflabor ein Brett mit fünf Zahlen an der Zimmerdecke. Die Zahlen waren so platziert, dass sie vom Bett aus nicht zu sehen waren. Nur jemand, der an der Decke schwebte, hätte sie lesen können. Anschließend ließ er einige Probanden, die bereits außerkörperliche Erfahrungen gemacht hatten, in dem Raum schlafen. Tatsächlich konnten einige der überwachten Probanden am nächsten Morgen die Zahlen richtig nennen, wobei sie das dafür notwendige außerkörperliche Aufsteigen beschrieben (Tart 2000).

Exkorporation ist daher ein Phänomen, das nicht nur bei Nahtoderlebnissen erscheint. Offenbar gibt es Menschen, die eine natürliche Disposition haben, sich mit Geist und Seele phasenweise aus ihrem materiellen Dasein zu befreien. Die Barriere, die andere daran hindert, existiert nicht für sie. Die meisten Menschen können in der Erinnerung oder in Fantasien an alle möglichen Orte reisen, sogar fliegen, wenn sie es sich vorstellen. Doch hier ist alles ganz konkret und vollkommen wirklich. Solche Menschen können ihre Vernetztheit mit der Interwelt als Erweiterung der Wahrnehmung erfahren, letztlich eine beneidenswerte Fähigkeit.

Traum und Interwelt

Während alle bisher erwähnten Phänomene die als real wahrgenommene Materie einschlossen, kommen wir jetzt zu einem Thema, das vollständig in der Geistsphäre abläuft: das Träumen. Es bietet gewaltige Möglichkeiten für das Erleben. Träume sind Kraftwerke der Gefühle, erschaffen Welten, die denen der Fantasyindustrie in nichts nachstehen, und transferieren uns direkt ins »Meer aller Möglichkeiten«.

Alle Menschen und viele Tiere träumen jede Nacht. Rechnet man alle Traumphasen zusammen, träumt der Mensch durchschnittlich vier Jahre seines Lebens – und schläft ungefähr ein Vierteljahrhundert. Wir verbringen die Nacht zu etwa 75 Prozent im beginnenden oder vollkommenen Tiefschlaf (NREM) und zu 25 Prozent im sogenannten REM-Schlaf. Er trägt seinen Namen wegen der schnellen, ruckartigen Augenbewegungen, die der Schläfer dann mit geschlossenen Lidern ausführt, auf Englisch: Rapid Eye Movement. In dieser Phase finden die meisten Träume statt. Der Tiefschlaf zerfällt während der fortschreitenden Schlafvertiefung in vier Stadien, die im EEG-Bild durch eine Verlangsamung der Hirnfrequenz und eine Erhöhung der Amplitude sichtbar werden.

Im REM-Schlaf sind durch den Traum Atmung, Herzschlag und Blutdruck höher und unregelmäßiger. Sauerstoffverbrauch, Körperkerntemperatur und Durchblutung der Hirnrinde sind erhöht – allesamt günstige Faktoren zur Lebenserhaltung, denn durch den Schlaf sinkt die Körpertemperatur, und der Blutkreislauf schwächt sich ab. Außerdem entsteht durch eine überproportional verstärkte Stickstoffmonoxid-Bildung die Penis-/Klitoriserektion, was man als Indikator für eine insgesamt vitale Regeneration während der REM-Phase betrachtet. Stickstoffmonoxid hat sehr wichtige Funktionen im Körper: Es erhöht unter anderem die Leistungsfähigkeit des Immunsystems, erweitert die Blutgefäße, tötet Bakterien ab und reichert das Gewebe mit Sauerstoff an.

In der REM-Phase ist die Muskelaktivität im Mittelohr erhöht, was bei vorübergehendem Aufwachen als Vibration oder hochfrequentes Pfeifen wahrgenommen wird. Auch sporadische Körperbewegungen und mimische Aktivitäten des Gesichts sind möglich, obwohl die Skelettmuskulatur weitgehend erschlafft ist. Erstaunlicherweise ähnelt das EEG während des REM-Schlafs dem EEG während des Wachzustands, denn im REM-Schlaf ist der Muskeltonus so gut wie nicht vorhanden. Es ist eine Vorsichtsmaßnahme der Natur. So wird der Schläfer davor geschützt, sich durch heftige Bewegungen zu verletzen, die er aufgrund des Traumgeschehens ausführt.

Träume sind Schäume, sagt der Volksmund. In der asiatischen Kultur hat man dagegen dem Träumen immer schon besondere Aufmerksamkeit gewidmet. Man meinte nämlich, dass Träume gewissermaßen ein Bewusstseinstor seien, durch das der Schläfer schreitet. Die Upanishaden, eine wichtige Sammlung philosophischer Texte des Hinduismus, unterscheiden vier Bewusstseinszustände:

1. Wachbewusstsein, in dem die Seele Informationen der Innen- und Außenwelt wahrnimmt,
2. Traumzustand, in dem die Seele die Welt ohne Vermittlung der Sinnesorgane erschafft,
3. Tiefschlaf, ein Zustand, in dem die Seele die ganze empirische Welt (»Name und Form«) unbeachtet lässt und deshalb frei wird, sich mit dem universalen Geist verbunden zu fühlen,
4. Turija (auch Caturtha), ein Zustand, in dem die höchste Verwirklichung eingetreten ist, in dem der Erkennende und die Erkenntnis zusammenfließen, in dem es keine Spannung, keine Polarität mehr gibt – der Buddhi-Zustand.

Somit sind Träume dieser Interpretation nach eine Vorstufe für eine umfassende spirituelle Erkenntnis der Welt und eine Möglichkeit, das große Ganze zu erfassen. Ich würde es so formulieren: Träume spielen sich ausschließlich in der Interwelt ab, weil der Träumende die Alltagswelt verlässt. Das Traumgeschehen erscheint, einem Film- oder Bühnenschauspiel ähnlich, auf eine innere Leinwand projiziert, wobei der Träumende sowohl Mitspieler als auch Zuschauer ist. Der Träumende erlebt alles wie ein wirkliches Geschehen. Das an sich Unbewusste dringt – auf die Traumzeit begrenzt – ins Bewusste.

Der amerikanische Neurobiologe Gerald Edelman vom Scripps Research Institute in San Diego, Kalifornien, bestätigt, dass der Traum alle Attribute des primären Bewusstseins aufweist: Wir können uns im virtuellen Raum orientieren und einfache Verknüpfungen zwischen Sinnesreizen bilden.[22] Darüber hinaus spielen sich fantastische Ereignisse ab. Wir können manchmal fliegen, von einem Augenblick auf den anderen Raum und Zeit überwinden. Gerade noch spazieren wir durch eine Stadt, dann wieder rudern wir in einem Boot übers Meer, und plötzlich begegnen wir Menschen auf einem Berg. Man kann gar nicht so viel Fantasie aufbringen, wie uns die Festplatte der Interwelt an Informationen zur Verfügung stellt.

Aber der intelligente Evolutionsschöpfer hat auch eine Barriere zwischen Traum und Alltagswelt gezogen: Die Erinnerung an Traumgeschehnisse dauert nach dem Erwachen nur etwa fünf bis zehn Minuten an. Danach ist alles wie gelöscht. Nur dann, wenn es dem Träumer gelingt, sich den Inhalt des Traums sofort nach dem Erwachen nochmals bewusst zu machen, kann er das Geträumte in seinen Wachzustand transferieren. Aber warum soll das Geträumte vergessen werden?

Stellen Sie sich ein Neugeborenes vor: Die überwiegende Zeit verbringt es im Schlaf. Dabei träumt es, um auf das Erleben vorbereitet zu werden, und, ganz praktisch, damit seine Körperkerntemperatur trotz der weitgehenden Bewegungslosigkeit bei etwa 37° C bleibt. Das Träumen hat eine weitere wichtige Funktion. Denn das Gehirn eines Neugeborenen besitzt nur wenige Nervenfaserverbindungen. Solche Synapsen bilden sich nur durch Erfahrungen, können also beim Baby noch nicht besonders zahlreich sein. Es kann noch nicht laufen, nichts bewusst erkennen, nichts suchen. Alles muss nach und nach gelernt werden. Andererseits darf der Hirnstoffwechsel während des andauernden Schlafes nicht ins Stocken geraten oder sogar zum Erliegen kommen. Das wäre fatal, denn dieser Stoffwechsel ist neben der Temperaturhaltung der Garant für Wachstumsfaktoren, die das Baby gerade anfangs dringend braucht. Also spielen – quasi als Ersatz – die intelligenten Wesen der Interwelt ihm Szenen im Traum vor. Oder mehr fachlich gesagt: Es werden diverse abgespeicherte Informationsmuster zur Verfügung gestellt.

Aus dem riesigen Reservoir der Festspeicherplatte Interwelt stürmen nun Bilder und Begebenheiten auf das Baby ein, die es mangels Erfahrung nirgends einordnen kann. Wenn das Kind seine Trauminhalte behalten und in die Alltagswelt hinübernehmen würde, dann wäre ein geordnetes Lernen mit den Sinnen an der Materie der Alltagswelt vollständig unmöglich. Wie sollen wir laufen lernen, wenn wir bereits wissen, wie sich fliegen anfühlt?

Diese Vorsichtsmaßnahme der Natur, das Vergessen von Trauminhalten, gilt auch für uns Erwachsene – allerdings nur noch bedingt. Denn Erwachsene können die Trennungsbarriere durch Wissen und Erkennen niederreißen und sich dann an den Traum erinnern. Und das heißt: Der Traum gewinnt eine ganz andere Bedeutung. Nun betrachten wir ihn ex post mithilfe des Alltagsbewusstseins, denken darüber nach, spinnen ihn vielleicht weiter. Genau das geschieht beim luziden Träumen.

Luzider Traum

Die Bezeichnung Luzider Traum leitet sich vom lateinischen lux, »das Licht«, her. Luzid heißt auch transparent. Ein anderer Name ist »Klartraum«, womit man umschreibt, dass es hier um das bewusste Träumen geht. Diese Variante des Träumens eröffnet ganz andere Möglichkeiten, denn was mit dem Bewusstsein erkannt wird, kann auch mit dem Willen dirigiert werden. Genau das ist das Besondere dieser Träume. Jeder kann sich den Traum so komponieren, wie er es gerade möchte. Da reale Materie in der Interwelt keine Rolle spielt, aber alle Möglichkeiten des Lebens dort als Information abgespeichert ist, kann auch alles Denkbare durch Willen in diesen Träumen erzeugt werden. Das Erleben ist gleichzeitig virtuell wie die Interwelt und doch vollkommen real.

Diese eigentümliche Art des Träumens beschäftigte Psychologen wie Laien in starkem Maße. 1913 veröffentlichte der Niederländer Frederik Willems van Eeden eine Abhandlung, in der er seine eigenen Erfahrungen erläuterte. Sein Bericht fand breite Anerkennung im Wissenschaftsbereich. Van Eeden gab dem Phänomen auch erstmalig den Namen luzides Träumen (van Eeden 1913). Er hatte regelmäßig Traumtagebuch geführt. Damit trainierte er sein Bewusstsein darauf, dass es während des Schlafes nicht abgeschaltet wird, sondern eine gewisse Kontrolle ausübt, auch im Traum.

Der griechische Philosoph Aristoteles erwähnte etwa 300 v. Chr. die fließenden Grenzen zwischen unbewusstem Traum und bewusster Wahrnehmung, als er schrieb: »Oft sagt einem im Schlaf etwas in seinem Bewusstsein: Was dir da erscheint, ist nur ein Traum« (Dönt 1997). Mit anderen Worten: Dem Schlafenden, der seinen Traum als wirkliches Geschehen durchlebt, wird plötzlich bewusst, dass er träumt. Dieses Phänomen kennen vermutlich viele Menschen, aber es ist nur der Anfang, um Traumkontrolle schließlich regelrecht zu lernen. Für viele spirituelle Lehren ist es eine Quelle der Erkenntnis, sobald die Einheit von Traum und Bewusstsein erreicht ist. Große Nähe zum Luziden Traum hat das Traumyoga, eine Lehre des buddhistischen Vajrayana. Ziel dieses Yoga ist es, im Unterbewusstsein verdeckte Ereignisse – dementsprechend auch Trauminhalte – bewusst zu machen, um den wahren Geist erfahren zu können. Die Unterweisung im Traumyoga hatte daher einen hohen Stellenwert, war sie doch ein Weg, höchste Weisheit zu erlangen (Chögyal Namkhai Norbu 1992, Evans-Wents 1935).

Marquis d'Hevrey de Saint-Deny, Professor für chinesische Literatur, veröffentlichte 1867 eine Abhandlung über Träume und Traumkontrolle. Er übte sich im luziden Träumen, indem er genau die zwei entscheidenden Dinge tat: Unmittelbar nach einem Traum versuchte er, sich bewusst an die Inhalte zu erinnern. Daraufhin führte er willentlich den Luziden Traum herbei, in dem er nun bewusst die Inhalte dirigieren konnte (Saint-Deny 1982).

Kein Geringerer als Sigmund Freud interessierte sich für diese Art bewussten Träumens und kommentierte sie mit den Worten: »Der Marquis d'Hervey … behauptete, eine solche Macht über seine Träume gewonnen zu haben, dass er ihren Ablauf nach Belieben beschleunigen und ihnen eine ihm beliebige Richtung geben konnte. Es scheint, dass bei ihm der Wunsch zu schlafen einem anderen vorbewussten Wunsch Raum gegönnt hatte, dem, seine Träume zu beobachten und sich an ihnen zu ergötzen. Mit einem solchen Wunschvorsatz ist der Schlaf ebenso wohl verträglich wie mit einem Vorbehalt als Bedingung des Erwachens (Ammenschlaf)« (Freud 1968). Der Ammenschlaf, sollte man hinzufügen, ist ein sehr leichter Schlaf, in dem das Bewusstsein stärker als normalerweise präsent ist. Ammen hatten die Aufgabe, Babys zu stillen, und durften nie ganz fest schlafen – sonst hätten sie das Weinen des Babys überhört. Freuds Anmerkung bezieht sich also darauf, dass beim Luziden Traum das Bewusstsein aktiv genug ist, um den Traum jederzeit abbrechen zu können.

1968 erschien das erste Buch, in dem das Phänomen die Hauptrolle spielte: »Lucid Dreams« von Celia Green, University of Oxford. Ein Jahr später wies der Psychologe Charles Tart auf das luzide Träumen durch den Wiederabdruck des Berichts von van Eeden hin. Aber die Mainstream-Wissenschaft verdrängte alle Beschreibungen – wie sie es gerne heute noch macht – in die Esoterikecke (Green 1968, Green und McCreery 1996). Erst Stephen LaBerge, der den Luziden Traum eingehend erforschte, inspiriert durch das Green-Buch, wurde ernst genommen. Zunächst wies er mithilfe des EEG (Elektroenzephalogramm) und des EOG (Elektro-Okulogramm) die Existenz des Luziden Traums nach, dann erbrachte er einen weiteren Beweis, bei dem er sich höchstpersönlich als Proband zur Verfügung stellte. LaBerge wollte demonstrieren, dass Menschen ihr Bewusstsein sogar im Tiefschlaf aktiv halten können. Er legte fest, dass er mit seinen Augenbewegungen ein bestimmtes Signal geben würde, und zwar in der REM-Phase, wenn ihm bewusst war, dass er träumte. Dann legte er sich ins Schlaflabor. Das Experiment gelang: Genau in der Phase, die EEG und EOG als REM-Phase kennzeichneten, gab er das vereinbarte Signal, das so charakteristisch war, dass es nicht durch Zufall zu erklären war. Aufgrund seiner eigenen Erfahrungen beschrieb er dann in einigen Publikationen Voraussetzungen und ausführliche Anleitungen, wie jeder Mensch diesen speziellen Traum selbst herbeiführen kann (LaBerge 2000). Menschen, die luzide träumen und ihre Träume bewusst dirigieren können, heißen Oneironauten. Es gibt heute sieben wissenschaftlich anerkannte Merkmale, die zweifelsfrei einen Luziden Traum belegen. Die ersten vier Punkte müssen zwingend erfüllt sein, die restlichen sind optional. Der deutsche Psychologe Paul Tholey, der auch den Begriff Klartraum prägte, nennt folgende Kriterien (Tholey 1997):

1. Der Träumer ist sich darüber im Klaren, dass er träumt.
2. Der Träumer ist sich über seine Entscheidungsfreiheit im Klaren.
3. Das Bewusstsein ist klar, es gibt keine traumtypische Verwirrung oder Bewusstseinstrübung.
4. Die Wahrnehmung der fünf Sinne ist wie im Wachzustand.
5. Es besteht Klarheit über das Wachleben, also darüber, wer man ist oder was man sich für den Klartraum vorgenommen hat.
6. Nach dem Traum gibt es eine klare Erinnerung.
7. Der Träumer ist sich über den Sinn des Traums im Klaren.

Damit unterscheidet sich der Luzide Traum von dem somnambulen Zustand, in dem sich jemand eindeutig im Schlaf befindet, aber die Umwelt wahrnimmt und auch Handlungen ausführt – Schlafwandeln genannt. Bei diesem sehr merkwürdigen Phänomen begegnet uns ein Mensch zwischen Wachen und Schlafen. Oft sind die Augen offen, und der Blick starrt abwesend in die Weite. Die betreffende Person kann in diesem Zustand weite räumliche Strecken zurücklegen, ohne gegen Gegenstände oder Bäume zu stoßen. Sie öffnet Türen, steigt Treppen hinauf und herunter. Wird der Schlafwandler geweckt, weiß er nichts von seinem Ausflug und ist meist verwirrt. Leider steckt die entsprechende Forschung noch in den Anfängen, so widmet sich etwa die Deutsche Gesellschaft für Schlafforschung und Schlafmedizin diesem Phänomen. Hier öffnet sich noch ein Feld für Psychologen, die bereit für Neuland sind.

Der Luzide Traum dagegen ist inzwischen in zahlreichen Publikationen beschrieben worden und wird auch weiterhin empirisch erforscht. Ursula Voss, Privatdozentin am Institut für Psychologie der Rheinischen Friedrich-Wilhelms-Universität Bonn, untersuchte das hirnphysiologische Geschehen. Sie fand heraus, dass beim Luziden Traum – im Gegensatz zum Traum – der präfrontale Cortex, also das Stirnhirn, aktiv ist, das allgemein für Bewertungen, aber auch für bewusste Konzentration auf einen Gegenstand zuständig ist. Eine Studie, die von Wissenschaftlern der Universitäten Bonn, Darmstadt, Mainz und der Harvard Medical School durchgeführt wurde, verfeinerte das Ergebnis. Sie kommt zu dem Schluss, dass das schlafende Gehirn träumt und gleichzeitig eine kritische Bewertung und Realitätsüberprüfung dieser Traumfantasien vornimmt. »Es ist, als wäre ein Teil des Gehirns plötzlich wacher, während der Rest weiter schläft«, so Ursula Voss (Voss et al. 2009).

Eine Probandin im Schlaflabor der Universität Bonn schilderte ihren Luziden Traum: »Ich stand plötzlich in einem anderen Bild, wie aus einem Familienalbum. Ich bewegte meine Augen und habe dabei gemerkt, dass ich eigentlich im Bett lag und schlief. Als ich die schöne Landschaft verschwimmen sah, dachte ich: Das ist mein Traumbild, das soll bleiben! Da war die Szene wieder da. Ich dachte, es wäre schön, durch diese Landschaft zu galoppieren. Ich holte mir ein Pferd in den Traum, habe es aber nur geschafft, auf einem Pferderücken zu sitzen, Hals und Kopf des Tieres waren ziemlich unecht. Aber ich konnte fühlen, wie ich auf dem Pferd ritt und gleichzeitig im Bett lag.«[23]

Traumsteuerung

Die Psychologen Michael Schredl und Daniel Erlacher untersuchten das Phänomen des Luziden Traums im Jahr 2004 am Zentralinstitut für Seelische Gesundheit in Mannheim. Die Frage war, ob bestimmte Persönlichkeitsmerkmale dazu führen, dass manche Menschen häufiger luzide träumen als andere. Es stellte sich heraus, dass 82 Prozent der Befragten mindestens schon einmal luzid geträumt hatten, ein gutes Drittel träumte sogar mindestens einmal im Monat luzid. Die Disposition erhöhte sich, wenn Menschen eine besonders intensive Motivation für neue Erfahrungen hatten oder wenn sie zu Albträumen neigten. Außerdem wurde offenbar, dass Luzide Träume besonders häufig bei Krankheiten wie Grippe oder Malaria auftreten.

Das Bewusstsein kann im Luziden Traum sehr verwirrend agieren. So meint der Träumer zu erwachen, aber er »erwacht« stattdessen in einen neuen Traum hinein, der sich nur wie die Wirklichkeit anfühlt. Die Unterscheidung von Traum und Wirklichkeit ist im Traum, auch im Luziden Traum, deshalb manchmal unmöglich. Der Hollywoodfilm »Inception« hat dieses Traumlabyrinth auf eindringliche Weise mit einer Spielhandlung verknüpft. Die verschiedenen Traumebenen sind kaum noch voneinander zu unterscheiden, alles geschieht simultan, alle Ebenen beeinflussen sich untereinander.

Was geschieht nun genau im Luziden Traum? Normalerweise tasten wir die Umwelt mit den Sinnesorganen ab, und anschließend werden die Signale an die Großhirnrinde weitergeleitet. Diesen komplexen Vorgang habe ich zu Beginn dieses Buches erläutert – die physikalischen und molekularen Sinneseindrücke werden in Bilder transformiert, analog werden etwa Schallwellen in Klänge verwandelt. Die Szenen in den entstehenden Bildern provozieren Bewegungsabsichten. Die daraufhin folgenden Bewegungen werden über diverse innere Rezeptoren (Enterozeptoren) als sensomotorischer Regelkreis der Großhirnrinde zurückgemeldet. Im Traumzustand fehlt die Rückmeldung. Deshalb wird empfohlen, einen Test durchzuführen, falls man unsicher ist, ob man sich im Wacherleben oder Traumerleben befindet. Beispielsweise kann man sich bei geschlossenem Mund die Nase zuhalten. Wenn man dennoch weiteratmen kann, bedeutet das, man befindet sich in einem Traum. Leider werden auch diese Tests durch das Bewusstsein gefälscht, sind also nicht verlässlich.

Der Nutzen Luzider Träume ist ausführlich von verschiedenen Forschern beschrieben worden. Allgemein kann man sagen: Wer luzide träumt, schult das Bewusstsein. Er erfährt etwas über die Einflussmöglichkeiten des Geistes und die Kraft seines Willens. Gleichzeitig lernt er, das Unmögliche für möglich zu halten, weil er im Luziden Traum alles erleben und erschaffen kann, was immer er möchte. Deshalb lernt er bei dieser Gelegenheit, sich über Zeit, Raum und Kausalität souverän hinwegzusetzen und allein den Regeln der Interwelt zu folgen. Im Luziden Traum ist all das machbar, was man im Alltag als Magie bezeichnen würde. Es gibt keine bessere Bewusstseinsübung, um die materiell ausgerichtete Existenz zu überwinden. Im hinteren Teil dieses Buches werde ich deshalb erläutern, welche Techniken wir anwenden müssen, um den Luziden Traum zu erleben.

Hier die Vorteile auf einen Blick:

> Im Luziden Traum dirigiert der Wille sämtliche Materie nach Belieben, mit Willen und Bewusstsein, und konstituiert ein reales Erleben.
> Das Werkzeug »Gehirn« wird durch diese Erfahrung modifiziert. Es schaltet andere Synapsen durch neue Erfahrungen jenseits der Alltagswelt.
> Zugehörige Gefühle, Empfindungen und Stimmungen intensivieren sich: Neugier, Dankbarkeit, Optimismus, Enthusiasmus und Glaube. Wer sich in diesen positiven Lebenseinstellungen übt, steigert seine Lebensqualität, wie eine Studie von Willibald Ruch und Kollegen an der Universität Zürich herausfand, veröffentlicht im »Journal of Happiness Studies« (Ruch et al. 2012). Das Ich kann in einen Dialog mit dem Selbst der Inter-

welt treten. Das heißt, das eigene Unterbewusstsein kann gefragt werden.

> Albträume können in eine für das Ich angenehme Richtung gelenkt werden.

> Ängste aus dem Unterbewusstsein, die im Traum wiedergegeben werden, können für immer gelöscht werden (Spierling 1997).

> Posttraumatische Belastungsstörungen sind ebenfalls neutralisierbar.

> Im Luziden Traum kann motorisch gelernt werden, wobei Bewegungsprogrammierungen stattfinden (Erlacher 2005).

> Traumfiguren und Wesenheiten können nach ihrem Sinn gefragt und ins Leben integriert bzw. bei negativer Bewertung »abgestellt« werden.

Alles das, was man ordert oder als Ziel denkt, wird virtuell wahr. Die luzide Welt wird nach dem eigenen Willen geformt: Man kann fliegen, durch Wände gehen, unter Wasser atmen, Gegenstände verschwinden lassen und vieles mehr. Der Kreativität sind keine Grenzen gesetzt. So wundert nicht, dass viele Schriftsteller und Komponisten sich die Inspiration für ihre Werke im Luziden Traum holen. Das gesamte Möglichkeitsspektrum der Interwelt ist zugänglich, ohne jede Limitierung.

Dennoch, im Luziden Traum ist nicht alles mit dem Willen zu dirigieren. Es bleibt ein Rest von träumerischem Eigenleben, eine Reise ins Ungewisse. Deshalb muss man lernen, sich mit dem Traumverlauf zu arrangieren. Auch einige weitere Aktionen, so fanden Traumforscher heraus, gelingen nicht im Luziden Traum. So scheint es beispielsweise unmöglich, logische Operationen auszuführen. Bei einigen Tests gab man Versuchspersonen Mathematikaufgaben, die sie während eines Luziden Traums lösen sollten. Sie rechneten zwar die gestellten Aufgaben durch, doch die Lösungen erwiesen sich im Nachhinein als falsch.

Eine andere Frage betrifft die Häufigkeit und die Gestaltung des Luziden Traums. Wie oft sollte, wie oft darf man ihn herbeiführen? Und wie beendet man ihn? In der Praxis endet der Luzide Traum in drei verschiedenen Varianten: durch den Übergang in einen normalen Traum, wobei sich das Bewusstsein zurückzieht – man registriert nicht mehr bewusst, im Traum zu sein; eine zweite Variante ist das Erwachen, das allerdings auch geträumt werden kann; eine dritte Variante ist der Übergang in den Tiefschlaf. Bei aller Faszination, die das auslöst, sollte man aber immer bedenken: Wer sehr oft den Luziden Traum aufruft, verliert den Boden der Alltagswelt unter den Füßen. Darin besteht eine nicht zu unterschätzende Gefahr.

Hellsehen und Präkognition

Geht es um übersinnliche Wahrnehmungen, haben wir es oft mit unsicheren Quellen zu tun. Das liegt in der Natur der Sache. Unter Laborbedingungen lassen sie sich nicht evozieren, und wenn jemand eine übersinnliche Erfahrung hat, steht selbstredend nicht immer ein Wissenschaftler daneben. So müssen wir uns darauf verlassen, dass Erfahrungsberichte mal mehr, mal weniger Wahrheitsgehalt besitzen, sollten sie aber auch immer mit einer gewissen Skepsis betrachten. Dass es derartige Erfahrungen gibt, ist unbestritten. Warum sollten so viele Menschen Dinge behaupten, die sich nie ereignet haben? Zudem kann man sogenanntes Hellsehen leicht überprüfen. Ich gebe hier einige Meldungen wieder, die für mich eine gewisse Glaubwürdigkeit enthalten, da sie allesamt Experimente und Begebenheiten aus offiziellen Institutionen schildern.

› Der japanische Elektronikkonzern Sony ließ durch seinen Pressesprecher Masanobu Sakaguchi die Öffentlichkeit wissen, eine Forschungsgruppe unter Leitung von Dr. Yoichiro Sako habe im Auftrag des Konzerns übersinnliche Wahrnehmungen nachgewiesen.[24]

› Der Generalmajor der US-Armee, Ed Thompson, versammelte in Fort Meade eine Gruppe von Hellsehern zur militärischen

Aufklärung. Die Ergebnisse waren absolut überzeugend. Die Hellseher beschrieben allein aufgrund der geografischen Koordinaten streng geheim gehaltene Bauten wie eine Satelliten-Abhörstation in einem Waldgebiet. Spannend und nachprüfbar wurde die Sache dadurch, dass es den Hellsehern gelang, virtuell in das Gebäude zu gelangen und Namensschilder auf den Korridoren zu lesen. Sie konnten die anwesenden Personen beschreiben und mit ihren Namen identifizieren.[25]

> Der ehemalige US-Präsident Jimmy Carter berichtete eine Episode, die ihm der frühere Chef des Nachrichtendienstes CIA, Admiral Stansfield Turner, erzählt hatte. Mithilfe von Hellsehern hatte Turner ein abgestürztes Aufklärungsflugzeug in Afrika wiedergefunden – mit Beobachtungssatelliten war es nicht auffindbar gewesen. Vergleichbare Erfolge gelangen unter Einsatz paranormaler Methoden auch der US-Kriegsmarine und der US-Bundespolizei FBI.[26]

> Grundlage dieser Hellsehereinsätze waren die Forschungen des Internationalen Stanford-Instituts in Kalifornien, das hauptsächlich im Auftrag der amerikanischen Bundesbehörden arbeitet. Gleiches verlautet von der Science Applications International Corporation in Palo Alto, Kalifornien, die nach eigenen Angaben bereits 20 Jahre lang erfolgreich auf diesem Gebiet arbeitet. Aus der ehemaligen Sowjetunion sind derartige Forschungszentren in Moskau, St. Petersburg, Omsk, Irkutsk und Wladiwostok bekannt.[27]

> An der Universität Nevada führte D. J. Radin Experimente durch, deren Ergebnisse sich mit jenen des Hirnforschers Benjamin Libet decken. Dabei misst man die Hautelektrizität und Hautleitfähigkeit von Probanden, während man ihnen verschiedene Bilder auf einem Monitor zeigt. Nach einem Zufallsmodus wechseln beruhigende Motive mit Szenen ab, die für Entsetzen sorgen. Die überraschende Reaktion in allen Versuchen bestand darin, dass die Probanden die bestürzenden Bilder bereits durch ihre Hautelektrizitätsänderung ankündigten, obwohl auf dem Monitor noch nichts davon zu sehen war –

ein Phänomen, das man Vorahnung, Antizipation oder Präkognition nennt.[28]

> Physiologische Indikatoren für Vorahnungen wurden auch in
anderen Forschungsinstituten beobachtet, etwa am Radiologi-
schen Institut von Newcastle, Australien. Die Versuchsleiter
Mike Grayson und Lindsay Rowe stellten fest, dass sich bei
mehreren Patienten völlig unbekannte Gehirnströme kurz vor
einem Erdbeben messen ließen, obwohl die seismografischen
Geräte noch nichts registriert hatten.[29]

> Der Physiker August Stern, Amsterdam, erforschte die Gehirn-
ströme von Katzen. Sie wiesen immer dann abnorme Amplituden und Frequenzen auf, wenn ihre frisch geborenen Jungen in
weit entfernten Gebäuden Elektroschocks erhielten. Ähnliche
Versuche wurden aus der früheren Sowjetunion berichtet. Dabei tötete man Kaninchenjunge, während die Mutter sich in
einem abgetauchten U-Boot befand, wo laufend die Gehirnströme registriert wurden. Jede Tötung korrelierte mit abnor-
men Frequenzen des Muttergehirns.[30]

So überzeugend diese Berichte klingen – immer noch werden sie
von vielen Wissenschaftlern abgelehnt. Die Problematik besteht
darin, dass solche Phänomene beim Menschen nicht beliebig reproduzierbar sind. Daher fallen sie nach derzeitigen Kriterien
durch das Raster der Wissenschaftlichkeit. Dennoch – so ermittel-
te das Wissenschaftsmagazin »New Scientist« – halten die meisten
Forscher außersinnliche Wahrnehmungen und Präkognition für
möglich. Warum werden sie immer noch als etwas Exotisches betrachtet? Vermutlich liegt es daran, dass man sie als Abweichung
oder sogar als eine krankhafte Erscheinung wahrnimmt. Das Gegenteil ist richtig, wie Daryl J. Bem, Psychologe an der Cornell-
Universität in Ithaca, USA, erläutert. Er ist überzeugt, dass jedes
Gehirn laufend schwache Signale erhält, die übersinnliche Wahrnehmungen enthalten, dass diese Signale jedoch von äußeren Reizen übertönt werden.[31]

Nachprüfbar ist auch folgende Begebenheit: Die Einzelheiten

der alliierten Invasion gegen Ende des Zweiten Weltkriegs unterlagen selbstverständlich der höchsten Geheimhaltung. Das betraf auch die Codebezeichnungen für die verschiedenen Küstenabschnitte, die in der Normandie für die Landung vorgesehen waren: Omaha, Utah, Mulberry, Neptune und Overlord. Alle diese Codes erschienen dennoch zwei Wochen vor der Invasion in einem Kreuzworträtsel des Londoner »Daily Telegraph«. Der Verfasser wurde verhört, doch bald schon war klar, dass es sich nicht um einen Agenten handelte. Woher kannte er die Codewörter und verwendete sie in genau dieser Kombination für das Kreuzworträtsel?

Erklärbar wird das durch das universale Informationsfeld. Der Mann war auf der Suche nach geeigneten Begriffen für sein Kreuzworträtsel offenbar in einer intensiven geistigen Konzentrationsphase gewesen – und hatte sich mit der Interwelt vernetzt. Durch seine Ankopplung an die Interwelt war er nun in das Brainstorming der Alliierten geraten und hatte von dort die Codewörter empfangen, gemäß der Gesetzmäßigkeit, nach der Information überall zugleich abrufbar ist.

Menschen, die geistig arbeiten, scheinen sich besonders leicht in die Interwelt koppeln zu können. Der Roman »Futility« von Morgan Robertson erschien im Jahr 1898. Der Autor schilderte darin die Kollision eines Schiffes mit einem Eisberg im Nordatlantik und nannte dieses Schiff »Titan«. Im Jahr 1912 stieß die berühmte »Titanic« dann tatsächlich im Nordatlantik gegen einen Eisberg, und dies wiederholte sich 1939 mit dem Schiff »Titanian« – ein besonderer Fall von antizipierter Synchronizität. Edgar Allan Poe beschreibt in einer seiner Geschichten, wie drei Schiffbrüchige in großer Verzweiflung und halb verrückt vor Hunger einen Kabinenjungen mit dem fiktiven Namen Richard Parker töten und essen. Rund 50 Jahre nach Erscheinen des Buches mussten sich tatsächlich drei Schiffbrüchige vor Gericht verantworten, weil sie einen Kabinenjungen mit dem Namen Richard Parker getötet und gegessen hatten (PM 10/1985).

Wir erinnern uns: Ändert sich das intellektuelle Wissen des Experimentators über den Informationsgehalt einer experimentellen

Lichtstrahlenanordnung, dann wandelt sich die Welle zu einem Photon. Die bloße Erkenntnis einer möglichen Information – das Wissen der Bedeutung – zwingt das Photon, sich aus einer Wahrscheinlichkeit heraus zu manifestieren und reale Kraftwirkungen zu vermitteln. Das aber bedeutet: Die geistige Annahme geht einem Ist-Zustand voraus. Und genau dies ist die Defintion von präkognitiven Wahrnehmungen. Etwas manifestiert sich bereits geistig, bevor es in der Wirklichkeit erscheint. Dies ist ein elementares Gesetz der Interwelt. Später werden wir sehen, dass dieses Gesetz nicht nur scheinbar »übersinnliche Wahrnehmungen« hervorbringt, sondern dass wir es aktiv für die Erschaffung einer Wirklichkeit nach unseren Wünschen nutzen können.

Sehen ohne Augen

Nichts erscheint uns selbstverständlicher als die Tatsache, dass wir mit den Augen sehen. Doch es gibt einige Situationen, in denen die Augen und die üblichen Übertragungswege zum Hirn offenbar keine Rolle spielen. Eines der erstaunlichsten Phänomene in diesem Kontext ist das Nahtoderlebnis, bei dem der Sterbende alles detailliert sieht, obwohl er mit geschlossenen Augen und kaum mehr funktionierendem Gehirn auf dem Bett liegt. Das ist umso erstaunlicher, wenn eine außerkörperliche Erfahrung damit verbunden ist. Wer oder was sieht da eigentlich?

Im Luziden Traum können wir zwar Bilder und Szenen sehen, aber mir ist kein Bericht bekannt, in dem der Träumende die Vorgänge der ihn umgebenden Realität beschreibt. Es erscheint wie ein Widerspruch: Im Luziden Traum ist das Gehirn funktionsfähig, aber wir sehen nicht real; im Nahtod ist das Gehirn beschädigt, doch der Sterbende kann alles sehen. Das erscheint zunächst unmöglich. Wenn das Herz nicht mehr schlägt, wird das Gehirn nicht mehr durchblutet und ist dann entsprechend ohne die Zellenergie ATP. Die Neuronen der visuellen Gehirnzentren können folglich kein Ruhepotenzial mehr aufbauen, denn dazu wäre ATP-

Pumpenergie für die Sortierung der Minerale Natrium, Kalium und Chlorid notwendig. Folglich entsteht kein Ruhepotenzial, also auch kein Aktionspotenzial, und so dürfte es auch keine Bilder mehr geben.

Es ist kaum zu glauben, aber es gibt ein Sehen auch ohne Augenrezeption. Dieses Phänomen ist schon sehr lange bekannt. Als einer der Ersten erforschte es Louis Farigoule, der später unter dem Pseudonym Jules Romains als Schriftsteller bekannt wurde. Farigoule war Professor der Philosophie und hatte mehrere Diplome an der École normale supérieure in Paris abgelegt, unter anderem im Fach Biologie. Im Jahr 1919 veröffentlichte er eine 144-seitige Schrift, die 1921 ein zweites Mal aufgelegt wurde. Darin beschrieb er ausführlich, dass Menschen auch ohne die Augen sehen können. Während eines internationalen Augenkongresses in Edinburgh würdigte man 1927 die Arbeiten von Farigoule mit einer Auszeichnung und einem ausführlichen Bericht. Was hatte er herausgefunden?

Farigoule hatte beobachtet, dass sich Nachtwandler und Hypnotisierte ohne Schwierigkeiten durch unbekannte Räume voller Gegenstände bewegten. Im Experiment testete er dann Menschen, denen er die Augen mit Bandagen verschloss. Einige bewegten sich ebenfalls mit großer Sicherheit um Gegenstände herum und konnten sogar Schriftzeichen erkennen. Von diesen Fähigkeiten war Farigoule erst vollständig überzeugt, als es ihm nach langem Training schließlich selbst gelang, vor einem überraschten Publikum, mit verbundenen Augen Texte vorzulesen. Er fand heraus, dass dabei die Haut eine wichtige Rolle spielt. Je größer die freie Hautoberfläche, desto schneller und präziser gelingt das Erkennen von Formen und Texten. Über die Hände und Handgelenke, wahlweise auch über die Stirn oder den Halsansatz, war es ihm nach einiger Übung möglich, ganze Romanseiten und Zeitungsartikel zu lesen.

Danach trainierte er blinde Kinder und ließ seine gesamten Ergebnisse durch eine Spezialistenkommission im Cochin-Spital beglaubigen. Die Experten der Kommission führten dann in eigener

Regie Tests durch und konnten die Echtheit des Phänomens bezeugen. Unter dem Titel »Kann man ohne Augen sehen?« erschien 1952 in den letzten beiden Nummern des »Petit Progrès«, dem Organ der Section romande des Schweizerischen Blindenverbandes, ein Bericht zu dem Thema.

Eigentlich würde man erwarten, dass diese seltsame Erscheinung umgehend von der Wissenschaft aufgegriffen wurde, um den Mechanismus ausfindig zu machen, doch das Gegenteil ist der Fall, niemand forschte. In Russland dagegen widmete man sich offenbar intensiv dem Thema. Eine breitere Öffentlichkeit erfuhr davon aus der Publikation von Schweizern, die 1975 den Fall »Rosa« unter dem Titel »Unglaubliche parapsychologische Untersuchungen in der UdSSR« publik machten, in der Nummer vier des »Messager suisse des aveugles«, dem Organ der Section romande des SBV – heute »Clin d'Œil«.

Wer war diese mysteriöse Rosa? Sie wohnte in Nizhnyi Tagil, einer Industrie- und Minenstadt im Ural, und war zur Zeit der Untersuchungen, Anfang der 60er-Jahre, 22 Jahre alt. Ihre Fähigkeiten waren unglaublich. Mühelos konnte sie mit verbundenen Augen Zeitungen und Zeitschriften lesen, indem sie mit Ringfinger und kleinem Finger über die Buchstaben fuhr. Unter Aufsicht eines Neurologen testete man sie mehrfach, um jede Täuschung auszuschließen. Es blieb dabei: Sie konnte tatsächlich ohne Zuhilfenahme ihrer Augen lesen. Im Herbst 1962 wurde sie während einer regionalen Konferenz der Psychologenvereinigung erneut getestet. Man legte ihr eine dunkle Binde um die Augen, anschließend betraten mehrere Personen den Raum. Daraufhin beschrieb sie mit Leichtigkeit die Farben ihrer Kleidung und das Aussehen von Büchern, die sie aus den Taschen zogen. Außerdem konnte sie Personen auf Fotografien beschreiben, die man ihr hinhielt. Für diese außergewöhnliche Fähigkeit hatte sie nach eigenen Angaben über sechs Jahre lang mehrere Stunden täglich trainiert.

Es folgten sechs Wochen lange wissenschaftliche Untersuchungen in der Klinik von Sverdlovsk. Aufgrund der Methode gingen die Forscher davon aus, dass die Fertigkeit mit einer besonderen

Empfindlichkeit der Finger zusammenhing. Sie legten deshalb eine farbige Zellophanfolie und eine Glasplatte auf die Texte. Aber die Ergebnisse blieben gleich – offenbar hatte sich Rosa nicht an taktilen Empfindungen orientiert. Nun verfiel man auf die Idee, dass Rosa die Farben möglicherweise an winzigen Temperaturschwankungen erkannte. Deshalb erwärmten die Forscher Stoffe in den sogenannten kalten Farben Blau und Lila und kühlten Stoffe mit warmen Farben wie Rot oder Gelb. Auch diese Taktik irritierte die junge Frau nicht. Nach wie vor konnte sie die Farben mit verbundenen Augen erkennen sowie Bilder auf Briefmarken, Blütenblätter und Ohrringe beschreiben, die eine Frau auf einer Fotografie trug. Wie sie das schaffte, blieb ein Rätsel.

Ende der 70er-Jahre wurde erneut eine junge Russin bekannt, die ohne Augen sah – nach eigenen Angaben besaß sie diese Fähigkeit seit dem 17. Lebensjahr. Auch sie wurde auf der regionalen Konferenz einer Psychologenvereinigung von einem Neurologen vorgeführt und danach von mehreren Wissenschaftlern intensiv untersucht. Der Fall Rosa wiederholte sich: Auch diese Frau war zweifelsfrei in der Lage, ohne Augen zu sehen.

Das warf einige Fragen auf. Kann die Haut der Körperoberfläche wirklich sehen und sogar lesen? Hat der menschliche Körper noch andere Sensoren als die Augen, um visuelle Reize zu verarbeiten? Orientieren wir uns anhand von Signalen, die wir zwar nicht kennen, aber intuitiv aufnehmen? Selbst wenn man eine gewisse Empfindlichkeit für elektromagnetische Strahlung im Lichtfrequenzbereich annimmt, ist Lesen wie auch detailliertes Sehen ohne jede fokussierende Linse eigentlich undenkbar. Nach meiner Einschätzung lag bei den beiden Frauen eine sehr spezifische Konditionierung vor, was bedeutet, dass die Haut nur der Auslöser eines gekoppelten, ganz anderen geistigen Prozesses war. Zumindest gibt es Erlebnisse und Erfahrungen, die auf diese Spur führen.

In der Fachliteratur tauchen immer wieder Berichte von Personen auf, die in einem völlig abgedunkelten Raum Gegenstände erkennen konnten. Bei diesen Versuchen achtete man darauf, dass die Räume keine Fenster hatten und kein noch so schwacher

Lichtschein unter der Tür in den Raum gelangte. Man ließ die Versuchspersonen einige Tage in dem Raum und wartete ab, was geschah. Das Sehen im Dunkeln stellte sich immer spontan und für wenige Minuten ein, und zwar immer kurz nach dem Aufwachen. Danach kehrte die subjektiv schwarze Dunkelheit zurück.

Das Sehen bezog sich auf alle Gegenstände im Raum. Die Personen konnten aufstehen und umhergehen, ohne anzustoßen – ähnlich wie beim Nachtwandeln, doch hier bei voller Bewusstseinskontrolle. Dennoch gab es einen interessanten Unterschied: Die Perspektive zu den Gegenständen war anders als gewohnt. Nach dem Modell der Interwelt könnte man das Phänomen folgendermaßen beschreiben: Unmittelbar nach dem Erwachen, das ja nicht nur ein Erwachen aus dem Schlaf, sondern auch aus dem Traum ist, befand sich die Person noch vollständig in der Interwelt, als Selbst mit seinem universellen Bewusstsein. Erst wenn das materielle Gehirnbewusstsein mit dem Ich wieder die Macht übernommen hatte, wurde die Blockade gesetzt, und die »Hellsichtigkeit« erlosch.

Dies ist umso plausibler, als jeder die eigentümliche Verwirrung direkt nach dem Aufwachen kennt: Wir wissen oft nicht sofort, wo wir sind und was los ist. Wir stehen sozusagen neben uns. Auch in diesen Augenblicken ist die Interpretation plausibel, dass unser Selbst in der Seelenwelt mit dem, was wir Unterbewusstsein nennen, frei aktiv ist. Erst wenn das Aufwachen voranschreitet, übernimmt wieder das Ich samt dem Ego die Herrschaft. Alles spricht dafür, dass im Augenblick des Erwachens die reine, in der Interwelt abgespeicherte Information über den Sehvorgang ausreicht, um das reale Umfeld zu sehen.

Ganz unmöglich ist es jedenfalls nicht. Erinnern Sie sich an den jungen Mann, der ein ganzes Klavierkonzert von Tschaikowsky nach einmaligem Hören spielte, ohne nennenswerten Klavierunterricht. Das Beispiel zeigte: Auch komplexe Fähigkeiten sind in der Interwelt abgelegt, zusammen mit allen Informationen über die Alltagswelt. So genügte vermutlich die in der Interwelt abgespeicherte Information des Versuchsleiters, der die Gegenstände zu Testzwecken im Raum verteilt hatte, zusammen mit dem Informationskomplex »Sehen«, um die Person zum Sehen im Dunkeln zu befähigen. Natürlich hatte die Versuchsperson diese außergewöhnliche Fähigkeit trainieren müssen, der Punkt ist jedoch, dass es überhaupt möglich war. Sehr wahrscheinlich verhält es sich hier wie bei den übersinnlichen Wahrnehmungen: Wir alle haben die Anlagen dazu, doch in den seltensten Fällen fördern und entwickeln wir sie. Wer einmal die Funktionsweise der Interwelt begriffen hat, wird also die Option haben, solche Wahrnehmungsformen gezielt zu schulen.

Doppelgänger

Das Motiv des Doppelgängers begegnet uns in vielerlei Gestalt. In manchen Religionen, aber auch in vielen nativen Kulturen sind Doppelgänger als mysteriöse Schatten des Menschen beschrieben worden. Manchmal verbindet sich damit auch die Vorstellung einer Schutzgottheit, etwa in der westafrikanischen Volksgruppe der Akan oder, der Überlieferung nach, in der mittelamerikanischen Aztekenkultur. Eine doppelte Existenz verhieß doppelte Kraft im Umgang mit den Herausforderungen und Gefahren des Alltags.

Viele Schriftsteller beschäftigten sich eingehend mit dem Doppelgänger, unter anderem der Dichter der Spätromantik, E. T. A. Hoffmann. In seinem Roman »Die Elixiere des Teufels« wird der Held von seinem Doppelgänger errettet. Auch Edgar Allen Poe und Franz Kafka widmen sich dem Doppelgängermotiv, jedoch meist in dem Sinne, dass ein Identitätsverlust befürchtet wird – der Doppelgänger raubt seinem realen Vorbild die Identität. Der russische Dichter und Autor Fjodor Dostojewski widmete dem Phänomen sogar einen ganzen Roman, mit dem Titel »Der Doppelgänger«.

Auch der Lieblingsdichter der Deutschen, Johann Wolfgang von Goethe, hatte Begegnungen der doppelten Art. So erschien ihm sein Ebenbild, als er seine Geliebte Friederike von Brion verließ und vom elsässischen Sesenheim zurück nach Hause ritt. Einen weiteren unerklärlichen Vorfall erlebte Goethe später in Weimar, als er bei strömendem Regen unerwartet seinem Leipziger Freund Hofrat Rochlitz in die Arme lief. Das Absonderliche war: Der Freund trug Goethes Schlafrock und seine Pantoffeln. Als Goethe ihn begrüßen wollte, löste er sich in nichts auf. Kopfschüttelnd ging Goethe in seine Wohnung, wo er tatsächlich den Hofrat vorfand – in Goethes Schlafrock und seinen Pantoffeln, ganz so, wie der Dichter es auf der Straße bereits gesehen hatte.[32]

Auf Nachfragen Goethes erzählte der Hofrat, er sei zufällig nach Weimar gekommen, auf einem Spaziergang nach Belvedere aber völlig durchnässt worden. Deshalb habe er das Haus Goethes aufgesucht, um sich trockene Kleider anzuziehen. Dann sei er eingeschlafen. Denkt man die Geschichte vor dem Hintergrund der Interweltbeziehungen weiter, so könnte man sagen: Der Hofrat träumte, befand sich also in der Interwelt. Und es scheint so, als sei Goethe, ein mit besonders sensiblen Wahrnehmungen begabter Dichter, in diesen Traum geglitten – als habe er also den Freund in der Sphäre von Traum und Interwelt, vielleicht erweitert um einen gemeinsamen Klartraum, auf der Straße getroffen. Dies ist zumindest eine plausible Erklärung.

In der Wissenschaft kennt man zahlreiche Fälle von Doppelgängerwahrnehmungen. Man klassifiziert sie als Halluzinationen der eigenen Person – Heautoskopien genannt. Das Phänomen ist bisher nicht erklärbar, aber für die Betroffenen eine große Belastung, oft auch ein Schock. Etwa 70 Fälle wurden in der Fachliteratur bisher beschrieben, und die Schilderungen ähneln sich: Man sieht sich selbst in allen Einzelheiten, vollkommen real und lebendig. Die Bewegungen sind oft spiegelbildlich. Das Trugbild schaut unverwandt und stumm den erschauernden Betrachter an, manchmal entspinnt sich auch ein Wortwechsel. Sogar die Gefühle des Gegenübers nimmt man wahr, als wären es die eigenen.

Kurz vor der visuellen Erscheinung haben die Betroffenen das deutliche Gefühl, es sei jemand in ihrer unmittelbaren Nähe. Starker emotionaler Stress und Erschöpfungszustände forcieren die Erscheinungen. Greift man jedoch nach dem Doppelgänger, dann verschwindet er. Die Visionen tauchen besonders häufig im Morgengrauen oder in der Abenddämmerung auf. Manche Betroffenen begegnen sich selbst über viele Jahre hinweg eher sporadisch, andere erleben den Spuk nur einmal im Leben. Über den Sinn des Phänomens rätseln die Wissenschaftler noch. Die Fachzeitschrift »Medical Tribune« warnt: Wer sich selbst am Baum hängen sehe, ist extrem suizidgefährdet.

Man kann annehmen, dass sich das Ich der Alltagswelt und das Einfache Selbst der Interwelt treffen. In früheren mythologischen Erzählungen Indiens und in vielen Volksmärchen gibt es das Motiv der Dioskuren, besonderer Zwillinge, wobei der eine als sterblich und der andere als unsterblich galt. Das Wort Ekstase, das häufig mit religiöser Verzückung in Zusammenhang gebracht wird, heißt wörtlich übersetzt Außer-sich-Sein. Und tatsächlich führen spirituelle Versenkung wie auch spirituelle Verzückung zu Verdoppelungserlebnissen, in denen die Erkenntnis, man sei sterblich und unsterblich, als intuitives Wissen der Interwelt auftaucht. Sogenannte siderische Doppelgänger werden immer wieder in der Menschheitsgeschichte erwähnt. Sie gelten als ein zweites Leben.

Noch ist das alles schwer vorstellbar. Wie immer eilt die Theorie dem praktischen Begreifen weit voraus. Unser gesamtes Sein, Geist und Seele, aber auch die Informationen über unseren materiellen Körper sind dort abgespeichert. So bedarf es nur eines erschaffenden Willens, um eine Kopie in die Alltagswelt zu stellen. Sehr wahrscheinlich sind wir es selbst, die diesen Doppelgänger aus der Interwelt in die Alltagswelt hinein erschaffen, nach derselben Logik, mit der wir auch Geister und Dämonen in unsere Wirklichkeit ziehen: Wir erschaffen ein reales Gegenüber. Möglicherweise ist es gleichsam unser Sparringspartner, um Belastendes, Bedrückendes, auch das Dämonische in uns auszulagern, gewissermaßen zu delegieren. Auf diese Weise können wir uns leichter damit auseinandersetzen. Sigmund Freud bewertet diese Strategie eher negativ, spricht vom Doppelgänger als dem »verdrängten Anteil im Ich«. Sein Kollege C. G. Jung denkt in die gleiche Richtung, wenn er den »dunklen Doppelgänger« als einen Archetypus nennt.

Eine ganz andere These wurde wesentlich früher aufgestellt, durch die Gebrüder Grimm. In ihrem »Deutschen Wörterbuch« definieren sie den Begriff Doppelgänger, als »jemanden, von dem man wähnt, er könne sich zu gleicher Zeit an zwei verschiedenen Orten zeigen«. Das erinnert spontan an Träume, auch an Klarträume. Auch hier sind wir wieder in der Sphäre der Interwelt. Die Gebrüder Grimm gehen nämlich nicht von einem Duplikat aus, sondern davon, dass sich ein Mensch offenbar über Zeit und Raum hinwegsetzt, mehrere Leben parallel haben kann. Auch dieser Erklärungsansatz stimmt mit den Wirkgesetzen der Interwelt überein. So kommen wir zu mehreren Interpretationsmöglichkeiten, die alle eines gemeinsam haben: Unsere irdische Existenz ist nicht so linear, wie es scheint. Wir sind von den erschaffenden Energien der Interwelt durchflossen und können uns jederzeit neu erfinden, auch als Doppelgänger.

Multiple Persönlichkeiten

Jeder hat die Möglichkeit, in seiner Vorstellung in verschiedene Persönlichkeiten zu schlüpfen. Ein guter Schauspieler beherrscht diese Verwandlung perfekt. Doch man muss gar kein Schauspieler sein, um die Macht einer imaginierten Rolle zu kennen. Wenn wir uns vornehmen, vor einem Auditorium eine perfekte Rede zu halten, kann das nur gelingen, wenn unsere Vorstellung vom eigenen Ich dazu passt, wenn also unsere Persönlichkeit die passende Rolle anlegt. Dann spielen wir nicht, sondern bringen eine Person in uns zum Vorschein, die wir längst sind, weil wir sie sein könnten – nichts anderes ist das Meer aller Möglichkeiten, das uns die Interwelt täglich anbietet.

Der Amerikaner Michael Talbot hat sich eingehend mit dem Phänomen multipler Persönlichkeiten beschäftigt. Mit seinem Buch »Das holografische Universum« bezieht er sich auf den Physiker David Bohm und verknüpft dessen Erkenntnisse mit den Forschungen des Neurophysiologen Karl Pribram – beide hatten unabhängig voneinander holografische Modelle unseres Universums entwickelt. Mit diesen Modellen, so Talbot, lassen sich auch paranormale Phänomene erklären. Talbot erwähnt äußerst interessante Beispiele für das, was mit dem Begriff »gespaltene Persönlichkeit« immer noch als Krankheitssymptom eingestuft wird (Talbot 1992).

Schauen wir uns eines seiner Beispiele an. Ein Patient besaß eine Unterpersönlichkeit, die stark allergisch auf Orangensaft reagierte; trank der Mann davon, bekam er heftigsten Hautausschlag. Doch sobald er sich in eine Unterpersönlichkeit versetzte, die nicht unter Allergien litt, verschwand der Hautausschlag unmittelbar. Ab sofort konnte er beliebig viel Orangensaft trinken, ohne dass es zu allergischen Reaktionen kam – eine wunderbare Demonstration für die Tatsache, dass der Geist die Materie beherrscht, in diesem Fall mit Auswirkungen auf die Hautzellen.

Ein anderer Fall betraf einen Patienten, der im Augenbereich von einer Wespe gestochen wurde. Die eine Seite des Gesichts schwoll daraufhin stark an, mit starken begleitenden Schmerzen. Wenn sich nun dieser Patient in eine Persönlichkeit versetzte, die nicht von einer Wespe gestochen worden war, verschwanden die Schmerzen, und das Gesicht schwoll ab. Wenn sich jedoch wieder die gestochene Persönlichkeit in den Vordergrund schob, kamen Schmerz und Schwellung zurück.

In abgeschwächter Form kennen wir solche widersprüchlichen Erfahrungen bei der Wirkung von Alkohol. Ein beschwipster Zustand kann in augenblickliche Nüchternheit umschlagen, falls die Situation plötzlich eine klar handelnde Persönlichkeit fordert. Gerade noch hat jemand ausgelassen getanzt und gesungen, aber wenn es anfängt zu brennen, ist der Schwips wie verflogen, und er beginnt, das Feuer zu löschen oder andere Gäste zu retten. Schon allein die Frage, ob uns Alkohol heiter und sorglos macht oder in eine trübsinnige Stimmung abdriften lässt, hängt nicht von Art und Menge des Alkohols ab, sondern allein von unserer psychischen Disposition in dem Moment, in dem wir zum Glas greifen. Stimmungen wie auch Vorstellungen ändern nicht nur die gesamte Persönlichkeit, sondern auch physiologische Abläufe.

Der Schweizer Arzt Hans Naegli-Osjord untersuchte im Jahr 1947 einen Mann, der sich nach einer mentalen Konzentration mit einem Florett hatte durchbohren lassen. Die Untersuchung fand im Züricher Kantonalkrankenhaus statt, in Anwesenheit des Leiters der chirurgischen Abteilung sowie zahlreicher weiterer Ärzte, Studenten und Journalisten. Der Patient hieß Mirin Dajo, stammte aus Holland und hieß mit richtigem Namen Arnolg Gerrit Johannes Henskes. Die Röntgenaufnahmen zeigten, dass das Florett lebenswichtige Organe verletzt hatte, auch das Herz, sodass man um das Leben des Patienten fürchten musste. Der Vorfall hatte sich etwa 20 Minuten vorher ereignet, und nun zog man die Klinge aus dem Körper heraus. Es schien unfassbar: Keine Spur einer inneren oder äußeren Blutung war zu entdecken.[33]

Es war eine Sensation, die sich wie ein Lauffeuer in Zürich verbreitete. Wie konnte es sein, dass der Mann unverletzt geblieben war? Dajo genoss seine Popularität offensichtlich und ließ sich wenig später erneut malträtieren: Diesmal ließ er sich mit fünf Hohlspießen Thorax und Arme durchstechen. Damit alle Zuschauer sehen konnten, dass kein Trick vorlag, ließ er durch die Spieße Wasser hindurchleiten. Es muss ein grausiger Anblick gewesen sein, doch erstaunlicherweise nahmen auch bei dieser drastischen Vorführung Gesundheit und Vitalität des Mannes keinerlei Schaden. In Basel wiederholte er das Schauspiel unter den Augen diverser Wissenschaftler, die sich von der Echtheit der Waffen überzeugten. Tragischerweise verlor Dajo seine verblüffende Fähigkeit und starb 1948 bei dem Versuch, ein Schwert zu schlucken.

In Indien und auch in anderen Kulturen sind Praktiken, bei denen der Körper in ähnlicher Weise traktiert wird, häufig bei rituellen Festtagen zu sehen. In der seriösen Wissenschaftszeitschrift »Scientific American« erschien im Februar 1967 ein ausführlicher Bericht darüber, später zeigte auch das Fernsehen Szenen dieser grotesken Zeremonien. Im Psychologischen Institut der Freiburger Universität wurden in früheren Jahren indische Fakire beim Durchbohren des eigenen Körpers untersucht, um dem Phänomen der Schmerzkontrolle auf die Spur zu kommen. Auch hier gab es keine ernsthaften Folgen der massiven Verletzungen.

Eigentlich sollten derartige Fälle die Wissenschaft zu höchstem Forschungsinteresse anspornen, aber offensichtlich wagt sich niemand offiziell an die Probleme und Widersprüche heran, die solche außergewöhnlichen Fälle aufwerfen. Klar ist nur, dass sie sämtliche medizinischen Gewissheiten auf den Kopf stellen. Nur ungern gibt man zu, dass hier eine multiple Persönlichkeit vorliegen könnte. Doch Dajo wie auch die Fakire und andere Schmerzensmänner besitzen zweifellos die Fähigkeit, mental in einen anderen personellen Geistzustand zu schlüpfen, der die Tortur durchsteht, um anschließend wieder in den unverletzten Körper zu switchen.

Diese in der wissenschaftlichen Welt weitgehend unbeachteten Hinweise wurden von unabhängigen Arbeitsgruppen sehr ernst genommen, und sie suchten fieberhaft nach dem gemeinsamen Wirkmechanismus, der den teilweise spektakulären Effekten zugrundeliegt. Dabei wird immer wieder deutlich, dass die Ursache auf der Ebene des Subquanten- und Quantenbereichs liegt. Der Physiker Paul Davies berichtet von wiederholten Versuchen in verschiedenen Arbeitsgruppen mit identischen Ergebnissen, wobei die Richtung der Spins von Elementarteilchen durch das Bewusstsein beeinflussbar ist. Davies' Interpretation, der Geist steuere die Materie, bekräftigte, was Quantenphilosophen inzwischen zum Ausgangsmodell der interweltlichen Energieflüsse gemacht haben (Davies 1990).

Vieles, was die Psychologie als abweichend oder abnorm beschreibt, als Krankheit also, könnte man auch ganz anders interpretieren. Warum haben Schizophrene zwei oder mehr Persönlichkeiten in einem Körper? Warum sprechen Menschen mit dem Tourette-Syndrom plötzlich mit anderen Stimmen, mit einem anderen Wortschatz und oft obszönen Ausdrücken, die sie vorher nie gebraucht haben? Warum konnten Personen, die angeblich vom

Teufel besessen waren, plötzlich in alten Sprachen wie Latein, Griechisch und Aramäisch reden? Die Reaktion ist immer gleich: Man sucht nach genetischen Defekten, nach Traumata, nach Hirnschädigungen. Doch solche Diagnosen können nicht erklären, woher das Wissen kommt, das solche Menschen plötzlich besitzen, entgegen ihrer bisherigen Biografie. Wer gibt ihnen die Worte ein, wer erschafft die Persönlichkeiten, die sich neben die Kernpersönlichkeit schieben?

Nach wie vor versucht man, das Unbekannte mit dem Bekannten zu erklären. Und das reduziert sich auf überkommene Naturgesetze und vage Thesen. Die geistige Ebene der beschriebenen Phänomene wird so gut wie gar nicht beachtet. Dabei liegt auf der Hand, dass gerade ein Phänomen wie die multiple Persönlichkeit ohne die Kommunikation mit einem geistigen Informationsfeld völlig unmöglich wäre. Auf eine besondere, bisher nicht näher ergründete Weise kommunizieren solche Menschen mit den Informationen der Interwelt und sehr wahrscheinlich mit Persönlichkeitsprofilen, die dort gespeichert sind. Deshalb verhalten sie sich wie Gestaltwandler. Sie gleiten zwischen verschiedenen Identitäten hin und her, die jeweils in sich stimmig und abgeschlossen sind und nur deshalb irritieren, weil sie in einem einzigen Körper beheimatet sind. Oder sie können, wie Mirin Dajo, sogar als eine Persönlichkeit zwei Körper erschaffen und nach Belieben zwischen ihnen wechseln.

Für die Wissenschaft ist das eine große Herausforderung, die längst noch nicht in ihrer ganzen Dimension erkannt wurde. Der Physiker Hans-Peter Dürr, bis 1997 Direktor des Max-Planck-Instituts in München, meint, einige Naturwissenschaftler glichen dem Fischer, der mit seinem Netz immer nur Fische fängt, die größer als fünf Zentimeter sind. Daraus schließt er, alle Geschöpfe des Meeres müssten mindestens fünf Zentimeter lang sein – anstatt sich zu fragen, ob vielleicht sein Netz zu grobe Maschen habe (Die Woche 22. 9. 1994).

2. Teil
Expedition in die Interwelt

»Es gibt zwei Arten der Täuschung:
Die eine ist, zu glauben, was nicht wahr ist,
und die andere, nicht zu glauben,
was wahr ist.«

SØREN KIERKEGAARD, PHILOSOPH, 1813–1855

Kapitel 1:
Erschaffende Energien

Rätselhafte Phänomene aus der Perspektive der Interwelt

Wie kann man die beschriebenen Phänomene einordnen? Wie lassen sie sich schlüssig erklären? Werden es Rätsel bleiben, oder brauchen wir einfach ein neues Modell unseres Universums? Wir sind es gewohnt, alles aus dem Blickwinkel der Alltagswelt zu betrachten, ohne zu ahnen, dass uns diese Perspektive stark einschränkt. Wir drehen uns im Kreis. Denn wir lernen innerhalb der eingeschränkten Alltagswelt durch die Wiederholung eingefahrener Gewohnheiten und meinen dann, Wissen zu haben. Alles, was nicht zu diesem »Schmalspurwissen« passt, wird als Unsinn abgetan. Legt man dagegen das Modell der Interwelt zugrunde, so besteht die Organisation des Universums, das uns Menschen mit der gesamten Natur hervorgebracht hat, aus drei Kategorien:
1. ein geistig höchst intelligenter Ursprung,
2. drei Selbst-Instanzen als Ideen- und Informationsspeicher-Einheiten,
3. die Ich-Instanz mit materiellem Erfahrungskörper.

Alle drei Kategorien sind schöpferisch tätig mit dem intelligenten Prinzip der Quantenphysik und Quantenphilosophie und verwenden dieselben Instrumente und Modi:

> Bewusstsein   > Wille und Motivation
> Gedanken   > Empfindungen

Der Materiekörper als Vehikel für Erfahrungen des Ich ist bereits durch und durch eine Schöpfung – eine geistige Transformation von Energie und Information in die Raum-Zeit-Konstruktion der Alltagswelt. Die gesamte Natur hat die gleiche Genese: Ideen aus dem Informationsspeicher werden innerhalb von Raum und Zeit verwirklicht. Das Ich ist eine Schöpfung der Selbst-Instanzen. Es wird ausgestattet mit einem limitierten Anteil der geistigen Instrumente Bewusstsein, Wille und Motivation, Gedanken, Erinnerung und Empfindungen. Ziel dieser Konstruktion ist es, neue Erfahrungen mithilfe des Werkzeugs »Materie-Körper« zu sammeln und damit neue Informationen, die mit den rein geistig agierenden Selbst-Instanzen in der Interwelt niemals möglich wären. So entsteht der Erfahrungskörper des Ich als Spielwiese des Geistes.

Das Besondere am Ich ist, dass es arbeiten und seine Individualität entwickeln kann. Alle Erfahrungen des Ich werden zurückgemeldet an die Selbst-Instanzen und dort in der Interwelt abgespeichert. Um die Datenflut besser zu organisieren, werden Gefühle und Empfindungen zur integrativen Bewertung eines Ereignisses eingeführt. Und um das Bewusstsein während der Übersendung von Informationen zu entlasten, läuft der Sendemodus nicht über das Bewusstsein ab, sondern über eine Phase, die wir Unterbewusstsein nennen.

Mit den Gefühlen und Empfindungen eng verbunden ist die Fähigkeit, den Erfahrungen Sinn und Bedeutung zu verleihen. Dies ist der eigentliche Schalter, der aus purer informativer Energie Kräfte an Materiemassen schalten kann. Das Bewusstsein und der Wille können das Ziel ausmachen, die unbewusste Zuweisung von Sinn und Bedeutung kann den Weg zum Ziel bereiten und das Ziel schalten. Das Ich hat damit die Möglichkeit, seinen materiellen Körper zu steuern und gleichzeitig alle Basisfunktionen aufrechtzuerhalten.

Damit das Ich geordnete Erfahrungen und Neuinformation sammeln kann, muss eine Barriere zwischen dem Ich innerhalb der Raum-Zeit und den Selbst-Instanzen außerhalb der Raum-Zeit gezogen werden. Insbesondere muss das Ich von dem riesigen

Informationsspeicher der Interwelt ferngehalten werden, damit seine beschränkte Kapazität weitgehend frei für Neuinformation ist. Ohne eine derartige Trennwand würden die Orientierung in Raum und Zeit, also innerhalb der konstruierten Materie, und die Orientierung innerhalb der reinen Ideenwelt große Probleme ergeben. Das Ich könnte nicht mehr zwischen der Materiewelt der Kräfte und ihrer exakten Kopie in der Ideenwelt unterscheiden, wo es immer nur die möglichen Informationen für Kräfte gibt, keine faktischen Kräfte.

Insofern ist eine gewisse Distanz des Bewusstseins zum unermesslichen Ideenspeicher der Interwelt eine Vorsichtsmaßnahme – vergleichbar dem programmierten Vergessen, was Träume betrifft. Das Gehirn wurde so konstruiert, dass es funktionell eine Direktverbindung zur Interwelt im Alltag weitgehend unterdrückt. So wie es innerhalb des Gehirns eine Blut-Hirn-Schranke gibt, die toxische Substanzen von den empfindlichen Informationsnetzwerken des zentralen Nervensystems fernhält, so sind Teile des Gehirns im Neokortex eine funktionelle Barriere für den uneingeschränkten Informationsfluss von der Interwelt zum Ich.

Die weise Intelligenz hat es so eingerichtet, dass dieser Informationsstopp nachts, wenn das Ich keine neuen Informationen aus der Alltagswelt einholt, für kurze Zeitspannen aufgehoben wird. Durch die Öffnung der Trennwand zwischen Alltagswelt und Interwelt werden mehrere vitale und geistige Funktionen aktiviert. Fällt die Barriere durch die Neutralisierung des Neokortex ganz weg, dann fließen die Informationen direkt und ungehemmt vom Informationsspeicher der Interwelt zum Ich.

Wenn wir uns jetzt die aufgeführten Phänomene ansehen, etwa Synästhetiker, Savants, Telekinese oder Telepathie, dann können wir sie völlig neu interpretieren: Sie sind untrügliche Indizien für die Öffnung der im Gehirn fixierten funktionellen Barriere. Deshalb hatten wir bisher nur einen unzureichenden Blickwinkel auf Phänomene, die uns zwar faszinierten, aber auch immer unerklärlich schienen. Mit anderen Worten: Wir hatten die Mechanismen der Öffnung nicht verstanden. Menschen, die hellsehen können, luzide träumen oder telepathisch kommunizieren, sind auf besondere Weise offen für Informationen der Interwelt, die bei anderen Menschen unterdrückt werden. Wenn wir also an den erschaffenden Energien und Informationen der Interwelt partizipieren wollen, kommt es darauf an, auch die eigenen Barrieren Schritt für Schritt abzubauen. Das geschieht zunächst durch tieferes Wissen und Verstehen, zu dem der zweite Teil dieses Buches einlädt. Im dritten Teil folgen dann praktische Hinweise, wie wir uns aus dem Korsett erlernter Muster befreien und aufnahmefähig für die Informationsflüsse der Interwelt werden.

Vorurteile der Wissenschaft

Obwohl die Quantenphysik einen Paradigmenwechsel in Wissenschaft und Philosophie nach sich zog, sind die Konsequenzen noch immer umstritten. Zwar haben Physiker wie Heisenberg und Bohr sowie Schrödinger zweifelsfrei nachweisen können, wie unmittelbar der Geist im Experiment die Materie verändert, doch weiterdenken wollen die traditionellen Wissenschaften diese Erkenntnis offensichtlich nicht. Insofern gehört J. B. S. Haldane, der große Biologe und Genetiker, der in der ersten Hälfte des vergangenen Jahrhunderts forschte, zu den rühmlichen Ausnahmen. Er schrieb: »Wo liegt eigentlich die Grenze, an der die tote Materie aufhört und das organische Leben beginnt? Gibt es überhaupt noch einen Gegensatz zwischen dem Toten und Lebendigen?«[34]

Doch es blieb dabei: Sobald jemand versucht, das Prinzip der Quantentheorie auf die Lebenswelt des Menschen zu übertragen, wird müde abgewunken. Wie kann ein gedanklicher Impuls physikalische Effekte an der Materie hervorrufen? Wie soll es möglich sein, Naturgesetze aufzuheben, bis hin zur Schwerkraft? Da wird hartnäckig geleugnet oder ignorant weggesehen.

Doch die Skeptiker irren. Ängstlich wiederholen sie ihre alten Lehrsätze: Es gebe eine objektive Alltagswelt, unabhängig von der Wahrnehmung des Menschen; alle Vorgänge der Natur seien mit einfachen kausalen Ursachen zu beschreiben; Raum und Zeit seien unumstößliche, absolut existierende Fakten. Bei diesen überkommenen Vorstellungen wird völlig weggeblendet, dass unser Universum geistiger informativer Natur ist. Deshalb kümmern sich die meisten Wissenschaftler nur um einzelne Funktionsabläufe, fragen aber nicht nach dem darüberliegenden Sinn. Alles Geistige halten sie für irrational und unrealistisch und meinen, es sei einer wissenschaftlichen Auseinandersetzung nicht würdig.

Es ist schon abenteuerlich, wie weit die Ignoranz geht. Denn auch die Wissenschaftler selbst sind ja täglich mit einem Bewusstsein konfrontiert, das Denken, Fühlen, Begehren, Wille und Handlungstriebe steuert. So wie andere Menschen auch, schreiben sie beim Denken ihren Erfahrungen bestimmte Eigenschaften zu und bauen ihre Handlungen darauf auf. Ich gebe zu: Nach den Kriterien der quantifizierenden Wissenschaften sind Ich und Bewusstsein nicht beweisbar. Dennoch sind sie der Ausgangspunkt alles Bestehenden. Das Denken ist so wenig wie die Gedanken direkt messbar, nur das, was durch Denken hervorgebracht wird. Dennoch wissen wir, dass es Denken und Gedanken gibt, können es also beobachten und erfahren. Auch Gefühle sind nicht messbar, nur ihre Auswirkungen. Dennoch würde niemand behaupten, dass es keine Gefühle gibt.

Die klassische Physik orientiert sich an Sinneswahrnehmungen, verfeinert durch Messgeräte. Doch wie wir am Beispiel des Lichts gesehen haben, beruht bereits die Art der Messung auf einer Interpretation – das Licht wird mal als Teilchenstrom, mal als Welle interpretiert. Doch es ist beides und vielleicht noch mehr. Was, wenn Licht weitere Eigenschaften hat, die noch nicht messbar sind? Dies ist der Grund, warum Quantenphysiker sehr vorsichtig mit dem Begriff einer objektiven Realität sind. Sie wissen aus unzähligen Experimenten: Eine objektive Realität kann nicht beschrieben werden, denn Ereignisse und Objekte treten immer nur in der Weise in Erscheinung, in der das Bewusstsein sie befragt. Oder, noch klarer: Das Bewusstsein bringt Ereignisse und Objekte hervor. Deshalb scheuen sich Quantenphilosophen auch nicht, ihr ganzheitliches Modell der Vieldeutigkeit auf die Lebenswelt zu übertragen. Und sie kommen zu dem Schluss: Wir leben in einem partizipatorischen Universum, sind also beteiligt an der Entfaltung der Dinge in Raum und Zeit.

Die Beziehungen zwischen den Dingen spielen für das Leben eine entscheidende Rolle. Nur so sind die Abermillionen Reaktionen erklärbar, die in einer einzigen Sekunde in Geist und Körper des Menschen ablaufen. Zusammen ergeben sie ineinandergreifende, harmonische Funktionen. Und diese Interaktion ist nur möglich durch einen permanenten Informationsaustausch, vom kleinsten Mikrobereich bis in den größten Makrobereich. Alles ist perfekt aufeinander abgestimmt. Jede Reaktion »weiß« offensichtlich von der anderen.

Wir müssen uns daher von den Dogmen isolierter Objekte und unabhängiger Objektivität komplett verabschieden. Die Realität folgt dem subjektiven Prinzip eines schöpfenden Bewusstseins, das von Geist und Seele ausgeht. Damit relativieren sich auch die alten Ordnungsbegriffe, etwa die Kausalität. Dass eins aus dem anderen folgt, beschreibt immer nur einen winzigen Ausschnitt der Wirklichkeit. In Wahrheit sind alle Vorgänge der Natur miteinander vernetzt. Niels Bohr sagt deshalb: »Wir können Kausalität als eine Art der Wahrnehmung auffassen, mit deren Hilfe wir unsere Sinneseindrücke ordnen« (Bohr 1961).

Was wir jedoch Wahrnehmung nennen, ist kein reiner Sinneseindruck, sondern immer auch ein seelisch-geistiger Prozess. Oder, wie C. G. Jung es formuliert: »Alle Wissenschaft jedoch ist Funktion der Seele, und alle Erkenntnis wurzelt in ihr. Sie ist das größte kosmische Wunder und die conditio sine qua non der Welt der Objekte« (Jung 1995). Die materielle Welt ist Teil unserer bewussten Wahrnehmung. Deshalb gilt: Die materielle Welt unseres Körpers muss vom Bewusstsein, vom Geist durchdrungen sein, damit wir die Materie verändern können. Wir neigen dazu, das zu finden, was wir suchen. Daher nehmen wir nicht zur Kenntnis, wonach wir nicht gesucht haben. Um es mit einem Alltagsbeispiel zu schildern: Wer in den Wald geht, um Blaubeeren zu sammeln, sieht hauptsächlich Blaubeeren und hat meistens kein Auge für die Schönheit von Bäumen, Farnen oder Moosen. Nur das, was wir in unseren Aufmerksamkeitsfokus rücken, können wir entdecken.

Auch in der Physik gibt es zahllose Beispiele für diese kognitive Ignoranz. In den 50er-Jahren begann man etwa, die Bahnen von geladenen atomaren Teilchen mithilfe der sogenannten Nebelkammer-Fotografie darzustellen. Auf diese Weise wollte man die Bewegung von Alphateilchen, Betateilchen und von den Sekundärelektronen der Gammastrahlung untersuchen. Auf den Fotos sah man seltsame Gebilde, die man sich als »Kratzer« durch Staubverunreinigungen auf der Kameralinse erklärte. Erst später fand man heraus, dass es sich dabei um Spuren von Elementarteilchen handelte. Durch Nicht-Wissen oder auch Nicht-wissen-Wollen kam es also zunächst zu einer Fehlinterpretation.

Wenn wir uns diese Beispiele vergegenwärtigen, erhalten wir einen Eindruck von der Vorläufigkeit unserer Wahrnehmung. Doch wir sind nicht dazu verurteilt, die Welt nur in kleinen Ausschnitten zu erkennen. Vielmehr können wir unsere Erkenntnisfähigkeit aktiv erweitern. Denn Bewusstsein, Geist und Gehirn beeinflussen sich gegenseitig. Ändern sich unsere Denkmuster, verändert sich auch unsere Gehirnstruktur. Ändert sich die materielle Gehirnstruktur, ändert sich unser Denken, ja sogar unsere Persönlichkeit. Wir haben also einen immensen Spielraum, unser Wissen von der Welt beliebig zu vergrößern, indem wir bewusst neue Beziehungen herstellen. Es gibt keine objektive Außenwelt, so, wie wir sie wahrnehmen, sondern immer nur ein dynamisches Zusammenspiel zwischen Bewusstsein und materieller Welt.

Es ist eine Beziehung der wechselseitigen Schöpfung. Die Welt und das Universum erschaffen uns – und wir erschaffen die Welt und das Universum, wie unter anderem der Quantenphysiker John Wheeler feststellte. Er fasst unsere Schöpferqualitäten sehr weit, bis hin zu den Quantenteilchen, bemerkt aber auch, dass umgekehrt wir selbst Geschöpfe von Quantenprozessen sind: »Aus der Erkenntnis, dass das Bewusstsein das Agens ist, das ein subatomares Teilchen, etwa ein Elektron, existent werden lässt, sollten wir nicht voreilig schließen, wir seien die einzigen Agenzien in diesem schöpferischen Prozess. Wir erschaffen zwar subatomare Teilchen und dazu das gesamte Universum, aber umgekehrt erschaffen sie auch uns. Eins erschafft das andere im Rahmen einer ›Selbstregulierenden Kosmologie‹.«[35]

Die Macht der Gedanken

Sobald wir beginnen, uns näher mit der Interwelt zu beschäftigen, entdecken wir eine immaterielle Welt der Ideen, Vorstellungen und Empfindungen. Sie vernetzen sich zu einem höchst komplexen Gebilde. Wie in einem detailreichen Computerspiel sind Bilder, Fantasien, Gedanken und Handlungsanleitungen unauflöslich miteinander verwoben, mit allen Empfindungsqualitäten, die ein intelligenter Spieler dabei entwickelt. Jede noch so geringe Kleinigkeit ist berücksichtigt, sodass Realität und Virtualität kaum mehr auseinanderzuhalten sind.

Es mag verwundern, dass ich ausdrücklich auch von Gefühlen spreche. Sind sie nicht eine flüchtige Erscheinung? Eine Folge von Reizen in spezifischen Situationen? Erst auf den zweiten Blick wird offenbar, dass unsere Gedanken keine Eiskristalle sind, sondern stets von einer Empfindung begleitet werden. Je stärker das Gefühl ist, das sich mit einem Gedanken verbindet, desto prägender wirkt es auf die Informationsmuster der Interwelt. Der emotionale Faktor ist unerlässlich, um mit dem universalen Wissen in Kontakt zu treten, denn die zirkulierenden Informationen sind wie unsere Gedanken stets an starke, authentische Gefühle gekoppelt.

Erblicken wir das Licht der Welt, beginnen wir auf der Stelle, Situationen emotional zu bewerten – durch unsere angeborenen Gefühle. Hunger und Kälte führen beim Säugling zu negativen Gefühlen, und er gibt ihnen mit lautem Weinen Ausdruck. Nähe und Wärme dagegen lösen positive Gefühle aus. Diese Empfindungen sind an das Zwischenhirn und das Limbische System gekoppelt. Dort wird entschieden, ob wir eine Situation als angenehm oder bedrohlich bewerten. Man könnte von einem archaischen Modus sprechen, der unabhängig von kulturellen Prägungen gleich bleibt. Ob ein Kind in Indien, Südamerika oder Skandinavien geboren wird, die Reaktionen von Lust und Unlust sind identisch.

Etwas anderes sind Gefühle, deren Bezug zu bestimmten Ereignissen angelernt wurde. So werden wir beispielsweise darauf konditioniert, uns über Statussymbole zu freuen. Von »echten« Gefühlen kann da gar keine Rede sein, nur von künstlich generierten Emotionen. Wer wirklich glaubt, dass er seinen Sportwagen liebt, zeigt schon eine Entfremdung von authentischen Gefühlen. Wir müssen daher sehr achtsam für die Signale des Limbischen Systems sein. Sobald sich der Neokortex einmischt, erleben wir nur Surrogate, reine Pseudogefühle, die in der Interwelt keine Rolle spielen.

Eine weitere Intensivierung erfahren abgespeicherte Gedanken in der Interwelt, wenn sie durch Gleichgesinnte verstärkt werden. Wie beim Schneeballeffekt gewinnt ein schwebender Gedanke durch andere gleichartige Ideen an Wucht und wird wirkmächtiger, bis er zuweilen eine lawinenartige Gewalt entwickelt.

Gehören wir zur Gruppe derjenigen, die den betreffenden Gedanken denken, kommt er nach Durchlaufen aller Stationen mit der Kontaminierung aller durch ihn bewirkten Effekte zurück zu uns als Erzeuger. Das ist der Moment, in dem wir ein Feedback spüren. Die positive Bestätigung erleben wir als Gelingen, und wir sagen: »Es ist geschehen, so wie ich es wollte.«

Alle unsere Ideen und Sehnsüchte nehmen diesen Weg. Ob sie uns Erfolg bescheren oder im Sande verlaufen, darüber entscheidet neben der Gefühlsintensität die Modulation durch unsere Mitmenschen. Hier nähern wir uns einem der größten Geheimnisse unserer Existenz: der geistigen Vorwegnahme künftigen Geschehens. Schon öfter sprach ich vom erschaffenden Potenzial des Menschen. Hier nun sehen wir ganz konkret: Ein Gedanke, der mit starken Gefühlen behaftet ist, von dem wir vollkommen überzeugt sind und der von anderen verstärkt wird, wird sich rasch in eine materielle Realität verwandeln. Ob das erwünschte Geschehen tatsächlich so abläuft, wie wir es wollen, hängt jedoch maßgeblich von der Empfindungsintensität ab. Ist sie stark genug, wird die Realität entsprechend geformt, sei es zum Guten oder zum Schlechten.

Wir halten hier ein hochintelligentes Werkzeug in Händen. Die Kombination aus starkem Gedanken und starker Empfindung wirkt wie ein Hebel, der die geistig erzeugte Kraft auf einen höheren Level bringt. Nun dauert es nicht mehr lange, bis sich diese Kraft in einem Ereignis manifestiert – das, was wir wollen, wird Wirklichkeit. Die Kraft bewirkt einen Nachherzustand, der unterscheidbar vom Vorherzustand ist, und diesen Unterschied nennen wir Ereignis. Daraus ergibt sich das Erleben des Menschen. Wir und alle Mitmenschen erzeugen und schöpfen unser Erleben durch die willentliche Fokussierung einer alles durchdringenden geistigen Kraft. Der Fokussierungsschlüssel ist das tiefe Empfinden, im häufigsten und einfachsten Fall sind es die Motivation und das »Für-wahr-Halten«.

Die Motivation ist der Empfindungswille des Unbewussten. Der Empfindungswille ergibt die Zeugungsfähigkeit von Informationsmustern in der Interwelt. Diese erzeugten Informationsmuster der Interwelt gestalten wiederum die Funktionen und Konstruktionen der Materiewelt im Alltagsgeschehen, die Voraussetzung des Erlebens und, daraus abgeleitet, der Erfahrung. Die so erreichte Erfahrung wird in der Interwelt abgespeichert und steht auch anderen Wesen zur Verfügung. Haben viele Menschen momentan gleiche Empfindungen, dann verstärkt sich die Zeugungsfähigkeit innerhalb der Interwelt gewaltig mit entsprechenden Auswirkungen in der Alltagswelt. Interwelt und materielle Alltagswelt sind so immer wieder aufeinander angewiesen.

So einfach ist das?, werden Sie jetzt vielleicht fragen. Warum gelingt es dann so wenigen Menschen, die verändernden Kräfte zu nutzen?

Abgesehen davon, dass kaum jemand um diesen gezielten Mechanismus weiß, müssen wir ihn erwecken. Deshalb bedarf es eines speziellen Trainings.

Es beginnt damit, dass wir uns in Klarträumen die Existenz der

Interwelt bewusst machen. Nur mit der festen Überzeugung, eine durchdringende geistige Kraft zu besitzen, können wir etwas bewegen. Im häufigsten und einfachsten Fall bildet sich dadurch eine starke Motivation aus.

Die Rolle der Motivation

Die Motivation ist der Empfindungswille des Unbewussten. Erreicht sie eine ausreichende Intensität, erzeugt sie stark wirksame Informationsmuster in der Interwelt, die sich wiederum direkt auf die Gestaltung der materiellen Welt auswirken. Motivation ist immer erfahrungsgeleitet. Bleiben wir dagegen bei konventionellen Erfahrungen stehen, bei dem, was man uns beigebracht hat, verkümmert die Motivation, die wir Neugier nennen. Entsprechend können wir wenig oder gar nichts bewirken, und das Feedback in Form eines erwünschten Ereignisses bleibt aus. Nur die offene, bewusste und eigenständige Erfahrung wird in der Interwelt abgespeichert und steht auch anderen Wesen zur Verfügung. Gedanken allein bewirken nur sehr schwache Kräfte, sie sind nichts als flüchtige Phantome. Erst die Empfindung in Verbindung mit dem Willen aktiviert die Energien der Interwelt und schaltet Kräfte frei, die sichtbare Veränderungen der Alltagswelt hervorrufen.

Der erste Schritt zur Veränderung unserer erlebbaren Realität geht also von unserem Willen und unserem stark emotionalen Wollen aus. Die nachfolgende Kettenreaktion ist vorgezeichnet, ohne dass wir sie noch aufhalten könnten. Einmal angestoßen, setzt sich der Schaffensprozess wie beim Dominoeffekt selbsttätig fort und wird zu unserem Schicksal. Die Pointe besteht darin, dass wir auf diese Weise langfristig, nur kraft unserer stark empfundenen Gedanken und unseres stark empfindenden Wollens, unser Schicksal beeinflussen. In uns steckt eine gewaltige Macht. Sie ist von der Schöpfung in uns verankert.

Wenn wir die Gesetze dieser Macht erkannt haben, können wir sie willentlich anwenden, sie lieben und fürchten lernen. Es liegt tatsächlich in unser aller Hand, die Welt zum Besseren oder Schlechteren zu verändern. Die alles durchdringende Energie ist ethisch-moralisch absolut neutral. Sie kennt weder Gut noch Böse, sondern verwirklicht unterschiedslos, was sich als starker, gefühlsbetonter Gedanke in der Interwelt abbildet. Die wirkenden Energien verstärken prinzipiell immer beides: Gut und Böse, Freud und Leid. Wir allein entscheiden, ob wir Freud oder Leid über die Welt bringen.

Dabei profitieren wir von einer alles gleichermaßen durchströmenden, unmessbar großen Energie. Vom kleinsten Atom bis zu der Unendlichkeit des Kosmos fließt diese Energie durch alles, was existiert. Wir finden sie in jedem Stein, jeder Pflanze, jedem Tier, jedem Menschen. Im Unterschied zum Stein oder zur Pflanze kann der Mensch die universale Energie jedoch zielgerichtet bündeln und dadurch verstärken – so wie ein Brennglas Sonnenstrahlen extrem bündeln kann. Beim Menschen übernimmt die lebendige Empfindung die Funktion der Fokuslinse. Die Gedanken werden dann zum Träger der gebündelten Energie, der Wille legt das Ziel fest, und das Wollen aktiviert den Prozess der Verwirklichung. Sofern diese Kette von Ereignissen ungehindert abläuft, wird ein Energiefeld gelenkt, das überall sichtbare Spuren hinterlässt, bis hin zum Quantenbereich der Atome.

Mit Wünschen und Hoffen allein ist es also nicht getan. Wer sich darauf verlässt, dass sich bereits eine vage Sehnsucht erfüllen könnte, wird leer ausgehen. Erst der unbedingte, ernsthafte Wille generiert die Kräfte der Veränderung. Das Wollen formt sich zur Tat, das Fühlen verwirklicht die energetischen Möglichkeiten der Interwelt. Die wesentliche Voraussetzung für einen Einfluss auf die vermeintliche Realität ist daher der planende Gedanke, der zielgerichtet ein bestimmtes Ereignis antizipiert und es mit starken Gefühlen besetzt.

Deshalb trägt der Mensch die Verantwortung für sein Tun bereits in dem Stadium, in dem er sich für einen Wunsch, einen Plan oder eine Handlung entschließt. In der Interwelt gibt es keinen Unterschied zwischen Gedanke und Tat. Bereits gute oder böse

Absichten erschaffen Wirklichkeiten. Wenn dies allen Menschen bewusst wäre, würden sie wesentlich vorsichtiger sein. Rachegelüste zum Beispiel können einem anderen Menschen empfindlich schaden, ohne dass man ihn jemals konkret bedroht hätte. Er ist von dem Moment an gefährdet, in dem ein anderer ihm Schlechtes wünscht. Allerdings schaden sie rückwirkend immer auch dem, der sie aussendet.

Vorbewusste, von materiellen Interessen gesteuerte Menschen geben sich nur der Illusion hin, ihrem freien Willen zu folgen. Sie meinen zwar, sie seien selbstbestimmt, doch in Wahrheit steht ein Großteil ihres Denkens und Fühlens im Bann der materiellen Welt. Sie erkennen am allerwenigsten, dass ihr Wille ein Produkt außengeleiteter Interessen und instinkthafter Triebe ist. In diesem Falle verharren ihre geistigen Aktivitäten überwiegend in der Sphäre der bloßen Materie, gekoppelt an Raum und Zeit. Wirklich frei ist der Wille dann nicht.

Meme

Geistige Konstrukte können sehr rasch die Wirklichkeit verändern – diese Feststellung entspricht einer Erfahrung, die wir alle bereits im Alltag machen. Sehen wir uns um: Kommunikation ist das Wesen der Welt, vom Informationsaustausch der Elektronen bis zur Mediengesellschaft, in der unausgesetzt Informationen, Meinungen und Emotionen zirkulieren. Sie werden weitergegeben, multipliziert und verfestigen sich innerhalb kurzer Zeit zu Bewusstseinsinhalten. Der Evolutionsbiologe Richard Dawkins prägte dafür 1976 den Begriff Meme. Er definiert sie als »Ideen, Überzeugungen und Glaubensmuster«.

Das Wort Mem entlieh Dawkins der griechischen Sprache, in der man von »Mimesis« als Nachahmung spricht. Letztlich geht es also um übernommene Erfahrungen, die sich zu Glaubensinhalten kristallisieren. Die Memetik beschäftigt sich entsprechend mit der Weitergabe von Information, wobei sich verschiedene Meme vernetzen können, von Dawkins »koadaptiver Meme-Komplex« genannt.

Meme können sehr mächtig sein. Die meisten Menschen hängen so stark an übernommenen Überzeugungen, dass sie sie für die Wirklichkeit halten. Dann werden Gedanken zu energiebehafteten Informationsträgern. Sie führen ein Eigenleben als »Elementale«, als Informationskomplexe, die der Welt, subjektiv gesehen, Sinn und Bedeutung geben – auch wenn sie möglicherweise falsch sind. Meme hinterlassen eine breite Spur in der geistigen und kulturellen Evolution. Deshalb vergleicht Richard Dawkins sie mit den Genen: So, wie die DNA biologisch vererbbare Eigenschaften speichert, speichern Meme Glaubensinhalte und Überzeugungen, die wiederum neue Wirklichkeiten erschaffen (Dawkins 2006).

Meme können große Massen von Menschen faszinieren und quasi gleichschalten. Sie sind die Ursache von Trends, Moden und öffentlichen Meinungen. Aber sie können auch Trendwenden herbeiführen, in positiver wie destruktiver Weise. Einerseits halten Meme also Gesellschaften zusammen, als gemeinsame kulturelle Matrix, andererseits können sie auch Auslöser von Konflikten und Kriegen sein.

Die Art der Verbreitung von Memen lässt an Viren denken, mit allen Analogien von Ansteckung, Inkubationszeit und Ausbruch einer Infektionserkrankung. Im digitalen Zeitalter haben wir beispielsweise Bekanntschaft mit Computerviren gemacht, mit programmierten Informationskomplexen, die zerstörerisch wirken. Doch auch die Gerüchte und Verschwörungstheorien, die im Internet kursieren, rasant vervielfältigt auf Facebook, Twitter und einschlägigen Websites, sind typische Computermeme. Sie können für den Menschen wahrhaftig zu geistigen Viren werden. Auch schon im analogen Zeitalter kam es zu Masseninfektionen, die man als mentale Seuchen bezeichnen kann. Ein Beispiel sind die Ideologien des Dritten Reichs. Von Hitler entwickelt und zunächst in seinem Buch »Mein Kampf« veröffentlicht, wurden diese Meme vervielfältigt und infizierten Millionen Menschen.

Die globalen Kommunikationsmöglichkeiten entstanden nicht

von ungefähr. Offenbar entspricht es dem Bedürfnis des Menschen, sich an kursierenden Memen zu orientieren, sie weiterzugeben und zu variieren, bis hin zu globalen Pandemien. Die Pointe dieser Meme ist, dass sie ab einer bestimmten Verbreitungsschwelle von den infizierten Menschen als »Fakten« bezeichnet werden. Eine Zerstörung der Meme ist von diesem Zeitpunkt an fast unmöglich. Sie halten sich hartnäckig und leben immer wieder auf, selbst dann, wenn objektiv ihre Unrichtigkeit bewiesen wurde. Zu den großen Memen gehören zum Beispiel auch die Verschwörungstheorien, Aids sei von der CIA lanciert worden, oder unserem Trinkwasser seien Tranquilizer beigemischt.

Ob wir wollen oder nicht: Meme beeinflussen unsere Gedanken und bringen gezielt veränderte Wahrnehmungen hervor. Umgekehrt können sie durch Gedanken und Wahrnehmungen neu gebildet werden. Ein Blick auf unsere Wirklichkeit genügt, um uns das Ausmaß zu vergegenwärtigen: Die medialen Ablenkungen, die Steuerung durch politische und industrielle Interessen und die zunehmende digitale Kontrolle durch Datenüberwachung sind ebenso Ausdruck von Memen wie die Dogmen fanatischer religiöser Fundamentalisten. Früher nannte man dieses Phänomen übrigens Gehirnwäsche. Ein abschreckendes Beispiel dafür sind Sekten, deren Meme Hunderte von Menschen in den kollektiven Selbstmord treiben können, wie bereits in den USA und Japan geschehen. Aussteiger müssen förmlich deprogrammiert werden, um von der Beeinflussung freizukommen.

Es ist besorgniserregend, dass wir von Memen vollkommen unbewusst infiziert werden. Kaum jemand bemerkt, wenn er solche Überzeugungen übernimmt. Wie auch? Was wir unbewusst zulassen, kann nicht bewusst identifiziert und bekämpft werden. Daher fällt es schwer, sich dagegen zu stemmen. Solange wir die Meinung der Masse für wichtiger halten als unser eigenes Wissen, scheitern wir beim Versuch, uns der ständigen Memeüberflutung zu erwehren.

Der Havard-Absolvent Richard Brodie, ein kompetenter Kenner der Memeszene, schreibt in seinem Buch »Virus of the Mind«, selbst erarbeitetes Wissen sei das beste Infektionsmittel gegen eine Memenseuche. Dem ist hinzuzufügen: Ein bewusster Geist, der achtsam mit seinen Gedanken und Gefühlen ist, wird nicht so leicht durch Meme manipulierbar sein. Ein Grund mehr, sich intensiv mit dem menschlichen und universellen Bewusstsein auseinanderzusetzen (Brodie 2011).

Der freie Wille

Der freie Wille geht über das rein Irdische weit hinaus. Er formt die Seele und prägt ihr durch bewusst herbeigeführte Ereignisse seinen Stempel auf. Der freie Wille hat deshalb eine weit größere Schöpfungskraft als der Wille, der innerhalb der materiellen Welt ein Ziel festlegt.

Ich gebe zu, dass die wirklichkeitserzeugende und wirklichkeitsverändernde Macht des freien Willens etwas absolut Magisches in sich trägt. Staunend stehen wir vor einem Phänomen, das zu den großen Mythen der Menschheit gehört: die Welt nach unseren Vorstellungen beeinflussen und verändern zu können. Doch im Grunde machen wir uns nur energetische Naturgesetze nutzbar, weil wir sie erkannt haben. Wir spüren daraufhin die gewaltige Energie, die in uns wirkt und die wir auf die beschriebene Weise fokussieren und lenken können.

Haben wir den Weg des Wollens eingeschlagen und eine Richtung vorgegeben, können wir die aktivierten Kräfte nicht mehr rückgängig machen – wie in Goethes »Zauberlehrling«, in dem es heißt: »Die Geister, die ich rief, werd' ich nun nicht los.« Wir müssen ertragen, dass unser Wollen zur Wirklichkeit wird, auch wenn sie sich als negativ erweist. Wollen wir Gutes, entsteht Gutes, wollen wir Schlechtes, entsteht Schlechtes, so geben es die energetischen Gesetze vor. Das Einzige, was die Kraft unserer Gedanken aufhalten kann, ist unsere Unschlüssigkeit. Bleibt unser Wollen zu schwach, wird es vom Wollen anderer überlagert, oft zu unserem Nachteil. Passivität kann also gefährlich für uns werden. Ist unser

Wille, die Realität nach unseren Maßgaben zu verändern, nur ungenügend entwickelt, überrollen uns Ereignisse, die andere hervorgerufen haben.

Die Wirkmechanismen, die ich schildere, können in den falschen Händen zum Verhängnis werden. Daher appelliere ich an die ethische Verantwortung jedes Lesers, der diese Zeilen liest. Wer das Böse will, schadet übrigens auf lange Sicht auch sich selbst. Denn das, was wir erschaffen, bleibt immer an uns als Urheber gekoppelt, auch dann, wenn wir es für andere bestimmt haben. Was wir anderen antun wollen, kehrt über Verschränkungen früher oder später zu uns zurück, wie ein Bumerang, oftmals noch verstärkt.

Auch in dieser Hinsicht sind wir mit allem verbunden und können uns nie auf eine unbeteiligte Außenseiterposition zurückziehen. Allein das schon gebietet größte Achtsamkeit im Umgang mit erschaffenden Energien. In der Psychologie ist das Phänomen bereits als Rückkopplung bekannt. Der amerikanische Psychologe Kenneth Ring warnt denn auch: »Jede Tat, jeder Gedanke, jedes Gefühl, jede Emotion, die Sie an einen anderen richten – ob Sie die betreffende Person kennen oder nicht – wird später von Ihnen selbst erlebt werden.«[36]

Wir sollten diese Warnung ernst nehmen. Über unzählige energetische Feedbackschleifen kann uns die eigene böse Absicht unheilvoll treffen. Dann vergiftet sie unsere Gedanken, verwandelt unser Schicksal in negativer Weise. Nicht von ungefähr heißt es in der Bibel: »Was der Mensch sät, das wird er ernten.« Das gilt in einem sehr umfassenden Sinne. Nicht nur die Gegenwart, auch die Zukunft formt sich nach den Informationen unserer Absichten. Was wir Inspiration oder Intuition nennen, entstammt der Interwelt – insofern kann alles, was wir darin abspeichern, wiederum folgende Generationen beeinflussen. Auch die Menschen der Zukunft profitieren dann von unseren positiven Absichten oder leiden unter unseren negativen Vorstellungen.

Die Gestaltungsmöglichkeiten sind immens. Manchmal erschaffen wir etwas vollkommen Neues, manchmal formen wir auch Bestehendes um. Alles hängt davon ab, in welchem Maße wir unsere geistig-seelische Phase zu einem Werkzeug des Informationstransfers machen. Wie wir gesehen haben, werden diese Prozesse mit der Auflösung des materiellen Körpers nicht unterbrochen.

Die Informationsgebilde der Interwelt sind, so wie wir Menschen auch, allein geistiger Natur. Geist, Seele und die Inhalte der Interwelt bestehen daher ewig. Wir sollten uns immer wieder vergegenwärtigen: Auch wenn unsere irdische Existenz an den Körper gebunden ist, bleibt der Körper ein temporäres Werkzeug – so wie der rationale Verstand, der sich naturgemäß nur in den engen Grenzen irdischer Verhältnisse entfalten kann und an das Gehirn gebunden ist. Die vielen planerischen Anstrengungen, die wir unternehmen, um Karriere zu machen, Geld zu verdienen oder uns dem Genuss hinzugeben, haben keine Relevanz in der Interwelt.

Als geistige Wesen sind wir unsterblich. Das irdische Leben im Körper ist lediglich eine Station, die wir durchlaufen, um konkrete Erfahrungen zu machen, uns auf den Weg der Erkenntnis zu begeben und unseren freien Willen zu entwickeln. Die Wiedergeburt ist sichtbarer Ausdruck des ewigen Lebens der Seele, ein Auf und Ab des Stirb und Werde, das uns wachsen lässt. Jede neue Inkarnation enthält die Chance, durch starke Eindrücke und Empfindungen Spuren in der Interwelt zu hinterlassen. Es ist sogar möglich, dass wir auf unsere individuellen Erfahrungen beim folgenden Erdenleben zurückgreifen. Deshalb sind Erfahrungen äußerst wichtig. Sie befähigen uns, eine große seelisch-geistige Transformation zu durchlaufen, die sich mit jeder Wiedergeburt intensiviert.

Kapitel 2:
Der Tod, das letzte Rätsel

Im ersten Teil dieses Buches haben wir uns auf Phänomene konzentriert, die rätselhaft und unerklärlich erschienen. Die meisten Rätsel lassen sich auflösen, wenn man weiß, dass wir Menschen nicht nur in der vorgeblich realen Alltagswelt leben, sondern geistig und seelisch mit der Interwelt verbunden sind. Deshalb unterliegen wir nicht den mechanischen Naturgesetzen, sondern können wesentlich freier agieren, mithilfe von Energien und Informationen, die uns die Interwelt zur Verfügung stellt. Das erklärt die Savants mit ihren Inselbegabungen genauso wie Telekinese oder luzides träumen.

Es wurde aber auch deutlich, dass unser Zugang zur Interwelt oft versperrt ist. Erst Grenzerfahrungen öffnen uns dann für das Wunderbare, ja, Fantastische der Interwelt. Wie erwähnt, meinte Platon, die aufschlussreichsten Grenzerfahrungen seien Traum und Tod – dann erst würden uns die Geheimnisse des Lebens offenbart. Mit den Träumen haben wir uns bereits beschäftigt, deshalb wenden wir uns jetzt der mächtigsten und auch für viele furchterregendsten Grenzerfahrung zu: dem Sterben. Leider gibt es nirgends eine Schule, die uns die Wissenschaft des wahren Lebens und Sterbens lehrt. Das wäre bitter notwendig, weil wir falsche Vorstellungen vom Leben, vom Tod und vom Sterben haben. Alles, was wir darüber zu wissen meinen, besteht aus Erzählungen, Fantasien und vorgeprägten Deutungsmustern.

Es ist schon paradox: Vom Tod erfahren wir das meiste über das Leben. Genauer gesagt: Der Tod offenbart uns mit unmissverständlicher Deutlichkeit, dass wir Geschöpfe der Interwelt sind, unsterblich und ewig wie die Energien, die in ihr wirken, allwissend wie die universalen Informationen, die dort abgelegt sind.

Ein kulturelles Tabu

Der Tod, heißt es, sei das Ende von allem. Deshalb gehört die Trennungsangst, die mit dem Sterben verbunden ist, zu den größten Problemen unserer Gesellschaft. Es ist eine Angst, die alles vergiftet. Richtig ist: Die Zeit, in der wir hier auf der Erde leben, ist kostbar. Wir sollten so viele positive Erfahrungen wie möglich sammeln, denn diese Erfahrungen spielen nicht nur in unserem Leben, sondern auch nach dem Tod eine entscheidende Rolle. Meist verbinden wir mit dem Tod nur die absterbende Materie, nicht aber die mit der Materie verbundene geistige Phase.

Was wirklich vor sich geht, darauf weisen Nahtoderlebnisse hin. Schon im Gilgamesch-Epos ist eine Nahtodszene übermittelt, ausführliche Schilderungen enthält auch das »Tibetische Totenbuch«. Die altägyptischen Priester waren ebenfalls mit dem Sterben vertraut. Sie huldigten dem Tod als letzter Reise in vielen komplizierten Riten und sammelten ihr Wissen im »Ägyptischen Totenbuch«. Der Tod war für diese Priester das höchste aller Mysterien, ein »Heraustreten ins Licht«, denn der Geist Verstorbener lebte ihrem Verständnis nach weiter und begegnete seinem Schöpfer.

Ähnliche Vorstellungen sind in den Tibetischen Totenbüchern niedergelegt. Das »Bardo Thödol«, aufgeschrieben im 8. Jahrhundert, enthält alle Stationen des Sterbens, so wie sie heute durch Nahtoderfahrungen bekannt geworden sind. Gleichzeitig wird ausführlich von der Zeit nach dem Sterben berichtet, etwa von der Anzahl der Tage, die abgewartet und einfühlsam begleitet werden sollten, bis der Tote sich mit der neuen Situation zurechtgefunden hat. In dieser Vorstellung begegnet das Ich seinem Selbst, oder, wie ich es formulieren würde: Das Ich kehrt zu seinem Selbst in der Interwelt zurück, es wird also eins mit seinem Unterbewusstsein.

Diese Erkenntnisse sind über Jahrtausende tradiert worden. Sie finden sich in allen Kulturen und hatten ihre Entsprechungen in magischen Gestalten: Ob Priester, Gurus, Engel oder Schamanen, sie alle waren Führer und Wächter der Seelen, die im Tod frei wurden. Auch der Ich-Austritt aus dem Körper zieht sich durch alle alten Kulturen. Die Ägypter nannten den zweiten Leib »Ka«, die Kabbalisten »Nepesch«. Paracelsus sprach vom »siderischen Leib« – damals wie heute wird er auch Astralleib genannt –, und Newton kennzeichnete die Erscheinung als »Spiritus subtilissimus«. Im zehnten Buch der Dialogreihe »Der Staat« schreibt Platon über einen tödlich verwundeten Soldaten, der erst auf dem Scheiterhaufen wieder zu sich kommt. Was dieser daraufhin erzählt, ähnelt ebenfalls stark den seit einigen Jahrzehnten dokumentierten Nahtoderlebnissen.

In den meisten früheren Texten erscheint der Tod als Erwachen im herrlichen Morgenlicht, nach einem tiefen Schlaf voller schlechter Träume. Die chinesischen Daoisten sagen: »Der Tod ist die Rückkehr unseres innersten Wesens«, so die Worte des Dao-Meisters Lie-Tse. Und der daoistische Lehrer Chuang-Tse ergänzt: »Das Leben ist geliehen. Wir leihen es und werden so geboren.« In Kants Vorlesungen zur Metaphysik findet sich der verwandte Gedanke, die Geburt sei nicht der Anfang des seelischen Lebens, sondern nur der Anfang des Menschen. Dementsprechend sei auch der Tod lediglich das Ende des Menschen, nicht das Ende des seelischen Lebens – »Denn der Körper ist nur die Form der Seele« (Kant 1821). Diese Gewissheit teilte Kant mit Swedenborg, der uns schon als Kenner der Engel begegnete. Swedenborg urteilte über das Sterben: »Wird der Mensch von seinem Körper getrennt, was mit dem Tode eintritt, so lebt er trotzdem als ein Mensch weiter [...] Ich muss hinzufügen, dass jeder Mensch, während er noch im Körper lebt, sich geistig, ohne es zu wissen, in Gemeinschaft mit Geistern findet.« (Wulfing von Rohr 1996)

Das ewige Leben der Seele gehört zu den grundlegenden Glaubensinhalten des Christentums. Die gesamte christliche Theologie baut auf dem Gedanken auf, das Diesseits sei nur ein Jammertal, erst im Jenseits sei die Seele bei Gott. Papst Johannes Paul II. schrieb: »Es herrschen ganz besondere Bedingungen nach dem natürlichen Tod. Es handelt sich um eine Übergangsphase, in welcher der Körper sich auflöst und das Weiterleben eines spirituellen Elements beginnt. Dieses Element ist ausgestattet mit einem eigenen Bewusstsein und einem eigenen Willen, und zwar so, dass der Mensch existiert, obwohl er keinen Körper mehr besitzt« (Holzbauer 1999).

Im irdischen Leben gehören Körper und Seele zusammen. Doch der materielle Körper ist lediglich eine Hülle mit zeitlich begrenzter Lebensdauer. Hat er seine Aufgabe erfüllt, ist er abgenutzt oder zerstört, stirbt er ab. Dann kehrt der Mensch in die Interwelt der Informationsmuster zurück und damit in die Heimat von Geist und Seele. Den Augenblick des Übergangs nennen wir Tod. Wie wir durch Nahtoderfahrungen wissen, wird er in dem allermeisten Fällen von überraschend positiven Gefühlen und Erlebnissen begleitet. Anfangs schien das völlig unerklärlich — warum bestimmten nicht Angst und Panik das Sterben?

Schon die Frage zeigt einen starken Nihilismus. Sie verkennt, dass die Seele als Ausdruck des geistigen Lebens ewig und unzerstörbar ist. Wovor sollte der Sterbende Angst haben? Oft beschrieben reanimierte Personen sogar ein Gefühl ungeheurer Erleichterung und Befreiung. Die Tragödie, die der Tod meist für die Angehörigen bedeutet, entsprach überhaupt nicht ihren Erfahrungen. Völlig losgelöst vom erdenschweren Dasein, erlebte ihre Seele die Heimkehr in die Interwelt als Erlösung von der Materie.

In unserer Kultur wirken solche Erzählungen seltsam, wenn nicht unglaubwürdig. Die Angst vor dem Tod ist zur fixen Idee geworden. Eine ganze medizinische Industrie lebt von der Furcht vor dem Ende, das sich die meisten Menschen als ein dunkles, kaltes Nichts vorstellen. Lebensverlängerung, oft unter körperlichen Qualen, ist oberstes Gebot. Mit der Apparatemedizin wird künstlich hinausgezögert, was doch völlig natürlich ist: der Abschied vom grobstofflichen Dasein und der Übergang zur alleinigen feinstofflichen Essenz, der Seele in der Interwelt. Dort lebt sie weiter, ist fortan als reiner Geist und reine Seele präsent – als pures Informationsmuster.

Das römische Memento mori – bedenke, dass du sterben musst – ist keine Angstformel. Der Appell soll uns daran erinnern, dass wir als Individuen nur Gäste auf Erden sind, dass wir uns aber auch aufgefordert fühlen sollten, unser irdisches Sein im Hinblick auf den Tod zu reflektieren. Haben wir bewusst gelebt? Haben wir unser volles Potenzial ausgeschöpft? Haben wir geistige Lernprozesse absolviert? Oder verlassen wir die Erde als Unwissende? Haben wir also unsere Aufgabe, der Interwelt positive Informationen zu schenken, verfehlt?

Der Tod als Wiedergeburt

Im Laufe der Zeit vereinigen sich die geistigen Informationsmuster aller Erdenleben im großen Speicher der Interwelt, der damit immer reicher, immer komplexer wird. Dennoch bleiben die spezifischen Informationsmuster der jeweils individuellen Persönlichkeit, der Kern jeder einzelnen Wesenheit, für immer erhalten. Fast fühlt man sich an die religiösen Versprechungen des ewigen Lebens erinnert. Und in der Tat gehen alle großen Religionen von einem Jenseits aus. Wer tief gläubig ist, wird daher das Sterben ohnehin nicht fürchten. Unzählige Märtyrer nahmen sogar bewusst den Tod auf sich, in der Gewissheit, dass ihnen im Jenseits eine freiere Existenz geschenkt wird, wo aller Schmerz, alles Bangen und alle Zwänge erlöschen. »Tod, wo ist dein Sieg? Tod, wo ist dein Stachel?«, heißt es in der Bibel 1. Korinther 15,55.

Der materielle Körper ist lediglich ein temporäres Gefäß für Geist und Seele. Aber was ist das für ein Gefäß, das uns über Jahrzehnte zur Verfügung steht? Was ist das Wesen seiner Materie? Unser Körper besteht aus Sternenstaub, der sich vor Millionen Jahren auf der Erde niederschlug. Diese Sternenstaub-Atome kehren nach Tod und Zerfall der Körpermaterie wieder zum Staub zurück. Nicht so Geist und Seele. Sie sind es, was uns als Menschenpersönlichkeit ausmacht, immerwährend und überall, in jedem Atom, in jedem Massenzwischenraum, in jedem Molekül. Das betrifft nicht nur die Zellen unseres Körpers. Geist und Seele durchdringen jegliche Materie und Nichtmaterie – in der Erde, auf der Erde, in der Erdatmosphäre, im gesamten Kosmos.

Im Tod werden Geist und Seele aus der materiellen Abhängigkeit von Raum und Zeit befreit. Früher stellte man sich diesen Vorgang bildlich vor, als Aufsteigen der Seele zum Himmel. Dies war zwar anschaulich, gab aber dem Missverständnis Ausdruck, Geist und Seele schwebten weit über der Erde in einem himmlischen Jenseits. Der Gegensatz von Diesseits und Jenseits ist überholt, wenn man bedenkt, dass Geist und Seele gewissermaßen omnipräsent sind, an jedem Punkt des Universums.

Nicht Geist und Seele verlassen den Körper, sondern umgekehrt: Der Körper verlässt Geist und Seele. Die Befreiung von Geist und Seele im Tod ähnelt eher einem Luziden Traum, in dem der Wille uns zu neuen Ufern führt. Bereits der nächtliche Traum ist eine Stippvisite in die Welt nach dem Tode, in die Interwelt, wie schon Platon wusste.

Im Traum erscheinen Geist und Seele bereits, als seien sie vom Körper losgelöst. Der geistige Wille, der sich mittels des Gehirns in der Alltagswelt orientiert, bleibt auch nach dem Tod der gleiche Wille, allerdings ohne die materiell gebundenen Hirnfunktionen. Er orientiert sich dann ausschließlich an seiner eigentlichen Heimatwelt, der Interwelt. Der Philosoph Paul Brunton sieht in der geistigen Ausrichtung des Menschen die Grundlage für einen furchtlosen Umgang mit dem Tod: »Dieser Haltung fehlt der Glaube, ich werde schließlich sterben, vollkommen. Indem er sich unsterblich denkt, erlangt er in der Folge Unsterblichkeit« (Brunton 1949).

Auch der Tod ist daher eine Art Geburt, nur dass wir nicht in die irdische Alltagswelt hineingeboren werden, sondern zurück in die rein geistig-seelische Interwelt. Auf diesem Weg können keine Massen mitgenommen werden, auch keine durch Massen erzeugten Schmerzen. Alles Irdische bleibt zurück: Räumlichkeit, Zeit,

Gravitation, aber auch irdisch bedingte Sorgen, Nöte und Ängste, die direkt mit dem Verstand verkoppelt sind. Denn auch der an das materielle Gehirn gebundene »kalte« berechnende Verstand bleibt zurück. Die Wiedergeburt als freier Geist in der Interwelt ermöglicht eine absolute Unabhängigkeit. Nun können Geist und Seele all das bewirken, was in der Materiewelt unmöglich war. Wie im Traum können Geist und Seele fliegen, in der Zeit springen und durch Mauern gehen, die im Traum zwar echt erscheinen, jedoch nur Ideen und Vorstellungen sind.

Die Selbstvergessenheit des materialistisch eingestellten modernen Menschen hat solche Gewissheiten hinweggefegt. Wer meint, seine Seele sei lediglich das Produkt von Hirnaktivitäten, kann nicht anders, als sich vor dem Tod zu fürchten. Insofern ist die Erkenntnis, dass wir eine unsterbliche Seele besitzen, nicht nur philosophisch interessant, sie nimmt uns auch die Angst vor dem Tod. Gefasst können wir uns auf den Übergang vorbereiten, im Bewusstsein unserer ewigen Essenz.

Nahtoderfahrungen

Seltsam genug: Obwohl der Tod eine elementare menschliche Erfahrung ist, entwickelte sich erst in den letzten Jahrzehnten eine wissenschaftlich fundierte Sterbeforschung, die Thanatologie. Der Name leitet sich aus der griechischen Mythologie her, in der Thanatos der Totengott ist. Möglich wurde dieser Wissenschaftszweig erst, nachdem immer häufiger klinisch tote Menschen von Ärzten wiederbelebt worden waren. Im Jahr 1999 veröffentlichte der Religionssoziologe Hubert Knoblauch einen Forschungsbericht über Nahtoderlebnisse und stellte fest, dass etwa 3,3 Millionen Deutsche allein in diesem einen Jahr derartige Erlebnisse gehabt hatten, eine überraschend hohe Zahl (Knoblauch 1999).

Eine Pionierin auf diesem Gebiet ist die Medizinerin Elisabeth Kübler-Ross. Berühmt wurde unter anderem ihr Buch »Interviews mit Sterbenden«, berührende Dokumente letzter Gedanken, aber auch Zeugnisse außergewöhnlicher Erfahrungen von Patienten, die nach dem Herztod wiederbelebt worden waren. Ähnliche Berühmtheit erlangte das Buch »Leben nach dem Tod« des amerikanischen Mediziners und Psychiaters Raymond A. Moody, der 150 Fälle von klinisch toten und wiederbelebten Patienten gesammelt hatte, sowie die Studie »Erinnerung an den Tod – eine medizinische Untersuchung«, die der amerikanische Arzt Michael Sabom bereits 1983 veröffentlichte.

Was passiert genau, wenn Menschen an der Schwelle des Todes stehen? Zeigt das Elektrokardiogramm eine gerade Linie (Asystolie) oder eine ventrikuläre Fibrillation mit extremer Arrhythmie, bedeutet dies Stillstand des Blutkreislaufs. Elektroschocks können das Herz wieder in Gang bringen, den Patienten also nach einigen Minuten reanimieren. Für die behandelnden Ärzte ist dies ein Erfolg, doch zu ihrer Überraschung sind die Patienten oft extrem enttäuscht oder sogar ärgerlich, dass man sie ins Leben zurückgeholt hat. Sie sprechen von Erlebnissen, die es nach medizinischem Ermessen gar nicht geben kann, berichten von herrlichen Landschaften, wunderbaren Farben, schönster Musik, von herrlich warmem, wohltuendem Licht und von liebevollen Wesenheiten, die sich um sie kümmern.

Manche treffen sogar Verstorbene wieder, und alles läuft höchst emotional ab, mit sehr angenehmen Gefühlen. Währenddessen arbeitet das bewusste Verstehen offenbar völlig klar, obwohl durch den Herzstillstand das Gehirn nicht mehr ausreichend durchblutet ist und der Sauerstoffmangel Funktionsausfälle nach sich ziehen müsste. Am schwierigsten ist es für die Patienten, eine Erklärung dafür zu finden, warum sie alles sehen und hören konnten, obwohl sie sich völlig bewusst sind, tot zu sein. Die meisten Befragten bekennen, ihnen fehlten die passenden Worte für ihre Erlebnisse. Neben tiefem Frieden, großer Gelassenheit und Ruhe entstanden wunderbare Empfindungen, für die es offenbar kein Äquivalent im Alltag gibt. Sie sind unbeschreiblich und unaussprechlich. Selbst die schönsten Augenblicke des Lebens halten diesen Erfahrungen nicht stand.

Gerhard Roth, Professor für Verhaltensphysiologie und Neurobiologie, Direktor des Instituts für Hirnforschung der Universität Bremen, wurde als 29-Jähriger an einem unbewachten Bahnübergang mit seinem Auto von einem Zug erfasst. Der Unfall verletzte ihn schwer, er war sofort »bewusstlos« – wie viele Minuten, lässt sich im Nachhinein nicht mehr rekonstruieren. Seine Erinnerungen an diese Momente beschreibt Roth folgendermaßen: »Ich bewegte mich durch einen Tunnel mit einem hellen Licht am Ende [...] Und dann war da diese extreme Euphorie. Es ist schon paradox, dass der vielleicht glücklichste Moment meines Lebens jener war, in dem es mir körperlich am schlechtesten ging.« (Roth 2003)

Bei den Erzählungen über Nahtoderlebnisse kehren bestimmte Grunderfahrungen wieder. Alle Patienten hatten das Gefühl, gestorben zu sein. Sie fühlten keinen Schmerz, nur Ruhe und Frieden. Wie in einem Film in Zeitraffer zog ihr Leben an ihnen vorbei. Charakteristisch sind auch außerkörperliche Erfahrungen und Tunnelerlebnisse als Grenze von Diesseits und Jenseits. Außerdem wiederholen sich in den Aussagen Begegnungen mit Verstorbenen oder Lichtwesen sowie intensive Lichterscheinungen. Die Rückkehr ins irdische Leben wird nur widerwillig hingenommen, danach stellten alle Patienten übereinstimmend eine Persönlichkeitsveränderung fest.

Weitere spezifische Merkmale der Nahtoderfahrung, die von Person zu Person stark abweichen können, sind Gefühle starker körperlicher Bedrängnis mit Schmerzen und Atemnot, die kurze Zeit später schlagartig wegfallen. Viele glauben jetzt erst, tot zu sein, weil sich unerwartet ein großer Frieden in ihnen ausbreitet. Obwohl sie schon in einen anderen Wahrnehmungszustand gleiten, nehmen die Sterbenden die Trauer ihrer Angehörigen vollständig wahr und bedauern, dass sie ihnen nicht mitteilen können, wie glücklich sie sind.

Selbst wenn die Sterbenden hören, wie der Arzt sie für tot erklärt, ruft das keinerlei Gefühlswallungen hervor, stattdessen wird ihre Aufmerksamkeit von Geräuschen wie Summen, Brummen und Läuten gefesselt. Nun verändert sich alles. Es entsteht das

Gefühl einer Trennung des Ich vom Körper. Und immer noch nehmen die Sterbenden das Krankenzimmer in allen Einzelheiten wahr, wenn auch aus einer anderen, höheren Perspektive. Oft beobachtet der Patient seinen Körper von oben und sieht zu, wie der Körper sich windet oder von Krämpfen geschüttelt wird.

Immaterielle Wahrnehmung

Auffällig ist, dass fast alle reanimierten Personen berichten, sie hätten jedes Wort der Ärzte und Krankenschwestern registriert. Oftmals können sie im Nachhinein sogar die Anzeigen der Notfallgeräte beschreiben oder den geraden Strich auf dem EKG-Monitor, samt dem für einen Herzstillstand typischen Dauerpiepton. Erst in diesem Moment richtet sich der Bewusstseinsfokus auf sich selbst. Es muss ein seltsamer Zustand sein, mit einem gewissen Körperempfinden, aber ohne feste Substanz. Wände sind keine Barrieren mehr, Raum und Zeit spielen keine Rolle. Der Sterbende fühlt sich frei. Nun läuft der bereits erwähnte Lebensrückblick ab, und die Tunnelerlebnisse setzen ein, gefolgt von der Wahrnehmung eines äußerst intensiven, nicht blendenden Lichts. Verstorbene Verwandte und Freunde erscheinen, auch von geliebten Haustieren wird berichtet.

Als Höhepunkt werden Lichtwesen geschildert, die Güte und Wärme ausstrahlen. Die bildliche Rückschau findet jetzt ihr Pendant in einer substanziellen Lebensbilanz, jedoch ohne Angst vor einer höheren Gerichtsbarkeit. Nur die Dinge, die man anderen angetan hat, werden bewusst, mit vorübergehenden Gefühlen tiefer Reue. Die Geborgenheit, das Verstandenwerden, die Leichtigkeit – alles gerät zu einem bisher nie erlebten, unbeschreiblichen Wohlsein. Oft ist von einer gewissen Grenze zu der transzendenten Interwelt die Rede. Wird sie überschritten, scheint es kein Zurück mehr zu geben. Manchmal wird der Sterbende allerdings gegen seinen Wunsch sanft zurückgeschickt, um noch etwas im Erdenleben zu erledigen, oder er geht freiwillig in die Alltagswelt zurück.

Wenn man von solchen Dingen hört, erkennt man verblüfft, dass im 1. Korintherbrief 15 dieses Prinzip des Sterbens und Todes zu lesen ist:

44 »Es wird gesät ein natürlicher Leib und wird auferstehen ein geistiger Leib. Gibt es einen natürlichen Leib, so gibt es auch einen geistigen Leib.«
45 »Der erste Mensch, Adam, wurde zu einem lebendigen Wesen, und der letzte Adam zum Geist, der lebendig macht.«
47 »Der erste Mensch ist von der Erde und irdisch, der zweite Mensch ist vom Himmel.«
49 »Und wie wir getragen haben das Bild des irdischen, so werden wir auch tragen das Bild des himmlischen.«
51,52 »Siehe, ich sage euch ein Geheimnis: Wir werden nicht entschlafen, wir werden aber alle verwandelt werden, und das plötzlich, in einem Augenblick.«[37]

Diese Verwandlung bringt einige Paradoxien mit sich. Sie ergeben sich aus der verwirrenden Gleichzeitigkeit der körperlichen und nicht körperlichen Existenz: Der Sterbende nimmt alles überdeutlich wahr, kann aber nicht mehr wie gewohnt kommunizieren, weil ihm die Materie entgleitet, ohne es zu wissen.

Eine typische Schilderung belegt diese Erfahrung: Der Sterbende sah sich selbst im Bett und seine Angehörigen, die ihn weinend umringten. Er hörte sie sprechen und bemerkte die Trauer, die sie angesichts seines angeblichen Todes empfanden. Deshalb wollte er ihnen zurufen, er sei noch am Leben, doch niemand hörte ihn. Er versuchte es erneut, aber die Angehörigen klagten weiter. Nun stieg Angst in ihm hoch, denn er hörte seine eigene Stimme ganz deutlich und fühlte auch seinen Körper. Wieder schrie er laut, wieder beachtete ihn niemand. Seine Angehörigen starrten weinend auf den stillen Körper. Daraufhin betrachtete er seinen Körper als etwas eigenartig Fremdes, das ihm nicht mehr gehörte, frei von jedem Schmerz. Ein letztes Mal rief er den Namen seiner Frau, die dicht an seinem Bett stand. Kein Wort, keine Reaktion zeigte, dass sie etwas bemerkte. Verzweifelt ging er zu ihr und wollte an ihrer Schulter rütteln, ohne Erfolg.

Manchmal schwanken Sterbende zwischen materiellen und nicht-materiellen Zuständen hin und her. So können sie vorübergehend in die Alltagswelt zurückkehren und sogar verständliche Sätze formulieren. »Nun fahre ich hin ins Paradeis«, seufzte der Mystiker Jakob Böhme, als er starb. Der Erfinder Thomas Edison fand noch die Kraft, sein Interwelterlebnis in den Satz zu kleiden: »Es ist sehr schön hier auf der anderen Seite.« Berührend sind auch die letzten Worte des französischen Malers Camille Corot: »Siehst du, wie schön das ist? Ich habe noch nie so herrliche Landschaften gesehen [...] Ich hoffe von ganzem Herzen, dass man im Himmel malen kann.«[38] Wenn man die Nahtoderlebnisse vergleicht, fällt auf, dass wie bei Corot häufig von idealen Landschaften die Rede ist, mit herrlichen Blumenbeeten, blühenden Wiesen, kleinen Bächen und strahlenden Farben im Sonnenlicht. Als hätte ein »himmlischer« Maler das Szenario ausgeschmückt, erscheinen unwirklich blaue Himmel, Wälder, Vögel, weidende Tiere – wahrhaft paradiesische, überirdisch schöne Idyllen.

Zwischen Leben und Tod

Was uns Lebende sicherlich am meisten fasziniert, ist das Wahrnehmungsvermögen klinisch toter Patienten. Manchmal schauen sie sogar aus dem Fenster und erkennen draußen Einzelheiten. Einmal beobachtete ein Sterbender einen Autounfall draußen auf der Straße, als er während seiner Herzoperation zur Decke des Operationssaals schwebte. Später trug er dazu bei, den flüchtigen Fahrer ausfindig zu machen, denn er merkte sich das Autokennzeichen des Flüchtenden. Als er aus der Narkose erwachte, erhielt die Polizei alle wichtigen Hinweise von ihm, sodass der Fahrer daraufhin gestellt wurde (Jakoby 2007).

Der französische Schauspieler Daniel Gelin wurde wegen eines Herzinfarkts ins Danola Hospital in Tel Aviv eingeliefert. Er erinnert sich, dass er in der Intensivstation schwebte und mit Erschrecken feststellte, dass sein Herzschlag auf dem aufzeichnenden Monitor erloschen war. Der Schweizer Architekt Stefan von Jankovich schwebte über seiner Unfallstelle, sah und hörte alles genau so, wie er es später im polizeilichen Unfallprotokoll nachlesen konnte. Unter anderem beobachtete er, wie der Unfallarzt seinen Mund mit einem Spatel aufspreizte und ihn beatmete.

Auch sein eigenes Todesurteil hörte von Jankovich. Der Arzt zuckte mit den Schultern und sagte resigniert: »Da kann man nichts mehr machen ...« Das alles beobachtete der Architekt mit Interesse, aber ohne jede Panik, sogar in einem glücklichen, ruhigen Gemütszustand. Auch der Chansonnier Charles Aznavour wurde bei einem Autounfall schwer verletzt. Als er merkte, dass er das Bewusstsein verlor, schlüpfte er nach eigener Aussage in ein anderes Bewusstsein, mit starkem Wohlgefühl und angenehmer Wärme.

Einer der Ärzte, die sich Sterbeerlebnissen widmen, ist Paul Becker, Chef der Medizinischen Klinik des St.-Vincenz-Krankenhauses in Limburg a. d. Lahn. Er betont, dass nicht nur jene Menschen Sterbeerlebnisse haben, die dafür psychisch vermeintlich prädestiniert seien oder eine besondere, eventuell religiöse Einstellung hätten, vielmehr ähnelten sich die Erlebnisse, ungeachtet sozialer Herkunft, Alter oder Intelligenz. Becker überprüfte systematisch Aussagen über Nahtoderlebnisse. Er konnte ausschließen, dass Sterbende jemals die Geschichten anderer reanimierter Patienten gehört hatten. Außerdem stellte er fest, dass seine medizinischen Maßnahmen nach der Reanimation exakt wiedergegeben werden konnten. Es war, als ob der Patient alles über einen Monitor mit angesehen hätte.[39]

Der nordamerikanische Neurologe Bruce Greyson stellte mehrere wissenschaftliche Experimente über die Wahrnehmungen von Nahtodpatienten an (Greyson 1997, Cook 1998). Dazu bediente er sich einer List: Greyson »versteckte« während einer Operation seinen Laptop so knapp unter der Zimmerdecke, dass seine Patienten auf dem Operationstisch ihn nur sehen konnten, wenn sie zur Decke emporschwebten. Zusätzlich projizierte er Bilder auf den Bildschirm, deren Reihenfolge von einem Zufallsgenerator gesteuert war. Ziel des Versuchs war es, herauszufinden, ob der Patient sich tatsächlich im Raum bewegen konnte. Die Ergebnisse des Versuchs sind so ausgefallen, wie bereits der vorher erwähnte identische Versuch von Charles Tart im Fall außerkörperlicher Erfahrung.[40]

Mittlerweile werden Sie sich die Frage stellen: Wie kann ein Bewusstloser real ablaufende Szenen sehen und hören, und warum passiert dies aus einer anderen Perspektive? Lange galt als gesichert: Sobald die Aktivität und damit die Pumpfunktion des Herzens aufhört, wird der Patient infolge des Sauerstoffmangels im Gehirngewebe (Anoxie) bewusstlos. Hält dieser Zustand an, sind die Gehirnzellen nach fünf bis zehn Minuten irreparabel geschädigt. Nun erlischt auch die elektrische Aktivität des Gehirns, und der Mensch wird für tot erklärt.

Wie wir gerade erfahren haben, kann der Gehirntote dennoch reale Wahrnehmungen machen, ohne Aktivität der Sinnesorgane, ohne Gehirnaktivität. Wie also ist das möglich? Der Körper, der im Alltag lebt, ist ein »Erfahrungskörper«. Er kann auch zu Lebzeiten stillgelegt werden, etwa im Schlaf, nach großer Erschöpfung, nach schweren Verletzungstraumata, während einer Meditation, in der vollkommenen Stille. In diesen Fällen und im Tod tritt dann das Selbst in den Vordergrund, jene Identität, die unabhängig vom materiellen Körper in der Interwelt existiert. Das Selbst sieht das Ich und den Erfahrungskörper als Einheitskomplex, jedoch von außen. Es steht daneben, schwebt über dem Körper. Das Ich mag im Erfahrungskörper akute Schmerzen haben, das Selbst spürt sie nicht.

Die Gesetze der Interwelt bestimmen: Auch das Alltagsbewusstsein ist ein universales Geschehen und entfaltet sich weiter, wenn die Materie abgekoppelt wird. Im Gegensatz dazu läuft die Bewusstlosigkeit im Alltag anders ab. Ausgelöst durch Sauerstoffmangel, schaltet das Gehirn in einen Ruhemodus, was beim Gehirntod vollkommen wegfällt. In der Alltagswelt ist die virtuelle Gehirnnutzung des Selbst verschränkt mit der aktuellen Gehirnnutzung des Ich. Stirbt die materielle Körperhülle ab, ist nur noch das Selbst tätig und verwendet die vom Ich gelernten und abgespeicherten Mechanismen als reine Information. Jeder Vorgang, jedes Ereignis ist immer und ausschließlich ein Informationskomplex. Genau dieser Komplex, der vom Ich erlebt und erfahren wird, spiegelt sich im Selbst und wird dort abgespeichert und kann vom Selbst beliebig über den Willen rekrutiert werden. Schmerzen wollen aber nicht weitererlebt werden, zumal die Organisation der »festen« Materie, die Schmerzen entstehen lässt, zurückgelassen wird. So kommt es zu den beschriebenen Paradoxien.[41]

Auch Johann Christoph Hampe bemerkt in seinem Buch »Sterben ist doch ganz anders«, dass er während des Sterbens zwar genauso fühlte und dachte, wie er es mit seinem Körper gewohnt war, aber Wände und massive Türen durchschreiten konnte, ohne einen Widerstand zu spüren.

Für diese Erklärung spricht das Erlebnis des Psychiaters Georg Ritchie, der am Arlington House Hospital in Charlottesville, Virginia, arbeitet. In seinem Buch »Return from Tomorrow« erfahren wir, dass er als Soldat mit einer schweren Lungenentzündung vom behandelnden Arzt und dessen Assistenten für tot erklärt wurde, nachdem Herzschlag und Atmung länger als zehn Minuten ausgefallen waren. Ritchie selbst sah das allerdings überhaupt nicht so. Er sprang vom Bett auf und suchte seine Uniform, weil er unbedingt einen Zug erreichen wollte, um seinen medizinischen Ausbildungsgang in der Armee abzuschließen. Dabei sah er einen leblosen Körper auf dem Bett, erkannte ihn aber nicht als den seinen. Er bemerkte nur, dass dieser Körper an einer Hand seinen Freundschaftsring trug.[42]

Auf dem Weg zum Zug wurde Ritchie klar, dass ihm die Festigkeit seines Körpers abhandengekommen war. Plötzlich erkannte er, dass es sein eigener Körper war, der auf dem Bett im Krankenhaus lag, und lief unverzüglich zurück. Als er schließlich wieder vor seinem Körper stand, wurde ihm die Teilung seines Ich bewusst. »Das ist der Tod«, sagte er, »so wie wir Menschen uns das vorstellen.« Reanimiert wurde er mit einer Adrenalinspritze ins Herz, als er für die Leichenhalle präpariert werden sollte und Lebenszeichen von sich gab.

Aufspaltung der Realität

Inzwischen gibt es Untersuchungen dieser Nahtodzustände nach wissenschaftlichen Kriterien. Die beiden Psychologen Ruud van Wees und Vincent Meijers schrieben 1988 ihre Doktorarbeit über Nahtoderlebnisse und haben später zusammen mit dem Kardiologen Pim van Lommel 2001 eine prospektive Studie in den Niederlanden durchgeführt (van Lommel et al. 2001). 62 von 344 Reanimierten, die nachweislich klinisch tot gewesen waren, berichteten, dass sie noch Minuten nach dem von Ärzten festgestellten Herzstillstand intensive bewusste Erlebnisse hatten. Van Lommel hält aufgrund seiner Untersuchungen weder Sauerstoffmangel noch starke Medikamentation für die Ursache von Nahtoderfahrungen. Auch religiöse Überzeugungen, Bildungsgrad oder besondere Furcht vor dem Tod spielten keine Rolle.

Systematisch ging auch der Neurologe und Psychiater Bruce Greyson vor. 2003 zeigte er in einer prospektiven Studie mit 116 Überlebenden eines Herzstillstands, dass die Nahtoderfahrungen unabhängig von soziologischen oder psychischen Faktoren auftreten (Greyson 2003).

Aus der Sicht der Anwesenden, die den Sterbenden beobachten, ergibt sich ein anderes Bild. Für Außenstehende scheinen die Sterbenden enorme Qualen durchzumachen. Man hört sie schreien und sieht, wie sich ihre Körper aufbäumen. Zweifellos wehrt sich die Materie unseres Körpers mit ihren Regelkreisen und Reflexen gegen den Tod. Krämpfe der Muskeln und Hyperaktivität der Nervenfasern durch starken Zellenergiemangel ergeben schreckliche Symptome. Aber das hat ursächlich nichts mit den bewussten Wahrnehmungen des Betroffenen zu tun. Fast alle Berichte zeigen einen völlig anderen Bewusstseinszustand bei den Sterbenden als den eines Gequälten oder Traurigen.

Der Schriftsteller und Dichter Saint-Éxupéry ist mit seinem Flugzeug mehrfach abgestürzt. Zweimal überlebte er, einmal in der Wüste, einmal im Meer. Er findet: »Der Tod ist leicht. Ich fühle, wie dieser ganze Strom von Bildern mich davonträgt wie zu einem ruhigen Traum. Ich habe schon einmal, als ich halb ertrunken war, diesen Frieden gespürt.«[43] Auch andere beschreiben den nahen Tod beim Ertrinken als einen wunderbaren Gefühlsrausch und sind durchaus ärgerlich über die Rettung, die die Rückkehr zur deutlich unangenehmeren Alltagswelt abrupt wiederherstellt.

Ein schwer verletzter US-Soldat stand auf diese Weise vor einer makabren Entscheidung. Unter dem Eindruck seiner positiven Nahtoderlebnisse wollte er im Operationssaal die Chirurgen davon abhalten, sein Leben zu retten. Er sei sehr glücklich und wolle diesen Zustand beibehalten, versicherte er. Er versuchte, den Arzt am Arm zu packen, griff aber durch ihn hindurch. Ein anderer sterbender Soldat verließ den Operationssaal und kehrte auf das Schlachtfeld zurück. Er sah, wie man Gefallene in Ponchos einrollte, und wollte dies verhindern, hatte aber keinen Erfolg. Plötzlich war er wieder im Operationssaal und registrierte, dass ihn seine Gedanken in Sekundenbruchteilen zu verschiedenen Orten katapultieren konnten.

Genauso erging es anderen soeben Verstorbenen: Sie tauchten dort auf, wo sie sich hindachten. Später, nach ihrer Genesung, gingen sie die einzelnen Orte nochmals ab und fanden alles genau so, wie im Tod gesehen. Interessant ist auch, dass sie ihre Erlebnisse während des Sterbens genauso bewerteten, wie sie es im Alltag taten: Eine Wäscherei im Krankenhaus wurde als unangenehm laut empfunden, und der Beobachter wunderte sich, warum die Türen nicht gepolstert waren, um den Kranken mehr Ruhe zu verschaffen.

Ein Soldat konnte sogar genau beschreiben, wie er tödlich verletzt und mit Brandwunden bedeckt auf dem Boden lag, als die eigene Truppe kam, ihn in einen Sack steckte und dann ins Leichenschauhaus brachte. Auf einem Tisch liegend, hörte er, wie sich einige Kameraden über Truppenbetreuerinnen lustig machten. Dann wurde seine blutige Hose heruntergerissen und die Einbalsamierungsflüssigkeit in die Oberschenkelvene injiziert. Jene Soldaten, die einen Tag früher gestorben waren, versammelten sich bei dem toten Soldaten. Sie verständigten sich, ohne zu sprechen, und beschlossen, in der neuen Welt zu bleiben, weil sie glücklich waren.

Ein wiederkehrendes Element von Nahtoderlebnissen ist die Lebensrückblende. Dabei erlebt der Sterbende, dass sein gesamtes Leben einschließlich seiner Gedanken und Gefühle in ihm abrufbar ist – wir wissen, dass er es aus der Interwelt abruft. Er erlebt deshalb auch die Gedanken und Gefühle anderer Menschen, mit denen er eine Beziehung hatte. So erfährt der Sterbende die Folgen seines Tuns und kommt oft zu der Erkenntnis, dass das, was man anderen antut, zur eigenen Person zurückkehrt. Alles das passiert, wohin man seine Aufmerksamkeit wendet.

Grenzerfahrungen an der Schwelle des Todes sind derart wahrnehmungsverändernd, dass Menschen, die nach dem Herzstillstand wiederbelebt wurden und gesundeten, in der Regel völlig anders weiterleben. Das Nahtoderlebnis hat die Filter und Barrieren geöffnet, und so ändern sich die Wahrnehmungen und die Bewertungen. Viele dieser Menschen zeigen nach dieser Erfahrung ein größeres Interesse an der Natur und der Umwelt, engagieren sich für soziale Gerechtigkeit und räumen dem Familienleben eine sehr viel größere Priorität ein. Was wirklich wichtig ist, rückt in den Mittelpunkt, während frühere, alltagsweltlich motivierte Themen in den Hintergrund treten. Das Interesse an Macht und Besitztümern nimmt deutlich ab, stattdessen sind diese Menschen empfänglich für intuitive Gefühle wie Liebe und Mitgefühl und für spirituelle Lehren.

Im Rahmen einer prospektiven Studie von Sam Parnia begleitete man 2001 an der University Southampton 63 Sterbende. Auch dieser Wissenschaftler stand vor dem Rätsel, wie ein komatöses Gehirn reale Erlebnisse haben konnte, an die sich reanimierte Personen noch dazu erinnern konnten. Alle Gehirnzentren, denen man solche Funktionen zugeordnet hatte, waren aufgrund des Sauerstoffmangels abgeschaltet oder sogar bereits zerstört. Parnia zog die einzig plausible Schlussfolgerung: »Ich habe den Verdacht, dass Geist und Bewusstsein nicht vom Gehirn produziert werden, sondern ein eigenständiges Dasein führen« (Parnia et al. 2001). Als schlicht verrückt bezeichnete der Bewusstseinsforscher Daniel Dennett von der Tufts University in Medford diese Aussage, während der Neurologe und Psychiater Bruce Greyson von der University Virginia meint: »Die allgemein akzeptierte Idee, dass unser Gehirn den Geist produziert, ist nicht plausibler als Parnias Hypothese.«

Die Britin Penny Sartori untersuchte 39 Überlebende eines Herzstillstands, mit dem gleichen Ergebnis: Auch sie bezweifelt, dass die derzeitige wissenschaftlich-medizinische Interpretation von Bewusstsein und Tod den Fakten gerecht wird (Sartori 2006).

C. G. Jung, der bekannt war für seine Beobachtungsgabe und vieles beschrieb, was heute erst nach und nach realisiert und verstanden wird, hatte selbst ein Sterbeerlebnis. Im Jahr 1944 brach er sich den Fuß und erlitt einen Herzinfarkt. Nachdem ein Arzt mit Sauerstoff und Kampfer Erste Hilfe geleistet hatte, passierte etwas absolut Seltsames: Jung erlebte plötzlich, wie er sich fliegend hoch oben in den Weltraum hinaufbegab. Er schätzte im Nachhinein, dass er sich etwa in einer Höhe von 15 000 km befunden haben musste, tief unter sich erkannte er Ceylon (Sri Lanka) und Indien. Gleichzeitig stellte er fest, dass die Erdkugel blau leuchtete und dass das Blau nicht nur von den Meeren her ausstrahlte, sondern dass die Erdkugel insgesamt in ein glitzerndes Blau gehüllt war. Sein Bericht ist absolut erstaunlich, denn die Tatsache, dass der gesamte Erdball in einem charakteristischen Blau schimmert, sahen erst viel später die Astronauten vom Weltraum – weshalb fortan vom Blauen Planeten gesprochen wurde.

C. G. Jung berichtet außerdem von einem Gefühl der erweiterten Identität, einer neuen Form von Selbsterkenntnis: »Es war, als ob ich alles, was ich je gelebt und getan habe, alles, was um mich geschehen war, nun bei mir hätte. Ich könnte auch sagen: Es war bei mir, und das war ich. Ich bestand sozusagen daraus. Ich bestand aus meiner Geschichte und hatte durchaus das Gefühl, das sei nun ich.« Als er schließlich wieder zu Bewusstsein gekommen war, fiel es ihm schwer, zur Normalität zurückzukehren, zu fantastisch waren seine Erlebnisse gewesen, zu überwältigend wohl auch das Glücksgefühl. Nach eigenem Bekunden brauchte er fast einen Monat, bis er sich willentlich dazu entschließen konnte, wieder zu leben, denn das Alltagsleben enttäuschte ihn so sehr wie die Tatsache, dass er den Erfahrungsraum seines Sterbeerlebnisses verlassen musste: »Ich fühlte Widerstände gegen meinen Arzt, weil er mich wieder in das Leben zurückgebracht hatte.«[44]

Ähnliche Gefühle hegte der ehemalige Chefarzt der Betheler Kliniken und Professor für Psychiatrie und Neurologie an der Universität Tübingen nach seiner Reanimation. Er hatte aufgrund einer Ornithose und zwei Lungeninfarkten im Sterben gelegen. Wie Jung erlebte er herrliche Glücksgefühle und hoffte, endlich hinübergehen zu können. Es muss wie eine Sucht gewesen sein, eine Sehnsucht nach dem Tod.

Das unsterbliche Bewusstsein

Mediziner begründen die fantastischen und wahrhaft überirdischen Gefühle während des Sterbens mit massivem Sauerstoffmangel im Gehirn. Er führt, so zeigten klinische Tests, bei gleichzeitiger starker Erhöhung des Kohlendioxidgehalts im Blut zu Halluzinationen. Das ist durchaus nachvollziehbar, denn wenn das Gehirn nicht mehr ausreichend durchblutet wird, geht der Zellenergiemangel mit einer Hypopolarisation der Nerven und der Selbsterregung des Gehirns einher, einschließlich vermehrter Endorphinausschüttung.

Das erklärt aber keineswegs, warum klinisch Tote derart überwältigende vollkommen reale Wahrnehmungserfahrungen machen und sich außerhalb des Körpers aufhalten. Ebenso wenig ist mit pathologischem Sauerstoffmangel zu erklären, warum die Wahrnehmung derart klar und minutiös ist, dass alle Einzelheiten des realen Geschehens registriert und später auch erinnert werden können. Wie sollte das geschehen, gänzlich ohne die üblichen Gehirnaktivitäten? Unser Modell hier gibt die Antwort: Ja – gerade weil das Gehirn sich abschaltet, kann die Interwelt mit identischem Bewusstsein die gewohnten Informationskomplexe umsetzen. Selbst blinde Menschen haben Nahtoderlebnisse. Auch sie sehen und hören das Geschehen in Echtzeit, ganz so, wie es sich gerade abspielt.

In seinem 2010 erschienenen Buch »Endless Conciousness« erklärt van Lommel das Geschehen mit einem nicht ortsgebundenen Informationsfeld. Im Moment des Todes werde das Bewusstsein des Sterbenden direkt mit diesem Feld verbunden. Das Gehirn dient in van Lommels Modell lediglich als Relaisstation für dieses Bewusstseinsfeld (van Lommel 2010).

Bei einer unvoreingenommenen Betrachtung dieser Phänomene tut sich also ein vollkommen neues Bild der Welt der Lebenden und Gestorbenen auf. Es gleicht den großen Metaerzählungen aller Zeiten und Kulturen: Wir führen ein Doppelleben – ein zeitlich begrenztes in der Materiewelt und ein unbegrenztes in der Interwelt. Der Tod bedeutet nur, dass wir die Materiewelt verlassen, sodass allein die Existenz in der Interwelt übrig bleibt, ein wunderbares Leben in der reinen Geist-Seelen-Welt. Es heißt zwar, die Seele »verlasse den Körper«, doch das ist aus der typischen Perspektive der Alltagswelt heraus gesehen und dementsprechend eine falsche Interpretation. Man müsste es genau umgekehrt formulieren: »Der Körper verlässt die Seele.« Denn der Körper mit seinen Massenelementen löst sich auf und verschwindet, während die Seele dort bleibt, wo sich ihr wahres Leben abspielt: in der allgegenwärtigen Interwelt.

Die Interwelt, die wir im Sterben betreten, ist auch das Produkt unserer eigenen Schöpfung. Je liebevoller unsere Gedanken im Alltag waren, desto liebevoller werden wir hier aufgenommen. Wir begegnen uns selbst in unseren Gedanken, unseren Ängsten, unseren Wünschen. Es ist das Leben, das nicht mehr in den Zwängen der Materie geführt wird, sondern frei von aller Begrenztheit, wie im Paradies. Das Leben folgt unmittelbar dem Wollen. Wer den Luziden Traum kennt, der weiß, wie das funktioniert.

Diese Erkenntnis ist ausgesprochen wichtig. Denn die innere Einstellung des Sterbenden entscheidet offenbar darüber, wie man den Übergang in das immaterielle Sein erlebt. Knoblauchs statistische Untersuchung in Deutschland hat gezeigt, dass sich nur bei etwa 60 Prozent der Westdeutschen, aber nur 40 Prozent der Ostdeutschen der Sterbenden Gefühle der Glückseligkeit einstellten. Ein «schreckliches Gefühl» hatten dagegen 29 Prozent der Westdeutschen, jedoch 60 Prozent der Ostdeutschen verspürt. Knoblauch kommentiert diese Zahlen mit der Bemerkung, die Menschen erlebten gewissermaßen jenen Tod, den sie erwarten. Es steht zu vermuten, dass im Westen der Republik weit mehr Menschen in christliche Traditionen eingebunden sind als im Ostteil des Landes, wo seit den 50er-Jahren eine systematische Entkirchlichung vorangetrieben wurde. Insofern ist offenbar eine gewisse Heilserwartung ausschlaggebend für die Art der Gefühle, die das Sterben begleiten.

Der Glaube kann aber auch in eine ganz andere Richtung wirken. Zu diesem Ergebnis kommen Kenneth Ring und Evelyn Elsässer-Valerino in ihrem Buch »Im Angesicht des Lichts«, das 1999 erschien. Nach dem Zahlenmaterial, das ihnen vorlag, verliefen 18 Prozent der Nahtoderfahrungen nicht angenehm, sondern sogar furchterregend. Dies geschah vorwiegend bei religiösen Menschen, die unter dem Einfluss übernommener Höllenvorstellungen standen. Offensichtlich standen sie derart im Bann von negativen Visionen, dass sie sich nach dem Muster von Erwartung und Erfüllung auch tatsächlich einstellten. Schreckensbesetzte Sterbeerlebnisse hatten darüber hinaus suizidale sowie hass- und angsterfüllte Menschen. So erhärtet sich die These, dass der Mensch sein Sterben genau so erlebt, wie er sich den Tod und die Zeit danach vorstellt (Ring und Elsässer-Valerino 1999).

Die Pionierin bei der Erforschung von Nahtoderlebnissen, Eli-

sabeth Kübler-Ross, resümiert ihre eigene Erfahrung der Todesnähe: »Jeder bekommt den Himmel, den er sich vorstellt. Und für
mich ist natürlich die Schweiz der Himmel, in welchem sich selbstverständlich Berge und Alpenblumen befinden.«[45] Hubert Knoblauch hat viele Erfahrungsberichte verschiedener Zeiten und Kulturen zusammengetragen. Da ist das Beispiel einer Inderin, die auf
einer Kuh in den Himmel reitet. Ein New Yorker fährt in einem
gelben Taxi zum Himmel hinauf. Ein Indianer sieht Wigwams, die
auf ihn warten, eine Mozart-Begeisterte stößt auf Sarastro aus der
«Zauberflöte», ein Anatomielehrer sieht seine inneren Organe.
»Bis ins Detail sind Nahtoderfahrungen auch von der Kultur geprägt«, sagt Knoblauch.[46] Damit betrachten wir exakt das gleiche
Phänomen wie bei der Erschaffung von Engeln und anderen Wesen.

Platon wusste bereits: Erst im Tod werde das Eingebundensein
unserer Seele in die universelle Struktur erfassbar. Das heißt: Erst
dann, wenn wir das Materielle hinter uns lassen, wenn wir unseren Körper, unser Denken und die Selbsttäuschung der Chronologie ablegen, erreichen wir gleichsam eine höhere bewusste Wahr-
nehmungsstufe. Und erst dann begreifen wir, dass wir mit dem
großen Ganzen verbunden sind, ewig und unsterblich existieren.

So ist erklärbar, warum viele Menschen jede Furcht vor dem
Sterben und dem Tod verlieren, wenn sie ein Nahtoderlebnis hinter sich haben. Sie wissen nun, dass ihr Leben nicht endet, sondern
ähnlich einem Luziden Traum weiterläuft. Die bewusste Wahrnehmung ist nicht länger an die physikalischen Gesetzmäßigkeiten
des materiebehafteten Körpers gebunden und erweitert sich entsprechend. Das löst eine große Euphorie aus und macht verständlich, warum viele Patienten – wie auch C. G. Jung – die Rückkehr
ins Leben als Enttäuschung erleben. Man kann daher berechtigte
Zweifel am Sinn hochtechnisierter künstlicher Lebensverlängerung in Kliniken hegen.

Ein weiteres interessantes Ergebnis der Befragungen betrifft die
Umstände von Nahtoderlebnissen. Sie sind nicht zwangsläufig an
den Sterbeprozess gebunden, denn jeder Zweite hat sich nicht in
einem lebensgefährlichen Zustand befunden. Es gibt Nahtoderfah-

rungen bei völliger körperlicher Unversehrtheit, etwa infolge von Sauerstoffmangel, durch Drogenkonsum oder extrem tiefe Meditation. Andere Anlässe für eine Nahtoderfahrung sind schockartige Erlebnisse wie Autounfälle, drohendes Ertrinken, Erdrosselung oder Herzinfarkte, die einen Sauerstoffmangel im Hirn hervorrufen. Ausschlaggebend ist offensichtlich die geistige, nicht die körperliche Todesnähe, also die reine Überzeugung, sterben zu müssen.

Der Mediziner Sabom betont übrigens, dass solche Erlebnisse nicht in das Gebiet der Psychiatrie gehören. Nahtoderfahrungen sind weder abnorme psychische Prozesse als schwere Persönlichkeitsstörungen noch delirante Syndrome. Leider ist das nicht allen behandelnden Ärzten klar, und so kommt es zu fatalen Missverständnissen, bei denen die Sterbenden gewissermaßen pathologisiert werden. So erfuhr es ein Patient, der mit seinem Arzt über die Erfahrungen im Angesicht des Todes sprach. In der Krankenakte stand danach, er sei geistig gestört und von Wahnvorstellungen sowie extremer Unruhe besessen. Viele Mediziner und Psychiater können sich immer noch nicht mit dem Gedanken anfreunden, dass Sterbende in einem vollkommen natürlichen Vorgang die Interwelt aufsuchen, mit Erfahrungen, die jenseits der Alltagswelt liegen.

Der Nobelpreisträger Ch. Sherrington kritisiert deshalb die Naivität und die Ignoranz, mit der Nahtoderlebnisse beurteilt werden. Vor allem stört ihn, dass die Frage nach dem Verhältnis von Geist und Gehirn kaum eine Rolle in den naturwissenschaftlichen Untersuchungen spielt. Er sagt: »Die Frage der Beziehung des Geistes zum Gehirn ist noch nicht beantwortet. Es gibt noch nicht einmal eine Basis für die Beantwortung. Die Annahme, dass unser Wesen aus zwei Elementen (Geist und Gehirn) besteht, ist nicht unwahrscheinlicher als die, dass es nur aus einem (dem Gehirn) besteht.«[47]

Der kanadische Neurochirurg Wilder Penfield begründet seine Erkenntnisse über das menschliche Bewusstsein mit der Existenz eines autarken Geistes, unabhängig von einem voll funktionsfähigen Gehirn. Er kommt zu dem Schluss: »Nach lebenslanger Erforschung der Zusammenhänge zwischen Geistes- und Gehirntätigkeit scheint mir die dualistische Möglichkeit die plausiblere zu sein. Zwar ist die Geistestätigkeit eine Funktion des Gehirns, aber der Geist besitzt darüber hinaus eine eigene Energie. Diese Energie unterscheidet sich von den neuronalen Potenzialen in den Neuritenbahnen.« Einen verwandten Gedanken entwickelt Einstein, wenn er sagt: »Jeder, der sich ernsthaft mit der Wissenschaft beschäftigt, gelangt zu der Überzeugung, dass sich in den Gesetzen des Universums ein Geist manifestiert, der dem des Menschen weit überlegen ist und angesichts dessen wir uns mit unseren beschränkten Kräften demütig fühlen müssen.«[48]

Der Biophysiker Markolf H. Niemz, der einen Lehrstuhl für Medizintechnik an der Universität Heidelberg innehat, versucht in seiner Abhandlung »Lucy mit c« eine Erklärung der Geschehnisse aus seinem Wissensbereich heraus. Seine Hypothese basiert darauf, dass sich die bewusste Seele beim Sterben vom Körper wegbewegt und dabei auf Lichtgeschwindigkeit beschleunigt wird. Analog zu dem in der Physik bekannten Searchlight-Effekt, auch Scheinwerfereffekt genannt, erklärt er das Lichterlebnis am Ende des Tunnels. Außerdem lässt sich mit seiner Hypothese zeigen, warum Raum und Zeit verschwinden: Ein Photon mit Lichtgeschwindigkeit ist aus seiner eigenen Betrachtung heraus überall gleichzeitig. Da Massen nie Lichtgeschwindigkeiten erreichen können – sie müssten dafür eine unendlich große Masse haben –, bleibe der materielle Körper auf der Erde zurück. »Das Einzige, was einem Menschen nach dem Verlassen seines Körpers bleibt«, so Niemz, »ist Energie, Liebe, seine Persönlichkeit und sein Wissen« (Niemz 2006).

Kapitel 3:
Mensch und Kosmos

Wie kam der Mensch ins Universum?

Es gehört zu den größten Rätseln der irdischen Evolutionsgeschichte, wie sich aus dem ersten Einzeller immer differenzierteres Leben entwickelte, bis schließlich der Homo sapiens die Bühne betrat. War es Zufall? Oder ist der Mensch das Produkt einer höheren Absicht? Die biblische Genesis schildert den Schöpfungsprozess als Szenario einer effektvollen Steigerung: von der unbelebten zur belebten Materie, vom ersten Organismus bis zum Menschen, der am letzten Schöpfungstag das Werk Gottes krönte.

Heute geben wir uns nicht mehr mit religiösen Erklärungen zufrieden. Evolutionsbiologen können detailliert belegen, welche Bedingungen und Faktoren zur Entstehung des Menschen führten. Allerdings blieb die Frage unbeantwortet, ob das alles zufällig geschah oder ob eine Logik in der Evolution verborgen ist. War die Evolution zielgerichtet? Und der Mensch Teil eines größeren Entwicklungsplans? Der Physiker und Mathematiker Freeman Dyson hält das für mehr als wahrscheinlich: »Wenn wir ins Universum hinausblicken und erkennen, wie viele Zufälle in Physik und Astronomie zu unserem Wohle zusammengewirkt haben, dann scheint es fast, als habe das Universum in gewissem Sinne gewusst, dass wir kommen« (Freeman 1971).

Es gibt gleich mehrere Gründe, warum Dyson eine derartige Ansicht vertritt. Zunächst muss man bedenken, dass das Universum nicht nur eine Ansammlung von Materie ist, sondern ein Informationssystem in Funktion eines intelligenten Geistes, der alles, was existiert, informell miteinander verknüpft. Bei allen Verknüpfungen der Materie werden Informationen zu Kräften. Für die Rekrutierung einer Information braucht es einen Beobachter.

Weil das Universum Beobachter wie uns Menschen hervorgebracht hat, muss das Universum Eigenschaften aufweisen, die die Konstruktion und Funktion dieser Beobachter möglich gemacht haben. Zu diesen Eigenschaften zählen vor allem die Fundamental-Konstanten, die Materie stabil machen – Lichtgeschwindigkeit, Gravitation, elektrische Elementarladung und die jeweiligen Massen der atomaren Teilchen.

Eigenschaften existieren auf der Quantenebene nicht vor der Messung (Roebke 2010). Seit einigen Jahrzehnten wissen wir: Das Universum und seine Galaxien sind so eng mit einem intelligenten Beobachter verknüpft, dass bereits geringfügige Änderungen der Fundamentalkonstanten das Leben im Kosmos verändern, eventuell sogar unmöglich machen. Da alles miteinander in Wechselbeziehung steht, wirken sich selbst kleinste Abweichungen aus. Mit der jeweiligen Konstante verändert sich auch die dazugehörige Naturkraft. Das beeinflusst den Lauf der Sterne einschließlich unserer Sonne, die Elemente, chemische Reaktionen, biologische Prozesse und die organische Zellarchitektur. Wäre zum Beispiel die Lichtgeschwindigkeit erheblich größer oder kleiner als im Bereich 8×10^8 m/s, dann wären keine Sterne entstanden, dann würde es keine Moleküle in vorliegender Form geben, dann wäre auch kein intelligentes Leben entstanden.

Es gibt immer mehr Hinweise darauf, dass die Voraussetzungen für einen intelligenten Beobachter und das beobachtete Universum auf denselben Prinzipien beruhen. Offenbar sind sie untrennbar aneinandergekoppelt. Weil alles auf den Menschen zugeschnitten zu sein scheint, hat die Physik die Bezeichnung »Anthropisches Prinzip« (anthropos griech. Mensch) eingeführt. Und in der Tat gibt es einige Indizien für die Annahme, dass die geistige Instanz des Universums den Menschen mit geradezu akribischer

mathematischer Exaktheit geplant hat. Dazu gehört die sogenannte »kosmische magische Zahl«. Was ist damit gemeint?

Die Physik beschäftigt sich schon länger mit den Werten der
Naturkonstanten. Man mutmaßte, es müsse eine Art Weltformel
geben, mit der das Universum vollständig beschreibbar sei. So
stellte der Physiker Eddington zu Beginn des 20. Jahrhunderts einige Überlegungen an, um Korrespondenzen zwischen einzelnen
Naturkonstanten herauszufinden. Er berechnete unter anderem
die Zahl der Protonen und Elektronen im beobachtbaren Universum und kam auf jeweils knapp 10^{80} – eine Zahl, die als Edding-
ton-Zahl berühmt wurde. Der Physiker war überzeugt: »Ein Universum kann nicht mit einer anderen Anzahl von Elementarteilchen
gemacht werden, im Einklang mit einem Definitionsschema, durch
welches die Anzahl der Teilchen einem System von der Wellenme-
chanik zugeteilt wird.«[49] Zufall sei es also nicht, dass dieser Wert
10^{80} bestehe.

Zur Berechnung der Teilchenzahl im Universum hatte bereits
der im griechischen Syrakus lebende Mathematiker Archimedes
im dritten Jahrhundert vor Christus einen bemerkenswerten Bei-
trag geleistet. Sein Konzept war es, die Staubkörner zu zählen, die
in ein Mohnsamenkorn hineinpassen. So kam er in der Summe auf
eine Teilchenanzahl im Universum, die – auf heutige Norm umge-
rechnet – exakt der Zahl 10^{80} entspricht.

Für das Verhältnis von Schwerkraft und elektromagnetischer
Anziehungskraft zwischen positiv geladenem Proton und negativ
geladenem Elektron errechnete man einen Wert von 10^{40}. Er entspricht dem Verhältnis zwischen der Größe des sichtbaren Universums und des Elektronenradius – und das Quadrat von 10^{40} ist
wiederum 10^{80}. Zahlenspiele? Für Wissenschaftler waren diese
Erkenntnisse ein Aha-Erlebnis. Plötzlich wurden Bezüge deutlich,
die man so vorher noch gar nicht gesehen hatte. Es war ein An-
sporn, intensiv weiterzuforschen.

Schon länger war bekannt, dass die Natur in ihren Atomen
einen äußerst präzisen Zeitmesser »eingebaut« hat: durch Elektronen und Protonen. Legen wir für Messungen die Atom-Uhr zu-

grunde, dann haben wir einen stabilen Referenzwert, der mit 10^{23}/ irdischer Sekunde (jede Sekunde 10^{23} Umrundungen) eine Zeiteinheit darstellt. Mit dieser Uhr aus dem Mikrokosmos können wir auch den Makrokosmos vermessen. Wenn wir nun fragen, wie alt das Universum ist, dann erhalten wir, in atomaren Zeiteinheiten gezählt, den Wert: 10^{40}. Anders ausgedrückt: Seit dem angenommenen Urknall sind 10^{40} Atom-Uhr-Einheiten vergangen.

Diese Zahl wiederholt sich auf wundersame Weise in den Fundamentalkonstanten. Betrachten wir etwa die Gravitationskraft, mit der die Stärke der Schwerkraft gemessen wird, erhalten wir folgende Formel: Gravitationskraft = Gravitionskonstante $\times$ Masse^1 $\times$ Masse^2 / Abstand^2. Der Kehrwert dieser Konstante, auch gravitative Feinstrukturkonstante genannt, ist rund 10^{40}. Somit wiederholt sich einmal mehr im Makrokosmos des irdischen Lebens, was auch für den Mikrokosmos der Atome gilt. Und wir sollten nicht vergessen: Wir jonglieren hier nicht mit abstrakten Zahlen, sondern betrachten die Naturgesetze, die nicht zuletzt menschliches Leben auf der Erde ermöglichten.

Auch bei der Erforschung der vier Urkräfte machte man erstaunliche Entdeckungen. Diese Urkräfte beruhen auf physikalischen Gesetzmäßigkeiten, die unsere gesamte materielle Welt organisieren und ihre Funktionen bestimmen. Nun ist die Relation dieser Kräfte höchst interessant. Die Schwerkraft ist die geringste aller Kräfte. Die sogenannte Schwache Kraft übertrifft die Schwerkraft um das 10^{28}-Fache. Die nächst stärkere Kraft ist die elektromagnetische Kraft, die um den Faktor 10^9 stärker ist als die Schwache Kraft. Die stärkste Kraft ist die Starke Kernkraft, sie übertrumpft die elektromagnetische Kraft um das Hundertfache. Das aber heißt: Zwischen Schwerkraft als schwächster Kraft und starker Kernkraft als stärkster Kraft besteht ein Verhältnis von rund 10^{40}.

Damit war die Reihe der Übereinstimmungen bei Weitem noch nicht abgeschlossen. So analysierte man etwa das Wasserstoffatom, in dem ein Elektron ein Proton umkreist. Beide Teilchen haben die gleiche elektrische Ladung, einmal positiv, einmal negativ, deshalb ziehen sie einander an, durch die sogenannte Coulombsche Kraft. Gleichzeitig haben Proton und Elektron verschiedene Massen; das Proton ist rund 2000-mal schwerer als das Elektron (Verhältnis von Elektronenmasse zu Protonenmasse ist 1/1837). Natürlich ziehen sich die beiden Teilchen daher auch über die Gravitationskraft an. Vergleicht man Coulombsche Kraft und Gravitationskraft miteinander, entsteht eine Differenz von 10^{40}.

Mittlerweile werden Sie vielleicht verblüfft sein, dass es quasi eine kosmologische Superzahl gibt, die im gesamten Universum wirksam ist. Aber es gibt weitere Bereiche, in denen die universelle magischen Zahl 10^{40} wirksam ist. So kann man Entfernungen auch durch Zeitintervalle beschreiben, die das Licht für die Durchquerung des Raums von A nach B benötigt. Man fragte also, wie lange das Licht braucht, um einmal den Elektronenradius zu durcheilen und wie viel Zeit es für den Radius des Universums benötigt. Sie ahnen es schon: Das Verhältnis beziffert sich auf 10^{40}.

Der Physiker Paul Dirac, der den Nobelpreis zusammen mit Schrödinger 1933 bekam, war so fasziniert von der universellen magischen Zahl, dass er sich 1937 entschloss, dieser Zahl, die Mikro- und Makrokosmos beherrscht, tiefer auf den Grund zu gehen. Dirac verneinte entschlossen, dass es sich um Zufall handelt. Er war, ausgehend vom Fall der Beziehung zwischen Atom-Uhrzeit und Universumalter, vielmehr der Ansicht, dass sich die Konstanten mit dem Alter des Universums verändern. Man könne Atomzeit und Universumsalter nicht korrelieren – da ja das Universum immer älter werde und sich das Verhältnis von Atomzeit und Alter des Universums dadurch fortlaufend verschiebe (Dirac Kosmologie).[50]

Anfang der 60er-Jahre schlug der Wissenschaftler Robert H. Dicke von der Princeton University vor, das Rätsel der kosmischen Zahl 10^{40} sei dadurch zustande gekommen, dass der Mensch als Beobachter des Universums genau zu dem Zeitpunkt erschienen war, als diese Zahl messbar gewesen war. Damit reagierte er auf Dirac. Insofern war Dickes Ansatz qualitativ neu. Er stellte eine logische Verknüpfung zwischen dem messenden Menschen und dem Alter des Universums her. Außerdem folgerte er: Läge eine andere Zahl als 10^{40} vor, gäbe es weder das Universum in seiner heutigen Form noch den Menschen.

Im Grunde zog Robert H. Dicke die logische Konsequenz aus den Erfahrungen der Quantenmechanik: Es gibt immer eine kausale Beziehung zwischen Beobachter und beobachteter Natur. Oder, wie es der Quantenphysiker Wheeler sagt: Der Mensch ist nicht nur Beobachter physikalischer Phänomene, er ist immer auch ein »Teilnehmer.« Damit ist wissenschaftlich belegt: Die Existenz des intelligenten Beobachters im Kosmos ist kausal an der Realität des Universums beteiligt. Damit der Mensch entstehen konnte, musste die Materie stabile Eigenschaften in Abermillionen von Jahren erwerben. Ohne diese materielle Stabilität gäbe es keinen Beobachter, doch sie war erst nach 10^{40} Einheiten Atomzeit gewährleistet.

Damit geriet eine neue Thematik in den Blick: Welche evolutionär entwickelten Gesetzmäßigkeiten machen die Materie zu Bausteinen für organisches Leben? Es ist noch nicht allzu lange her, dass man auch diesem Rätsel auf den Grund gehen konnte. Ein Faktor ist die Heisenbergsche Unschärferelation. Sie erklärt unter anderem, warum ein Elektron nicht in den Atomkern stürzen kann: weil es umso schneller um den Kern fliegt, je näher es ihm kommt, wobei Impuls und Ort jeweils nicht gemeinsam gemessen werden können. Der zweite Faktor ist das sogenannte Pauliprinzip. Es besagt, dass keine Elektronen mit gleichen Eigenschaften und gleichem Spin auf denselben Bahnen um den Atomkern kreisen dürfen. Nimmt man nun noch das Abstandsgesetz der Anziehung elektrischer Ladungen, kann sich Materie stabil aufbauen.

Die Idee, Materie stabil zu halten, war damit verwirklicht.

Aber auch die Materie selbst, die für Organismen geeignet war, brauchte sehr viel Zeit, um überhaupt zur Verfügung zu stehen. Ohne den Sternenstaub aus diversen Supernovae konnte es kein Leben auf der Erde geben. Es ging dabei vor allem um die Notwendigkeit schwerer Elemente. Wasserbildung braucht Wasserstoff und Sauerstoff. Wasserstoff ist ohne Problem vorhanden, es ist ein sehr häufiges und das leichteste Element. Sauerstoffmoleküle aber mussten produziert werden. Ebenso alle noch schwereren Elemente, sie wurden in Sternen durch thermonukleare Verbrennung erzeugt und beim späteren Verglühen freigesetzt. Heute noch stammen schwere Atome in unserem Körper, ob Kalzium, Eisen, Kalium und viele mehr, ursprünglich aus Tausenden Supernovae-Explosionen. Die Erzeugung ausreichender Mengen schwerer Elemente brauchte ebenfalls einige Milliarden Jahre.

Wesentlich für die Entstehung von Leben auf unserem Planeten war auch die Sonne. Sie musste in einem genau justierten Abstand zur Erde stehen, um ideale Bedingungen für die Entstehung der Atmosphäre, für die Bildung von Wasser und eine passende Temperatur zu schaffen. Würden die Fundamentalkonstanten auch nur ein wenig von den vorliegenden Werten abweichen, gäbe es die irdische Natur mitsamt den Menschen nicht. Und wäre die Sonne heißer oder kälter als 6000 Grad Celsius, gäbe es ebenfalls keine Menschen, keine Tiere oder Pflanzen.

Die aufsteigende Folge von Schöpfungen und Konstruktionen können wir heute mit wissenschaftlicher Exaktheit in eine Reihenfolge bringen: Am Anfang standen die Elementarteilchen, dann bildeten sich Atome und diverse spezifisch geformte Moleküle. Erstes Leben entstand mit Zellen, Bakterien, Organellen und Viren, anschließend wurden die Organismen komplexer, bis hin zum Menschen. Er war das Lebewesen, das mit seinem schöpferischen Geist aus Horden und Stämmen höhere Gebilde formte: Gesellschaften, Kulturen, Systemorganisationen. Und er begann, sich und seine Umwelt zu erforschen, von den Elementarteilchen bis zu Planeten, Sonnen, Galaxien, Galaxienzusammenballungen und dem gesamten Universum. Jede dieser Einheiten ist selbstreguliert, auf der Basis von Informationen und Energien, die alles durchströmen und sämtliche Teile des Kosmos unauflösbar miteinander verbinden.

Es mussten unzählige Bedingungen entstehen und ineinandergreifen, um den Menschen zu erschaffen – ein Lebewesen, das selbst zum Schöpfer werden kann. Er ist damit Sinnbild und gleichberechtigter Partner des alles erschaffenden intelligenten Geistes, der im Universum wirkt. Wir sind dieser Geist, in vielen Ausprägungen. Man könnte daher sagen: Das Universum schuf den Menschen, um sich selbst zu erfahren, um Neues Realität werden zu lassen und immer neue Informationen der Schöpfungsereignisse abzuspeichern. Mit dem Menschen hat die Evolution ihren vorläufigen Höhepunkt erreicht. Wir hätten allerdings unsere Bestimmung verfehlt, wenn wir uns mit einem rein materiellen Dasein zufriedengeben würden. Deshalb ist die Erkenntnis dieser Zusammenhänge auch eine Aufforderung, mithilfe der Interwelt neue Ideen zu manifestieren, die das Wesen des Lebens weiter optimieren.

Das expandierende Universum

Nach einer alten Überlieferung betete einst ein Mönch: »Ich danke Gott, dass er es nachts dunkel gemacht hat, sonst würde ich ja das Licht verschlafen.« Dieser Satz ist so paradox, dass er zum Lachen reizt. Und doch steckt in ihm ein erhellender Kern. Hell- und Dunkelperioden sind für alles Leben der Natur äußerst wichtig. Im Rhythmus von Hell und Dunkel laufen die sogenannten zirkadianen Rhythmen der Organismen ab, also alle biochronologischen Vorgänge, die sich an Tag und Nacht orientieren und sich alle 24 Stunden wiederholen. Die Dunkelheit ist auch deshalb notwendig, weil sich dadurch die Temperatur auf der Erde mangels Sonneneinstrahlung absenkt. Wäre es überall auch nachts hell, etwa durch die Existenz mehrerer Sonnen, die die gesamte Erdoberfläche unausgesetzt bestrahlen könnten, würde sich unser Planet schnell auf unerträgliche Temperaturen aufheizen. Unter diesen Bedingungen hätte kein Leben auf der Erde entstehen können.

Nachts sehen wir die Sterne am dunklen Firmament. Der Nachthimmel ist dunkel, weil es im Kosmos keine Luftmoleküle gibt, die durch Lichtanregung selbst zu Lichtsendern werden. In den Weiten des Kosmos herrscht ein masseloses Vakuum, sodass es an Molekülen zur Lichtabsorption fehlt. Dennoch könnte man sich fragen, warum die Gesamtheit von Sonnen und Sternen, die ja starke Mengen von Licht abstrahlen, keine höhere Gesamthelligkeit erzeugen.

Machen wir uns kurz die Mengen von Lichtquellen klar. Der Kosmos besteht aus Galaxienhaufen, und diese umfassen bis zu einigen Tausend Milchstraßen, die wiederum aus Milliarden von Sternen zusammengesetzt sind. Unsere Sonne ist eine von etwa 200 Milliarden weiterer Sonnen, die zusammen mit der interstellaren Energie und Materie eine Galaxie bilden. Lichtphotonen haben im fein verteilten interstellaren Gas freie Bahn. Daher wäre es plausibel, dass sich der Himmel mit seinen vielen Gestirnen rund um die Uhr wie eine helle Kuppel über der Erde wölbt und sie jederzeit taghell erleuchtet.

Stellen wir uns kurz vor, wie der Kosmos von der Erde aus gesehen beschaffen ist. Legen wir Kugelflächen um die Erde in verschiedenen Abständen, dann ergibt sich folgendes Bild. Die Anzahl der Sterne wächst mit dem Quadrat des Abstands zur Erde. Gleichzeitig sinkt die Intensität der elektromagnetischen Strahlung von Sternen mit dem Quadrat des Abstands zur Erde. Betrachten wir jede beliebige Schale, dann wird der mindernde Effekt der Lichtintensität jeweils durch die zunehmende Anzahl der Lichtquellen ausgeglichen. Das bedeutet, dass jede gedachte Schicht, die wir um die Erde legen, unabhängig von der Entfernung etwa gleich viel Sternenlicht auf die Erde sendet. Die Lichtstärke aller Sterne auf unendlich vielen Schalen addiert sich, und da sich die Sterne, Planeten und Galaxien gegenseitig bestrahlen und sich keinesfalls alle abschatten, müsste es auf der Erde tags und nachts tatsächlich gleißend hell sein. Wenn das nicht der Fall ist, wie wir alle wissen, stellt sich die Frage: Welche Energie verhindert, dass die immensen Lichtmengen die Erde erreichen?

Das Problem fiel bereits 1720 dem Engländer Edmond Halley auf, nach dem der Halleysche Komet benannt wurde. Der deutsche Astronom Heinrich Olbers befasste sich etwa 100 Jahre später mit dem Phänomen der abgeschatteten Helligkeit, seither als

Olberssches Paradoxon bekannt. Ein Grund für die seltsame Dunkelheit war schnell ausgemacht. Viele Sterne, die wir am Nachthimmel sehen, sind bereits verglüht. Je weiter wir uns von der Erde entfernen, desto mehr erloschene Sterne findet man. Das allein reichte allerdings für eine Auflösung des Olbersschen Paradoxons nicht aus.

Heute wissen wir: Dunkel ist der Nachthimmel vor allem deshalb, weil das Universum mit hoher Geschwindigkeit expandiert: Es dehnt sich aus. Somit streben auch die Sterne auseinander, wie Materiepartikel bei einer Explosion. Durch diese Bewegung strahlen die Sterne – aus der Perspektive der Erde betrachtet – nur noch schwaches, rot verschobenes Licht aus. Die Rotverschiebung kann mit dem Dopplereffekt erklärt werden, der uns vom Schall bekannt ist. Denken Sie an die veränderte Frequenz einer Feuerwehrsirene. Beim Heranfahren des Feuerwehrwagens nimmt die Frequenz zu, der Ton wird höher, beim Vorbeifahren und Entfernen dagegen nimmt die Frequenz ab, und der Ton wird tiefer. Würde sich die Materie auf uns zubewegen, wäre das Licht hochfrequenter, also blau verschoben und heller.

Die Dunkelheit des Himmels ist also auch auf die Expansion des Universums zurückzuführen. Doch warum dehnt sich das Universum aus? Welche Energien sind verantwortlich, die solch gigantische Kräfte erzeugen können?

Mysteriöse »Dunkle Energie« und »Dunkle Materie«

Seit ihrer Entdeckung hat die »Dunkle Energie« Wissenschaftler wie Laien fasziniert. Es schien kaum glaublich, als Astrophysiker vor einigen Jahrzehnten herausfanden: 96 Prozent des Universums bestehen aus unbekannter, nicht sichtbarer Energie und Materie. Etwas mehr als 73 Prozent unseres Universums bestehen aus einer Energie, die nichts mit Teilchen der sogenannten physikalischen Standardtheorie zu tun hat, eine Substanz ohne bekannte Teilcheneigenschaften.

Man muss sich das richtiggehend vorstellen: Keiner kann diese Energie sehen, keiner spürt sie, niemand weiß, was sie ist. Und doch ist sie allgegenwärtig, durchdringt alles, auch uns.

Mindestens so mysteriös wie Dunkle Energie erschien die Existenz von Dunkler Materie. Ihr sind rund 23 Prozent der Massenenergie (aus $E = mc^2$) unseres Universums zuzuordnen. Auch sie durchdringt unentwegt alles, auch unseren Körper.

Die für uns maßgebliche Welt, also das, was der Messung zugänglich ist, beträgt nur lächerliche vier Prozent der gesamten heute berechneten Masseenergie. Das meiste davon ist auch noch im heißen Gas (Plasmazustand) des Kosmos zu finden. Die Materie, die für uns sichtbar und deshalb so vertraut ist, Berge, Wälder, Blumen, Städte, Menschen, Tiere, einschließlich der leuchtenden Sterne am Himmel, macht dann nur noch 0,5 Prozent aus. Nur ein Prozent dieser leuchtenden Materie besteht aus den Atomen, den Bausteinen unseres Körpers.

Fast wirkt es wie eine Kränkung: Einst meinte der Mensch, im Mittelpunkt des Kosmos zu stehen, heute scheint es, als sei er lediglich eine unbedeutende Randerscheinung im energetischen System des Universums. Wir wollen aber etwas Wichtiges festhalten: Mit der für uns Menschen übermächtigen Dunklen Energie und Dunklen Materie haben wir zwei Energien, die den uralten Berichten der uns und alles durchdringenden universellen Energie entsprechen.

Waren Dunkle Energie und Dunkle Materie vielleicht der Auslöser für die gleichfalls rätselhafte Ausdehnung des Universums? Der englische Astronom Edwin Hubble hatte 1928 entdeckt, dass die Galaxien immer weiter voneinander wegstreben. Seit Kurzem weiß man, dass diese Bewegung sogar an Geschwindigkeit zunimmt. Im Jahr 2012 wurde für die Entdeckung der beschleunigten Expansion des Universums der Physik-Nobelpreis verliehen.

Lange war man vom Gegenteil ausgegangen. Nach den bekannten mechanischen Gesetzen schien es wahrscheinlich, dass sich die Ausdehnung des Kosmos seit dem Urknall verlangsame – da ja keine Energie von außen zugeführt wird. Man mutmaßte, die Schwerkraft der Materie würde den ursprünglich explosiven Impuls immer weiter abbremsen. Zunächst war dies auch der Fall. Doch seit ungefähr fünf oder sechs Milliarden Jahren beschleunigt sich die Expansion. Astrophysiker entdeckten Quasare, »Quasi-Stellare Objekte«, die eine unglaubliche Fluchtgeschwindigkeit entwickeln, mit 90 Prozent der Lichtgeschwindigkeit.

Doch dies waren nur Beobachtungen, und sie gaben weiterhin Rätsel auf. Denn die Ursache schien ungewiss. Einige Forscher stellten die sogenannte »Kosmologische Hypothese« auf. Sie meinten lapidar, das immer schnellere Auseinanderstreben sei durch die Ausdehnung des Universums selbst bedingt – eine unbefriedigende Erklärung, die sich im Kreis dreht. Andere Thesen basierten darauf, die berüchtigten Schwarzen Löcher würden so viel Energie abstrahlen, dass es zur beobachteten Beschleunigung komme. Erst mit der Dunklen Energie kam eine wirklich neue Idee in die Debatte. Heute wird in diesem Phänomen die wahre Ursache der immer schnelleren Ausdehnung des Universums gesehen.

Der Begriff Dunkle Energie wurde 1998 von Michael S. Turner geprägt. »Ich glaube, sagen zu können, dass dies das größte Geheimnis der Wissenschaft überhaupt ist«, sagte Turner damals.[51] Ihren Namen erhielt diese Energie, weil sie nicht mit Licht reagieren kann. Das »Dunkel« liegt allerdings nicht nur außerhalb des Bereichs des Sichtbaren, sondern auch außerhalb des gesamten elektromagnetischen Spektrums. Offenbar besteht Dunkle Energie aus etwas, das unsere fünf Sinne nicht wahrnehmen und unsere Messgeräte nicht erfassen können. Man hat nur ein Indiz für die Existenz Dunkler Energie: die durch Messung gesicherte Expansion des Universums. Das reicht jedoch aus, dass sich so gut wie alle Physiker darüber einig sind, es gebe diese Form von Energie.

Das gängigste Erklärungsmodell bestimmt als Quelle Dunkler Energie die überall vorhandene und wirksame Vakuumenergie, ein Feld immenser energetischer Informationen. Sie besitzt besondere Eigenschaften, die man mit der Quantenfeldtheorie näher beschrieben hatte: als Fluktuationen, immer wieder für kurze Zeit entstehend und unmittelbar wieder versinkend. Andererseits spricht auch einiges dafür, dass es sich um eine konstante Energie handelt, sodass man schließlich zwei Arten Dunkler Energie ausmachte: konstant und variabel. Damit ist diese Energie identisch mit dem »Meer aller Möglichkeiten«. Aus dem Vorhergehenden schließe ich, dass sich die messbare Expansionszunahme durch den immer größer werdenden energetischen Informationszuwachs innerhalb des Vakuumfelds ergibt.

Dunkle Energie scheint demnach die Wirkung eines Skalarfelds zu sein, in veränderlicher Form »Quintessenz« genannt. Die Fluktuationen eines solchen Feldes breiten sich fast mit Lichtgeschwindigkeit aus – 299 792 Kilometer pro Sekunde im Vakuum. Die Elementarteilchen dieses Skalarfelds wären überaus leicht, ungefähr ein 1082-stel der Masse eines Elektrons. Allerdings ist die Vakuumenergie insgesamt noch um 120 Größenordnungen größer als die Dunkle Energie, was darauf hindeutet, dass neben der Dunklen Energie weitere Energien im Vakuum schlummern.

Wie verhält es sich nun aber mit den Gravitationskräften, die ja im gesamten Kosmos wirken? Warum verhindern sie nicht die Expansion des Universums? Der Schweizer Astronom Fritz Zwicky untersuchte 1933 die Bewegung von Galaxien und fand heraus, dass sich einzelne Galaxien viel zu schnell bewegten, um in einem Haufen organisiert zu bleiben. Es fehlte an gravitativen Kräften aus der erkennbaren Gesamtmasse des Haufens. Zwicky nahm deshalb an, es gebe dort zusätzliche, unbeobachtete Materie, die das 400-Fache der sichtbaren ausmachen müsste. Seine Hypothese setzte sich allerdings in der wissenschaftlichen Welt seinerzeit nicht durch. Erst in den 1970er-Jahren wurde die viel zu schnelle Drehung der Galaxien erneut festgestellt. Diesmal wurde Zwickys Erklärungsansatz ernst genommen. Es musste zweifelsfrei eine andere Materie im Spiel sein als jene, die aus Protonen, Quarks und Elektronen besteht. Denn die enorme bewegungsbedingte Fliehkraft würde sonst dazu führen, dass sich solche Galaxien binnen kurzer Zeit auflösen, buchstäblich auseinanderfliegen.

Ein weiterer Hinweis auf unbekannte Materie gab die auffallend hohe Materiedichte im Umfeld der Sonne. Die Dichte ist fast doppelt so hoch, wie durch Sternenmassen und sichtbares Gas allein erklärt werden kann. Viele Möglichkeiten kamen nicht infrage. Entweder existierte mehr Masse in den Galaxien, als man beobachten konnte, mit einer entsprechenden Gravitationswirkung. Oder aber die gesamte Theorie von Masse und Gravitation im Weltraum war schlicht fehlerhaft. Denn offenbar musste es irgendeine Masse geben, die eine gravitative Wirkung ausübte, jedoch ohne elektromagnetische Strahlung oder Licht auszusenden.

Heute ist erwiesen: Dunkle Materie wirkt tatsächlich messbar gravitativ. Man näherte sich dieser Eigenschaft über den sogenannten Gravitationslinseneffekt. Er entspricht Albert Einsteins Allgemeiner Relativitätstheorie, dass große Massen das Licht ablenken. Und weil die Gravitation der Dunklen Materie das Licht der Galaxien ablenkt, können die Forscher auf die Verteilung der Dunklen Materie schließen.

Astrophysiker betrachten die Dunkle Materie als Gerüst des Universums. Der Astronom Jörg Dietrich von der Universitäts-Sternwarte München beobachtete eine fadenartige Struktur der Dunklen Materie, die einzelne Galaxiehaufen verbindet. Punkte, an denen sich die Dunkle Materie verdichtet, ziehen durch ihre stärkere Gravitation die sichtbare Materie an, sodass auch diese sich zusammenballt. So entstehen Sterne, Galaxien und ganze Galaxienhaufen. Plötzlich hatte das Universum eine völlig neue Gestalt: Es präsentierte sich als gigantisches Netzwerk mit Knoten aus galaktischen Myzellfäden. Als man die Daten bildlich darstellte, war die Verblüffung noch größer: Das Gebilde ähnelte auffällig den Gehirnneuronen. Das Universum – ein Superhirn?

Schauen wir uns einmal an, wie Galaxien aufgebaut sind. Sie sind umgeben von einem Lichthof, dem Halo. Im Inneren des Halos befinden sich hauptsächlich Kugelsternhaufen und interstellare Gaswolken. Hinzu kommt die Dunkle Materie, deren Gravitation die Galaxie stabilisiert, damit sie nicht zerfällt. Der Halo unserer Milchstraße hat einen Durchmesser von ungefähr 165 000 Lichtjahren. Wäre er nicht mit Dunkler Materie angereichert, gäbe es unser Sonnensystem nicht. Denn dann gäbe es keine konstanten

Umlaufbahnen – also nichts, was für stabile Verhältnisse auf der Erde sorgte, die ja von der Sonne als fast einziger Energiequelle zuverlässig und in einer lebensfreundlichen Dosierung mit Energie versorgt wird. Ohne die Dunkle Materie, diesen geheimnisvollen »Klebstoff«, der alles konstant zusammenhält, wäre niemals Leben auf der Erde entstanden, geschweige denn, dass der Mensch auf ihr erschienen wäre.

Die Entdeckung einer neuen Urkraft

Lange musste die Astrophysik den letzten Beweis für die Existenz Dunkler Materie schuldig bleiben. Es schien zwar logisch, dass es sie gab, da man sich die Gravitationskräfte innerhalb von Galaxien nicht anders erklären konnte. Andererseits fehlten ein Nachweis der energetischen Eigenschaften Dunkler Materie und damit die Vorbedingung für eine zweifelsfreie Zuordnung. Denn jede Materie basiert auf informativer Energie, und es muss eine dazugehörige Kraft geben.

Deshalb war es eine Sensation, als der Astronom William Dawson von der University of California 2012 auf dem Jahrestreffen der American Astronomical Society den lange ersehnten Beweis erbringen konnte. Mithilfe der sogenannten Gravitationslinse, mit der Licht durch Schwerkraft abgelenkt wird, gelang es seinem Team, eine Kraft zu beobachten, die sich fundamental von den bis dahin bekannten physikalischen Kräften unterschied. Es handelte sich um eine neue universelle Naturkraft, jenseits von Starker Kraft, Schwacher Kraft, elektromagnetischer Kraft und Gravitationskraft. Und diese neue Kraft war ursächlich mit Dunkler Materie verbunden. So fragte man sich nun, welcher Art die Teilchen dieser Materie waren, da sie ja nicht die bekannte Atomstruktur aufwiesen. Man suchte also nach Teilchen, die Informationen für die neue universelle Naturkraft übertragen.

Es ist schon ein besonderer Moment, wenn Physiker von erprobten Modellen abweichen müssen, um unerklärliche Phänomene zu erforschen. In diesem Fall erweiterten sie das »Supersymmetrische Standardmodell« um ein neues Teilchen, »leichtester Superpartner« (LSP), Neutralino oder auch WIMP genannt. Die vermutete Masse liegt bei 100 Protonenmassen. Diese WIMPs (= Weakly Interacting Massive Particles) interagieren wenig mit normaler Materie, daher ihr Name – das Akronym WIMP bedeutet im Englischen »Schwächling«. Allerdings können Neutralinos ohne Weiteres mit Gravitation und Schwacher Kraft kommunizieren. Das lässt aufhorchen, denn die Schwache Kraft ist auch verantwortlich für die Materiebeeinflussung unseres Körpers durch unseren Willen.

Die WIMPs breiten sich gleichmäßig im Universum aus und durchdringen jeden Punkt, auch innerhalb unseres Körpers. Sie rauschen quasi durch uns hindurch, natürlich ohne dass wir es bemerken. Katherine Freese und Christopher Savage von den Universitäten Michigan und Stockholm haben errechnet, dass in jeder Sekunde Abermilliarden WIMPs unseren Körper passieren. Rund 100 000 WIMPs zirkulieren sekündlich durch die Flächengröße eines Daumennagels. Dabei kommt es gelegentlich zu Wechselwirkungen mit unseren Atomen. Sie gleichen einem Zusammenstoß, erkennbar an Lichtblitzen. Auf der Stelle werden Elektronen freigesetzt, und am Ort des Zusammenstoßes erhöht sich die Temperatur.

Zwei unterschiedliche Wahrscheinlichkeitsereignisse sind unter dem Einfluss der WIMPs möglich. Betrachten wir zunächst die Kollisionen, die Spin-unabhängig, also rein gravitatorisch masseverändernd ablaufen. Vorrangig werden dabei Sauerstoffatome beeinflusst, weit seltener Kohlenstoff- und Kalziumatome. Eine zweite Art der Kollision verändert den Spin der Atome. Dabei reagieren die WIMPs überwiegend mit den Atomen des Wasserstoffs, in einigem Abstand folgen Spinveränderungen bei Phosphor- und Kohlenstoffatomen, schließlich auch bei Sauerstoff-, Kalium- und Natriumatomen. Solchen Spinbeeinflussungen müssen wir erhöhte Beachtung schenken, denn sie geschehen auch durch unser Bewusstsein und unseren Willen. Ist unser Bewusstsein enger als jemals angenommen mit Dunkler Materie verkoppelt? Noch steht eine schlüssige Antwort aus, wir können es vorerst nur annehmen.

Festzuhalten ist, dass die Teilchen der Dunklen Materie dem Menschen energetische Impulse geben, immer dann, wenn WIMPs mit den Körperatomen zusammenstoßen. Anhand des CRESST-Experiments (Cryogenic Rare Event Search with Superconducting Thermometers), das in 1400 Meter Tiefe unter den italienischen Abruzzen stattfand, konnte man errechnen, dass bis zu 100 000 WIMPs im Jahr mit unserem Körper kollidieren. Das wären immerhin knapp fünf Kollisionen pro Stunde. Die Physiker der University of Michigan sind dagegen der Meinung, dass die Teilchen weit häufiger mit den Atomen des menschlichen Körpers kollidieren, ungefähr einmal pro Minute.

Die Ergebnislage ist noch sehr unübersichtlich, zumal Forscher mit anderen ebenfalls seriösen Methoden keine WIMPs-Kollisionen nachweisen konnten. Die Forscher schließen daraus: Die WIMPs müssen sehr ungewöhnliche Eigenschaften besitzen, wenn sie einmal sichtbar und dann wieder unsichtbar sind. Oder kommen hier Wille und Bewusstsein ins Spiel, wie bei allen Spinveränderungen? Ich halte für möglich, dass wir Menschen die Frequenz solcher Kollisionen unbewusst oder auch bewusst steuern können, je nachdem, welchen Bewusstseinsgrad und welche Erwartungen wir haben. So jedenfalls verhält es sich auch mit dem Quantenteilchen Anomalon, das je nach Erwartung der experimentierenden Forscher unterschiedliche Eigenschaften repräsentiert.

Wenn WIMPs eine wichtige Bedeutung für den Menschen haben sollen und vor allem, wenn diese Teilchen in ihren Kollisionen absichtlich gelenkt werden können, dann ist geradezu eine Voraussetzung, dass es keine automatischen Dauerbeschüsse an den Atomen geben darf – wie offensichtlich der Fall. Im gewaltigen Rauschen permanenter Zusammenstöße wäre kein selektiver Informationstransfer mehr möglich.

So finden zum Beispiel im menschlichen Körper pro Sekunde durchschnittlich 8500 radioaktive Zerfälle statt (MaxPlanckForschung 4/12, S. 40). Das ist unerwartet viel. Mit diesem Mechanismus eines radioaktiven Zerfalls wäre wegen der spontanen unregelbaren Häufigkeit keine Steuerung denkbar.

Insofern kommt uns die besondere Eigenschaft der universellen Kraft der Dunklen Materie, die normalerweise durch uns einfach durchströmt, sehr entgegen. Sie ist überall und in allem immer potenziell vorhanden und durch ihre Kommunikationsmöglichkeit mit der Schwachen Kraft bereit, auf unser bewusstes und unbewusstes Kommando zu warten, um wirksam zu werden.

Im Rahmen unseres Modells ergibt sich ein Fazit zur Dunklen Energie und Materie: Sie sind beide universell und bis in unsere subatomaren Regionen präsent. Beide Energien haben eine gegensätzliche Wirkung auf Massen: die eine abstoßend, die andere anziehend. Digital gesehen, wären sie als Elementarinformationen von null und eins oder plus und minus zur Programmierung geeignet, um Massen zu Materie zu konstruieren und funktionieren zu lassen. So wie die Sonne die Zentralenergie für den Aufbau der Nahrung – energetisch und informativ – für die Materieseite des Lebens liefert, so liefern die Dunkle Energie und Dunkle Materie Informationen für die geistig-seelische Seite der Lebewesen.

Massen sind geistiger Herkunft

Obwohl nichts so selbstverständlich zu sein scheint wie die Materie, ist die Existenz physikalischer Massen bis heute nicht völlig geklärt. Auch unsere Gleichsetzung mit Energiewirbeln scheint die Massen noch nicht hinreichend zu beschreiben. Man weiß nur: Schwere Teilchen wie Protonen und Neutronen stellen Verdichtungen von Feldern dar, deren Verdichtungsgrad deutlich größer als der von anderen Teilchen wie Photonen oder Elektronen ist. Wenn sich zwei Protonen auf eine Distanz von 10^{-13} cm nähern, dann verflechten sich ihre Kraftfelder miteinander. Die Teilchen werden sozusagen fest verklebt. Da die Kraftfelder eine Folge des Spins sind, kann man die Zusammenlegung der Spins für den

Atomkernaufbau verantwortlich machen. Aus Teilspins wird der Gesamtspin eines Nukleon.

Man versucht heute, den Atomkern durch höchstenergetischen Teilchenbeschuss in Untereinheiten zu zerlegen, um Aussagen über die kleinsten Teilchen der Materie zu erhalten. So sind die Quarks entstanden, von denen man lange annahm, sie seien die kleinsten Gebilde überhaupt. Die heute bekannten kleinsten Partikel sind die Tohus und Wohus (benannt nach dem hebräischen Wort Tohuwabohu; übersetzt: wüst und leer). Allerdings gerät man bei deren Beobachtung in das gleiche Dilemma, das schon Bohr und Heisenberg beschäftigte: Wenn man in der Kategorie von Teilchen denkt und nach solchen experimentell sucht, übersieht man dabei möglicherweise die Eigenschaften als Energiewirbel.

Meiner Überzeugung nach setzt der Beschuss des Atomkerns immer gequantelte Wirbelenergie frei. Je mehr Energie dabei aufgewendet wird, desto mehr Wirbel entstehen. Wenn man dann den Energielevel stetig erhöht, werden sich folgerichtig immer noch kleinere Energiewirbel mit einer sehr hohen Umlauf- Schwingungsfrequenz abspalten. Es wird sich eine fast endlose Kette von Teilchen hervorzaubern lassen, da der Gesamtwirbel in fast beliebig viele Teilwirbel aufgefächert werden kann. Diese sogenannten elementaren Teilchen existieren bei der Messung nur für Bruchteile von Sekunden und zerfallen dann wieder in ihren Wahrscheinlichkeitszustand.

Auch die Quarks werden im Zeitmaßstab von weniger als 10^{-23} Sekunden vernichtet und neu gebildet. Alle Grundelemente der Materie, wie wir sie aus der Alltagswelt kennen, werden als Materie 10^{23}-mal in der Sekunde ausgeschaltet und wiedererweckt. Das bedeutet aber auch: Nicht die Substanz des Menschen und anderer Naturkonstruktionen wird erhalten, sondern, solange wir auf der Erde leben, die Mustermatrix für Form, Struktur und Gestalt. Einmal mehr wird deutlich: Wir bestehen aus Energie und Information, so wie die Interwelt es vorsieht.

Der typische Atomkern lässt sich als Nukleonspin beschreiben, mit etwa 10^{22} Umdrehungen pro Sekunde. Das entspricht einer

Geschwindigkeit von 150 000 Stundenkilometern, wenn man die Drehung auf eine Ebene abrollen würde. Atomkerne sind größtenteils uralt, überwiegend mehrere Milliarden Jahre. Den Spin besitzen sie seit ihrer Geburt im Chaos der Entstehung der Welt. Aber woher kommt die Energie für den Spin? Und wie wird der Spin aufrechterhalten?

Wir wissen bereits, dass der Atomkern als Masse der Ort des Gravitationseinflusses ist. Beschrieben wurde die Gravitation von Isaac Newton bereits im 18. Jahrhundert. Aber die Schwerkraft kann trotz größter Anstrengung bis heute nicht mit den Mitteln des quantenphysikalischen Standardmodells beschrieben werden. Irgendetwas scheint darin noch nicht berücksichtigt worden zu sein. Die Masse hält uns Menschen über die Gravitation auf der Erde fest, aber niemand weiß, was Gravitation eigentlich ist. Selbstverständlich fällt der Apfel vom Baum auf den Erdboden. Je massereicher ein Gegenstand ist, desto größer ist sein Gewicht und damit die Kraft, die ihn relativ zur Erdoberfläche beschleunigt.

Nun setzt aber ein schwerer Körper dieser Beschleunigung auch eine größere Trägheit entgegen als ein leichter. Die Trägheit ist – absolut betrachtet – erstaunlicherweise genausogroß wie die Erdanziehungskraft, nur exakt gegengerichtet. Diese Übereinstimmung ist vollkommen ungewöhnlich und unerklärlich. Auch die Schwerelosigkeit der Astronauten ist einzig und allein auf die »zufällige« Gleichheit von Gravitation und Trägheit zurückzuführen. Gravitation erscheint somit als eine spezielle Erscheinungsform der Trägheit. Die jedoch ist eine dynamische Größe. Sind aber Trägheit und Gravitation in Wahrheit wesensgleich, so ist die Gravitation keine statische Kraft zwischen irgendwelchen Massen – wie wir bisher annehmen –, sondern ebenfalls dynamisch.

Jetzt wären aber Ursache und Wirkung, wie die traditionelle Physik es erfordert, vertauscht. Gravitation ist dann nicht die »Ursache« für die konkreten Bewegungsverhältnisse, sondern die konkreten Bewegungsverhältnisse sind gleichbedeutend mit Gravitation und auch Trägheit. Wenn man sich diese Effekte ausmalt, dann heißt das: Mit dem Verschwinden der Bewegung verschwänden auch Gravitation und Trägheit. Die Folgen der vollständigen Bewegungslosigkeit wären verheerend: Bei jedem Stillstand würden wir die Haftung an die Erdoberfläche verlieren.

Für das Phänomen der Trägheitskraft gibt es mehrere Erklärungsversuche. Ein neuerer Ansatz lautet: Trägheit ist ursächlich ein elektromagnetischer Widerstand, der aus der Verzerrung des Nullpunktenergiefelds im Vakuum entsteht. Demnach erzeugt die beschleunigte Bewegung im Vakuum ein magnetisches Feld und, darauf aufbauend, die Lorentzkraft. Diese Kraft im subelementaren Bereich wirkt der Beschleunigung makroskopischer Objekte entgegen. Je mehr Masse betroffen ist, desto mehr Teilchen werden vom Magnetfeld abgelenkt und umso stärker ist die Trägheitskraft.

Da im Atomkern zwischen den Quarks und rund um den Atomkern ein Vakuum besteht, aber andererseits die Gravitation auf den Atomkern wirkt, muss die Gravitation das Vakuum durchdringen und im Atomkern zu 100 Prozent absorbiert werden. Wenn die Schwerkraft auf die Atomkernmassen wirkt, dann müssen leichte und schwere Massen unterschiedliche Fallgeschwindigkeiten aufweisen. Wir wissen, dass dies nicht der Fall ist. Verständlich wird das nur dann, wenn die Eigenbewegung der Gravitation selbst unendlich groß ist.

Warum können Atomkerne mit Gravitation wechselwirken? Welche Rolle spielt die Gravitation im Vakuumraum? Gibt es Verbindungen zwischen den Urkräften Gravitation und elektromagnetische Kraft? Spielt die Gravitation über die Schwerkraft hinaus eine Rolle für das Leben, also auch für uns und die Natur? So erstaunlich es klingt – keine dieser Fragen ist heute verbindlich beantwortbar. Deshalb sei es erlaubt, einige Überlegungen anzustellen, die plausibel, wenn auch nicht beweisbar sind.

Selbstverständlich geht die Physik davon aus, dass die Gravitation eine Energie ist wie die anderen Urkräfte, also Wellenform hat. Deshalb muss diese Energie gequantelt sein. Die kleinste Einheit ist dann das Graviton. Die Gravitation wirkt ausschließlich auf den Atomkern mit 10^{-13} cm³ Volumen. Das heißt, nach klassischer Meinung müsste sie als Energieschwingung in Resonanz mit Untereinheiten dieses Volumens liegen, ansonsten wäre keine Wechselwirkung möglich. Die Untereinheiten sind die Quarks. Die Ausmaße dieses Volumens sind aber so klein, dass der Wirkungsquerschnitt der dazugehörigen Wellenlänge der »Gravitationsstrahlen« zu klein sein müsste, die Frequenz bei 3-mal 10^{27} Hz, und deshalb kann die Gravitation keine sinnvolle wellenförmige Resonanzbewegung aufbauen. Resonanz ist also fraglich, und dementsprechend gibt es innerhalb des Atomkerns wohl auch keinen Zufluss oder Abfluss von gravitatorischer Energie.

Da die Gravitation im universalen freien Raum überall gleichförmig potenziell vorhanden ist und keiner Veränderung durch Energie- oder Kraftaufwand unterliegen kann, ist die Geschwindigkeit unendlich groß, und – erstaunlich genug – das ist identisch mit Stillstand. Stillstand gleich unendlich schnell, das kann deshalb sein, weil beides mal die Faktoren Raum und Zeit unendlich sind, und das wiederum ergibt, dass Gravitation raumzeitlos ist.

Eine unendlich schnelle Gravitation ist gleichzeitig überall; aber wenn es keine Schwingung wie im Fall der Gravitation gibt, dann ist es so, als ob man auf einem Wellenkamm reitet: Man bemerkt dort keine Geschwindigkeit, keinen Raum, keine Zeit. Aber mit diesen Eigenschaften wäre die Gravitation keine Energie, da sie infolge fehlender Schwingungseigenschaften auch keine Quantelung zeigt.

Und tatsächlich, trotz größter experimenteller Anstrengungen lässt sich ein Graviton nicht isolieren, und auch Gravitationswellen lassen sich nicht wirklich nachweisen.

So müssen wir uns mit der Erklärung begnügen: Die Gravitation ist einfach potenziell vorhanden, überall, und sie wirkt von allen Seiten – ihrem Wesen aber kommen wir nicht auf die Spur. Wir alle kennen ihre Auswirkung von Geburt an. Physikalisch aber ist die Gravitation scheinbar keine analysierbare Größe. Bekannt ist allerdings, dass die Dunkle Materie und die Gravitation Hand in Hand zusammenarbeiten. Damit könnte der Gravitation noch mehr Bedeutung zukommen, als bisher berücksichtigt ist, auch im Hinblick auf bisher ungeklärte Phänomene (Warnke 1998).

Unsere geistige Evolution

Während alles Materielle dem Alterungsprozess unterliegt, kann Geistiges nicht altern. Vielmehr bleibt es ewig jung, sich immer gleich. Alles, was sich ändert, ist der Wissenszuwachs durch immerwährende Informationszufuhr. Das ist der wahre grundlegende Sinn des Lebens. In der relativ kurzen Spanne des Erdendaseins müssen wir uns um die Bereicherung unseres transzendenten Wissens kümmern. Meist wird das vernachlässigt, weil wir in Triebe und Leidenschaften verstrickt sind oder mehr Augenmerk auf unsere Verstandesleistungen richten. So verkennen wir unsere Bestimmung: die Höhen und Tiefen unserer geistig-seelischen Potenziale auszuloten, Krisen zu meistern, eine seelische Persönlichkeit auszubilden.

Wir alle wissen: Leicht fällt uns das nicht. An jedem neuen Tag warten die gleichen Herausforderungen auf uns, im Beruf, in der Familie, bei der Existenzsicherung. Unser Trachten und Streben richten sich auf die Bewältigung des Alltags. Sosehr wir vielleicht spüren, dass wir in der sinnlosen Wiederholung des Immergleichen gefangen sind, so wenig gelingt es uns oft, vom Alltag abzusehen und in andere Wirklichkeitsebenen vorzudringen. Im Neuen Testament steht ein bemerkenswerter Satz, der uns einen Ausweg weist. Jesus sagt: »Wenn ihr nicht werdet wie die Kinder, werdet ihr niemals das Himmelreich erlangen.«

Dieser Satz verblüfft auf den ersten Blick. Sollen wir kindisch werden? Naiv? Gemeint ist jedoch eine gewisse kindliche Unschuld, ohne Berechnung, ohne Egomanie, ohne die typische Rationalität der Erwachsenen. In dem Satz steckt die Aufforderung: Werdet authentisch in eurem Denken und Fühlen. Denkt nicht unentwegt an finanziellen Gewinn, an Status oder Karriere, sondern erinnert euch an die Geborgenheit, die liebevolle Eltern geben. Seid neugierig und bleibt sehnsüchtig, seid mutig und bleibt zuversichtlich. Glaubt durch Überzeugung, durch volles Verständnis unserer menschlichen Beziehungen.

Ohne Zweifel wird der Glaube oft missbraucht. Dann werden wir empfänglich für Fanatismen und unreflektierte Dogmen. Wir sehen täglich, welches Unheil religiöser Fanatismus anrichtet, wie viele Kriege, wie viel Gewalt fundamentalistische Glaubensrichtungen über die Menschen bringen. Wer sich solchen Dogmen ausliefert, erstickt sein seelisch-geistiges Eigenleben. Im schlimmsten Fall zerstört er andere Leben. Wenn ich daher vom Glauben spreche, meine ich den tiefen, unzerstörbaren Glauben an die spirituelle Essenz im Menschen. Wir haben die Gabe, Schöpfer zu sein, eine andere, eine bessere Welt zu kreieren. Das macht unsere Befähigung aus, nicht Gewalt, Rechthaberei oder Kampf.

Wer aus Gedankenlosigkeit oder Egoismus seine geistige Entwicklung vernachlässigt, wird immer unzufrieden bleiben, ein Sklave des irdischen Getriebes. Auch diese Missempfindungen werden in der Interwelt abgespeichert. Nichts bleibt ohne Folgen in einem Universum, in dem alles mit allem verbunden ist. Sobald sich aber der Geist aus der Routine erhebt und sich seiner selbst bewusst wird, setzt ein faszinierender Entwicklungsschritt ein. Dann werden wir Teil einer universalen Intelligenz, die alles erschaffen hat und sich als empfindende Seele höchster Weisheit manifestiert.

Kapitel 4:
Vernunft und Intuition

Der Sündenfall des Verstands

Das rationale Denken hat seit der Aufklärung einen wahren Siegeszug in der abendländischen Kultur zu verzeichnen. Bis heute halten wir uns zugute, dass wir dem mythischen Zeitalter entronnen sind und nun unseren Verstand benutzen können, um unser Leben zu meistern. Vieles, was wir als plausible Leitlinie akzeptieren, ist der mathematischen Logik verwandt. Emotional unbeteiligt, kalt und berechnend planen wir unser Leben, rechnen Erfolge und Risiken aus. Auf weniges ist der zeitgenössische Mensch so stolz wie auf seine erlernten Verstandesleistungen. Wenn wir von Intelligenz sprechen, meinen wir zumeist diese Art der Rationalität. Die Analyse ersetzt die Intuition, die logische Kalkulation verdrängt das Bauchgefühl. Gebrauche deinen Verstand!, lautet die gängige Anweisung. Wer würde schon sagen: Höre auf deinen Geist? Folge deinem Gefühl? Sei achtsam für deine Seele?

Mit dem Ideal des rationalen Verstands hat sich auch unsere Vorstellung von Wissen verändert. Ahnungen, Empfindungen, Visionen, all das scheint nur eine Fehlleistung zu sein, allenfalls ein vergängliches Gaukelspiel. Dabei ignorieren wir, dass der Verstand eine recht mechanische Funktion unseres Gehirns ist, verglichen mit dem Eigenleben von Geist und Seele. Verlassen wir uns ausschließlich auf unseren Verstand, so können wir nur wissen, was das Gehirn nach vorgegebenen Mustern von Intelligenz verarbeiten kann: orientiert an Raum und Zeit, also an bloßen Konstrukten.

Mit der Begrenzung durch Raum und Zeit ist unsere bewusste Erlebnisfähigkeit und damit auch unser Wissen stark eingeschränkt. Die Wissensmöglichkeiten der Interwelt bleiben uns verborgen, und damit auch das Wissen über unsere erschaffenden Potenziale. Wir blenden aus, dass allein unsere Seele ein Leben der substanziellen Erfahrungen führt – wir bleiben unerfüllt und leer. Kein Bewusstsein von Ewigkeit und Unendlichkeit beseelt uns, kein Hochgefühl uneingeschränkten Schöpfertums.

Eine gute Vorstellung von der Raum- und Zeitlosigkeit der Interwelt erhält der Mensch im Traum. Hier kann sich eine einzige Sekunde Alltagszeit gewaltig ausdehnen. Der Moment wird zum lang anhaltenden Ereignis. Die Traumzeit stößt alle bekannten Alltagserfahrungen um. Erlebnissequenzen reihen sich unverbunden aneinander, Augenblicke werden zur Ewigkeit, dann wieder durcheilen wir Jahre im Zeitraffer. Auch räumliche Zuordnungen verlieren ihre Regelhaftigkeit. Sprunghafte Ortsveränderungen können sich ereignen. In einem Moment wandern wir durch eine Straße unseres Heimatorts, im anderen durchstreifen wir die afrikanische Savanne, um plötzlich hoch auf einem Bergmassiv zu stehen. Geist und Seele befreien sich völlig von der Alltagslogik, dennoch erleben wir alles konturenscharf wirklich, begleitet von starken Gefühlen wie Niedergeschlagenheit oder Euphorie.

Wenn wir träumen, entfaltet unsere Seele ihr Eigenleben, ohne die gewohnten Beschränkungen, ohne Logik, Zeit und Raum, auch ohne die ordnenden Leistungen des Verstands. Der Traum entbindet uns vom pragmatischen Umgang mit der Alltagswelt. Wir müssen und können nichts planen oder organisieren, stattdessen entwickeln sich die Dinge auf fantastische Weise selbsttätig. Der kontrollierende Verstand ist entmachtet. Nun wenden wir uns ganz der Interwelt zu, mit frei flottierenden Ideen und Assoziationen, die unser rationales Verstandesbewusstsein außer Kraft setzen.

Im Traum stehen Erlebnisse und Empfindungen im Vordergrund, ein Zeichen dafür, dass die Seele in einen Zustand absoluter Freiheit geglitten ist – so frei, wie sie nur in der immateriellen

Interwelt sein kann. Alle geistigen Informationen, die dort vorhanden sind, strömen in uns ein, führen uns Neues zu, verblüffen uns oft mit überraschenden Einsichten.

Viele Propheten kamen durch Träume zu ihren Vorhersagen. Erinnert sei beispielsweise an den alttestamentarischen Joseph, der dem Pharao sieben fette und sieben magere Jahre vorhersagte, sodass der ägyptische König, rechtzeitig Vorräte horten konnte. In früheren Zeiten war daher die Traumdeutung eine wichtige Kunst. Wer träumend Visionen hatte, wurde als heilig verehrt. Völlig zu Recht mutmaßte man, dass solche Propheten mit höheren Welten im Bunde waren. Heute können wir das bestätigen: Prophetische Träume sind ein Zeichen dafür, dass jemand in intensivem Kontakt mit der Interwelt steht. Daher überflügelt sein Traumwissen das beschränkte irdische Wissen, das nichts über die Zukunft sagen kann. Im Wachzustand sind solche »Gesichte«, wie man früher sagte, nur sehr wenigen Menschen vorbehalten.

Der vorbewusste Mensch dagegen bleibt in den Fängen des Verstands, der alles dafür tut, die Verbindung zur Interwelt kleinzuhalten. Dabei agiert der Verstand als Blockade. Er wehrt alles ab, was sein reibungsloses Funktionieren beeinträchtigen könnte: heftige Gefühle, unerklärliche Bilder, rätselhafte Visionen. Solche intuitiven Erfahrungen konkurrieren mit der gedanklichen Konzentration auf vorgefasste Urteile und Ziele, also werden sie meist aussortiert, bevor sie überhaupt das Bewusstsein erreichen. Im Laufe der Zeit baut der Neokortex als Hirnareal des Verstands immer mehr Blockaden auf. Sie binden uns an die Alltagswelt und verhindern, dass wir in die Interwelt abdriften. So wird die Anpassung an die Umwelt gewährleistet. Wir bewegen uns gedanklich im engen Kontext des körperlichen Überlebenswillens und sichern damit unsere materielle Existenz.

Die Blockaden haben daher einen gewissen Sinn. Wie sollten wir einen rational geprägten Arbeitsalltag durchstehen, wenn wir Tagträumen nachhängen? Wie sollten wir Hunger und Durst verspüren, wenn wir uns ganz im Bann unseres Seelenlebens befänden? Allerdings ist offensichtlich, dass diese Scheuklappenmentalität uns auf lange Sicht einseitig macht. Wir gewöhnen uns so sehr daran, die Signale der Interwelt zu ignorieren, bis schließlich die Verbindung völlig unterbrochen ist. Physiologisch läuft ein Prozess ab, bei dem die Aktivitäten des Neokortex die Signale des Limbischen Systems überlagern, wo unsere emotionalen Bewertungen vorgenommen werden.

Im Mittelhirn angelegt, bilden Zirbeldrüse und Limbisches System im Idealfall die Brücke zur Seele. Sofern sich Geist und Seele ungehindert entfalten können, etwa bei starken Empfindungen, wird ein bestimmter Teil des Sympathikus-Nervengeflechts, auch Sonnengeflecht genannt, durch intensive Gefühle in einen hohen Erregungszustand versetzt: Ein Bauchgefühl entsteht. Nun setzt ein Informationstransfer vom Sympathikus-Nervengeflecht zum Limbischen System ein, wo die Gefühle bearbeitet und interpretiert werden. Dabei verstärkt sich die Beziehung zwischen Körper, Geist und Seele durch die emotionalen Informationen, und die Nervenzellen werden mithilfe physikalischer Spinkohärenzen ihrer Membranen durchlässig zur Interwelt: Die Materie offenbart ihr geistiges Potenzial. Mithilfe der Interwelt entwickelt das Limbische System dann zusammen mit der Zirbeldrüse ein Informationsgebilde, so wie der geistige Wille es aus Empfindungen ohne Worte vorgibt.

Damit ist der Prozess noch nicht abgeschlossen. Der Transfer wird fortgesetzt, ins Vorderhirn, wo die Aufmerksamkeit ihre Zentren hat. Das Vorderhirn nimmt nun das Informationsgebilde auf, und der Geist versucht, es in Worte zu kleiden. So wird aus dem sprachlosen Bild ein formulierter Gedanke. Es findet also eine Umwandlung der zunächst rein emotionalen Information in Sprache statt, wodurch der Neokortex ins Spiel kommt und mit ihm der Verstand mit seinen Orientierungsrastern von Raum und Zeit. Aus der unbegrenzten Freiheit des seelischen Erlebens ist am Ende ein Gedanke geworden, der sich möglicherweise wieder in den gewohnten Schranken befindet. Schon allein die Sprache mit ihren üblichen Begriffen formatiert das Unbekannte, Unerhörte und reduziert es auf Bekanntes.

Die Vorherrschaft des Neokortex

Die Gedanken, die in der gewohnten Sprache gedacht werden, modifizieren das geformte Gebilde in der Interwelt erneut. Nun erst wird die gewollte Empfindung eine tatsächliche Handlung in der Materie vornehmen. Wir erkennen sie an der Mimik und an der Körpersprache, am gesamten Verhalten. Die Gesichtsmuskeln spannen sich an. Wir lachen oder ziehen traurig die Mundwinkel hinunter, werden freudig erregt oder wütend. Jetzt ist es nicht mehr weit, bis wir weitere körperliche Aktion einleiten – wir laufen weg, wenn wir Angst haben, oder wir umarmen einen lieb gewonnenen Menschen. Das Ergebnis des beeindruckenden Verarbeitungsprozesses ist unmissverständlich sichtbar. Unsere Körperhaltung erschlafft oder strafft sich, und in allem zeigen wir, was uns bewegt.

Von der Natur vorgesehen ist ein Zusammenspiel des Limbischen Systems und des Neokortex. Normalerweise arbeiten sie harmonisch Hand in Hand, ohne dass eine der beiden Zentralen die Führung übernimmt. In unserer rationalen Kultur hat sich das Verhältnis verschoben. Nun verdrängt der Neokortex vieles, was das Limbische System registriert und weitergeleitet hat. Ein Ungleichgewicht entsteht, eine Priorität des Verstands. Diese Unausgewogenheit und Disharmonie ist in der heutigen Zeit vorherrschend. Leider, muss man hinzufügen. Wie konnte es dazu kommen?

Die Übermacht des Neokortex ist das Erbe einer scheinbar aufgeklärten, doch in Wahrheit vernunftfixierten Gesellschaft. Die Vernunft, vom Neokortex vermittelt, übernahm mehr oder weniger die Alleinherrschaft. Dadurch wurde die Verbindung zur Interwelt immer weiter unterdrückt und ist bei vielen heute verkümmert. Nur in unseren Träumen, wenn der Verstand weitgehend zurückgedrängt ist, empfangen wir noch die Botschaften der Interwelt, im Wachzustand bleiben sie ausgeblendet.

Wir betrachten hier die Folge eines umfassenden gesellschaftlichen Wandels. Man verlangt von uns, allein von der Warte des

Verstands aus zu denken und zu handeln. Emotional zu sein oder sogar Tagträumen Raum zu geben wird als Schwäche eingeschätzt. Wer will sich schon die Blöße geben, sich von Intuition und Gefühl leiten zu lassen? Vorrang hat die Macht des Verstands. Nur mit der Ratio, so die einhellige Meinung, lasse sich das Leben im Sinne von Fortschritt, Sicherheit und Wohlstand optimieren. Und nur mit der Ratio sei es möglich, ökonomische, finanziell lukrative Strukturen auszubauen.

Da keine geistige Einflussgröße ohne Folgen für die Materie bleibt, nahm der Neokortex als Sitz von Vernunft und Verstand auch physiologisch an Volumen zu. Im Laufe von einigen Jahrtausenden ist er stetig angewachsen. Seither hat ein massiver Umbau des Gehirns stattgefunden, auf Kosten der Brückenaktivitäten zur Seele. Sie wurden mehr und mehr zurückgedrängt, sodass wir bis heute zu einem in der Seelenbindung degenerierten Wesen geworden sind. Die eigentliche Natur des Menschen, sein Geist und seine Seele, seine Gefühle und seine Intuition, wurden systematisch unterjocht. Mittlerweile können wir die Diagnose stellen, dass Geist und Seele oft weitgehend ausgeschaltet sind. Die eisige Kälte der Vernunft durchweht unsere Gesellschaft, ein unmenschlicher Hang zu Rücksichtslosigkeit und Brutalität.

Mit der Leitdisziplin der herkömmlichen Naturwissenschaften wurde der Sieg des Verstands zum endgültigen Triumph. Wir nehmen die Welt nicht mehr ganzheitlich wahr, sondern analysieren und zergliedern sie. Das große Ganze gerät aus dem Blickfeld. Die Früchte, die wir vom »Baum der Erkenntnis« gepflückt und gegessen haben, bedeuteten buchstäblich die Vertreibung aus dem Paradies. Platons paradiesische Zustände sind in weite Ferne gerückt. Der Sündenfall des Verstands, auch wenn er einst mit besten Absichten gepaart gewesen sein mag, hat uns in eine unwirtliche Welt geworfen. Wenn überhaupt noch jemand den Empfindungsmöglichkeiten der Seele Raum gibt, scheitert er an Ablehnung und Unverständnis. Man nennt ihn sentimental und kindisch, in der Welt der Verstandesmenschen gewährt man ihm keinen Platz mehr.

So haben wir uns aus denkenden und empfindenden Wesen zu einseitigen Materialisten entwickelt. Glücklicher hat uns das nicht gemacht. Krankheiten, Depressionen und Burn-outs halten uns den Spiegel vor: Wir sind unausgewogen, weil uns die seelisch-geistige Dimension fehlt. Das können wir unter großen Kraftanstrengungen verdrängen, dennoch leiden wir darunter, und dies immer mehr. Vergeblich laufen wir einem Glück hinterher, das wir falsch definieren und mit den falschen Mitteln erreichen wollen. Gewinnsucht, Lüge, Unterdrückung und Übervorteilung bestimmen die gesellschaftliche Wirklichkeit. Der Begriff der Ethik ist nur noch eine hohle Formel. Wir betrügen einander und verletzen einander, in völliger Verkennung der Tatsache, dass wir uns selbst am meisten schaden.

Ein Blick in die Realität genügt, um uns das negative Szenario zu vergegenwärtigen: allerorten Hoffnungslosigkeit, Mangel an Vertrauen, Respektlosigkeit, Entmutigung. Das bleibt nicht ohne Folgen für die Interwelt, wo sich solche Muster abbilden und verfestigen. Und da beide Welten, die Alltagswelt der Materialisten und die Interwelt der Seelenempfindung, im Nehmen und Geben eng verschlungen sind, erkranken zwangsweise beide Welten. Die Seelen der Interwelt leiden, psychosomatische Erkrankungen steigen rapide an, depressive Verstimmungen und Suizidgedanken nehmen zu.

Noch versucht man, diese grassierende psychische Epidemie mit Therapien und Medikamenten einzudämmen. Es muss ein vergeblicher Versuch bleiben. Niemand benennt die wahre Ursache: dass wir unsere Entwicklungs- und Erkenntnismöglichkeiten verloren haben, die den Weg zum Lebensglück bahnen. Wer diese Wahrheit ausspricht, muss mit spöttischen Kommentaren rechnen. Doch damit nicht genug: Immer wenn sich Widerspruch regt, zwingen Verstandesmenschen den Andersdenkenden ihre eigenen Gesetze notfalls mit Gewalt auf. Sicherlich würde Jesus mit seiner Botschaft der Nächstenliebe heute mit dem gleichen Hass verfolgt werden wie vor 2000 Jahren.

Der Philosoph Immanuel Kant, einer der wichtigsten Protagonisten der Aufklärung, stellte einst drei berühmte Fragen: Was können wir wissen? Was können wir tun? Worauf dürfen wir hoffen? Schon die Frage nach dem Wissen scheint heute beantwortet. Wir delegieren es an Spezialisten, an Wissenschaftler, Forscher und Vordenker. Wahrhaftiges Wissen hat keine Konjunktur. Zu fantastisch, zu weltfremd scheint, was das Wissen der Interwelt mit sich bringt. Somit scheint sich auch die Frage nach Handlungsspielräumen und Hoffnungen erledigt zu haben. Das Korsett der Konventionen, der Vorrang der Gewinnmaximierung macht jeden Denkansatz zunichte, der sich jenseits des entfesselten Verstands bewegt.

Dennoch gibt es einige wenige Menschen, die sich den gängigen Einschränkungen verweigern. Sie sehen sehr klar, wie sich die Verhältnisse entwickelt haben, und hören achtsam auf ihre Empfindungen. Sie spüren die geistige Energie, frei von Raum und Zeit, und lassen sich nicht täuschen durch die logischen Argumente des Verstands. Vor allem wissen sie: Das menschliche Sein ist nicht auf die irdische Materie begrenzt. Es lebt weit kraftvoller in der seelisch-geistigen Sphäre der Interwelt. Dort liegt das Wesen des Lebens, dort warten die kollektiven Erfahrungen unzähliger Seelenerlebnisse darauf, von uns genutzt zu werden. Solche Menschen sind wie ich überzeugt, dass die Interwelt uns auch jene Informationen zur Verfügung stellt, mit denen die verstörte, erkrankte Menschheit gesunden könnte.

Aber wie kann man sicher sein, dass die über Raum und Zeit erhabene Empfindung sich als hilfreich für das Leben erweist? Sind Gefühle nicht auch verwirrend, irrational und bedrohlich, wenn man ihnen freien Lauf lässt? An dieser Stelle müssen wir zwischen diffusen Gefühlen und seelischen Empfindungen unterscheiden. Gefühle können uns genauso täuschen und in die Irre führen wie der Verstand. Oft sind sie nur ein Strohfeuer, genährt aus Sehnsüchten, oder maskierte Triebe. Dann lassen wir uns von Gefühlen überschwemmen und überwältigen. Etwas anderes sind authentische seelische Empfindungen. Sie haben weniger mit aufwallenden Emotionen als mit Intuition zu tun. Alles, was wir ahnen, was wir intuitiv begreifen, ohne den Verstand zu bemühen, verdient den Namen Empfindung. Sie ist immer geistiger Natur, kein instinkthafter Impuls.

Wahre Empfindungen sind die Brücke zur Seele. Sie haben ihre eigene Intelligenz und ihre eigene Urteilskraft. So geschieht es zuweilen, dass alle Vernunftgründe für einen neuen Job oder eine neue Wohnung sprechen und dass wir dennoch eine unerklärliche Scheu spüren, den Job anzunehmen oder die Wohnung zu mieten. In solchen Momenten lassen wir das Bauchgefühl zu, ein untrügliches Zeichen dafür, dass wir die Informationen der Interwelt zurate gezogen haben.

Auf einem anderen Blatt stehen irdisch gebundene Fantasien, die wir salopp Hirngespinste nennen. Die Bezeichnung ist völlig zutreffend, denn Hirngespinste entspringen einer Mischung aus Verstand und Gefühl, was besonders häufig bei Unerfahrenen zu beobachten ist. Solche Fantasien sind eine Mogelpackung, da sie nicht authentisch der Interwelt entstammen. Streng genommen, sind es bildhafte Handlungen, die vom planenden Neokortex erzeugt werden. Sie haben nicht das Geringste mit den Empfindungsqualitäten der Seele zu tun.

Die Seele besitzt zunächst Bilder, die in Gedanken übergehen und das Körpergefühl steuern. Fantasien dagegen laufen den umgekehrten Weg: Zuerst werden Gedanken gebildet, und diese bauen dann Bilder auf. Die Gedanken gehen also den Bildern voraus, und so sind die vermeintlichen Fantasien nichts weiter als erlernte Vorstellungen, in Bilder gefasst. Den Unterschied zu seelischen Ideen und Empfindungen wird man nur bemerken, wenn einem dieser Mechanismus bewusst ist. Verwechselt man sie mit Botschaften der Seele, können die vom Neokortex gezielt konstruierten Bilder und Handlungen zu jedem Zweck manipuliert werden.

Genau das geschieht heute in Politik und Wirtschaft. Dort werden Kopfgeburten als Visionen verkauft, mal als Erfolgsgarant finanzieller Gewinne, mal als Handlungsanweisungen, wie sie in Computerspielen gegeben werden. An oberster Stelle steht immer der Leitgedanke, Erfolge seien nur mit rücksichtsloser Brutalität zu erringen. Ob das dann Wirtschaftsliberalismus oder Final Fantasy heißt – die Methoden bleiben gleich. Die vermeintlichen Fantasien entpuppen sich als Projektionen des Verstands, allerdings unbemerkt von der Masse. Ein Teufelskreis suggestiver Beeinflussungen nimmt seinen Lauf. Alles scheint nur noch darauf hinauszulaufen, möglichst jeden Konkurrenten auszuschalten und sich mit beispielloser Ellenbogenmentalität den eigenen Vorteil zu sichern.

Eine weitere Gefühlsfalle sind jene Triebe, die, vom Verstand gelenkt, nur die Befriedigung des Ego zum Ziel haben. Brennender Ehrgeiz, Geltungssucht und Statusbewusstsein versprechen gute Gefühle. Und doch warten am Ziel nur Enttäuschungen. Die Triebe und Süchte des Ego hinterlassen selbst bei äußeren Erfolgen nichts weiter als tiefe Frustration. Es fehlt ihnen die geistig wirkende schöpferische Kraft. Nur Muster und Schemata werden ausgelebt, keine gestaltenden Energien. Das jedoch wird nur diffus als Unwohlsein wahrgenommen. Die meisten Menschen haben kein Gespür mehr für authentische, lebendige Seelenempfindungen und verwechseln triebhafte Gefühle oder Begehrlichkeiten des Verstands mit der reinen inneren Stimme, die durch wahrhafte Empfindungen zu uns spricht.

Im Laufe der Zivilisation sind die Gefühle weitgehend vom Verstand okkupiert worden. Nicht nur Gedanken, sondern auch Emotionen haben eine Formatierung durchlaufen. Schon als kleine Kinder lernen wir mithilfe des Verstands, Gefühle mit bestimmten Situationen zu koppeln. Das ist kein bewusster Lernprozess, sondern erfolgt unbewusst durch Nachahmung. Eltern, ältere Geschwister, später Lehrer und andere Instanzen leben vor, wie man einzelne Ereignisse bewertet. Man freut sich über ein neues Auto, aber nicht über eine blühende Wiese im Frühling. Man ist betrübt über einen beruflichen Rückschlag, nicht aber über das Verkümmern geistiger Fähigkeiten. So wird es vermittelt, und so wird es übernommen. Sind die seelischen Empfindungen der sozialen Vorbilder verloren gegangen, können sie auch nicht mehr übermittelt werden. Dann bleibt die innere Stimme der reinen Empfindung unhörbar, übertönt vom Lärm konditionierter Gefühle.

Dieser fatale Lernprozess ist heute weit fortgeschritten. Das vom Verstand dominierte Gefühl hat die freien geistigen Kräfte verdrängt, die nur durch besondere Empfindungen entstehen können. Viele Menschen sind deshalb unfähig, seelische Empfindungen zu spüren und zu erkennen. Sogar die Träume haben sich verändert. Die Maßgaben der Vernunft sind derart verinnerlicht, dass der Neokortex selbst im Schlaf eine gewisse Kontrolle übernimmt. Visionäre Träume sind selten geworden. Stattdessen überwiegt ein verworrenes Konglomerat aus vernunftbestimmten Gedanken, Tageserlebnissen und ursprünglichen Interweltkontakten. Ohne die antrainierte Einmischung des Neokortex wären die Träume klarer und aussagekräftiger. Wir könnten sie dann als Quelle wichtiger Botschaften empfangen und ihnen mehr Beachtung schenken. Doch aufschlussreich oder gar prophetisch sind die Traumwelten längst nicht mehr, und wenn, werden die Botschaften als Verrücktheiten abgetan.

Gefühle und Empfindungen

Wie können wir den Mechanismen der Vernunftwelt entfliehen? Was rettet uns vor der Hybris reiner Rationalität? Schauen wir uns noch einmal den Idealzustand an. Die innere Stimme der Empfindungen sollte dem Verstand vorschreiben, was zu tun ist, nicht umgekehrt. Denn lediglich die seelische Empfindung kann Funktionen und Formen selbsttätig, über die geistigen Energien, erzeugen. Nur auf diese Weise wird Neues erschaffen, alles andere muss Imitation bleiben. Deshalb sind die Praktiken meditativer Versenkung so wichtig.

Sobald wir uns aus Alltagszusammenhängen lösen, fokussiert nur auf ein Wort oder ein Bild, hat der Verstand sozusagen nichts mehr zu tun. Er wird entmachtet. Jetzt entleeren wir uns von planenden Gedanken und vereinigen uns mit der Interwelt. Dann strömt auf uns ein, was uns wahrhaft zu schöpferischen Wesen macht: das »Meer aller Möglichkeiten.« Es ist von keinerlei Kontrollen des Verstands behelligt. Nichts ist unmöglich, dieser Slogan einer japanischen Automarke wird zur neuen Leitlinie.

Haben wir einige Übung mit dem direkten Interweltkontakt, können wir in die aktive Phase gehen. Bildlich gesprochen, fischen wir uns aus dem Meer aller Möglichkeiten eine Idee heraus, die unser Empfindungsvermögen anspricht. So entsteht aus dem, was wir empfinden, ein Informationsmuster in der Interwelt. Es wird uns zurückgespiegelt, verfestigt sich in Gedanken, und so können wir über weitere Gedanken ein Ziel fokussieren. Dessen Verwirklichung ist nicht mehr unsere Aufgabe, diese wird von der Interwelt übernommen. Unsere durch Empfindungen ausgelösten Gedanken bahnen die Pfade mit vielfachen Verstärkungen, um durch den freien Geist schließlich reale Kräfte an der Materie wirken zu lassen.

Durch intensive Selbstbeobachtung können wir lernen, seelische Empfindungen von jenen Gefühlen zu unterscheiden, die allein durch simple Reize ausgelöst werden. Solche Gefühle entstehen stereotyp durch bestimmte Situationen und eine entsprechende hirnchemische Reaktion. Die Ausschüttung von Hormonen und Neurotransmittern wird stimuliert, die dann etwa Angst oder Freude erzeugen. Diese Gefühle, die sich aufgrund einer Molekülverbindung an einem Rezeptor chemisch einstellen, sind an die Körperstruktur gebunden und damit an Raum und Zeit. Sie ergeben sich durch bestimmte Ereignisse.

Beispielsweise wird die Wahrnehmung einer konkreten Gefahr an den Verstand weitergeleitet, was zu diversen Nachfolgereaktionen führt. Da der Verstand aber wie das materielle Hirn an Raum und Zeit gebunden ist, sind seine Leistungen nur sehr bedingt der Situation angemessen. Unsere Reaktionen beruhen dann letztlich auf Informationen, die wir dem Ereignis entnehmen. Im Beispiel der Gefahr registrieren wir, dass ein Auto mit hoher Geschwindigkeit auf uns zufährt. Der Nutzen der prompt folgenden Adrenalinausschüttung durch Angstgefühle mit Fluchtreflex liegt im schnellen Sprung zur Seite. Diese Reaktionen sind von der Evolution so eingeübt, dass sie unbewusst, reflexartig verlaufen. Jede Verzögerung könnte hier Todesgefahr bedeuten.

Neben solchen hilfreichen Gefühlsreaktionen gibt es diverse angeeignete, von der Gesellschaft präformierte Gefühlswelten. Man muss nur zur Weihnachtszeit durch eine festlich geschmückte Fußgängerzone spazieren, um den Mechanismus zu durchschauen. All die Weihnachtsbäume und Lichterketten dienen einzig dem Zweck, sentimentale Gefühle und eine höhere Kaufbereitschaft auszulösen. Unsere Konsumgesellschaft ist geradezu darauf spezialisiert, uns unentwegt unter emotionales Dauerfeuer zu setzen. Filme und Werbespots, untermalt mit suggestiver Musik, zielen direkt auf unsere emotionale Reaktion. Alles ist Werbung, nach dem Prinzip der geheimen Verführung. Überall lauern künstliche Gefühlsgeneratoren, dazu angetan, unsere Stimmung zu heben und uns zu willigen Konsumenten zu machen.

Es fällt uns deshalb immer schwerer, diesem materiellen Gefühlsbereich zu widerstehen und auf die Stimme der seelischen Empfindung zu hören. So gehen uns wertvolle Informationen der Interwelt verloren. Doch diese Entwicklung ist nicht unumkehrbar. Es gibt auch ganz andere Ereignisse als die beschriebenen Beispiele – nämlich Ereignisse, die eine Empfindung als Ursache haben. Die Reihenfolge ist dann völlig anders: Am Anfang steht die Empfindung, dann erst folgt das Ereignis. Unumstritten ist das nicht. Neurologen fragen sich seit Langem, ob die Neurotransmitterausschüttung Ursache der Gefühle ist oder ob umgekehrt die Gefühle zur Neurotransmitterausschüttung führen. Letztlich also wird die alte Frage, was zuerst da war, die Henne oder das Ei, neu aufgelegt. Nun wird deutlich, dass es sich um sehr unterschiedliche Vorgänge mit vollkommen unterschiedlichen Folgen handelt.

Ist die Ursache des Informationstransfers eine gelebte Empfindung, dann stehen wir auf einer Ebene jenseits von Raum und Zeit und erzeugen virtuelle Gebilde innerhalb der Interwelt. Prototypen solcher Empfindungen sind Liebe, Sehnsucht, Neugier, aber auch das Wollen. Über allem thront als Königin der Empfindungen die Motivation. Informationsgebilde können in dieser Ebene seelisch-geistig erlebt und beliebig weitergeführt werden, wie im

Traum. Wichtig ist, dass wir gleichzeitig an den freien Geist gekoppelt sind und nicht mehr an den eingeengten Geist der materiellen Begrenzungen durch Raum und Zeit. Gefühle, die an Ner-
venaktivitäten und hirnchemische Reize gekoppelt sind, bleiben in
der materiellen Raum-Zeit gefangen. Auch hier entstehen Bilder,
allerdings sind sie an den Verstand gebunden und können uns trü-
gen, etwa bei dem, was wir Hirngespinste nennen. Die resultieren-
den Kräfte sind grundverschieden. Bei der Empfindung wirkt die
Kraft des Geistes, beim Gefühl als Folge von Reizen erliegen wir
Illusionen.

Vom Ich zum Ego

Ein bekannter populärwissenschaftlicher Bestseller trägt den Titel
»Wer bin ich, und wenn ja, wie viele?«. Die leicht paradoxe Frage
ist mehr als ein hübscher Gag. Zwar sind wir der Meinung, wir
hätten eine ganz eigene Persönlichkeit, bei genauerer Betrachtung
aber ist das Individuum weit komplexer aufgebaut. Eine große
Rolle spielen dabei die sogenannten inneren Instanzen. An obers-
ter Stelle steht die Ich-Instanz, denn alles Tun und Handeln des
Menschen kreist zunächst um das Ich. Aber schon, wenn wir das
Ich definieren wollen, geraten wir in Schwierigkeiten. Ist es der
Geist? Die Seele? Gehören die Körperfunktionen dazu?

Das Ich verwendet den angeborenen Willen, um sich durchzusetzen. Es macht Erfahrungen im Einklang mit dem Neokortex,
der Ziele vorgibt, um die gedankliche Konzentration einzuleiten
und den Willen zu formulieren. Insofern ist das Ich nicht natur-
wüchsig. Es spiegelt jenen Teil der Persönlichkeit wider, der durch
Erleben, Lernen und Erfahrung entstanden ist. Was wir Ich nennen, ist keine ureigene Individualität, sondern eine Instanz, die
sukzessive durch äußere Einflüsse geformt wird. Zugleich müssen
wir zugestehen, dass Erleben, Lernen und Erfahrung rein geistige
Tätigkeiten sind, anders als Essen, Trinken oder Schlafen. Man
könnte daher resümieren: Der Geist baut das Ich im Wechselspiel

mit der Alltagswelt auf, um eine ordnende Instanz zu erschaffen, die uns als Orientierung dient.

Voraussetzung für die Ausbildung des Ich sind angeborene Gefühle sowie der ebenfalls angeborene Wille. Im Laufe der Entwicklung gewinnt der Wille immer mehr die Oberhand. Das Ich wird selbstständiger, oft auch selbstgefälliger, bis es sich als Ego ausprägt. Doch bis dahin ist es ein weiter Weg. Denn zunächst nimmt sich ein Säugling gar nicht als eigenständiges Wesen war. Erst im Alter von etwa zwei Jahren hat ein Kind so viel Ich-Bewusstsein, dass es sich überhaupt im Spiegel erkennt. Anfangs spürt es keine bewusste Grenze zwischen sich und der Außenwelt. Nach und nach erst bekommt das Kind durch den Kontakt mit seinen Eltern eine Vorstellung von sich selbst als eigenständig handelndem Wesen. Spätestens im Alter von zwei Jahren weiß es, wie es heißt und wie es aussieht. Damit bekommt das Ich eine beständige Identität, die fortan als Beobachter tätig ist – wir sehen uns zu und bewerten, was uns widerfährt.

In dieser Phase beginnt der Verstand aktiv zu werden: Er filtert Informationen aus der Umwelt heraus. Angeborene Gefühle wie Wut oder Freude werden als Interpretationshilfe der jeweiligen Situation angepasst – je nachdem, wie die Eltern oder andere Bezugspersonen reagieren. Durch den Geist, der den Verstand einsetzt, werden alle Sinneserlebnisse in Bilder und Worte geformt und abgespeichert. Hier beginnen die Begrifflichkeiten – das Kind lernt, eine Platte mit vier Beinen als Tisch zu bezeichnen und ein gefiedertes Tier als Vogel. Letztlich erlernt es also die Abstraktionen der Gedankenwelt. Es muss kein Bild eines konkreten Tisches abspeichern, um einen Tisch zu erkennen, denn der Begriff existiert jetzt virtuell. Allmählich formt sich ein ganzer Gedankenkosmos, mit allen Bewertungen und Normen, die das Umfeld vorgibt.

Paradoxerweise wächst das Ich in dem Maße, in dem es fremdbestimmt wird. Je älter ein Mensch ist, desto vehementer vertritt er die Überzeugung, er existiere ganz aus sich selbst heraus. Doch das Ich ist eine pure Illusion. Unsere wahre Natur ist das Selbst – dies ist unsere ureigene Identität, einmalig und unverwechselbar wie ein Fingerabdruck. Das Selbst als Kern von Geist und Seele ist nicht von einer körperlichen Existenz abhängig und auch nicht durchlässig für Einflüsse der Alltagswelt. Rein und unantastbar steht es über dem irdischen Dasein, beheimatet in der Interwelt. Demgegenüber muss das Ich eine Konstruktion bleiben, so sehr wir auch meinen, es mache unseren Wesenskern aus. Zwei Fragen führen uns zu den symptomatischen Widersprüchen: Wer wünscht, dass mein Ich gerade etwas tut? Und wenn mein Ich das Denkende ist, aber nicht der Gedanke – wer ist dann Urheber meiner Gedanken?

Da das wahre Wesen des Menschen geistiger Natur ist und mit dem Geistigen des Universums verbunden, können wir sagen: Der alles umfassende Geist schafft die Voraussetzungen dafür, dass sich ein Ich-Wesen mit denkenden Gedanken etablieren kann. Nur dass es nicht dabei bleibt. Denn allmählich schiebt sich das Ego in den Vordergrund. Es überlagert das Ich, bildet eigene geistige Kompetenzen aus und tritt in starke Konkurrenz zum Ich – so nachhaltig, dass das Ich schließlich völlig verdeckt werden kann. Das übermäßig erstarkte Ego ist daher eine falsche Identität. Es formt sich nach den Mustern der illusionären Alltagswelt, bindet sich also vollständig an das materielle Sein, statt empfänglich für die Ideen der Interwelt zu bleiben. Entsprechend »unreif« verhält sich ein Mensch, der seinem Ego die Zügel schießen lässt. Er ist zufrieden, wenn etwas dem Ego schmeichelt, und beleidigt, wenn es angegriffen wird. Da er sein Selbst vergessen hat, das freie geistige Prinzip, wird er auf Dauer völlig abhängig vom Ego und seinen Launen ausgeliefert.

Man erkennt den Ego-Menschen daran, dass ihm jede Fähigkeit zur kritischen Selbstreflexion fehlt. Er ist ein Einzelkämpfer, unkooperativ und auf Sieg ohne Rücksichtnahme bedacht. Scheitert er an einer Aufgabe, weist er die Schuld anderen zu. Ein Erfolgsrezept ist das verständlicherweise nicht. Ein Egomane schadet im Grunde sich selbst, da er ein hohes Aggressionspotenzial hat, erfüllt von der Sucht, alle Konkurrenten auszuschalten. So versinkt er in Gedanken des Neids, des Ärgers und des Misstrauens, die im Sinne negativer Rückkopplung gleichsam postwendend an ihn zurückgehen. Oft sind körperliche und psychische Erkrankungen die Folge. Durch die Entkopplung von der Interwelt ist die Fähigkeit, neue Wahrnehmungen und positive Visionen zu entwickeln, verloren. So fehlt ihm die erschaffende Energie, um seine hochgesteckten Ziele zu verwirklichen. Am Ende steht oftmals die tiefe Depression.

Es ist äußerst schwierig, diesen Prozess rückgängig zu machen. Das Ego ist eine vertrackte Falle. Wenn wir ihm befehlen zu verschwinden, verstärken wir es durch unsere Aufmerksamkeit. Wenn wir es mit viel Aufwand verleugnen, errichten wir einen Schutzwall, hinter dem das Ego umso aktiver weiterarbeitet. Ein wie auch immer gearteter Kampf gegen das Ego ist vollkommen wirkungslos. Weit schwerer wiegt jedoch, dass der Zugang zur wahren Identität verschüttet ist – zum Einfachen Selbst und, höher stehend, zum Höheren Selbst der Interwelt. Diese Identität bleibt unerkannt, da das Ich mit seinen außengesteuerten Lernprozessen und seinem selbst erschaffenen Ego im Wege steht.

Es bedarf zäher Arbeit an sich selbst, um Ich und Ego in ihre Schranken zu weisen. Unmöglich ist es nicht. Manchmal sind es Krisen oder Schicksalsschläge, die zum Umdenken führen. Plötzlich stellt der egomanische Mensch fest, dass er nicht das Maß aller Dinge ist. Er muss akzeptieren, dass Ich und Ego keine unumstößlichen Instanzen sind. Ein erster Schritt der sanften Wandlung ist die Einsicht, dass das Ego seine Macht allein durch das Selbst bezieht. Sofort entsteht eine heilsame Distanz. Man identifiziert sich nicht mehr mit dem Ego, sondern begreift, dass es ein künstliches Gebilde ist. Im besten Fall steht man quasi neben sich und beobachtet aus einem gewissen Abstand, welche Pirouetten das Ego dreht – bis es sich schließlich selbst entzaubert und neutralisiert. Nun kommt der zweite Schritt: die nicht ganz einfache Erkenntnis, dass das bisherige Leben eine verhängnisvolle Illusion war.

Wenn wir das geschafft haben, verwechseln wir unsere Identität nicht länger mit dem Ego. Schnell verliert es seine letzte

Macht, denn wir füttern es nicht mehr. Angriff, Kampf, Ärger und Schuldzuweisungen verflüchtigen sich. Was bleibt, ist das Ich, das sich nun neu orientieren kann. Sehr wahrscheinlich flackern noch zeitweilig alte Egogefühle auf. Aber es ist ein großer Unterschied, ob man sagt: »Ich bin wütend«, oder ob man mit einem gewissen Abstand feststellt: »Ich habe ein Gefühl der Wut.« In der ersten Variante ist noch die gesamte Persönlichkeit involviert, in der zweiten gewinnt man schon die Hoheit über sich selbst zurück. Man betrachtet die Wut als ein äußeres Phänomen, nicht mehr als Wesenszug. Anders gesagt: Man wird zum Beobachter. Aus dieser Position heraus fällt es leichter, nach konstruktiven Lösungen für ein Problem zu suchen, statt in alte Ego-Muster zurückzufallen.

Die Verbindung zum Selbst

Ich und Ego, so hatte sich gezeigt, sind an unser irdisches Dasein gebunden. Weit darüber steht das Selbst. Es gliedert sich in drei Bereiche, die man als Selbst-Instanzen beschreiben kann: das Einfache Selbst, das Höhere Selbst und das Wahre Selbst. Vermittelt durch das Bewusstsein, erschaffen die Selbst-Instanzen das Ich. Doch sie vermögen noch mehr: Mit dem Werkzeug des Bewusstseins lassen die Selbst-Instanzen bereits abgespeicherte Ideen wirken oder Gedanken entstehen, die sich zu Ideen verfestigen und, unterstützt vom Willen, schließlich zielgerichtet etwas erschaffen können.

Als Wesenheit der Interwelt ist das Selbst keine wissenschaftlich erfassbare Größe, so wenig, wie das Ich messbar ist. Wir sehen allerdings vollkommen deutlich die Auswirkungen. Wenn jemand sich bewegt, wenn er denkt oder spricht, erfährt er sich als jemand, der von Ich und Selbst gesteuert wird. Erst dadurch, dass wir die Fähigkeit zum Denken haben, wissen wir von uns selbst und erkennen uns selbst. Im größeren Zusammenhang kann man resümieren: Die Welt wird durch das Selbst und durch das Bewusstsein aufrechterhalten, wie ein Traum vom Träumer aufrechterhalten wird.

Was hat es nun mit dem Selbst auf sich? Und wozu dient die Unterscheidung zwischen Einfachem Selbst, Höherem Selbst und Wahrem Selbst?

Alles, was das Ich in der Alltagswelt umtreibt, wird in der Interwelt vom Einfachen Selbst miterlebt und gespeichert. Insofern entsteht eine universelle Reaktion auf unser individuelles Erleben. Diese Spiegelung aller Geschehnisse in der Interwelt ist allerdings körperlos, da es keine Materie in der Interwelt gibt. Die Interwelt ist im Unterschied zur Alltagwelt ein Vakuum, also ein massefreier Raum. Deshalb werden sämtliche Alltagswelt-Ereignisse in der Interwelt als pure Informationskomplexe abgelegt. Ganz so, wie wir einen Computer mit Informationskomplexen speisen. Das Ich der Alltagswelt ist bereits ein Informationskomplex, eine Idee der Selbstinstanzen in der Interwelt. Es umfasst die aktuelle irdische Persönlichkeit und korrespondiert mit dem Einfachen Selbst.

Daneben existiert das Höhere Selbst. Es enthält die Summe von Erfahrungen, die das Ich in verschiedenen früheren Inkarnationen gesammelt hat. Erfahrungen als geistige Einheiten gehen niemals verloren. Alles, was ein Ich jemals erlebt hat, durch Äonen hindurch, ist im Höheren Selbst der Interwelt abgespeichert. Durch den unentwegt andauernden Einfluss des darüber gelagerten Wahren Selbst kann das Höhere Selbst die schlechten Erfahrungen aus dem Persönlichkeitserleben, die kein Fortpflanzungspotenzial, kein Wachstumspotenzial in sich tragen, aussortieren. Deshalb hat das Höhere Selbst einen viel weiteren Informationsbereich für das Gute als das Einfache Selbst. Das Höhere Selbst bewahrt keine Geltungssucht, keine Überheblichkeit, keine Eitelkeiten, keine destruktiven Gefühle, keine egoistischen Bestrebungen. Es ist harmonisch ruhend, selbstgenügsam. Das ist der Grund, warum die Verbindung mit dem Höheren Selbst eine sofortige Reinigung, Klärung, Tröstung des Ich bedeutet. Die Konsequenz ist eine angemessene tiefe Gelassenheit, Ehrlichkeit, ohne einem Mitmenschen wehzutun, ein spontanes Erkennen, was im Alltag

227

notwendig ist, und eine immer wieder liebevolle Zuwendung zum Mitmenschen, zu Tieren und Planzen, was eigentlich selbstverständlich sein sollte in einer blühenden sozialen Gemeinschaft, aber im Zuge des Ego-Lebens verschüttet wurde. Daher enthält das Höhere Selbst weit mehr Wissen und Weisheit als das Einfache Selbst des aktuellen Lebens. Das Höhere Selbst ist somit der eigentliche Wesenskern des Individuums. Im Gegensatz zum Ich, das jeweils durch das aktuelle irdische Leben geformt ist, sind Denken und Wirken des Höheren Selbst unendlich weiter gespannt, angereichert mit unzähligen Gedanken und Ideen früherer Existenzen.

Die Krönung der Selbst-Instanzen ist schließlich das Wahre Selbst, in manchen spirituellen Traditionen auch das »Erhabene Selbst« genannt. Dies ist die Urquelle unseres Seins, der universelle Kern unserer menschlichen Existenz. Das Wahre Selbst ist nicht mehr an ein einzelnes menschliches Wesen mit vielen Leben gebunden, sondern enthält die gesamte Information des Menschseins – mit allen Eigenschaften, die im Urmenschen angelegt wurden, und allen folgenden Entwicklungsstufen. Da eine Fortentwicklung die Selbstzerstörung ausschließt, sind diese Eigenschaften ausschließlich guter, schöner, heiler Natur. Schlechte Eigenschaften dagegen, die destruktiv wirken könnten, bleiben unberücksichtigt.

Das Ich ist also das Medium von Erlebnissen und Erfahrungen in der materiellen Alltagswelt, das Einfache Selbst speichert das Ich-Erleben durch Informationsflüsse, und im Höheren Selbst vereinigen sich aktuelle sowie frühere Ich-Erfahrungen. Das Wahre Selbst fasst das Einfache und Höhere Selbst zusammen und ist für die unteren Ebenen zugleich eine Instanz der Orientierung. Damit ist das Wahre Selbst das alles entscheidende Wesen der Interwelt. Es lebt ein rein geistiges Dasein, kann aber aufgrund von Vorstellungen, Wille und Gedanken virtuelle Materie formen.

Betrachten wir nun zusammenfassend das Einfache, das Höhere und das Wahre Selbst, so erkennen wir auch die Entwicklungsperspektiven des Einzelnen: Das Einfache Selbst spiegelt wertfrei die Aktivitäten des Ich; das Wahre Selbst zeigt uns unsere wahre Persönlichkeit und die Verantwortung, die daran geknüpft ist; das Höhere Selbst erinnert uns daran, dass wir als Menschen in einem universalen Kontext stehen und die Welt mit erschaffen. Das Wahre Selbst steht daher für unser göttliches Potenzial, für alles, was in uns geweckt werden kann, sobald wir uns auf die Suche nach der Quelle unseres Seins begeben. Vergleichbar schrieb C. G. Jung über Mensch und Bewusstsein: »Das Bewusstsein ist hervorgebracht zu dem Zwecke, dass er seine Abstammung aus einer höheren Ebene (Deum) erkenne.« Der Mensch solle daher dieser Quelle größte Aufmerksamkeit schenken, um »der Gesamtpsyche ein Optimum von Leben und Entwicklungsmöglichkeiten« zu vermitteln.[52]

Alle angeborenen Eigenschaften stammen aus der Interwelt, dem Reich der Selbst-Instanzen: Bewusstsein und Wille, alle Grundgefühle sowie die Fähigkeit zu denken und zu lernen, um individuelle Erfahrungen machen zu können. Die Alltagswelt bedingt zwar die Vielfalt der Interwelt, umgekehrt bedingt aber die Interwelt die Erfahrungsmöglichkeiten in der Alltagswelt – ein gegenseitiges Nehmen und Geben. Die eine Welt könnte ohne die andere Welt nicht existieren, beide sind miteinander verwoben. Die Interwelt und die Selbst-Instanzen sind an jedem noch so kleinen Punkt unseres Körpers vorhanden, selbst dort, wo sich keine Massen, kein Atomkern oder Elektron befinden. Beinahe 100 Prozent aller Materievolumen gehören der Interwelt an, einschließlich unseres körperlichen Raumvolumens, nämlich der Raum ohne jede Massen, also die Vakuumphase in uns, Sitz von Einfachem Selbst, Höherem Selbst, Wahrem Selbst mit Bewusstsein, Wille und Seele. Diese geistige, mit Information geschwängerte Phase geht fließend über in den Raum um uns herum, in die Atmosphäre, in das Universum. Jede Materie ist potenziell geistig durchdrungen.

Warum aber spreche ich von Selbst-Instanzen? Der Begriff signalisiert, dass es durch die verschiedenen Ausprägungen des Selbst immer einen Beobachter gibt, wie quantenphilosophisch zwecks Wirklichkeitsbildung gefordert. Nimmt das Ich Dinge wahr, so gibt es eine Instanz, die wahrnimmt, wie das Ich die Dinge wahrnimmt. Im Allgemeinen ist uns diese Beobachterposition kaum bewusst. In Meditationen können wir sie allerdings als Selbst einnehmen. So lautet die Anweisung für eine Beobachter-Meditation folgendermaßen: Legen Sie sich entspannt hin, und gehen Sie mit Ihren Gedanken in sich. Sie wissen: Hier liegen mein Körper und mein Ich. Während Sie das denken, gibt es offensichtlich eine weitere Instanz, welche dies alles beobachtet, einschließlich Ihrer Gedanken. Und Sie sind in der Lage, diese weitere Instanz wahrzunehmen.

Wer diese Übung ausprobiert, bekommt einen lebendigen Eindruck davon, dass die Beobachterposition nicht fremd außerhalb von uns liegt, sondern im Selbst, das wir uns in einer Meditation bewusst machen können. Einfach ausgedrückt: Durch bewusste Wahrnehmungsübungen überschreiten wir das unreflektierte Ich und spüren unser beobachtendes Selbst. Eine andere einfache Übung hat einen ähnlichen Effekt. Dafür konzentrieren Sie sich etwa beim Spazierengehen auf eine Blume. Jetzt nehmen Sie die Blume wahr. Gleichzeitig können Sie auch sich selbst als Subjekt wahrnehmen, das sich auf eine Blume konzentriert. Das Besondere an diesem Vorgang ist, dass Sie das Objekt »Blume«, das Subjekt »Ich« und das übergeordnete Subjekt »Selbst« als etwas untereinander Abgetrenntes wahrnehmen können. Die verschiedenen Instanzen wissen voneinander. So wie Gedanken, Ideen und Empfindungen, sind auch unzählige Subjekt-Objekt-Beziehungen in der Interwelt gespeichert.

Bei solchen Übungen erkennen wir, dass unser Ich nicht identisch mit dem beobachtenden Selbst ist. Und schließlich gelangen wir zu der Frage: Wer gibt dem Wachbewusstsein eigentlich den Auftrag, etwas Bestimmtes zu tun? Das Ich? Das Ego? Oder stammt der Auftrag nicht vielmehr aus der Sphäre der Interwelt? Die neuere Hirnforschung legt dies nahe. Man konnte in Versuchen nachweisen, dass unser Gehirn bereits Impulse für eine Handlung erzeugt, bevor unser Bewusstsein überhaupt von einer Handlung weiß. Und es besteht in unserem Modell kein Zweifel, dass hier das Höhere Selbst eingreift, als wissende, erfahrene Instanz.

Es ist spannend, von diesem Blickwinkel aus mehr über die Interwelt zu erfahren. Wir können uns beispielsweise fragen: Was ist vom Einfachen Selbst erzeugt und was vom Höheren Selbst? Was wurde vom universellen Geist geschaffen wie die gesamte Natur? Was wurde von weiteren intelligenten Wesenheiten der Interwelt erzeugt – Wesenheiten, die durch Gedanken und Empfindungen von Menschen entstanden sind?

Sicher ist, dass es zwei Ebenen in der Interwelt gibt: Erstens eine Ebene, die auf unsere Gedanken und Gefühle reagiert und die wir deshalb für unsere Ziele benutzen können. Zweitens eine Ebene, die eigenständig handelt. Damit wird deutlich: Es gibt die erzeugte Außenwelt, unabhängig von uns, und gleichzeitig die erzeugte Welt, die abhängig von uns ist. Womit sich eine weitere Frage stellt: Wer oder was wirkt eigenständig, unabhängig von unseren Gedanken und Ideen?

In der indischen Rig-Veda wird diese unabhängige Energie »Tapas« genannt, was der Erfahrung und Belebung des reinen Bewusstseins gleichkommt: »Da war nur Dunkelheit von Dunkelheit umhüllt. All dies ein ununterschiedenes Meer. Diese einheitliche Leere war von einem Nichts bedeckt, das durch die Macht der Tapas erzeugt wurde« (Rishi Paramatma, Rig-Veda 10, II. 1; 2–4). Und an anderer Stelle heißt es: »Aus Tapas wurden die Wahrheit und Wahrhaftigkeit geboren« (Rishi Aghamarsana, Rig-Veda 10, XII. 39, 1–2).

Mit dem Bewusstsein, erweckt von »Tapas«, beginnt der Schöpfungsprozess. Aus der Virtualität, dem Meer aller Möglichkeiten, kristallisieren sich Realitäten heraus, ein Meer energetisch-informativer Bewegungen, ein Kommen und Gehen, Stirb und Werde. Diese Gegensätze sind unverzichtbar. Ohne Wärme gäbe es keine Vorstellung von Kälte, ohne Dunkelheit kein Licht. Kontraste werden erschaffen, um Wahrnehmungen zu ermöglichen. Auch Interwelt und Alltagswelt stehen sich daher antipodisch gegenüber: kontrastlos – kontrastreich, unbegrenzt – begrenzt, unsichtbar – sichtbar, immateriell – materiell, vielleicht sogar in Teilchen und Antiteilchen.

Alle Teilchen haben Antiteilchen, bis auf eines. Eine Ausnahme bildet interessanterweise das Photon – es ist sich selbst das Antiphoton. Hier muss nochmals darauf hingewiesen werden, dass Photonen die Informationsträger für das Aussehen der Formen in der uns gewohnten materiellen Welt sind. Aber welcher Welt gehören die Antiteilchen an? Welche informellen Aufgaben haben sie? Das weiß niemand, aber die Supersymmetrie deutet an, dass sie über die Dunkle Energie und Dunkle Materie etwas mit der Interwelt zu tun haben könnten.

Wenn sich Teilchen und Antiteilchen derselben Sorte begegnen, zerstrahlen sie unter Aussendung von z. B. Lichtphotonen. Haben wir hier die Ursache der Lichterscheinung am Ende des Tunnels bei Nahtoderlebnissen? Gehen wir beim Sterben von der Alltagswelt mit »normalen« Teilchen in die Interwelt mit »anti-normalen Teilchen«? Beim Übergang einer Trennschwelle berühren sich beide Teilchensorten direkt und zerstrahlen im gleißenden Licht?

In der Interwelt gehorcht alles dem Willen und dem Wollen. Das jeweilige Ich des Menschen erzeugt über das Einfache Selbst einen Teil der Informationen des Höheren Selbst der Interwelt. Aber wir dürfen nicht vergessen: Die Selbst-Instanzen der Interwelt haben das Ich überhaupt erst erschaffen. Es ist eine ursprüngliche Idee dieser Instanzen, also ein Informationskomplex, ein Muster.

Sobald Menschen Kontakt mit ihrem Höheren Selbst und dem Wahren Selbst aufnehmen, befreien sie sich aus der Zwangsjacke des irdischen, materiellen Lebens. Wird das Leben Ich-los, wirkt das wie eine Befreiung. Sofort gehorcht derjenige Informationskomplex, der eine bestimmte Materie repräsentiert, den Gedanken. Durch Vorstellungen, beflügelt durch den Willen, werden Informationsmuster zu Wirklichkeitsfiguren.

Warum gelingt das nicht in der Alltagswelt? Einmal mehr beobachten wir hier Lernprozesse, die schon im Kindesalter zu Einschränkungen führen. Niemand bringt uns bei, mit unserem Willen etwa die Materie des Körpers zu beherrschen. Stattdessen übernehmen wir den Mechanismus, dass die Materie dem Geist

und der Seele diktiert, was zu tun ist. Wir lernen an der vorgegebenen Materie der uns umgebenden Welt, unseren Körper anzupassen. Eine Vorstellung davon, wie wir ohne Materie, frei von
Form und Schwere, offen agieren können, geben uns Träume,
Nahtoderfahrungen oder auch Empfindungen wie die Liebe. Dennoch erkennen wir diese Phänomene nicht als Handlungsoptionen
und begrenzen uns weiterhin. Vor allem begrenzen wir unsere
Wahrnehmung. Deshalb ist es so wichtig, sich mit dem Höheren
und Wahren Selbst zu beschäftigen – auch, um eine bessere Welt
zu bauen. Der Philosoph Paul Brunton bemerkt dazu: »Den falschen Glauben über unsere dinghafte Existenz zu erkennen ist die
Voraussetzung für eine heile Welt« (Brunton 1988).

Im Wahren Selbst finden wir Bewusstsein, fähig zu Reiner Wahrnehmung, ohne materielle Fesseln. Reine Wahrnehmung ist wie
Reines Bewusstsein das Ziel aller meditativen Praktiken. In den
Yoga-Sutras von Pantanjali finden wir einige Vorstellungen, die in
genau diese Richtung gehen. Indische Yogis gehen davon aus, dass
sie Zugang zur Reinen Wahrnehmung haben. Deshalb, so die
Überlieferung, besitzen sie übernatürliche Fähigkeiten, die Siddhis
(Vollkommenheiten). Sie beherrschen die Kunst der Levitation,
können die Materie verändern und erkennen Gegenstände, die verborgen oder weit entfernt sind. Sie können sich unsichtbar machen, laufen über Wasser oder glühenden Kohlen und sind in der
Lage, die Zukunft vorherzusagen. Allwissenheit und Allmacht
scheint diesen befähigten Yogis gegeben zu sein (Taimni 1961).
Wenn man nach den Gründen forscht, so liegen sie in der Fähigkeit zur Reinen Wahrnehmung. Ein Yogi hat ein unbegrenztes Er-
fahrungspotenzial, weit jenseits dessen, was die fünf Sinne und der
Verstand leisten können. Deshalb nimmt ein Yogi mehr wahr als
andere, sieht mehr, spürt mehr. Er lebt völlig in den Informationsflüssen der Interwelt, durchdringt sie und macht sich die Materie
untertan. Wesentlich konsequenter als andere Menschen wählt er
bewusst aus dem Meer aller Möglichkeiten aus und beschließt,
bestimmte Dinge zu verwirklichen. Für ihn ist die Interwelt ein
offenes Buch, in dem er lesen kann. Und er kann alles erschaffen,

was er möchte, weil er die gewünschten Informationsmuster wie Programme anwählen kann.

Die wahren traditionellen indischen Yogis sind ein hervorragendes Beispiel dafür, was möglich ist, wenn wir uns bewusst auf die Gesetze und Energien der Interwelt einlassen. Ihre Weisheit und Klarheit nahm vieles vorweg, was erst mit der Quantenphilosphie zum gesicherten Wissen der Neuzeit wurde: die geistige Existenz des Menschen, die geistige – und beeinflussbare – Beschaffenheit von Materie, die Vernetztheit jeglicher Form von Energie. Nicht von ungefähr sagte der Physiker Erwin Schrödinger, ein Pionier der Verbindung von Quantenphysik und Philosophie: »Unsere jetzige Denkweise hätte eine kleine Bluttransfusion aus östlichem Gedankengut notwendig.«[53] Das war 1956. Seither ist nur wenig geschehen. Heute können wir spirituelles und quantenphilosophisches Wissen zusammenführen und entdecken, welche Gestaltungsmöglichkeiten jedem von uns gegeben sind.

Archetypische Impulse

Eine der wichtigsten Erkenntnisse, die uns die Interwelt vermittelt, ist die Ganzheitlichkeit des Universums. Diese Idee steht allerdings im Widerspruch zur vorherrschenden Angewohnheit, die Wirklichkeit zu fragmentieren, sobald wir sie betrachten. Wir lernen ein zergliederndes, analytisches Vorgehen, nach dem Modell der traditionellen Wissenschaftsdisziplinen: Zunächst werden einzelne Phänomene beobachtet, dann ihr Zusammenwirken. Der Physiker David Bohm forderte deshalb: »Wir müssen die Physik andersherum betreiben. Anstatt mit Teilchen zu beginnen und danach zu zeigen, wie sie zusammenwirken, sollten wir beim Ganzen ansetzen« (Bohm 1986).

Es gibt ein einfaches Beispiel, das uns diese Erkenntnis vor Augen führt: das Licht. Im Möglichkeitszustand ist es zugleich Welle und Teilchenstrom. Erst wenn Messinstrumente ins Spiel kommen, fällt eine Entscheidung: Messen wir Teilchen? Oder messen wir eine Welle? Natürlich wird dabei willkürlich ein Aspekt der Ganzheit herausgegriffen. Wie man Licht definiert, ist also allein abhängig von der Art der Messung. Eine übergreifende Erkenntnis beschert die Messung nicht, denn wie sollten wir systemische Eigenschaften beobachten, wenn wir das System zerlegen? Genauso wenig würde jemand, der noch nie ein Auto gesehen hat, aus den demontierten Einzelteilen eine Vorstellung über das Auto bekommen. Erst das fertig montierte Auto, die Gesamtheit seiner Einzelteile und ihre Funktionsweise können darüber Aufschluss geben.

Die Welt als kompliziertes Geflecht von Beziehungen und Ereignissen kann nur als Netzwerk-Ganzheit verstanden werden. Der Quantenphysiker Henry P. Stapp beschäftigt sich daher nicht mehr mit Materie, sondern mit Beziehungen: »Ein Elementarteilchen ist keine unabhängig existierende, nicht weiter analysierbare Einheit. Es ist letztlich ein Bündel von Beziehungen, die zu anderen Dingen bestehen« (Stapp 1993). Absolut ähnlich klingt der Satz des buddhistischen Weisen Nagarjuna: »Die Dinge verdanken ihr Wesen und ihre Natur ihrer wechselseitigen Beziehung und sind nichts aus sich selbst heraus.«

Was für die Naturwissenschaft aufregend neu war, hatten Religionsstifter, spirituelle Meister und viele Philosophen längst erkannt. Nicht nur Erwin Schrödinger, auch andere Naturwissenschaftler stellten verblüfft fest, dass ihre Ergebnisse starke Ähnlichkeit mit dem intuitiv und kontemplativ gewonnenen Wissen hatten: Nicht die Bausteine sind wichtig, sondern das grundlegende Organisationsprinzip. Der Physiker J. S. Bell stellte ein Theorem auf, wonach alle Einzelteile auf ganzheitliche Weise und keineswegs zufällig miteinander verknüpft sind. Dieses Modell konnte experimentell bestätigt werden. Durch die Ähnlichkeit zwischen modernster Physik und transzendenten, ganzheitlichen Lehren verschwand der Widerspruch zwischen Wissenschaft und Spiritualität und löste sich auf.

Zentral ist in all diesen Überlegungen die Annahme eines übergeordneten Gesamtbewusstseins. Es ist Ausdruck eines universellen Geistes, der alle energetischen Beziehungen der Dinge untereinander kennt. Das Wissen des universellen Geistes umfasst auch die Bedingungen, unter denen bestimmte Prozesse aktiviert werden, die wiederum das große Ganze formen. Nur wenn eine Form gebraucht wird, entwickelt sie sich, und alle Formen haben eine Bedeutung im Zusammenspiel des Ganzen.

Wo steht nun der Mensch in diesem Gesamtsystem? Bleibt es bei seiner Angewohnheit, alles Wahrgenommene zu zergliedern und auch sich selbst als isoliertes Ego zu erfahren, kann er wenig ausrichten. Dann wiederholt er nur die Aktionsmuster des messenden und katalogisierenden Intellekts und lebt in einer »falschen Illusion« – was übrigens von Buddhisten als gestörter Geisteszustand (avidya) bewertet wird. Sein volles Potenzial entfaltet der Mensch nur, wenn er sich seiner Zugehörigkeit zum großen Ganzen bewusst ist, mit allen Informationen und Energieflüssen. Dann zeichnet ihn gegenüber anderen Organismen aus, dass er Energie- und Informationsprozesse, die zu Kraft und Form führen, erkennen und nutzen kann. Ausschlaggebend sind dabei sein Bewusstsein und sein Wille, um den informativen Energien ein Ziel vorzugeben. So sucht er sich aus dem Meer aller Möglichkeiten ein erwünschtes Ereignis aus und plant empfindend seine Verwirklichung.

Ich erwähnte bereits, dass für die Erschaffung der Wirklichkeit authentische seelische Empfindungen unerlässlich sind. Sie sind auch wichtige Kriterien für die Auswahl einer Option aus dem Meer der Möglichkeiten. Denn wenn wir auf unsere seelischen Empfindungen achten, führen sie uns zu untrüglichen Werturteilen. Die Emotionen, wörtlich »Herausbewegungen« (nach dem lateinischen Verb emovere, herausbewegen), sind Zeuge starker Gefühlsenergien und stoßen weitere energetische Prozesse an, die in Verbindung mit Wille und Gedanke schließlich zur Wirklichkeit werden. Manchmal äußern sie sich in Stimmungen – als Zeichen dafür, dass Bewusstsein und Unterbewusstsein in Resonanz mit Informationen gehen, die unsere Seele erreichen.

Es ist übrigens immer wieder überraschend – obwohl selbstverständlich, wie tief Empfindungen auch unseren Körper verändern können. Zuversicht und Vertrauen beispielsweise lösen unmittelbare Reaktionen im menschlichen Organismus aus, bis hin zu Selbstheilungskräften. Sie aktivieren Ur-Information. Zwar ist der Körper nur eine vergängliche Hülle für Geist und Seele, doch auch er gehört in die holistischen Prozesse, in die wir eingebunden sind.

Weit interessanter ist allerdings, wie die Seele im Gesamtsystem verortet ist. Hier ist es hilfreich, auf die Kategorie des Unbewussten zurückzukommen. C. G. Jung legte dar, dass die Seele nicht nur ein individuelles, sondern auch ein kollektives Erbe in sich trägt: das »kollektive Unbewusste«. Es ist die psychische Erbmasse der gesamten Menschheitsentwicklung – wir hatten bereits von der Unterscheidung von Höherem Selbst und vom Wahren Selbst gesprochen. Auf diese Weise erklärt Jung, warum in unserer Seele Urmodelle von Erfahrungen nisten, transformiert und verdichtet in Symbolen. In Märchen, Mythen und Sagen geraten diese Erfahrungen ins Licht des Wachbewusstseins, wo sie uns als mythische Figuren begegnen. Diese repräsentieren bestimmte Denkinhalte und Erfahrungen: der Teufel als Verführer, der Zwerg als schützender Helfer, Frau Holle als Symbol des Todes.

So wie in der Interwelt Einfaches Selbst, Höheres Selbst und Wahres Selbst einander zugeordnet sind, weist auch unsere Seele vergleichbare Schichten auf. Auf der unteren Ebene steht unser persönliches Unbewusstes. Dort speichern wir die Erlebnisse des Ich, mit dem Einfachen Selbst als Autorität. Auf der nächsten Ebene sind Erlebnisse und Bewertungen unserer vorherigen Leben manifest, mit dem Höheren Selbst als Autorität.

Wesentlich komplexer wird es, wenn wir das Integrale Unbewusste betrachten, mit der Autorität des Wahren Selbst. Das Integrale Unbewusste versammelt in sich alle menschlichen Erlebnisse seit Urzeiten. In dieser Zone des Unbewussten liegen beispielsweise Erfahrungen über den Menschen als Gemeinschaftswesen. Selbst wenn wir überzeugte Singles sind, lebt in uns die Erfahrung des Zusammenlebens in Familie und Horde, Stamm und Volk weiter. Auch kulturelle Besonderheiten wie Religion, Architektur und Alltagskultur haben sich eingeprägt.

Im Integralen Unbewussten entwickelte sich im Laufe der Menschheitsgeschichte eine stumme Sprache, codiert in Gefühlsqualitäten. So stehen jedem von uns dieselben Gefühle zur Verfügung, wie sie sich vor Jahrtausenden zur Bewertung von bestimmten Situationen ritualisierten. Deshalb spüren wir noch heute Gefühle, die ursprünglich die Erfahrungen und Bewertungen unserer Vorfahren waren. Wir halten solche Gefühle für angeboren. Richtiger ist wohl, dass sie die Spiegelungen alter Erlebnisse in der Interwelt nachahmen.

Das Persönliche Unbewusste dient als Spiegel- und Speicherfeld. Hier liegt der schöpferische Ursprung der Psyche, angesiedelt im Einfachen Selbst, im Höheren Selbst und im Wahren Selbst der Interwelt. Als Folge einer immer stärker werdenden Differenzierung fungiert das Bewusstsein als Schalter und Ordner für Informationen. Insofern ist das Bewusstsein ein ordnungstiftendes Erlebnisorgan, das für die Erschaffung der Realität unerlässlich ist, wie die quantenphilosophischen Ergebnisse es entsprechend auch zeigen.

Die Interwelt als Erinnerungsquelle

Jede unserer Handlungen, Gedanken und Gefühle gestaltet uns und das Universum: Wir programmieren quasi das Universum, durch jeden Gedanken, jedes Gefühl, jede Idee, die in der Interwelt abgespeichert wird. Wie schon beschrieben, gleicht die Interwelt einem Vakuum, da sie immateriell, also masselos ist. Dieses Vakuum enthält alle erdenklichen Informationen. Sie sind die Grundlage all dessen, was sich manifestiert, aller Strukturen, Farben und Formen. Da Interwelt und Bewusstsein einander durchdringen, können wir folgern, dass auch unser Bewusstsein ein Modus der Vakuumeigenschaften ist. Darauf hat erstmalig der Physiker L. Domash 1973 hingewiesen. Das Vakuum ist physikalisch recht gut erforscht. John Archibald Wheelers Arbeitsgruppe an der Princeton University errechnete unter Berücksichtigung

der bis zur Planckschen Länge von 10^{-33} cm geltenden Quantengesetze eine Energiedichte des Vakuums von 10^{108}J/cm^3 (Platton et
al. 1975).

Die Informationsdichte des Vakuums nimmt immerfort gewaltig zu, da alles abgespeichert wird, ohne Grenze nach oben – ein
universelles Vakuum ist unendlich aufnahmefähig. So füllt es sich
zunehmend mit Informationen, die nur darauf warten, vom intelligenten Bewusstsein verarbeitet und geordnet zu werden. Nichts
anderes tun wir, wenn wir uns für die Informationsmuster der Interwelt öffnen. Die Ordnung der Natur zu erkennen bedeutet
demnach, den Code zu finden, der die Zeichensprache der Natur
in unsere Gedankensprache übersetzt. Als Decodierungswerkzeug
dienen dabei unsere seelischen Empfindungen. Mit ihnen entschlüsseln wir die Botschaften der Interwelt.

Das Vakuum von Bewusstsein und Interwelt hat einen faszinie-
renden Aspekt: In ihm zirkulieren virtuelle Teilchen, die aus der
»Leerheit« der Vakuummöglichkeiten heraustreten. Diese Fluktuationen legen die Wahrscheinlichkeiten für alle Veränderungen
in der Natur fest. Vakuumfluktuationen in allen Strukturen, Formen, Gestalten sind der Motor für die Kreativität der Schöpfung.
Doch wie kommt es zur Auswahl? Im indischen Kashmir-Shaivis-
mus entwickelte man die Vorstellung von Dharanas. Sie beschreiben beim Raja-Yoga Techniken, die absolute Konzentration des
Geistes auf einen bestimmten Punkt zu erlangen – so wie man
Lichtstrahlen bündelt und dabei konzentriert. Durch Dharana, die
energetische Fokussierung des Bewusstseins, wird im Vakuum ein
Informationsaspekt aus den vielen Möglichkeiten heraus kreiert.
Er führt zu Siddhi (wörtlich aus dem Sanskrit übersetzt: das Gelingen, das Zustandekommen), als ob durch Knopfdruck ein bestimmtes Computerprogramm aktiviert wird.

Professor Seth Lloyd vom berühmten MIT (Massachusetts Institute of Technology, Cambridge) bezeichnet passend das Universum als einen gigantischen Quantencomputer, dessen kleinste Teilchen Bits seien. Insofern habe die bisherige Wissenschaft das
Universum gründlich missverstanden.[54] Es sei keine zufällige An-

sammlung von Teilchen, vielmehr sei das Universum in seiner majestätischen Gesamtheit ein kosmischer Rechner, der unaufhörlich mit Daten gefüttert werde. Das Ergebnis dieser Rechenoperationen sei das, was wir Realität nennen. Jedes Ereignis füge dem Ganzen neue Informationen hinzu, und dies sei die treibende Kraft hinter der Evolution.

Wir können also festhalten: Das Universum wird immer komplexer und informationsreicher. So wie der Vakuumzustand fluktuiert, so fluktuiert auch das Reine Bewusstsein, konzentriert sich auf einzelne Ideen und gewährleistet die formenreiche Lebendigkeit der Schöpfung. Hier ist der Ursprung der Impulse, hier werden die für uns verbindlichen Naturgesetze geschrieben. Vor allem aber: Hier sind die Einwirkmöglichkeiten, um alles nur Denkbare zu ändern. Jay Alfred, Urheber der Dark-Plasma-Theorie, variiert diese Sicht, indem er die Dunkle Materie als lebendiges Plasma beschreibt: »Es ist im Interesse des Universums, Lebensformen zu erzeugen, damit es sehen, hören, schmecken, berühren und riechen kann und sich seines Selbst bewusst wird.«[55]

Das alles verknüpfende Prinzip heißt Interaktion. Selbst Lichtjahre voneinander entfernte Objekte können verschränkt sein und intensive Wechselbeziehungen eingehen. Auf diese Weise wird auch der Erinnerungsvorgang noch einmal neu beleuchtet. Ich hatte bereits erläutert, dass Erinnerungen aus der Interwelt abgerufen werden, nicht etwa aus dem Gehirn. Nur so ist möglich, dass wir auch Zugang zu den Erinnerungen anderer Menschen haben. Geschieht dies im Modus des Jetzt, also nicht in Bezug auf Vergangenes, stellt sich das Phänomen der Gedankenübertragung ein: reine Telepathie. Eine dritte Möglichkeit besteht darin, dass wir Erinnerungen an eigene vergangene Ereignisse abrufen oder sogar Ereignisse von anderen Menschen in der Vergangenheit.

Psychologen und Biologen sind seit Langem diesen außergewöhnlichen Vorgängen auf der Spur. Sie sprechen wie C. G. Jung vom kollektiven Unbewussten als einem Weltgedächtnis oder wie Rupert Sheldrake von morphogenetischen Feldern. Dies ist ganz im Sinne der Evolution, die auf eine qualitative Entwicklung abzielt. Sheldrake beispielsweise weist darauf hin, dass spätere Generationen eine geringere Fehlerquote bei Lernprozessen aufweisen und dass sich die Lerngeschwindigkeit insgesamt erhöhe. Dies konnte William McDougall, Psychologieprofessor in Harvard, anhand von Versuchen mit Ratten in einem Wasserlabyrinth feststellen. Auch Forscher wie F. A. E. Crew von der University of Edinburgh und W. Agar von der Universität Melbourne untersuchten Lernprozesse und kamen zu den gleichen Ergebnissen. Manche dieser Experimente erstreckten sich über einen Zeitraum von 25 Jahren, für empirische Erfahrungen ein wissenschaftlicher Härtetest.

Fenster zur Interwelt

So wie Träume, Klarträume und Nahtoderfahrungen ist auch die Hypnose eine wertvolle Quelle, um informelle Beziehungen zur Interwelt zu beobachten. Was in Hypnose erlebt wird, kann nur in einem weiteren Hypnosezustand wieder erinnert werden, da es keine Gedankenbrücken zwischen dem Hypnosezustand und dem wachen Bewusstseinszustand gibt. Das Gehirn als Zensor erlaubt keinen Austausch mit der Interwelt im Wachzustand. Dies ist auch der Grund, warum es uns meist schwerfällt, uns an Träume zu erinnern. Gerade noch haben wir etwas intensiv im Traum erlebt, doch schon kurz nach dem Erwachen verflüchtigt sich alles. Analog zu den Erkenntnissen über Hypnose kann man folgern: Was in Träumen erlebt wird, kann nur in Traumsituationen erinnert werden. Träume stellen sich oft in Wiederholungen ein als immer wieder gleiche Traumgeschichten; Träume erinnern sich an Träume.

In beiden Zuständen, im Traum und in der Hypnose, befinden wir uns in der Interwelt. Dort dominiert das Unbewusste, ohne wachbewusste Kontrolle. Im Unterbewusstsein sind die Reiz-Antwort-Signale abgespeichert, die auf den angeborenen Instinkten, aber auch auf sämtlichen Erfahrungen, Lernprozessen und Konditionierungen aufbauen. Das Besondere ist, dass sowohl während des Träumens als auch unter Hypnose der Geist gewissermaßen auf Autopilot geschaltet ist. Der zensierende Filter des Neokortex entfällt. Deshalb können sich hier aktive Wesenheiten früherer Schöpfungen aufhalten, beispielsweise Engel und Dämonen.

Die einfachste Methode, Träume in die Erinnerung zu schalten, ist der Klartraum, auch Luzider Traum genannt. Dabei unterwirft man Träume dem freien Willen. Gelingt dies, kann man nachweislich im Traum das Wachbewusstsein einsetzen, um die Traumereignisse nach eigenen Vorstellungen zu lenken. Wer dies jemals erlebt hat, kennt das erhebende Gefühl: Man kann Dinge tun, die in der Materiewelt durch die gegebenen Begrenzungen absolut unmöglich erscheinen. Es gibt keine Hindernisse zwischen Wunschziel und Verwirklichung, da in der Interwelt keinerlei materielle Beschränkungen existieren – nur Ideen für materielle Formen, reine Virtualität. Auch Raum und Zeit treten zurück, da beide nur mit den Kräften innerhalb der Materie zusammen auftreten. Kräfte gibt es aber nicht in der Interwelt, da keine Materie existiert – nur alle Informationen dazu. Entfernungen werden mühelos überwunden, Vergangenheit, Gegenwart und Zukunft verschmelzen zum Jetzt, ganz so, wie wir es wollen.

Traumforscher haben hier erstaunliche Entdeckungen gemacht. Der amerikanische Psychologe Stephen LaBerge vom Sleep Research Center der Stanford University ist zurzeit der erfahrenste Experte auf diesem Gebiet. Er konnte erstmals nachweisen, dass wir fähig dazu sind, im Schlaf und im Traum ein vollkommen waches Bewusstsein einzubringen. Vorher war man davon ausgegangen, dass für den Schlaf eine Absenkung des Tagesbewusstseins notwendig sei. LaBerge erkannte, dass Bewusstsein und Schlaf getrennten Kategorien angehören – eine äußerst wichtige Entdeckung. Denn erst diese Trennung erlaubt die Bewusstheit von Erlebnissen in der Interwelt (LaBerge 1986, LaBerge und Reingold, H. 1990).

Je weiter man in diesen Forschungsbereich vordrang, desto erstaunlicher waren die Ergebnisse. So stieß man beispielsweise auf das Phänomen der Traumtelepathie. Dabei werden Träume von getrennten Personen gleichzeitig geträumt. Nach dem Aufwachen erzählten Probanden von exakt gleichen Traumerlebnissen, ohne voneinander zu wissen, ohne jede Absprache (Ullman et al. 1973).

Sicherlich fragen Sie sich mittlerweile, welche Vorteile der Luzide Traum für uns haben könnte. Allgemein gesagt, ist es die Einübung einer neuen, ungefilterten Wahrnehmung, die uns in direkten Kontakt mit der Interwelt bringt – nicht nur mit deren Ideen, sondern auch mit ihren erschaffenden Potenzialen. Dieser Unterschied ist gravierend.

Natürlich sind wir alle in der Lage, uns etwas intensiv vorzustellen. Aber dann bleibt es bei einer imaginierten Welt. Wir können uns beispielsweise vorstellen, dass wir einer überaus freundlichen Person begegnen und gemeinsam einen entspannten Spaziergang in herrlicher Landschaft unternehmen. Das schöne Erleben dieser Vorstellung mag durchaus facettenreich vor unserem inneren Auge stehen, doch wir wissen immer, dass das Ganze nur eine gewollte Einbildung und nicht das reale Erleben ist. Deshalb können wir unsere imaginierten Vorstellungen auch jederzeit willentlich beenden.

Wenn Sie dagegen in die Interwelt eintauchen, wie es im Traum passiert, wissen Sie nicht, dass Ihr Erleben kein reales Erleben ist. Im Gegenteil: Sie spüren alles mit der Eindringlichkeit tatsächlicher Erfahrungen. Starke Gefühle brechen auf, und auch Ihr Körper reagiert: mit Anspannung oder Entspannung, Wohlgefühl oder Schweißausbrüchen. Wer jemals schweißgebadet aus einem Angsttraum hochgeschreckt ist, weiß, wovon ich spreche. Das Geschehen kommt und geht unabhängig von Ihrem Willen.

Im Luziden Traum wissen Sie ganz klar, dass Sie sich in der Interwelt befinden. Und weil Sie dies wissen, können Sie mit Ihrem Willen das Geschehen in beliebige Richtungen lenken. Was dann passiert, geschieht als logische Entwicklung des Geschehens. Höchst spannende Szenen entstehen, die Sie bewundernd beobachten. Im Gegensatz zur reinen Imagination ist das Erleben weit intensiver, und es geschehen Dinge, die in der Imagination, die sich ja immer an der eingrenzenden Alltagswelt orientiert, nie passieren könnten. Sie gehen durch Wände, Sie fliegen, oder Sie tauchen an beliebig ausgewählten Orten auf. Weil Sie dies alles real erleben, weil Ihr Gehirn Sie mit den entsprechenden Reizen bedient, verändern die Synapsen ihre Struktur: Die Neuronenmuster reagieren direkt auf das neue Geschehen.

Falls man also kritisch fragt, ob Erlebnisse in der Interwelt reale Besuche oder nur interessante visionäre Erfahrungen sind, spielt die Antwort für das intensive Erlebnis nicht die geringste Rolle. Der Mensch reagiert mit allen Sinnen und Gefühlen, wie in der Realität. Und da mit jedem neuen Luziden Traum Veränderungen der Gehirnstruktur erfolgen, haben Luzide Träume auf Dauer konkrete materielle Folgen, die man als erhöhte Sensibilisierung für Interweltinhalte bezeichnen muss.

Kapitel 5:
Die Grundlagen der Quanten-
philosophie

Die Urgesetze des Geistigen

Wenn man Naturwissenschaft und spirituelles Wissen zusammen-
führt, stößt man früher oder später auf das »Gesetz der Schwere«.
Es findet sich in der uralten Lehre der Alchemie, aber auch bei
Martinus und Abdrushin.

Spontan assoziiert man Schwere mit Gravitation. Und in der
Tat ist Schwere gleichbedeutend mit der Gravitationswirkung
und der Massenanziehung. Wir hatten vorher bereits über die
ungeklärten Rätsel der Gravitation gesprochen. Klar ist allerdings: Die Gravitation ist dort am stärksten, wo viele Massen wie
in Atomkern und Elektron dicht gedrängt vorliegen. Aber Gravitation hat auch eine Wirkung auf masselose Lichtphotonen, erzeugt also auch dort Effekte, wo statt Massen lediglich informative Botenteilchen existieren. Gezielte Informationsübertragung
ist nach unserer Definition ein geistiger Prozess. Deshalb gilt das
Urgesetz der Schwere nicht nur in der Materiewelt, sondern auch
in der geistigen Interwelt. Dieses Gesetz – so sagen die Weisen –
ist für fast alles verantwortlich, was mit erschaffenden Fähigkeiten zu tun hat. Deshalb ist es auch der wichtigste Impulsgeber des
Menschen für die Entwicklungsprozesse des Geistes (Abdrushin
1931).

Martinus verbindet mit der Schwereenergie interessanterweise
die Gefühlsenergie, die ja die Kommunikation mit der Interwelt
bewirkt. Er schreibt: »Die Verbindung der Gefühlsenergie mit der

Schwereenergie liegt auch dem zugrunde, was wir als Schwerkraft oder Anziehungskraft der Erde kennen« (Todt 2008).

Wir hatten bereits darauf hingewiesen: Tatsächlich gibt es eine Energie, die genau diese Beziehung zu erfüllen scheint: Es ist die physikalisch definierte »Dunkle Materie«. Sie durchdringt alles Seiende, auch uns Menschen, und kommuniziert sowohl mit der Schwerkraft als auch mit der Schwachen Kraft – die in unserem Modell enge Beziehungen mit der Gefühlsenergie hat. Hier sehen wir die Verbindung mit Informationskomplexen, die letztlich zur Schöpfungsfähigkeit führen.

Ein weiteres Urgesetz ist das »Gesetz der Gleichheit«, das sich durchaus mit dem Sprichwort »Gleich und gleich gesellt sich gern« erläutern lässt. Dieses Gesetz umfasst die Erkenntnis, dass wir nur dann aktiv werden können, wenn wir uns in einem energetischen Umfeld bewegen, das mit unseren eigenen Energien korrespondiert. Um einen einfachen Vergleich anzuführen: Ein Benzinmotor funktioniert nicht mit Wasserdampf, und ein elektrischer Herd könnte nicht mit Diesel betrieben werden. Es kommt also immer darauf an, dass die Energien aufgenommen und verarbeitet werden können, was optimal durch Resonanz geschieht. Entsprechend sind für die Wahrnehmung der materiellen Alltagswelt nur materielle Sinnesorgane geeignet. Wir hören, sehen, fühlen nur das, was von der Materie erzeugt wird. Klänge werden vom Ohr aufgenommen, Gerüche erreichen uns durch Moleküle, die an Rezeptoren in unserer Nase andocken. Photonen als Information elektromagnetischer Energie werden von unseren Elektronen absorbiert.

In der geistigen, der feinstofflichen Welt können wir nur auf pure energetische Informationen ohne materielle Träger reagieren. Wir können – wie beispielsweise beim Erinnern – auch ohne materielle Sender und Empfänger hören, sehen und fühlen, weil hier bereits der rein geistige Informationsgehalt der Funktionen vorliegt. Wie ein Fernseher oder Computer, der von außen kommende Informationen in entsprechenden Empfangsmodulen verarbeitet und in Bild und Ton übersetzt, können wir Menschen Formen und

Strukturen virtuell in der Interwelt und vice versa real in der Alltagswelt aufbauen.

Direkt daran gekoppelt ist das »Gesetz der Anziehung«. Ähnlich wie beim Gesetz der Gleichheit geht es darum, dass Gleiches einander anzieht. Ein Beispiel ist die sich selbst erfüllende Prophezeiung. Sobald wir empfindsam an ein bevorstehendes Ereignis glauben, erhöht sich die Wahrscheinlichkeit, dass es eintrifft. Placebo- und Noceboeffekte sind gut dokumentierte Beispiele. Wer sich panisch vor einer Krankheit fürchtet, erhöht also unfreiwillig sein Risiko, schon sehr bald tatsächlich zu erkranken. Dasselbe gilt auch für die angenehme Richtung: Wer sich mit aller Kraft nach etwas sehnt, erhöht die Möglichkeit, es auch zu erlangen. Der Mechanismus ist leicht verständlich. Die veränderte Einstellung einer Person zu äußeren Umständen führt die Änderung ebendieser Umstände dann herbei. Solche Vorgänge wurden eingehend wissenschaftlich erforscht, mit signifikanten Ergebnissen (Hutson 2012).

Mit dem Gesetz der Anziehung haben wir ein hocheffizientes Werkzeug in Händen, um unserem Leben eine Wende zum Besseren zu geben. Alles hängt davon ab, dass wir ein Ziel definieren und positive Erwartungen hegen, denn dadurch werden die Chancen der Verwirklichung wesentlich verbessert. Wir ziehen das Ziel buchstäblich an uns, allein durch die Kraft der geistig-seelischen Konzentration, verwandt den Dharanas.

Das vierte Urgesetz ist das »Gesetz der Wechselwirkung«. Es beruht auf Rückkopplungen, die alles betreffen, was wir denken und tun. Im Volksmund heißt es hellsichtig: »Wie man in den Wald hineinruft, so schallt es heraus.« Deshalb ist Achtsamkeit oberstes Gebot. Wer Hass sät, wird keine Liebe ernten. Wer sich rücksichtslos verhält, kann keine verständnisvolle, freundliche Behandlung durch seine Mitmenschen erwarten. Dennoch verstehen viele Menschen dieses leicht zu durchschauende Wechselspiel nicht und agieren konträr zu dem, was sie sich erwünschen und erhoffen.

Die vier Urgesetze verbindet, dass sie sich direkt auf das menschliche Wollen und Handeln übertragen lassen. Immer geht es um die innere Einstellung, die daraufhin das Schicksal lenkt. Zugleich markieren die vier Gesetze die Schnittstelle zwischen materieller und geistiger Welt, als notwendige Voraussetzung dafür, dass geistige Aktivitäten Auswirkungen auf Materielles haben können. Es ist jedoch nur eine gedachte Schnittstelle. Denn in Wahrheit ist auch die Natur nach geistigen Prinzipien aufgebaut, sodass wir sie nach den Gesetzen von Gleichheit, Anziehung und Wechselwirkung beeinflussen können. Der Physiker Werner Heisenberg fasst diese Strukturgleichheit mit den Worten zusammen: »Dieselben organisierenden Kräfte, die die Natur in all ihren Formen gestaltet haben, sind auch verantwortlich für den Aufbau unseres Geistes« (Heisenberg 1971).

Auch wenn alles von Geist beseelt und belebt ist, lässt sich eine gewisse Hierarchie erkennen. An oberster Stelle des universellen Systems steht eine unendliche, ewige und einheitliche geistige Intelligenz. Sie ist dadurch charakterisiert, dass ein übergeordneter Geist Informationen zielgerichtet verarbeitet. Die Informationen werden also durch Intelligenz als Information erkannt und anschließend für die Kreation von Wirklichkeit genutzt. Die Pointe besteht darin, dass sich der menschliche Geist an der einheitlichen geistigen Intelligenz orientieren kann. Der Philosoph Paul Brunton merkt deshalb an: »Wenn der Mensch fest und unfehlbar fortfährt, sich selbst gedanklich mit dieser höheren Individualität zu identifizieren, kommt es ganz natürlich dazu, ihre Haltung zu teilen.« Wir alle könnten also teilhaben an der Art und Weise, in der die höhere Intelligenz agiert. »Vorstellen heißt erschaffen«, stellt Brunton fest. »Was ein Mensch denkt, wird er.«[56]

Interessanterweise entstehen schon in der Anfangsphase des Schaffensprozesses aus Informationsmustern Wesenheiten, die selbst eine geistige Intelligenz aufweisen. Alles Wesenhafte kann sich materiell, im grobstofflichen Diesseits manifestieren oder im feinstofflichen Bereich der Interwelt verbleiben. Ausschlaggebend ist, dass diese Wesenheiten durch geistige Aktivitäten erwünscht und erschaffen wurden. Allerdings gibt es einen wichtigen Unterschied: Sobald sich etwas materiell in der Alltagswelt verwirklicht, kann es auch wieder vergehen. In der Interwelt jedoch bleiben alle erschaffenen virtuellen Formen bestehen und gewinnen an Bedeutung, wenn sie durch weitere geistige Aktivitäten genährt werden.

Die Macht der Felder

Das Wirkgesetz der Interwelt gliedert sich in Energie, Information und Kraftwirkung auf die Materie, vermittelt durch Wille, Bewusstsein, Seele und Geist. Was beim flüchtigen Blick erst einmal vage klingt, hat eine handfeste physikalische Basis. Sowohl Energie als auch Information sind physikalische Wirkkomponenten, wenn auch Geist und Seele nicht wissenschaftlich messbar und beweisbar sind. Doch die Quanten-Feldtheorie der modernen Physik liefert uns einige Belege für die Existenz eines kosmischen Universalgeists, der qua Interwelt ordnend und organisierend in der Alltagswelt in Erscheinung tritt.

Mit dem Begriff der Felder beschreibt die Relativitätstheorie Übergänge von Energie zu Masse und umgekehrt. Die Materie ist im Ursprung energetisch-informatives Feld. Sie entsteht durch Bewusstsein, Seele, Geist, und sie wird auch weiterhin durch diese geistig-energetischen Felder beeinflusst – bis hin zur Rückverwandlung in ihren Ursprungszustand. Dabei handelt es sich nicht um eine materiell beschränkte Hirntätigkeit, denn alles, was Geist und Seele erschaffen, gehört in den größeren Kontext eines kosmischen Ganzen.

Geist und Seele verfügen über universale Energien und Informationen und verwandeln sie in messbare Kräfte. Die Welt ist nicht gegeben, sondern wir machen die Welt zur Welt, wie wir sie wahrnehmen. Keine Eigenschaft kann getrennt von allen anderen Eigenschaften in einem Organismus geändert werden, denn jede dieser Eigenschaften ist untrennbar mit allen anderen verbunden. Eine Veränderung an einem Punkt zieht daher die Veränderung aller anderen Punkte nach sich. Der immens große Reichtum an

Verknüpfungen lässt das System selbst entscheiden, welche Optimierung jeweils vorgenommen wird.

Darwin hatte in seiner Evolutionstheorie die Anpassung an die Umwelt und das Überleben des Tüchtigsten (survival of the fittest) als Kriterium von Entwicklungen festgelegt. Mittlerweile ist diese Interpretation nicht mehr haltbar. Das einzig Verbindliche, das wir aus der Vielfalt entstehender Formen ablesen können, ist die Existenz des Möglichen innerhalb des Ganzen. Und daran ist prinzipiell alles beteiligt, was lebt. Albert Einstein gefiel diese Vorstellung überhaupt nicht. Er entrüstete sich: Falls ein Lebewesen wie eine Maus das Universum durch reine Beobachtung verändern könne, so wolle er lieber Schuster als Physiker sein. Sein Fazit, Gott würfele nicht, kennzeichnet ihn als Anhänger einer zielgerichteten Evolution.

Seither sind aus der Quantenphysik zahlreiche quantenphilosophische Teilbereiche hervorgegangen, wissenschaftliche Disziplinen wie Transpersonale Psychologie, Transzendenzphilosophie, Parapsychologie und sogenannte Grenzwissenschaften wie die Noetik. Sie alle kreisen um das Phänomen des einfühlenden Beobachters, der das Ganze verändern kann. Es war im Jahr 1983, als der Physiker David Bohm während der Konferenz »Andere Wirklichkeiten« den Dalai Lama fragte: »Heißt das, dass jeder von uns das Universum erschafft?« Der Dalai Lama antwortete: »Ja. Diese Frage hat etwas mit Karma zu tun, was so viel wie ›Handeln‹ heißt [...] Aufgrund dieses Karmas werden über die inneren Elemente die äußeren Geschehnisse herbeigeführt [...] Dies alles hängt wiederum mit dem kontinuierlichen Fortbestehen des Bewusstseins zusammen.«[57]

Wie äußern sich nun die Feldkräfte im Hinblick auf eine Zustandsveränderung der Materie? Hier offenbart sich ein Übergang von Masse zu Energie, der die Einwirkmöglichkeiten von Geist und Bewusstsein schlüssig erklärt. Materie, so definiert es die Quantentheorie, ist ein Raumbereich mit hohen energetischen Felddichten, wo sich große Energiemengen punktuell konzentrieren. Derartige Energieknoten breiten sich als Welle im leeren

Raum aus und verdichten sich zu dem, was wir Materie nennen. Streng genommen, bleibt es allerdings bei Feldern. Albert Einstein hielt deshalb den Materiebegriff für eine veraltete Bezeichnung: »Wir können daher Materie als den Bereich des Raumes betrachten, in dem das Feld extrem dicht ist [...] in dieser neuen Physik ist kein Platz für beides – Feld und Materie, denn das Feld ist die einzige Realität« (Karamanolis 1988).

Ein Feld beschreibt den räumlichen Einfluss von Energie. Deshalb ist Materie letztlich ein Energiemuster und das Feld das dazugehörige Organisationsprinzip, ohne das sich die Materie auflösen würde. Einstein nannte dieses Ordnungsprinzip das »universale Feld«. Es ist vergleichbar mit dem Asat der indischen Philosophie, ein einheitliches Feld aller Möglichkeiten. Auch im chinesischen Daoismus besteht eine ähnliche Vorstellung über ein universales Feld, aus dem alle Energien strömen. Doch woher stammt diese Energie?

Eine verblüffende Erklärung gelang wiederum Albert Einstein. Er war überzeugt, dass Felder als Realität des Universums unsere eigenen Schöpfungen sind. Ich stimme ihm zu, denn dies entspricht voll und ganz meinen Erfahrungen über die energetisch-informativen Prozesse der Interwelt. Sie existiert, weil das universelle und menschliche Bewusstsein existiert und weil der menschliche Geist in Abstimmung mit dem universellen Geist erschaffende Kraftfelder erzeugt. Auch der amerikanische Wissenschaftler Charles Arthur Musès sah in den Wirkgrößen des erschaffenden Beobachters Bewusstseinsfelder (Musès 1983).

In diesem Zusammenhang fällt oft der Begriff »noetische Energie«. Wir nähern uns hier einem völlig neuen, spannenden Forschungsbereich, der Noetik. Das Wort leitet sich aus dem Griechischen noétos ab und bedeutet so viel wie geistig wahrnehmbar. Die noch junge Wissenschaftsdisziplin der Noetik führt Quantenphysik und Bewusstseinsforschung zusammen. In weltweit anerkannten Instituten wie IONS oder dem ehemaligen PEAR (Princeton Engineering Anomalies Research Lab) kam man zu Aufsehen erregenden neuen Erkenntnissen. Es konnte bewiesen werden, dass alle

Materie energetisch miteinander verschränkt ist, in einem einheitlichen Geflecht. Zugleich wurde offenbar, dass Bewusstsein ganz faktisch eine Substanz jenseits unseres Körpers ist, eine Energie, die Materie verändern kann. Umgekehrt hat Materie mit seinen Feldern Einfluss auf die vom Bewusstsein abhängigen Felder.

Die Feldenergien des Bewusstseins bestimmen das gesamte Universum. Nur durch willkürliche Messungen entsteht der Eindruck, man könne Felder isolieren. Es muss dennoch immer bei einem ganzheitlichen Ansatz bleiben, denn jede Abtrennung einzelner Felder verkennt den größeren Wirkzusammenhang. Quantenphysiker und Noetiker gaben dem Bewusstsein als beeinflussender Substanz eine neue Herkunft: Nullpunktfeld. Damit sind die immensen Feldkräfte der subatomaren Ebene gemeint. Hier begegnen wir wieder dem Vakuum, der Dunklen Energie und Dunklen Materie, von denen zuvor die Rede war.

Wir hatten bereits gesehen, dass das masselose Vakuum nicht gleichbedeutend mit einem Nichts ist, sondern einen unvorstellbar hohen Energie- und Informationslevel besitzt. Für Quantenphysiker und Bewusstseinsforscher steht fest: Die universelle Energie und Information des Vakuums ist nutzbar, und zwar auch durch die Kraft des Geistes, die jetzt »Intention« genannt wird. Mit dem Begriff der Intention ist nichts anderes gemeint als die belegbare Erkenntnis, dass auch Gedanken Felder sind. Da Elementarteilchen des Nullpunktfelds miteinander kommunizieren, ergibt sich daraus ein universaler Einfluss von Geist und Bewusstsein. Diese lebendige Wechselbeziehung entspricht den Urgesetzen der Gleichheit, der Anziehung und der Wechselwirkung.

Jede Materie ist zu 99, 999 999 999 Prozent masseleerer Raum. Was wir als materielle Welt wahrnehmen, sind immer nur Verdichtungen innerhalb eines Feldes. Das können wir uns am Beispiel der Photonen vergegenwärtigen. Photonen bestehen aus verdichteter Energie und fungieren zugleich als Botenteilchen, die von Elektronen zur Kommunikation genutzt werden. Aber Photonen erschaffen unter bestimmten Umständen auch Elektronen. Stoßen zwei masselose Photonen zusammen, reicht die Energie mit einem erforderlichen Wert von 0,5 MeV aus, ein Elektron, also ein Masseteilchen, zu erzeugen – aus masselosen Photonen entsteht über Energie und Information ein Masseteilchen. Bewegt sich die Gesamtenergie im Bereich von 1 GeV, kann sogar ein Proton, also ein Atomkernteil, entstehen. Masse ist demnach eine jeweils größere Energieverdichtung im Feld. Trifft dann das Elektron auf das Proton, so verbinden sie sich zu einem Wasserstoffatom, das nochmals einen größeren Energieknoten darstellt. Wenn also ausreichend viel Energie zur Verfügung steht, wird Materie erzeugt.

Was sich im subatomaren Bereich ereignet, gilt für das gesamte Universum mit allen Galaxien, Sternen, Planeten, Pflanzen, Tieren und Menschen. Das Entwicklungsgesetz folgt dem Austausch und der Verdichtung von Energien, erzeugt Masse und löst sie wieder zu Energie und Information auf. So gebiert das Universum ein permanentes Werden und Vergehen, mit ständigen Energieflüssen innerhalb des universalen Feldes.

Anschaulich gesprochen, könnte man dieses energetisch-informative Geschehen des Universums mit der Funktionsweise eines Fernsehers vergleichen. Wir stellen ihn an, und schon sehen wir einen Bilderstrom der Formen und Farben, hören Sprache, Musik und Geräusche. Dabei vergessen wir leicht, dass wir das Produkt einer energetischen Umwandlung sehen. Der moderne Fernsehmonitor besteht aus unzähligen Punkten, Pixel genannt. Über diese Punkte streicht ein Feld, das durch elektromagnetische Trägerwellen mit eingeprägter Information gesteuert wird. Dieses Feld überträgt die Information auf die Pixel, indem es diese Leuchtpunkte immer wieder ein- und ausschaltet.

Die Bewegungen, die Ihr Auge auf dem Monitor wahrnimmt, sind letztlich keine Bewegungen, sondern eine Abfolge von Einzelzuständen. Dabei leuchten bestimmte Punkte des Bildschirms in einer zeitlich und räumlich unterschiedlichen Aktivierung durch das darüberliegende steuernde Feld auf. Das Auto, das vermeintlich fährt, wird als Lichtmuster an einer Seite ausgeschaltet und zur Mitte hin immer mehr angeschaltet. Auch die Energie für Quantenimpulse schaltet sich ein und wieder aus. Kein Elektron, kein Quark, kein Masseteilchen verändert seine Position. Sie werden nur von Welle zu Quant geschaltet – von Energie und Information zu Masse – und umgekehrt.

Die Materie des Universums bildet sich aus nur drei Grundbausteinen: Proton, Neutron und Elektron. Je nachdem, wie sie kombiniert sind, entstehen die einzelnen Elemente mit unterschiedlichsten Eigenschaften wie dem spezifischen Atomgewicht. Die Quantenphysik belegte jedoch, dass Materie, so fest und unveränderlich sie auch auf uns wirken mag, letztlich immer ein Energiewirbel mit charakteristischen Verdichtungen bleibt.

Auch unser Körper besteht aus solchen Energiewirbeln im Fluss der universellen Energie. Sie verdichten sich im Mikro- und Makrobereich zu einer konstanten Form, zu Struktur und Gestalt, um im Einklang mit den irdischen Verhältnissen funktionieren zu können. Diese energetische Verfasstheit des Körpers macht uns zu Energie- und Informationssendern, aber auch zu Energie- und Informationsempfängern. Sobald von außen Energiewellen und Information auf uns einwirken, verändert sich unser eigenes Energiefeld, und wir senden Quanten aus. Alle geistige Konzentration, die zu erschaffenden Feldern führt, muss daher durch eine zusätzlich einwirkende Energie und Information angeregt werden. Energien, das haben wir bereits vielfach gesehen, sind immer zugleich Informationsträger – alles dreht sich um energetisch codierte Information. Auf diese Weise stehen wir in permanentem Informationsaustausch, wobei das Changieren zwischen Energie und Masse zu konkreten Manifestationen von Gedanken und Ideen führt und vice versa.

In manchen Lehrbüchern wird immer noch behauptet, dass Quanten lediglich Energien und Kräfte übertragen. Es ist aber längst bekannt, dass ein Quant immer nur die Information für Kräfte transportiert. Ein Quant ist also letztlich ein Botschafter. Alles, was aus Quanten aufgebaut ist, Atome, Massen und die daran geknüpfte Raum-Zeit, ist tatsächlich Vehikel für Informationen, wobei die Vehikel wiederum aus Informationen bestehen. Genau mit diesem geistigen Prinzip der Informationserkennung und Verarbeitung wurde das erbaut, was wir weiter oben Gefäß der Seele genannt haben, unter anderem wir Menschen.

Der allumfassende Geist wird demnach in den kleinsten physikalischen Teilchen bereits sichtbar. Bevor allerdings das Teilchen entstand, war diese Information eine Möglichkeit in einer als geistiges Feld ausgebreiteten Erscheinung.

Das ist insofern von Bedeutung, als die Interwelt ein massefreies, aber höchst energiereiches Vakuum ist – oder, wie man inzwischen sagt, ein Nullpunktfeld. Wir hatten dieses Feld bereits vorher mit der Dunklen Energie gleichgesetzt. Quanten können Informationen ins Vakuum und heraus zur Masse transportieren. Genau dies passiert, wenn der bewusste Geist – die Intention – neue Gedanken und Ideen in der Interwelt verankert oder wenn wir von dort bedient werden. Dabei werden Informationen übertragen, die energetische Felder erzeugen, bis hin zur Verwirklichung einer Idee.

Mit der Quantenphilosophie ist es also möglich, Gedanken- und Ideenübertragungen ganz konkret mit dem individuellen Menschen und seinem Körper zu verbinden und schlüssig zu erklären. Jeder Mensch ist im Grunde eine Schaltzentrale für Informationen, die mithilfe der Quanten kommuniziert werden können. Durch die wissenschaftliche Erhärtung dieses Mechanismus ergeben sich ungeahnte, geradezu sensationelle Handlungsmöglichkeiten. Der Physiker Harold Puthoff vom Institute for Advanced Studies in Austin/Texas prophezeit deshalb: »Das letzte Jahrhundert war das Atomzeitalter – dieses könnte als das Nullpunkt-Zeitalter in die Geschichte eingehen.«[58]

Materie als Energie, Welle und Hologramm

Innerhalb der zeitgenössischen physikalischen Forschung erobert man momentan mit Siebenmeilenstiefeln neues Terrain. Endlich darf breit diskutiert werden, was lange als rein esoterische Spekulation verdächtigt wurde, die umfassenden Einflussmöglichkeiten des menschlichen Geistes im universalen Feld. Weithin unbeachtet blieb jedoch ein Faktor, den man als Dreidimensionalität energetischer Information bezeichnen kann. Wie kommt es zu dieser Einschätzung? Wenn man der Materie Wellencharakter zuschreibt, wie die Quantengesetze es vorschreiben, dann schwingt jegliche Materie folgerichtig im Sinne einer Welle, mit bestimmten Amplituden, Vektoren, Frequenzen und Phasengeschwindigkeiten, um einige Eigenschaften zu nennen. Sie hängen jeweils von der Beschaffenheit der Quelle, also der schwingenden Materie ab.

Da Materie dreidimensional ist, müssen auch die zugehörigen Wellen dreidimensional sein, wie Erwin Schrödinger beweisen konnte und in seinen Gleichungen belegte. Beim Elektron mit einer Masse von m = $9,1 \times 10^{-31}$ kg läuft der Vorgang folgendermaßen ab: Beschleunigen wir das Elektron auf eine Geschwindigkeit von zehn Stundenkilometern, dann hat es die kleine Wellenlänge von 70 nm und eine Frequenz von $4,28 \times 10^7$ GHz. Ändert man die Geschwindigkeit durch ein elektrisches Feld, ändert sich auch die Wellenlänge dieser Materiewelle. Nehmen wir jedoch einen Lastwagen mit 18 Tonnen Gewicht und einer Geschwindigkeit von 80 Stundenkilometern, dann ist seine Wellenlänge so winzig, dass sie mit heutigen Mitteln nicht mehr gemessen werden kann – $1,6 \times 10^{-39}$ m –, dennoch ist eine Welle vorhanden.

Der Nachweis des Wellencharakters der Materie gehörte zu den großen Paradigmenwechseln der Naturwissenschaft. Schnell erkannte man die revolutionären Auswirkungen dieser weiteren Doppelnatur von Materie. Sie changiert nicht nur zwischen reiner Energie und reiner Masse, sondern auch zwischen Welle und reiner Masse. Was einst als Polarität angenommen wurde, verlor seine Gegensätzlichkeit, und diese neue Sichtweise führte auch zu Konsequenzen für das Selbstverständnis des Menschen: Auch er ist ein duales Wesen, schwankend zwischen materieller und energetischer Nichtexistenz und Existenz.

Im Menschen sind unaufhörlich Energiefelder präsent. Da sie als Wechselwirkung von Materie, Energie und Wellenfunktionen aufgefasst werden müssen, ergeben sich höchst komplexe Überlagerungen dieser Wellen. Unter bestimmten Umständen ergeben sich dabei Holografien. Der Begriff setzt sich aus den griechischen Wörter »holos« (ganz) und »graphein« (schreiben) zusammen, wörtlich übersetzt, schreibt also ein Holograf das Ganze. Anders ausgedrückt: Jeder einzelne Punkt eines Wellenhologramms enthält sämtliche Informationen des ganzen Objekts. Damit kehrt sich der Satz um, das Ganze sei mehr als die Summe seiner Teile: Jeder Teil des Hologramms trägt in sich die Summe aller Teile. Wir können jeden beliebigen Punkt befragen und erhalten immer Informationen über das ganze Gebilde.

Hologramme kann man aus jeder Art von Energieteilchen und ihren Wellen herstellen, aus Elektronen-, Protonenstrahlung, Schallwellen. Voraussetzung ist lediglich, dass die wirkende Energie eine gewisse Gleichförmigkeit aufweist, Kohärenz genannt. Es ist daher unbestritten: Materieobjekte können aufgrund ihres Wellencharakters Hologramme aufbauen. Unser Körper, ganze Menschengruppen, ja, das gesamte Universum sind Hologramme. Das bedeutet aber auch, dass wir aus jedem noch so kleinen oder großen Materiekomplex unendlich viele Informationen beziehen können. Jede Körperzelle, jede Blume, sogar ein Stein und ein Staubkorn können uns Auskunft über das Universum geben. Dieses Prinzip ist als »pars pro toto« – der Teil steht für das Ganze – theoretisch seit Jahrhunderten erörtert worden und erhält mit der Entdeckung des Hologramms wissenschaftliche Evidenz.

Auf diese Weise kommen wir zu einer völlig neuen Auffassung von Energie. Sie erinnern sich: Die traditionelle asiatische Philosophie sprach immer schon von einer universellen Lebensenergie, die unseren Körper in allen Zellen durchdringt und seine Funktionen aktiviert. In China ist es »Chi«, in Japan »Ki«, in Indien »Prana«. Die neuen wissenschaftlichen Disziplinen würden von einer Software für alle Funktionsebenen sprechen, also für die Physis, für die Psyche und für mentale Prozesse. Mit der Vieldeutigkeit der Materie als Energie, Information, Welle und Hologramm bekommen die Debatten über das Wirken von Feldern neue Nahrung.

War die universelle Energie in den spirituellen Lehren noch metaphorisch verstanden worden – indem man etwa das Qi als »Lebenshauch« oder »göttlichen Atem« bezeichnete –, ist der universale Charakter der Energie, die alles durchdringt, jetzt belegbar. Wir wissen ja inzwischen von drei Energiequalitäten, die in uns und überall wirken: Das sind die Dunkle Energie, die Dunkle Materie, die Gravitation. Neuerdings ist auch das seit Langem gesuchte Higgsteilchen experimentell mit sehr hoher Wahrscheinlichkeit bestätigt worden. Es verleiht im Vakuum den Energien den Massencharakter. Die Masse und damit die Energie von Quarks und Elektronen und Konsorten, also vom gesamten Atom und Helfern, werden vollständig vom alles durchdringenden Higgsfeld verursacht. Gäbe es kein Higgsfeld und kein Higgsteilchen, dann gäbe es auch keine Atome. In unserem Kontext hier ist auch wichtig, was Rolf-Dieter Heuer, Generaldirektor des Kernforschungszentrums CERN bei Genf, sagt: »Higgsteilchen könnten der Schlüssel dazu sein, das Wesen der Dunklen Energie zu ergründen.«

Das aber heißt, wer den Higgsmechanismus gewollt regulieren kann, hat schon mal den gesamten Materieaufbau in der Hand. Deshalb wurde das neu entdeckte Higgsboson als »Gottesteilchen« getauft. Zu dem Namen kam es, als der US-Physiker Leon Lederman 1993 ein Buch über Peter Higgs schrieb, der 1964 die theoretischen Grundlagen legte, mit dem Titel *The Goddamm Particle* (auf Dt. *Das gottverdammte Teilchen*). Der Verlag machte daraus dann griffiger *The God Particle* (auf Dt. *Das Gottesteilchen* oder *Das Schöpferische Teilchen*).[59]

Alle diese vier Universalenergien haben untereinander Verbindung und beeinflussen die elementaren Materiebausteine, aber korrespondieren auch mit Bewusstsein und Willen.

Bewusstsein und Materie

Vor einigen Jahren veröffentlichte der Nobelpreisträger J. C. Eccles ein aufregendes Buch mit dem Titel: »Wie das Selbst sein Gehirn steuert«. Darin definierte er Bewusstsein als eine »in sich selbst gegründete Seinsform, die einerseits aus den vielfältigen Prozessen der neuronalen Apparatur der Hirnrinde jeweils das herausliest, was seiner jeweiligen Aufmerksamkeit entspricht, die umgekehrt aber auch von sich aus auf den neuronalen Apparat einwirkte.« (Eccles 1996)

Eccles beschreibt das Bewusstsein in Wechselwirkung mit dem Gehirn. Es sei in der Lage, neuronale Vorgänge zu kontrollieren, und habe eine integrierende Funktion.

Wenn man die quantenphilosophischen Wirkmechanismen kennt und weiß, dass der Mensch über das Bewusstsein mit Einfachem, Höherem und Wahrem Selbst kommuniziert, ist nicht mehr verwunderlich, warum Eccles das Gehirn dem Bewusstsein unterordnet. Schon 1975 erklärte der Neurochirurg Wilder Penfield, das Bewusstsein entstehe nicht durch das Gehirn, sondern könne durch das Gehirn nur moduliert werden (Penfield 1978). Entsprechend erwähnt der Hirnforscher Benjamin Libet aufgrund seiner bahnbrechenden Versuchsergebnisse ein »mentales Feld«, das die Neuronenaktivität verursache.

Kaum bekannt ist, dass aus der medizinischen Praxis zahllose Fälle berichtet werden, in denen die Priorität des Bewusstseins vor dem Gehirn offensichtlich ist. Ärzte, Schwestern und Krankenpfleger erzählen immer wieder, dass Patienten mit Erkrankungen wie Alzheimer oder Schizophrenie kurz vor dem Tod geistig völlig normal reagieren. Das Phänomen wird terminale Geistesklarheit genannt. Obwohl im Endstadium der Alzheimer-Erkrankung das Gehirn de facto zerstört und deshalb eigentlich funktionsunfähig ist, erinnern sich Sterbende kurz vor ihrem Tod an Einzelheiten ihres Lebens, denken in logischen Zusammenhängen und zeigen keinerlei Symptome einer geistigen Beeinträchtigung. Man kann aus diesen Schilderungen folgern, dass sich das Bewusstsein mithilfe des Selbst aus dem Gefängnis des defekten Gehirns befreit und wieder unbehelligt mit den ehemaligen Informationen agiert (Nahm und Greyson 2009; Nahm et al. 2011).

Diese Beispiele belegen, dass das Bewusstsein prinzipiell unabhängig vom Körper existiert und deshalb auch nach dem Tod des

Körpers weiterverwendet wird. Damit ist das Bewusstsein immateriell, eine eigene Entität aus Energie und Information. Schon der Physiker Niels Bohr ging davon aus, es gebe eigene Energieeinheiten für die Tätigkeit des Bewusstseins: »Das bewusste Denken bringt winzige Energieaustausche mit sich, und deshalb ist nur eine quantenphysikalische Erklärung qualifiziert, das Bewusstsein zu beschreiben.« Sein Kollege Jack Sarfatti pflichtet dem bei: »Wir haben erkannt, dass Bewusstsein und Energie eins sind.«

Warum ist es so wichtig, dem Bewusstsein eine eigene Energie-Entität zuzusprechen? Der Grund liegt darin, dass alle Quantensysteme in einer hierarchischen Abfolge zum Leben erweckt werden müssen. Bevor Bewusstsein und Wille einen Gedanken oder eine Idee in die Realität schalten, ist das Ziel als Möglichkeit bereits vorhanden – denn alles existiert zunächst als Wellenfunktion im Meer aller Möglichkeiten. Wellenfunktionen für potenzielle Eigenschaften sind im gesamten Universum ausgebreitet. Sie unterliegen weder Raum noch Zeit. Es sind pure Informationen.

Erwin Schrödinger bezeichnete die Wellenfunktion als »Wissen«. Insofern kann das Universum als Wissensfeld bezeichnet werden. Das ist für unser Thema von Belang, weil selbst in der Begrifflichkeit der Physik der Wissens- und Erfahrungsspeicher der Interwelt durchscheint. Ohne jede esoterische Ausrichtung formulieren Wissenschaftler also genau das, was in der quantenphilosophischen Konsequenz die Einflussmöglichkeiten der Interwelt ausmacht. David Bohm spricht im Zusammenhang mit dem wissenden Feld beispielsweise von einer kollektiven Intelligenz als Basis aller Denkstrukturen unserer Kultur. Und er fügt mit einem für Wissenschaftler überraschenden Optimismus hinzu, dass sich diese kollektive Intelligenz »als lebenswichtig auch für die zukünftige Gesundheit unserer Zivilisation erweisen könnte«.[60]

Jedes Quantensystem, das sich in einer Möglichkeits-Wellenfunktion befindet, kann durch die Kommunikation mit einem realen übergeordneten System von außen zum Kollaps gebracht werden. In der Quantenmechanik bedeutet das: Durch eine Messung verschwindet die Wellenfunktion, die lediglich eine Wahrscheinlichkeit berechnet, und es entsteht ein Teilchen mit eindeutigen Eigenschaften. Eine Messung ist mit einer Beobachtung verbunden. Eine Beobachtung wird durch einen bewussten Beobachter vorgenommen. Die Teilchenbildung ist somit von einem geistigen Prinzip abhängig (»Kopenhagener Deutung« durch Niels Bohr und Heisenberg).[61] Auch das höhere System geht daraufhin in einen undeterminierten Zustand über. Es muss nun seinerseits von einem übergeordneten System durch einen Wellenkollaps in die Wirklichkeit gebracht werden. Wichtig ist, dass das jeweils höhere System Ziele verwirklicht, die sich anschließend mit den Zielen des noch höheren Systems verbinden.

So entsteht eine Hierarchie der Zielsetzungen. Das höchste System setzt das entscheidende Master-Ziel. Alle untergeordneten Systeme passen dieser Vorgabe ihre eigenen Ziele an. Das klingt noch reichlich abstrakt. Betrachten wir daher diese Systemhierarchie beim Menschen. Das Körperzellen-Bewusstsein konstruiert Organe, und das Organ-Bewusstsein baut komplexe Organismen auf, die schließlich Gesellschaften mit höhergeordneten Zielen bilden. Auf jeder Stufe erreicht das Bewusstsein mitsamt seinem Wahrnehmungs- und Handlungsspielraum eine höhere Qualität.

Ähnlich verhält es sich im Bienenstaat. Hier ist das vermeintlich höchste Ziel durch die Königin vorgegeben, die ernährt und gepflegt werden muss, um ideale Bedingungen für das Hervorbringen von Nachkommen vorzufinden. Das Master-Ziel ist in diesem Beispiel der Erhalt des Bienenvolks. Alle Subsysteme des Bienenstaats, mit hierarchisch gegliederten Stufen wie Wächter, Arbeitsbienen und Drohnen, sorgen in ihren eigenen Bereichen für die Erhaltung des Staates und letztlich für die Erfüllung des Master-Ziels. Der Willensimpuls, auch durch Motivation, ist der Startimpuls für den komplexen hierarchischen Schaltmechanismus.

Aufschlussreich ist, dass in allen Stufen eine Beobachtungsfunktion vorliegt. Sie richtet sich auf die jeweils niedrigere Stufe, ist also eine beobachtende Rückwärtsbewegung innerhalb der Hierarchiekette. Dies geschieht nach der Logik: Das übergeordnete System beobachtet das untergeordnete System. Wo aber befindet sich die höchste Ebene, die nur beobachtet, jedoch nicht mehr beobachtet wird? Das Ich wird vom Einfachen Selbst beobachtet und erschaffen. Das Einfache Selbst wird vom Höheren Selbst beobachtet und erschaffen. Das Höhere Selbst wird vom Wahren Selbst beobachtet und erschaffen. Nach allem, was man über diese Prozesse weiß, endet die Beobachtungskette, sobald die höchste entwickelte bewusste Wahrnehmung mithilfe des universalen Geistes seine intelligente Beobachterrolle einnimmt. Hier wird das Master-Ziel vorgegeben, verleiht den Subsystemen Sinn und Bedeutung (Davies und Gribbin 1995).

Die Berührungspunkte zwischen den Erkenntnissen über die Interwelt und den Forschungsergebnissen der Quantenphysik sind verblüffend aussagekräftig. Die wichtigste Aussage der Quantentheorie lautete ja: Quantenphänomene sind undefiniert bis zu dem Moment, in dem sie von einem bewussten Wesen gemessen, also irgendwie beobachtet werden. Oder, wie Paul Davies sagt: »Die Lehre der Quantenphysik ist, dass Materie eine konkrete, gut abgegrenzte Existenz allein in Verbindung mit dem Geist erlangen kann« (Davies 1987). Es geht dabei eindeutig um einen Energie- und Informationsaustausch.

Der Physiker Jack Sarfatti hatte bereits 1975 die richtigen Gedanken: »Materie bildet sich, wenn Information dem Substrat der chaotischen Nullpunktbewegung kohärent Ordnung aufprägt.« Und er führt dann auch die Verbindung mit dem Bewusstsein an: »Elementarteilchen sind, auf der grundlegendsten Ebene, ganz einfach kohärente Organisationen der ungeordneten Nullpunkt-Quantenfluktuationen in der Geometrie der Raum-Zeit. Sie werden gebildet durch Information, die eine Form des Bewusstseins ist« (Sarfatti 1975).

Parallel zu diesem Verwirklichungsmechanismus übernimmt beim Menschen das konkrete Gefühl bzw. die Empfindung, gekoppelt an Wille und Bewusstsein, den Beobachtermodus, gibt einem potenziellen Geschehen Sinn und Bedeutung und erschafft damit zielgerichtet die erwünschte Realität.

Der ehemalige Astronaut Edgar Mitchell stellte nach Gründung seines Institute of Noetic Sciences 1973 fest: »Wir erzeugen unsere eigene Wirklichkeit, weil unsere innere emotionale – oder unterbewusste – Realität uns in Situationen bringt, aus denen wir lernen. Wir erfahren sie als seltsame Dinge, die uns zustoßen […] Und so schaffen wir diese Verhältnisse auf einer sehr tiefen metaphysischen und unbewussten Ebene.« (Graves 1988)

Neben dem Ich und seinem beobachtenden Bewusstsein ist bei der konkreten Manifestation eines Ziels auch die Umwelt des Systems entscheidend. Auch sie erschafft Realitäten im Hierarchieverfahren. Es handelt sich hier genauso wie bei Organismen um Elementarenergien mit Informationsverarbeitung. Die unabhängig vom Menschen erzeugten Realitäten können erst dann verändert oder rückgängig gemacht werden, wenn sie in die Aufmerksamkeit des menschlichen Bewusstseins aufgenommen werden.

Die Schwache Kraft als Realitätsschalter

Die von der Physik als Schwache Kraft bezeichnete Energie ist bei allen Schöpfungsprozessen von enormer Wichtigkeit. Was sie so besonders macht: Sie kann als einzige Kraft mit allen anderen Feldern und Kräften interagieren. Deshalb ist die Schwache Kraft das zentrale Relais zur Umschaltung von Information auf die Massen der Materie unseres Körpers. Diese Tatsache ist sehr entscheidend, denn sie macht deutlich, wie wir es bereits bei der Dunklen Materie und dem Higgsfeld erwähnt hatten: Wenn wir die Schwache Kraft unter unsere bewusste Kontrolle bringen, können wir die gesamte Materie beliebig in Aufbau und Funktion steuern.

Über Effekte der Schwachen Kraft kann man nur staunen: Sie bauen die Atomkerne aller Körper auf und verursachen den Spin, also die Rotation der Elementarteilchen. Sie ändern das Energieniveau der Materie und sind somit interaktiv verantwortlich für alle Formen. Physikalisch gesehen, gibt die Schwache Kraft Impulse zur Umwandlung von Neutronen in Protonen und von Elektronen in Elektron-Antineutrinos. Dadurch wird die Beschaffenheit der Materie grundlegend verändert. Darüber hinaus wirkt die Schwache Kraft zwischen allen Quarks und Leptonen, den Grundbausteinen der Materie. Dabei finden Wechselwirkungen mit der Gravitation statt. Eine weitere Eigenschaft ist die Wirkung auf die zugehörigen Antiteilchen und die aus diesen Teilchen zusammengesetzten Systeme.

Alle diese Umwandlungen beruhen auf drei Informationsteilchen der Schwachen Kraft: W+, W– und Z^0 (–, + und 0 stehen jeweils für die elektrische Ladung). Diese Teilchen, auch Bosonen genannt, sind ungewöhnlich schwer (Z^0-Boson, Masse 91,18 GeV, W±-Bosonen, Masse 80,41 GeV). Sie wiegen so viel wie rund 200 000 Elektronen und bewegen sich deshalb kaum im Raum. Entsprechend wirken die Informationen nur in einem minimalen Radius. Er beträgt etwa ein Zehntel des Protonen-Durchmessers. Distanzen für Quarks in einem Proton oder Neutron sind dagegen weit größer. Die Schwache Kraft wirkt deshalb immer nur sehr begrenzt innerhalb der Atomkerne, aber auch sehr gezielt. Verglichen damit, kann ein Photon, das ja masselos ist, seine elektromagnetische Botschaft beliebig weit streuen. Aber bei den sehr kleinen Distanzen von ca. 10^{-18} m ist die Stärke der Schwachen Kraft aufgrund ihrer Teilchenmasse mit derjenigen der elektromagnetischen vergleichbar, also überhaupt nicht schwach.

Wie bei allen Teilchen, die Träger von Botschaften sind, wird dem Empfänger mitgeteilt, wie er auf die betreffende Kraft zu reagieren habe. Das kann man ausgezeichnet beim Elektron beobachten. Ein Photon als Botschafter des Elektrons hat andere Mitteilungen für den Empfänger als die Bosonen als Botschafter der Schwachen Kraft. Erst im Team können sie ihre spezifischen Aufgaben im Materiezusammenhalt und in der Materiefunktion erledigen.

Warum beschäftigen wir uns so eingehend mit der Schwachen Kraft und ihren vielen Einflussfaktoren durch universelle Felder? Der Sinn dieses Exkurses wird sofort klar, wenn wir die Rolle der Schwachen Kraft für wirklichkeitsverändernde Bewusstseinsprozesse betrachten. Hier spielt sie die Schlüsselrolle. Die italienische Astrophysikerin Giuliana Conforto bringt die herausragende Position auf den Punkt: »Die Schwache Kraft (Z^0, W–, W+) ist purer Informationsempfänger für Emotion und Vernunft« (Conforto 2006). Damit sind die entscheidenden Vorgänge vorweggenommen: Wir betrachten hier das Wirkgesetz der Interwelt in der physikalischen Interpretation. Mit der Schwachen Kraft haben wir ein Medium, das geistige und seelische Informationen des Menschen aufnehmen kann. Die Natur – oder besser: der universelle Geist – hat uns ganz offensichtlich eine Energieform zur Verfügung gestellt, die bestens mit Geist und Bewusstsein des Menschen kompatibel ist.

Die Einzigartigkeit der Schwachen Kraft leitet sich daraus her, dass sie Verbindungen zu allen Energieformen unterhält, vorrangig mit jenen geheimnisvollen Kräften, die alles durchdringen und deshalb jederzeit mit der Schwachen Kraft kommunizieren können: mit Dunkler Energie und Dunkler Materie, mit dem Higgsfeld und der Schwerkraft. Der Higgsmechanismus zeigt eine ganz besondere Affinität zur auffälligen Schwachen Kraft. Das alles durchdringende Higgsfeld erzeugt nicht nur die Massen der Botenteilchen der Schwachen Kraft, sondern die nun massebesitzenden Botenteilchen der Schwachen Kraft können sozusagen als Dank selbst Higgs-Bosonen erzeugen. Diese auffällige Korrespondenz ist bereits experimentell bestätigt worden.

Giuliana Conforto schlägt hier eine spannende Brücke zur Empfindungswelt des Menschen. Sie ist überzeugt: Die Eigenschaften der Dunklen Energie sind sämtlich auf Eigenschaften der Gefühle übertragbar: Beide haben kein Gewicht und daher keine Trägheit, kennen keine Geschwindigkeitsgrenze, sind unsichtbar, und weder absorbieren noch emittieren sie elektromagnetische Strahlung. Dennoch nehmen sie teil an allen Effekten elektromagnetischer Strahlung, sind also auf unsichtbare Art an »leuchtende« Materie gekoppelt.

Die Verbindung, die Giuliana Conforto herstellt, ist mehr als ein Vergleich oder eine Metapher: Sie kennzeichnet eine direkte physikalische Beziehung. Gefühle, das hat die neurochemische Forschung detailliert belegt, gehen einher mit der Ausschüttung hirnchemischer Substanzen wie Botenstoffen, Enzymen und Hormonen. Die Ordnung und Qualität dieser Stoffe hängt wesentlich von ihrem Kernspin ab. Hier schließt sich der Kreis: Denn was den Kernspin innerhalb der ausgeschütteten Stoffe beeinflusst, sind Menge und Aktivität der Botenteilchen der Schwachen Kraft Z^0.

Deshalb können wir die These aufstellen: Dunkle Energie und Dunkle Materie sowie das Higgsfeld – die Vakuumenergie – beherbergen Universalinformationen, zu denen unsere »angeborenen« Gefühle gehören. Nun setzt sich eine Reaktionskette in Gang: Das Unterbewusstsein ruft diese Information ab, woraufhin die Schwache Kraft die Information als Emotion auf die Materie überträgt.

Bosonen Z^0 kommen in jeglichem Atom des Körpers vor, in Zellen, Hormonen, in der DNA, einfach überall. Bei Gefühlen sind immer die Botenteilchen W+ und W– im Spiel. Mit ihnen wird die Materie veränderbar. Zugleich besitzen Gefühle alle Eigenschaften der Dunklen Energie. Sie ereignen sich jenseits von Raum und Zeit, da sie keiner elektromagnetischen Kraft ausgesetzt sind, und bewegen sich auch nicht mit Lichtgeschwindigkeit. Das Gefühlsfeld ist im hiesigen Modell identisch mit der unabhängigen Dunklen Energie.

Der Spin als Ordnungsschema

Wir wissen nun, dass über Dunkle Energie, Dunkle Materie, Higgsfeld und Schwache Kraft die Empfindungen und unser Bewusstsein die Materie beeinflussen – doch jetzt stellen sich die nächsten Fragen: Mit welchen Mechanismen ändert die aktivierte Schwache Kraft unsere Materie? Und vor allem: Wie äußert sich Bewusstsein in unserem Gehirn? Normalerweise unterscheiden wir nur zwischen »bewusst« – womit wir »wach« meinen und »bewusstlos«, etwa wenn wir unter Narkose stehen oder ohnmächtig werden. In beiden Fällen spielt der Spin der Elementarteilchen die Hauptrolle.

Der sogenannte Spin hat seit seiner ersten Beobachtung immer wieder die Physiker beschäftigt. Das Wort leitet sich vom englischen »to spin« her, was so viel wie »sich drehen, rotieren« heißt. Die Rotation ist eine quantenmechanische Eigenschaft aller Elementarteilchen. Die Bausteine der Materie, die Atomkerne und die Elektronen, existieren seit Milliarden Jahren, und genauso lange drehen sie auch ihre Spins. Die Elementarteilchen werden sich bis in ewige Zeiten weiterdrehen, denn Protonen »leben« 10^{31} Jahre, und Elektronen sind »unsterblich« – nicht von ungefähr gelten sie als Motor der Evolution.

Spins entstehen durch eine Information der Schwachen Kraft, die eine zentrifugale Wirkung auf den Empfänger ausübt. Experimentell lassen sich die Spinbeiträge mittels Elektronenstreuung bestimmen. Spins sind eigentümlich doppelgesichtig. Auf der einen Seite haben sie informative Eigenschaft, auf der anderen Seite aber haben sie auch etwas mit ganz materiellen irdischen Dingen wie Drehimpuls oder magnetischem Moment zu tun. Der Spin verhält sich, als ob das Teilchen eine bestimmte Drehrichtung innerhalb der vierdimensionalen Raumzeit vollführt. Mathematisch ermittelt, ist die Kraft des Spins immer so groß wie die innere Energie eines Teilchens. Dementsprechend führen alle Prozesse, die mit einer Änderung der inneren Energie, also mit Teilchenumwandlungen oder Impulseinflüssen verbunden sind, zu Spinänderungen.

Ein wichtiger Schaltmechanismus ergibt sich durch die sogenannte Händigkeit der Teilchen. Wie beim Menschen gibt es linkshändige und rechtshändige Teilchen. Die W±-Botenteilchen koppeln sich ausschließlich an linkshändige Empfänger (Fermionen wie Quarks und Leptonen, einschließlich Elektron). Z^0-Bosonen, die sich an linkshändige Elektronen koppeln, sind abstoßend wirkend; Z^0-Bosonen, die sich an rechtshändige Elektronen koppeln, sind anziehend wirkend. Deshalb wird aus einem Elektron ein Elektron-Neutrino, oder ein Quark wandelt sich zu einem anderen Quark.

Generell kann man feststellen: In Spins sind Informationen für Kräfte an Massen codiert. Daher sind sie gewissermaßen die Architekten von funktionellen Molekülen und gestalten damit den gesamten Organismus. Ein Beispiel kann das zeigen: Elektronenspins und ihre Boten – die Photonen – sind für die Bindungen von Atomen untereinander zu Molekülen verantwortlich. Die Frage ist, warum es überhaupt mithilfe von Atomkern und eingefangenen Elektronen zum Aufbau ganz spezifischer Moleküle im Organismus kommen kann.

Die Moleküle, die nach den Angaben der DNA aufgebaut werden, müssen in der Regel außerordentlich breite Spektren von Resonanzlinien aufweisen, um sich möglichst umfassend mit den elektromagnetischen Nachrichten, die sie umgeben, auseinandersetzen zu können. Dafür werden zickzackförmige und schraubenförmige Antennen- und Sendergebilde produziert, etwa die typischen Faltblatt- und Helixproteine. Dafür entnimmt der Organismus der Nahrung linkshändige Aminosäuren (L-Aminosäuren) und rechtshändige Kohlenhydrate (D-Zucker). Es ist bisher ein absolutes Rätsel, warum in der Natur nicht auch die Partnermoleküle, also rechtshändige Aminosäuren, gebildet und verwertet werden. Man weiß allerdings, dass rechtshändige Aminosäuren nicht zu den benötigten Antennengebilden aufgebaut werden können.

Hinweise zur Lösung dieses Rätsels gibt es neuerdings. Und diese Hinweise sind verblüffend, denn offensichtlich sind für diesen einmaligen und wichtigen Faktor der Chiralität winzige Energien in Größenordnungen von 0,0000000000000001 eV (10^{-18} eV) verantwortlich, denen man früher nie eine so entscheidende Wirkung zugetraut hat. Trotz ihrer Winzigkeit bewirkt die Kraft eine ungewöhnliche räumliche Asymmetrie, indem sie eine besondere Verknüpfung zwischen Spin und Impuls veranlasst. Die Schwache Wechselwirkung unterscheidet objektiv zwischen rechts und links – die Spiegelsymmetrie der Natur ist damit gebrochen.

Für den »Sturz der Parität« im Naturgeschehen gibt es bisher keine Erklärung. Wirksam wird dabei nur jener Teil der Wellenfunktion, bei dem die Elektronenwellen die Atomkerne überstreichen. Die schwache Paritätsäquivalenz verletzende Wechselwirkung, wie der Vorgang physikalisch exakt heißt, gibt oder nimmt den händigen Molekülen einen Energiebetrag, der etwa 13 Größenordnungen unterhalb aller gewöhnlich vorkommenden Energiedifferenzen liegt. Dieser winzige Betrag ist der Ursprung der lebensnotwendigen Helixstrukturen der Proteine. Ohne diesen Ablauf würden die Lebewesen auf der Erde, so wie sie konstruiert sind, nicht existieren können.

Ohne Z^0-Kraft haben Elektronen Kreisbahnen, mit Z^0-Kraft wechseln sie auf spiralförmige Schraubenbahnen, wodurch die Atome spiral werden. Genau diese Kräfte bewirken die für das Leben essenzielle Händigkeit (Chiralität) – die Linkshändigkeit von Aminosäuren, die Proteine aufbauen, und die Rechtshändigkeit von Zucker, der Nukleinsäuren aufbaut. Falsche Händigkeit von L-Aminosäuren und D-Kohlenhydraten führt zum Leistungs- und Vitalitätsabfall, zu Krankheiten und eventuell zum Tod des Organismus.

Ein internationales Team von Wissenschaftlern hat an der Universität Münster erstmals gezeigt, dass Elektronen – abhängig von ihrer Spinrichtung – Schichten von DNA-Molekülen durchqueren können oder aufgehalten werden. Elektronen mit linksdrehender Spinorientierung werden bevorzugt durch die DNA hindurchgelassen. Elektronen mit Rechtsdrehsinn werden dagegen absorbiert (Göhler et al. 2011). Wie wirkt sich das aus? Die rechtsdrehenden, stecken gebliebenen Elektronen stellen ein hohes Risiko dar, da sie die DNA durch Bildung Freier Radikale auf Dauer zerstören.

Leider hat die Allgegenwart der Mobilfunknetze hier eine fatale Wirkung, weil sie mit ihren Feldern die Händigkeit der kleinsten Teilchen verändern. Werden die Spins der Elektronen – etwa durch Einflüsse von Mobilfunknetzen – von ihrer Linksdrehung zur Rechtsdrehung gebracht, bedeutet das die Gefahr von Schädigungen des Erbguts. Die Auswirkungen sind bereits überdeutlich, als signifikante Zunahme von Funktionsstörungen und Krebserkrankungen. Noch immer werden diese Risiken kleingeredet, zum Schaden der Menschen. Wer mehr über dieses Thema erfahren will, kann sich beispielsweise auf der Website der Kompetenz-initiative zum Schutz von Mensch, Umwelt und Demokratie e.V. informieren (www.komptenzinitiative.net, www.broschuerenreihe. net). Links- und rechtsdrehende Elektronenspins besitzen zwar exakt identische elektromagnetische Eigenschaften, aber keineswegs identische Wirkungen. Die Frage ist, warum kann die unterschiedliche Drehung der Elektronen diese fatalen Funktionen haben? Das Wichtige dabei: Rechtsdrehende Elektronenspins können nicht teilhaben an der Schwachen Kraft (Georgi 1989).

Diejenigen Elektronen, die uns von der Natur gegeben werden, sind immer linkszirkular. Gebildet werden sie durch atmosphärische (Sonnenstrahlungsreflexionen an Partikeln und Flächen) und radioaktive Einflüsse (Betazerfall). Anschaulich gesagt, rotieren z. B. die Elektronen aus Beta-Minus-Zerfällen, in ihrer Flugrichtung gesehen, vorzugsweise gegen den Uhrzeigersinn, also linksherum. Rechtsdrehende Elektronen entstehen dann eben oftmals erst durch technischen Einfluss.

Man hatte schon früh entdeckt, dass bestimmte Magnetfelder, zusammen mit bestimmten elektromagnetischen Schwingungen, auch die Händigkeit der Moleküle vertauschen können. Aus linkshändigen werden dann rechtshändige Aminosäuren. So, wie generell bei den Elektronen, wirken sich dabei Impulse von außen – etwa durch Elektrosmog oder Handynetze – direkt aus. Haben sich aufgrund dieser Einwirkungen innerhalb unseres Körpers erst einmal die falschen Händigkeiten gebildet oder haben wir mit der Nahrung falsche Händigkeiten in unseren Körper eingebracht, entstehen unlösbare Probleme. Denn unser Körper ist nicht imstande, diese falschen Aminosäuren, die sich zu falschen, nutzlosen Proteinen aufbauen, wieder abzustoßen. Es gibt einfach keine körpereigenen Mechanismen, die unerwünschten Proteine wieder loszuwerden.

Was passiert also mit der Invasion falscher Proteine? Der Körper reagiert, indem er sie einlagert, am häufigsten in jenen Regionen, wo eine ungewöhnlich starke Blutzirkulation stattfindet, etwa im Gehirn. Es wird stärker mit Blut versorgt als die meisten anderen Organe, weil die Nervenzellen des Gehirns sehr viel Glukose benötigen, um voll leistungsfähig zu sein. Die abgelagerten falschen Proteine stören die natürlichen Hirnfunktionen in dramatischer Weise. Da sie als Fremdkörper nicht mit Energie versorgt werden, verändert sich ihre Struktur. Sie verwandeln sich in eine amorphe Masse und verkleben zusammen mit angelagertem Zucker und anderen Substanzen die Nervenbahnen im Gehirn. Das hat Folgen für den gesamten Organismus, denn die neuronalen Funktionsstörungen betreffen sämtliche intellektuellen und emotionalen Abläufe sowie lebenserhaltende Steuerungsmechanismen.

Manche Forscher vermuten in diesen Proteinablagerungen die Ursache für Alzheimer-Erkrankungen und Multiple Sklerose. Man sieht also: Vorgänge auf der subatomaren Ebene, hier die Veränderung der Spinrichtung von Elementarteilchen, können geradezu katastrophale Folgen haben. Was dann empfindlich gestört ist, ist die ordnende Funktion des Spins im energetischen Geschehen.

Alle Spins haben eine quantenphysikalische Eigentümlichkeit: Sie können sich verschränken. Dabei schließen sich Teilchen und ihre Eigenschaften zusammen und bleiben im Verbund, auch dann, wenn Welten räumlich zwischen ihnen liegen. Von nun an verhalten sie sich genau gleich: Was das eine Teilchen macht, das macht auch das andere Teilchen, und zwar simultan. Das ist schier unvorstellbar, wenn wir unsere gewohnten Erfahrungen räumlicher Verhältnisse dagegenhalten. Fast wirkt es unheimlich – Einstein sprach in diesem Zusammenhang von »spukhafter Fernwirkung«. Sind zwei Teilchen einmal verschränkt, kommunizieren sie nämlich, indem sie Signale austauschen. Ohne, dass sie materiell einander nah wären, können sie Informationen der Materie übermitteln, ein Phänomen, das man Teleportation nennt.

Inzwischen sind Verschränkung und Teleportation vom seltsamen Spuk zur Routineerfahrung für Physiker geworden. Rainer Blatt vom Institut für Quantenoptik und Quanteninformation (IQOQI) kann inzwischen die Information von ganzen Atomen von einem Ort der Erde zu einem anderen schicken, worauf das

Atom dort wieder in Erscheinung tritt. Dem Forscher Zeilinger von der Universität Wien gelang dies bereits mit 3000 Atomen eines Kohlenstoffmoleküls. Jetzt wird fieberhaft an der Entwicklung eines Quantencomputers gearbeitet, der diese Form von Teleportation systematisch einsetzen kann.

Natürlich weckt das Fantasien. Teleportation kennen wir schließlich auch als Gedankenübertragung beim Menschen, die unter gewissen Voraussetzungen möglich ist. Wenn der Quantencomputer fertig entwickelt sein wird, werden wir als nächsten Schritt einen funktionierenden Transfer von Informationen der Alltagsdinge in die Interwelt und umgekehrt erleben: Das Ich informiert das Selbst und umgekehrt, unabhängig von Raum und Zeit. Dann wird offiziell verwirklicht sein, was in diesem Buch noch wie Spekulation wirkt. Doch alle physikalischen Erkenntnisse liegen vor, die wissenschaftliche Beweisführung ist abgeschlossen, und so werden wir bald auf nahezu fantastische Weise eine geistig vernetzte Welt erleben.

Empfindungen und Wille als Spinmodulatoren

Wie erreichen wir unsere Ziele? Was müssen wir tun, um unsere Lebensqualität zu verbessern? Zu Beginn dieses Buches stellte ich bereits ähnliche Fragen. Bisher suchten die meisten Menschen Antworten in der materiellen Welt, und zwar ganz konkret durch körperliche Handlungen, im Einklang mit dem hirnabhängigen Verstand. Schauen Sie sich Ihren Alltag an: Unentwegt benutzen wir unseren Körper, um unsere Ziele zu erreichen. Schon unsere Vorfahren agierten so: Sie jagten Tiere, pflückten Obst, bauten Hütten, stellten Werkzeuge und Kleidung her. Heute gehen wir in den Supermarkt und kochen auf Elektroherden, doch noch immer steht unser Leben vor allem im Zeichen körperlicher Aktivitäten.

Für alle diese Bewegungen muss der individuelle Wille die Materie aktivieren, insbesondere die Nerven- und Muskelzellen. Über ihre Membranen empfangen sie die entsprechenden Signale, werden also durch das geistige Prinzip Bewusstsein und Wille gesteuert. Wie aber kann der Wille selektiv und zielgerichtet in die Neuronzellmembran eingreifen?

Alle Zellmembranen und Mitochondrienmembranen sind gesättigt mit Spin-tragenden Nukleiden und Spin-tragenden Elektronen. Durch diese Membranen diffundieren nun Gasmoleküle mit Radikalcharakter, nämlich das Biradikal Sauerstoff O_2 und das Monoradikal Stickstoffmonoxid NO, angetrieben durch thermische Vibration. Jedes O_2-Molekül enthält zwei ungepaarte Valenzelektronen und ist daher paramagnetisch. Jedes NO-Molekül hat ein unpaares Elektron, ist damit ein unstabiles Freies Radikal und ebenfalls stark magnetisch.

Beide Radikalmoleküle können über ihr sehr starkes Magnetfeld die Membranspins der Umgebung beeinflussen. O_2 und NO produzieren durch ihre ungepaarten Elektronen ein 1316-mal und 658-mal stärkeres magnetisches Feld als ein ^{1}H-Nukleus, mit hoher Konzentration in hydrophoben Gebieten, die in den fetthaltigen Membranen weit verbreitet sind. Deshalb ist es unausweichlich, dass sie mit den nuklearen Spins und Elektronenspins der Membranen und der eingelagerten Proteine interagieren. Sie wirken als Katalysatoren. Diese Wechselwirkung hat beispielsweise zur Folge, dass ein Neutron (zwei Down-Quarks und ein Up-Quark) in ein Elektron, ein Antineutrino und ein Proton (zwei Up-Quarks und ein Down-Quark) zerlegt wird. Dadurch geschieht eine nicht zu unterschätzende Aktivierung der Nuklear- und Elektronenspins der Membran- und Proteinmoleküle.

Die Membranen und Rezeptoren sowie Enzyme mit ihren unzähligen Aufgaben werden jetzt funktionsfähig geschaltet und damit auch der Gehirnfilter. Entscheidend ist: Das Gehirn funktioniert nur so lange, wie diese Spin-orientierte Aktivierung durch O_2 und NO anhält. Wird sie gestoppt, fällt jeder aktivierende Einfluss der Schwachen Kraft in der betroffenen Materie aus. Genau hier liegt der Schlüssel zur Funktion des Filter- und Zensorwerkzeugs Gehirn. Es ist ein grandioser Mechanismus, äußerst fein justiert.

Wir alle benutzen ihn, ohne dass uns die physikalische Ursache dieser geistigen Einflussnahme klar wäre.

Bei der Hirntätigkeit wirkt ein weiterer Aspekt: Die sehr hohen Magnetfelder, die in 1 Ångström (10^{-10} Meter) Abstand vom Sauerstoffmolekül O_2 noch eine Feldstärke von unglaublich starken 3,714 Tesla aufweisen und in 2 Ångström immerhin noch 0,464 Tesla, wirken auf die Umgebungsspins ordnend. Für Stickstoffmonoxid NO gelten für 1 Ångström Abstand Feldstärken von 1,857 Tesla und für 2 Ångström 0,232 Tesla. Die geordnete Umgebung besteht aus Phosphorlipiden mit Hydrogen-, Carbon-, Oxygen- und Phosphoratomen. Diese Ordnung besteht als Spinkohärenz (Hu und Wu 2004, 2007).

Die entstehende Kohärenz der Elemente ist Voraussetzung für Schaltmöglichkeiten. Es ist wie beim Quantencomputer, wo die Spintronik die Hauptrolle spielt. Bei der Spintronik wird ebenfalls das magnetische Moment des Spins der Elektronen zur Informationsbereitstellung ausgenutzt. Das Besondere der Spintronik ist, dass diese Spins nicht nur mit Magnetfeldern, sondern auch mit starken elektrischen Feldern indirekt manipulierbar sind. Es sei daran erinnert, dass wir an Membranen der biologischen Zellen eine Feldstärke von bis zu neun Millionen Volt pro Meter haben, womit eine weitere Spinkohärenz neben der magnetischen leicht herstellbar ist. Die Folge einer lokalen Veränderung, einer Schaltung, sind sich fortpflanzende Spin-polarisierte Ströme, die ebenfalls Informationscharakter haben.

Des Weiteren hat die Spinumschaltung Depolarisationen an den Membranen zur Folge, die wir Aktionspotenziale nennen. Kohärente Ausrichtungen von Spins beeinflussen Wasserstoffbindungen und Proton-Transfers. Dadurch werden Konformationsbeweglichkeiten von Proteinen beeinflusst. Domän-Spin-Konfigurationen sind Informationsträger mit »Memory-Effekten«. Quantenspins unterliegen auch der Verschränkung (Entanglement). Das heißt: Quanteninformation kann auf Nuklear- und Elektronenspins der Membranen und Proteine übertragen werden, und zwar ohne Distanzlimit.

Übrigens kann man die Plausibilität dieses Modells beobachten, wenn man betrachtet, was bei einer Narkose passiert. Dabei werden dem Patienten Anästhetika verabreicht. Deren Moleküle kollidieren mit den diffundierenden O_2- und NO-Molekülen und stören die Diffusion durch Zellmembranen. Damit ist das gehirnvermittelte Bewusstsein blockiert. Auch Alkohol hat eine verwandte Wirkung. Trinkt jemand große Mengen davon, entsteht ein Sauerstoffmangel im Hirn, weil die O_2-Transportwege und die Proteinkonformation gestört sind. Dann können ganze Gehirnareale ausfallen, wie wohl jeder aus eigener Erfahrung oder Anschauung weiß – die Motorik wird unsicher, das Sprachzentrum funktioniert nicht mehr, bis es zum Kollaps kommt.

Immer dann, wenn die Spins nicht kohärent geordnet sind, also in verschiedene Richtungen zeigen, ergibt sich ein Rauschen. Für das Bewusstsein ist es dann unmöglich, eine größere Anzahl von Spins gleichzeitig zu ändern, weil sich kein gleichförmiger Spin aller Teilchen ergeben würde. Die notwendige Kohärenz fehlt. Auch ein einheitliches Feedback des geschalteten Zustands bliebe aus. Dies bedeutet, dass das Gehirn in seiner Bewusstseinsaktivität insgesamt abgeschaltet ist. Genau das passiert, wenn das Narkosemittel die Diffusion ordnender O_2- und NO-Moleküle durch die Membranen verhindert und somit der Kohärenzeffekt nicht zustande kommt.

Das chinesische Ehepaar Huping Hu und Maoxin Wu hat diese Vorgänge erstmalig erwähnt. Dabei konnten sie eine Korrelation bestimmter Spins mit Bewusstseinstätigkeiten aufstellen. Der Nuklearspin ist ihrem Modell zufolge ein Bewusstseinspixel, der Elektronspin ist ein Gedächtnispixel, das Elektronen-Spin-Netz bildet das Gedächtnis. O_2 und NO schließlich fungieren als Aktivatoren für diese Systempixel (Hu und Wu 2006).

Fassen wir zusammen: Unser Gehirn herrscht über den Körper, indem Elementarteilchen durch den Willen des Bewusstseins ihren Spin ändern. Schon das einfache Heben eines Armes ist in Wahrheit ein höchst komplexes Geschehen, nämlich ein geistig ausgelöster, willentlicher Materieeffekt. Bleiben wir einen Moment lang bei diesem Beispiel. Um den Arm zu heben, müssen Muskeln kontrahieren. Dafür müssen Membranen für bestimmte Minerale wie Natrium, Kalium und Chlor durchlässig gemacht werden – nur so kommt es zur Auslösung eines elektrischen Aktionspotenzials. Damit die Membranen durchlässig werden, öffnen bestimmte Proteine und Enzyme Membrantore. Um das bewerkstelligen zu können, verändern diese Proteine und Enzyme ihre Form, Struktur und Gestalt – die Spins ihrer Molekülbindungen ändern sich aufgrund von Informationen, die aus der geistigen Schaltzentrale Wille, Psyche und Bewusstsein stammen. Ohne diese ineinandergreifenden Abläufe würde sich der Muskel nicht bewegen können.

Die Quintessenz ist schon einigermaßen faszinierend: Wir können mit unserem Willen und unserer Erwartung die Spins von Quanten neu ausrichten. Das tun wir täglich viele Tausend Male, wenn wir essen, trinken, spazieren gehen oder auch nur mit dem Finger schnippen. Noch faszinierender ist, dass wir sogar Quantenspins außerhalb unseres Körpers beeinflussen können. Wie sollen wir uns das vorstellen? Können wir anderen Menschen oder materiellen Dingen unseren Willen aufzwingen? Wie weit reichen unsere Kräfte – bis zur totalen Manipulation?

Für Physiker ist unbestritten, dass der Teilchenspin immer in die Richtung zeigt, die im Experiment als seine Referenzrichtung festgelegt wird. Paul Davies schrieb darüber: »Dies führt ein merkwürdiges subjektives Element in die physikalische Welt ein«, und man spürt seine Verblüffung, wenn er fortfährt: »Der freie Wille eines Physikers dringt in die Mikrowelt ein.« Davies beschreibt also einen Einfluss des menschlichen Bewusstseins auf Geschehnisse, die außerhalb des eigenen Körpers liegen: »Offensichtlich sind die mikroskopische und die makroskopische Welt eng miteinander verknüpft«, lautet sein Fazit, »die neue Physik stellt den Geist zurück in eine zentrale Stelle in der Natur« (Davies 1990). Damit ist zweifelsfrei klar, dass wir alle in der Lage sind, Materie zu beeinflussen, sei es die eigene Körpermaterie oder eine andere.

Kohärenz

Bei der Erforschung jener Vorgänge, die materielle Vorgänge und geistig-seelische Geschehnisse des Hirns verbinden, begegnet uns immer wieder ein Begriff, der an der Nahtstelle von Geist und Materie auftaucht: Kohärenz. Dieser Begriff zieht sich wie ein roter Faden durch alle Bereiche der Materie und der geistig-seelischen Welten. Die Eigenschaft der Kohärenz ist das entscheidende Verbindungsglied zwischen Alltagswelt und Interwelt, ja – sie macht das Leben überhaupt erst möglich, vom Allerkleinsten bis zum Allergrößten.

Im Allerkleinsten finden wir die Bauelemente der Atomkerne, die Quarks mit ihren Spins auf Kohärenzkurs. Zwei von drei Quarks haben üblicherweise gleiche Zustände. Zeigen alle drei Quarks des Atomkerns in die gleiche Richtung, ergibt sich der ganz besondere Delta-Resonanz-Zustand. Wozu brauchen Quarks diesen Zustand der Kohärenz? Nehmen wir als Beispiel die Atomkerne unserer Gene. Wissenschaftler der Washington University schätzen den Informationsgehalt der DNA auf drei Milliarden Bits, ermöglicht durch 34 000 bis 120 000 Gene. Deren Atomkerne arbeiten mit sogenannten Phononen, akustischen Elementarteilchen aus longitudinalen Schwingungen. Derartige Klangquanten in Genen entstehen aber nur, wenn die Atomkerne eine kohärente, quasi kristalline Anordnung aufbauen und wenn ihre Quarks größtenteils die gleiche Spinrichtung einhalten. Wäre alles kreuz und quer durcheinander angeordnet, käme kein Klang zustande, sondern nur sinnloses Rauschen.

Interessant ist nun, dass die Schwache Kraft bereits hier in das Klangmuster eingreifen kann. Sie bespielt sozusagen die Gene als Musikinstrumente mithilfe der Klangquanten als Musiknoten. Die Anwendung dieses Orchestereffekts wird deutlich, wenn wir die Forschungsergebnisse einbeziehen, wonach Emotionen fähig sind, die DNA zu verändern – dazu passt, dass die Schwache Kraft das Schaltziel für Gefühle und Empfindungen ist.

Versuche haben gezeigt, dass bereits ein einziges Photon in der

Lage ist, eine optische Nervenfaser zu erregen. Die Membranen der Synapsen sind in dieser Erregbarkeit abhängig von Quantenfluktuationen. Das bedeutet, dass innerhalb des Vakuums, also im Raum zwischen den Massen Quarks und Elektronen, immer wieder konkrete Energiequanten gebildet werden und dann wieder erlöschen. Satteln sich auf diese Energiequanten viele weitere auf, kann schließlich die Schwelle zum »Feuern« der Nervenfaser überschritten werden, und wir erkennen Information.

Genau das haben Labortests an isolierten Neuronen herausgefunden: Ihre Erregungsschwelle schwankt, wie jeder Quantenprozess, nach statistischen Regeln. Die Sensibilität ist also eine Funktion der statistisch sich verändernden Quantendichte des Vakuumraums einerseits und der umgebenden Menge von Quanten, die bereits real erzeugt wurden oder virtuell vorhanden sind, andererseits. Man vermutet, dass von 10^{10} Neuronen im Gehirn etwa zehn Millionen an ihrem quantenphysikalischen Schwellenwert gereizt werden können, auch von bereits feuernden Nachbarneuronen. Nun kann man auch verstehen, warum die Menge der gleichzeitig und gleichphasisch feuernden Neuronen so wichtig ist: Erst ihre Kohärenz ermöglicht die geistige Kommunikation mit dem Informationsfeld der Interwelt.

Die Fakten im Überblick

Mir ist bewusst, dass ich hier verschiedene Argumentationsketten mit vielen einzelnen Fakten zusammengefügt habe, bei denen man leicht den Überblick verliert. Deshalb fasse ich noch einmal die wichtigsten Erkenntnisse zusammen. Im Zentrum steht zunächst die Bewusstseinsenergie, die identisch mit geschalteter Dunkler Energie und Dunkler Materie sowie Higgsfeld ist. Das Bewusstsein ist zugleich ein Scharnier für die Übertragung von Informationen des universellen Geistes. Die Schaltung geschieht über den Willen, der unmittelbar die Schwache Kraft aktiviert, welche wiederum die Spins beeinflusst.

Die Basis dieser Abläufe sind folgende Voraussetzungen:

1. Die Spins sind die Ursache für den Aufbau und die Funktion der Materie.
2. Die Beeinflussung der Spins geschieht durch die Schwache Kraft.
3. Die Schwache Kraft erhält ihre »Befehle« über Dunkle Energie und Dunkle Materie.
4. Dunkle Energie und Materie sind identisch mit der Vakuumenergie, auch Nullpunktenergie genannt. Sie steht für das Meer aller Möglichkeiten.
5. 99,999999999 Prozent unseres Körpervolumens bestehen aus Vakuumenergie, gleichzeitig existiert sie auch außerhalb von uns. Deshalb sind auch Dunkle Energie und Dunkle Materie sowohl in unserem Körper enthalten als auch außerhalb. Sie füllen uns quasi vollständig aus, bis in jedes der Atome hinein.
6. Die gezielte Beeinflussung der Dunklen Energie und Dunklen Materie geschieht durch das Bewusstsein, da Bewusstsein ein Schaltmodus dieser Energien ist.
7. Wille, Erwartung, Vorstellung und Bewusstsein sind eine Entität, die Dunkle Energie und Dunkle Materie verwendet und Einfluss auf die Schwache Kraft hat.
8. Wille, Erwartung, Vorstellung und Bewusstsein beeinflussen die Materie unseres Körpers. Außerdem können wir auch Spinkoordinaten außerhalb des Körpers durch das Bewusstsein verändern.

Ein zweiter Informationskomplex kreiste um die Frage, in welchem Verhältnis Ich und Selbst stehen und wie es zu der Informationsspeicherung in der Interwelt kommt. Der Einfachheit halber fasse ich die wichtigsten Abläufe in Analogie mit einem Computer zusammen. Das hört sich dann so an:

1. Eine höhere Intelligenz hat für die Organisation des Universums einschließlich aller Welten eine Software zur Programmierung erdacht und etabliert.
2. Das Wahre Selbst hat das Copyright für diese Software.

3. Das Höhere Selbst hat eine Dauerlizenz dieser Software.
4. Das Einfache Selbst hat für ein Teilprogramm dieser Software eine befristete Unterlizenz, mit der Auflage, alle Verwendungen des Programms und alle daraus entstehenden Ereignisse auf der universellen Festplatte abzuspeichern.
5. Auf diese universelle Festplatte haben das Höhere Selbst und das Wahre Selbst beliebigen Zugriff, das Einfache Selbst jedoch nur beschränkt.
6. Das Einfache Selbst hat die Aufgabe, eine Firewall gegen neue Informationen zu verhindern. Es darf deshalb in Eigenregie Ereignisse über das programmierte Ich produzieren und sie speichern.
7. Um Ereignisse zu produzieren, wurde eine geniale Idee umgesetzt: Die aus der Software entstehende Programmierung erlaubt die Konstruktion von Materie mit Selbstorganisation.
8. Alle Materie mit Selbstorganisation kann als Vehikel für Lebewesen dienen.
9. Das Vehikel selbst ist aus Sternenstaub aufgebaut.

Die intelligent erarbeitete Selbstorganisation für das Erdenleben unterliegt folgendem Prinzip, wie M. Taube es auffächert (Taube 1988):

Ziele	Konstruktions-element	Konstruktions-molekül	Eigenschaften
Universalität	Wasserstoff H	H_2	– häufigstes Element im Kosmos – gutes Bindungsmodul
Ordnung	+ Sauerstoff O	H_2O flüssig	– zweithäufigstes Element – Wasser – häufigstes Molekül – bestes Lösungsmittel – hohe Stabilität – semikristalline Struktur – Informationsspeicher

Energiezufluss	+ Kohlenstoff C	$H_{12}O_6C_6$ Zucker	– dritthäufigstes Element – kann sehr leicht große Moleküle mit hohem Energiespeicher bilden – ist in Wasser stabil
Selbst-regulierung	+ Stickstoff N	$H_xO_yC_zN$ Aminosäuren	– vierthäufigstes Element – bildet speziell geformte Makromoleküle (Proteine) – ist in Wasser stabil
Selbst-reproduktion	+ Phosphor P	$H_xO_yC_zN_wP$ Nukleotide	– ist in Wasser stabil

Wir sehen, dass tatsächlich ein intelligentes Prinzip dahintersteckt: Man nimmt das häufigste Element Wasserstoff mit 61,9 Atomprozent in der Biosphäre. Dieses verbindet man mit Sauerstoff, das zu 30,8 Atomprozent vorhanden ist, und erschafft damit Wasser nicht nur als ein unverzichtbares Lösungsmittel, sondern auch als ein genauso unverzichtbares Transportmittel. Wasser ist ein kohärenter Energieabsorber und -strahler, ein materieller Informationsspeicher und vieles Notwendige mehr.

An diese Kombination hängt man dann Kohlenstoff mit 6,9 Atomprozent in der Biosphäre und erhält eine Möglichkeit, Energie in Form von Glukose zu speichern und abzugeben. Nun braucht man noch Bausteine, Katalysatoren und Wachstumsfaktoren, indem man an die bisherige Konstruktion Stickstoff mit 0,35 Atomprozent anhängt – und darf sich über Proteine und Enzyme freuen.

Eine Aufgabe bleibt noch: Das ganze System soll sich selbst reproduzieren, sich also selbst nachbauen können. Dafür hängt man an das Bisherige noch Phosphor mit 0,03 Atomprozent an, womit die Nukleotide der DNA in die Welt gekommen sind. Fertig sind die materiell-chemischen Träger des gesamten Lebens.

Nach diesem Schnelldurchlauf der chemischen Evolution widmen wir uns der Schnittstelle von Geist, Intention und Materie. Und weil alles vollkommen neu ist, wiederholen wir komplett die wichtigsten Ideen des Modells aus Sicht des Erdenlebens.

1. Alles Leben soll auf Signale reagieren können, also müssen die chemischen Verbindungen flexibel sein.
2. Die Wechselwirkungen sind von der Größe der elektrischen Ladungen (Elektronenmenge), von der Lichtgeschwindigkeit und vor allem von Eigenschaften des Spins sämtlicher Elementarteilchen abhängig.
3. Durch die Spins erhalten die geistig konstruierten Formen der Materie die Gewähr, dass weiterhin geistig-seelische Einflussnahmen möglich sind. Sie dienen der Anpassung an die Umwelt und der sozialen Kommunikation.
4. Die Hauptquelle der geistigen Einflussnahme geschieht durch das Einfache Selbst, das ein Teilprogramm des Höheren und Wahren Selbst verwaltet und dafür sorgen muss, dass durch Ereignisse in der Alltagswelt Neuinformation auf die Festplatte der Interwelt kommt.
5. Mit jeder Neuinformation ergibt sich eine fließende Optimierung der universellen Software.
6. Die vom Einfachen Selbst gelieferte Information wird vom Höheren Selbst auf langfristige Verwendbarkeit überprüft, bevor sie für immer abgespeichert wird.
7. Alle für das Gesamtsystem destruktiven Elemente werden ausgemerzt. So sind die abgespeicherten Informationen aus allen Erdenleben auf konstruktive, weiterführende Extrakte beschränkt.
8. Menschen, die nach ihrem Erdenleben und ihrer Alltagswelt nur noch die Interwelt zur Verfügung haben, erleben auf der Ebene des Höheren Selbst paradiesische Zustände.
9. Nicht nur das Höhere Selbst, auch das Wahre Selbst, der benannte Urheber des ganzen Systems, erlebt alles mit.
10. Das Einfache Selbst sammelt Ereignisse und Neuinformatio-

nen und hat über die befristete Nutzung der universellen Software mit dem Prinzip der Quantenphilosophie die Lizenz zur Schöpfung.

11. Zuerst erschafft das Einfache Selbst, selbstverständlich mit Zustimmung aller höheren Instanzen, ein lernfähiges Ich. Dieses Ich ist von Beginn an ausgestattet mit allen Fähigkeiten, die das Selbst innehat. Das Selbst überträgt also sozusagen die Nutzungsrechte an das Ich.

12. Das Ich kann denken, es benutzt den Willen, kann wollen und hat Empfindungen – alles geistig-seelische Einheiten, die durch die universelle Software auf der universellen Festplatte programmiert sind und die durch Ereignisse von Lebewesen, die vor dem derzeitigen Ich gelebt haben, ergänzt wurden.

13. Ausgestattet mit diesen geistig-seelischen Einheiten, wird das Ich in ein materielles Vehikel gesetzt. Dieses Vehikel wurde nach dem oben erklärten Prinzip vor Millionen Jahren von universeller Intelligenz konstruiert und immer wieder für seine Aufgabe als Handlungs- und Erlebniskörper optimiert.

14. Dieser Körper wird aber durch seine Nutzung in der materiellen Alltagswelt, unter dem Einfluss von Gas- und Strahlungskomponenten der Umgebung (Energieresonanzen), aber vor allem durch die im Leben passierenden Ereignisse stark strapaziert und deshalb abgenutzt.

15. Daraus ergibt sich, dass dieses Ereignisvehikel regelmäßig ausgetauscht werden muss (Tod der Materie).

16. Das Ich, von den Selbst-Instanzen als Idee erschaffen, wird nach seiner Erschaffung nur noch beeinflusst, wenn die Selbst-Instanzen vom Ich her dazu aufgefordert werden.

17. Andernfalls erschafft sich nun das lernfähige Ich seine eigene Welt. Es baut sich seine eigene Bühne und spielt darauf die Hauptrolle.

18. Dieses Schauspiel ist die Alltagswelt. Alles, was dort passiert und vom Ich-integrierten Vehikel als Information aufgenommen wird, wird dem Einfachen Selbst mitgeteilt und zwischengespeichert.

19. Das Einfache Selbst enthält das Spiegelbild des Ich. Wir nennen diesen Vorgang Erinnerung und sprechen von Gedächtnis.

20. Die Mechanismen der Informationsübertragung zwischen materiellen Strukturen einerseits und geistig-seelischen Strukturen andererseits verlaufen über die Merkmale der Quantenphysik.

21. Als Transformer wirken die quantenphysikalischen Strukturen des Gehirns, die eine direkte Verbindung zwischen Geist und Materie erst einmal verhindern.

22. Das ist gut so, sonst würde sich jeder geistige Gedanke instantan in eine Umwandlung der Materie auswirken, und eine Orientierung innerhalb der Alltagswelt wäre dann nicht ohne weitere Lernkomponenten zu schaffen.

23. Dadurch, dass das Einfache Selbst dem Ich alle Erlebnisfähigkeit eigenverantwortlich überlässt und damit große Macht verleiht, entsteht bei Missbrauch dieser Macht das Ego.

24. Das Ich, das sich zum Ego entwickelt hat, ist so besessen von Gier und Macht, dass es vollkommen übersehen hat, wie schön mit der verliehenen universellen Software das Leben hätte gestaltet werden können.

25. Wenn der Mensch das gesamte Prinzip verstanden hat, kann er die Barriere zu den Ebenen der Selbst-Instanzen abbauen, ohne sich zu verlieren.

26. Er erkennt, wie viel mehr an Qualität sein Leben erreichen kann. Er könnte sich dann sogar zum absoluten Herrscher über die Materie machen, auch über die körperliche Vergänglichkeit – wenn er will. Er bekommt dann den Hauch der paradiesischen Winde zu spüren.

3. Teil
Wie wir unsere Zukunft erschaffen

*»Das Bewusstsein ist hervorgebracht zu dem
Zwecke, dass es seine Abstammung aus einer
höheren Einheit (Deum) erkenne ..., dass es
diese Quelle sorgfältig beachte ..., deren
Bestimmungen intelligent und verantwortlich
ausführe ... und dadurch der Gesamtpsyche ein
Optimum von Lebens- und Entwicklungs-
möglichkeit vermittle ...«*

C. G. JUNG, AION

Kapitel 1:
Eine geistige Revolution

Die Kraft der Meditation

Für die Beschäftigung mit den energetischen Gesetzen der Interwelt sind besonders jene Studien aufschlussreich, die sich mit den Auswirkungen von Meditation beschäftigen. Dabei interessiert vor allem, ob es langfristige Effekte gibt. Wenn meditative Zustände zur kurzzeitigen Kohärenz verschiedener Gehirne führen – könnte es dann nicht auch nachhaltige Folgen geben? Und was würde das für die krisengeschüttelte Gesellschaft bedeuten, in der wir leben? Liegen in Telekinese und Telepathie kollektive Chancen für ein friedliches Zusammenleben?

Die Forscher Orme-Johnson, Dillbeck und Alexander beantworten diese Fragen entschieden positiv. Sie untersuchten die Auswirkung von drei Massenmeditationen mit insgesamt 7000 Teilnehmern, indem sie parallel die Häufigkeit terroristischer Anschläge aufzeichneten. Das Ergebnis war spektakulär: Innerhalb von zwei Jahren sank die Zahl terroristischer Aktivitäten weltweit um 72 Prozent (Orme-Johnson et al. 2003).

Man muss davon ausgehen, dass eine so starke Kohärenz im Informationsfeld entstand, dass sie einen entsprechend starken Impuls in die Interwelt hinein gab. Denn Gedanken und Ideen verstärken sich und werden umso prägender in der Interwelt abgespeichert, je mehr Menschen sie unterstützen. Die Wahrscheinlichkeit konkreter angestrebter Effekte in der Alltagswelt steigt entsprechend.

Im Sommer 1993 meditierten in einem Zeitraum von zwei Monaten einmal 800 und danach 4000 Menschen im Nordosten der USA. In dieser Zeit sank die Verbrechensrate in Washington D. C. um 23,6 Prozent, obwohl sie vorher signifikant angestiegen war. Nachdem die Massenmeditation beendet wurde, erhöhte sich die Kriminalitätsquote wieder. Einflussgrößen wie Wetterverhältnisse, Polizeipräsenz oder Aktivitäten von Bürgerinitiativen hatten keine Rolle gespielt, da sich in dieser Hinsicht nichts Ungewöhnliches ereignet hatte (Hagelin et al. 1999).

Einige Bekanntheit erlangten auch Versuche, die zeigten, wie sich Lebensqualität und Gesundheit einer ganzen Stadt verbesserten, nachdem einige Bewohner gemeinsam meditiert hatten. Der Forscher D. Orme-Johnson belegte überdies, dass es daraufhin zu wesentlich weniger Unfällen und Verbrechen kam (Orme-Johnson 1993).

Die Konsequenzen solcher Studien liegen auf der Hand: Offenbar haben wir die Möglichkeit, das kollektive Verhalten zu verändern, und das allein durch die bewusste veränderte Wahrnehmung und Empfindung einzelner weniger Gruppen. Bezieht man die Erkenntnisse über erschaffene Realitäten via Interwelt ein, so wundert das nicht. Einmal mehr wird deutlich, dass wir in einem geistigen Universum leben, das allseitig vernetzt ist.

An der Princeton University entwickelte man aus dieser Überzeugung heraus das »Global Consciousness Project«. Es ist das größte wissenschaftliche Experiment dieser Richtung, an dem sich weltweit rund 100 Forscher und Techniker beteiligen. Seit 1998 sammelt das GCP weltweit Daten, um mehr über das globale Bewusstsein zu erfahren. Über das Internet werden die Daten auf einen Server in Princeton geleitet, wo man sie anschließend speichert und analysiert.

Damit führte man eine große Tradition weiter. Bereits 1979 gründete Robert Jahn an der Princeton University das PEAR-Labor, eine Abkürzung für Princeton Engineering Anomalies Research. Es war eines der ersten seriösen Institute, die sich wissenschaftlich mit parapsychologischen Phänomenen, Psychokinese und übersinnlichen Wahrnehmungen auseinandersetzten. Jahn und seine Mitarbeiter stellten unter anderem fest, dass elektronische Geräte und Bildschirme von starken Emotionen und zielgerichteten Erwartungen beeinflusst werden können. In der Gruppe passierte das häufiger als bei einzelnen Personen, und Frauen gelang die Beeinflussung leichter als Männern. Zusammen mit seiner Mitarbeiterin Brenda J. Dunne schrieb Jahn über seine fantastischen Experimente ein Buch, das 1999 unter dem deutschen Titel »An den Rändern des Realen. Über die Rolle des Bewusstseins in der Physikalischen Welt« erschien. Zu Jahns Team gehörte ein junger Forscher namens Roger Nelson. Ihn faszinierten besonders die Reaktionen technischer Geräte auf das menschliche Bewusstsein. Allein das war schon verblüffend genug. Eine Kommunikation zwischen Mensch und Maschine – klang das nicht ein wenig nach Science-Fiction? Die Sache ließ Nelson nicht mehr los. Schließlich entwickelte er die Idee, das Rauschen von Elektronen durch Geist und Gefühle beeinflussen zu lassen. Ein seltsames Unterfangen, jedenfalls auf den ersten Blick. Wie sollte es möglich sein, dass Menschen nur mit ihrem Bewusstsein subatomare Vorgänge steuern? War das nicht eine allzu abenteuerliche Vorstellung?

Dennoch machte sich Nelson an die Arbeit. Das sogenannte Weiße Rauschen erzeugte er mit einer einfachen Halbleiterdiode – Nelson nannte diesen Rauschgenerator REG (Random Event Generator). Anschließend formte er die Rauschsignale technisch in Rechtecksignale um und zählte die Impulse. Unbeeinflusst, gab es abwechselnd sowohl Signale in die elektrisch positive Richtung (Elektronenmangel) als auch in die negative Richtung (Elektronenüberschuss). Insgesamt verlief die Aufzeichnungskurve deshalb im Nullbereich, weil sich positive und negative Ladungsrichtungen gegenseitig die Waage hielten.

Nelson verteilte nun viele dieser Rauschgeneratoren netzwerkartig in mehreren Ländern. Alle Daten der Generatoren wurden vom Princeton-Zentralrechner rund um die Uhr ausgewertet, insgesamt mehr als zehn Jahre lang. Das Ergebnis war nahezu atemberaubend: Immer dann, wenn ein besonderes Ereignis weltweit durch die Medien ging und eine kollektive emotionale Erregung hervorrief, stoppte das Rauschen und machte Platz für entweder mehr positive oder bei anderen Ereignissen mehr negative Signale. Als wirksame Emotionsgeneratoren erwiesen sich unter anderem der Terroranschlag vom 11. September 2001, Tsunami-Katastrophen, der Tod bekannter Persönlichkeiten, Obamas Präsidentenwahl und eine Massen-Friedensmeditation vom 14. September 2001. Alle diese Geschehnisse und viele mehr beeinflussten das Elektronenrauschen signifikant – je näher das Ereignis den Menschen war, desto stärker der Ausschlag.

Unbeantwortet ist bis heute die Frage, warum die Messgeräte schon einige Zeit vor einem besonderen Ereignis ausschlagen – so als ahnten die Menschen, was passiert, obwohl es noch keinerlei Anzeichen dafür gab. Niemand rechnete beispielsweise mit den Anschlägen auf das World Trade Center in New York, dennoch reagierten die Rauschgeneratoren schon Stunden vorher. Man muss hier von einem hochspannenden Antizipationseffekt ausgehen. Kaum bekannt ist übrigens, dass auch zwei GOES-Satelliten (Geostationary Operational Environmental Satellite), die als Wettersatelliten die Erde umkreisen, auf den Anschlag vom 11. September reagierten. Zeitgleich maßen sie ein Magnetfeld, das unüblich weit über den Standardwert hinausging (Braden 2009).

Unabhängige Wissenschaftler, die weder auf akademische Gepflogenheiten noch auf die Interessen von Sponsoren Rücksicht nehmen müssen, haben die Forschungsergebnisse über telekinetische Übertragungen sehr gut im Blick. Es gibt zwar nicht gerade viele unvoreingenommene Forscher, doch inzwischen füllt die Literatur über solche Phänomene meterlange Bücherregale. Mehr als 500 wissenschaftliche Studien sind bisher erschienen, in denen zweifelsfrei ermittelt wurde, dass das Bewusstsein sowohl elektronische als auch biologische Konstrukte beeinflussen kann (Andrews 2010). Die Wahrscheinlichkeit, dass diese Ergebnisse dem Zufall unterliegen, liegt durchschnittlich bei eins zu einer Billion, und damit sind die Ergebnisse hoch signifikant. Wir haben es hier mit experimentell erhärteten Fakten zu tun. Es gibt klare wissenschaftliche Beweise, sosehr sich auch manche Skeptiker über diese Studien mokieren. Das Feld bleibt weiterhin den Pionieren überlassen.

Interwelt und Seelenwelt

Die Interwelt umgibt uns und ist in uns, wird aber im Allgemeinen von unseren Gehirnaktivitäten nur zensiert durchgelassen. Sie ist die Welt, die in unseren Träumen auftritt, die bei außerkörperlichen Erfahrungen durchschimmert und die die Grundlage für Remote-Viewing-Situationen, das »Hellsehen«, bildet. Sie ist auch die Welt, die nach dem körperlichen Tod auf uns wartet: Mit der Interwelt betreten wir das Jenseits.

Die Interwelt enthält geistig konstruierte Pläne für Materie, der jede reale Kraftkomponente fehlt, es ist eben pure Information. Zwischen puren Informationen kann es keine konkreten Kräfte geben, aber – und das ist wichtig – Information enthält die Anweisung zur Entstehung dieser Kräfte, ihre Wirksamkeit und ihre Folgen. Die Alltagswelt ist die Umsetzung dieser Geist-Konstruktionen mit bereits vorhandenen Bauelementen, den Atomen. Dabei wird die Information für Krafteffekte durch eine intelligente Informationsverarbeitung, durch das Bewusstsein umgesetzt.

Unsere Alltagswelt, so wie wir sie erleben, ist ein Spiegel unserer Überzeugungen. Doch auch die Überzeugungen unserer Mitmenschen gestalten diese Welt – manchmal möchte man sagen: leider. So bedingen sich tatsächlich beide Welten, die Interwelt und die Alltagswelt, gegenseitig, wobei die ewig bleibende Welt die des Geistes ist, dort, wo unser Wesen, unsere Seele ihr Zuhause hat, während die Alltagswelt eine vorübergehende Episode ist, die beliebig wiederholt werden kann.

Aber es gibt Hinweise, dass wir lernen können, bis zu einem gewissen Grad willentlich Zugriff auf Inhalte der Interwelt zu nehmen. Wenn Sender und Empfänger über einen gleichen Zeichenvorrat verfügen, dann ist laut Informationstheorie eine notwendige Voraussetzung zum Entschlüsseln und Verstehen von Botschaften erfüllt. Und genau das ist mit der Etablierung von Alltagswelt und Interwelt machbar. Das mag sogar der Sinn der Erschaffung der illusionären Alltagswelt mit dem zugehörigen Ich durch das Höhere Selbst sein.

Das bedeutet nämlich, dass es möglich ist, beide Welten bewusst zu erleben und reale Erfahrungen mit angekoppelten Erinnerungen zu machen. Und es bedeutet, die Weisheit und Intelligenz des Höheren Selbst weit mehr zu nutzen, als wir es innerhalb der beschränkenden Alltagswelt gewöhnlich tun.

Wir wollen die bisher vorgebrachten Anschauungen aus der Sicht unseres Ich so bündeln, dass wir sie in unserem Denken aus dem Diesseits heraus zu »geglaubten Tatsachen« machen können, was eine Voraussetzung für den praktischen Erfolg ist.

1. Wir sind bis in die subatomaren Quantenverbindungen durchdrungen von einem energetisch-informativen Feld, einer geistigen Interwelt, die genauso auch um uns herum bis ins Universum existiert.

2. Diese Welt besteht aus informellen Ideen für die materielle Alltagswelt und aus geistigen Abbildern von der materiellen Alltagswelt. In der Alltagswelt wirkt die geistige Struktur der jenseitigen Interwelt plus Materie durch das Ich.

3. Der uns zur Verfügung gestellte einfühlende Wille unter Zuhilfenahme des empfindenden Bewusstseins erschafft geistige Strukturen und führt zu anvisierten Zielen auch in der Alltagswelt.

4. Das zu Erschaffende wird erst dann zur Realität, d.h. zur Kraftentwicklung in der Alltagswelt, geführt, wenn es im Feedback-Modus als ein geschehenes Ereignis empfunden wird.

5. Alles, was diesseits in der Alltagswelt passiert, erlebt wird, angelegt wird, wird in der Interwelt wie in einem Spiegel dupliziert und abgespeichert.

6. Alle Wirkmechanismen des Diesseits gibt es deshalb als Informationskomplexe auch im Jenseits, auch die angelernten Me-

chanismen. Die Spiegel-Materie in der Interwelt ohne jede Masse, aber als Informationskomplex der Massen, ist durch Geist/Wille beliebig modulierbar.

7. Die Interwelt besteht aus abrufbaren Ereignissen, die Freude, Glück, Seligkeit, Heilung und Wohlempfinden bewirken.

8. Die Interwelt ist belebt mit geistigen Wesen (Informations-strukturen und -mustern), die aktiviert werden können, wobei die mit uns direkt verbundenen und immer existierenden Selbst-Instanzen im Mittelpunkt stehen.

9. Da Wille mit Bewusstsein immer Faktoren der Interwelt sind, wird nach dem Wechsel vom Erdenleben in die Interwelt das Leben weitergelebt, zwar ohne reale Materie, aber mit den In-formationsmustern der Materie und den von der Materie ab-hängigen geistigen Strukturen.

Benefits der Interwelt

Wir werden also Maßnahmen beschreiben, die uns in die Interwelt führen. Insbesondere müssen wir die Bereitschaftszustände für das Erleben und die Erfahrung gewährleisten. Grob aufgezählt, sind das:

> Meditation
> Neuroplastizität
> Lernen des Transpersonellen
> Unsterblichkeit der Erfahrungen
> Wiedererkennen des »Paradieses«

Da wir im Erdenleben die Strukturen des Gehirns verwenden müs-sen, ist der Weg zur Interwelt nur über eine Änderung der Gehirn-struktur möglich. Die Veränderung ist dann eine Folge von Übung. Wir können unser Gehirn durch neu trainierte Angewohnheiten in der Struktur und dann in der Funktion verändern (siehe letztes Kapitel).

Die Frage ist, ob sich das lohnt?

Eine weitere Frage ist: Was sind die Nebenwirkungen eines solchen Verfahrens? Wie hoch ist das Risiko?

Schauen wir uns zuerst die Ziele an:

Wir wollen uns für das Höhere Selbst und für das Wahre Selbst öffnen.

Wir wollen lernen, die bisherigen Barrieren abzubauen.

Wir wollen Mitteilungen und Weisheiten eines offenen Geistes erfahren.

Zwei verschiedene Ziele bei Verwendung der Interweltinhalte müssen auseinandergehalten werden:

1. Wir wollen Informationen darüber, wie die für uns real erlebte Materie der Alltagswelt über Wille und Bewusstsein stärker und weitgehender verändert werden kann, als wir es bisher gelernt haben.

2. Wir wollen weiterführende Informationen zur Problemlösung für Geschehnisse und Ereignisse, die mit Mitteln des Ich in der Alltagswelt bisher unmöglich waren.

Die Risiken bestehen ganz eindeutig darin, dass wir die gewohnte Orientierung verlieren und verwirrt werden können. Stellen Sie sich vor, wir müssten den Alltag wie im Traum durchleben. Das geht nicht, weil Planungen und Vernunft so stark auf der Strecke bleiben, dass das Notwendigste zum Lebenserhalt, wie Nahrungsbeschaffung und soziales Arrangement, nicht ausreichend bedient werden kann. Im schlimmsten Fall ist es dann ähnlich wie bei einem Menschen, der mit Drogen zugedröhnt ist. Deshalb hat die Naturintelligenz uns Barrieren zwischen den beiden Welten errichtet, die durch Lernen entstanden sind und die durch Lernen auch wieder Stück für Stück abgebaut werden können. Lernen beinhaltet einen langsamen und verträglichen Übergang in das bisher Ungewohnte.

Aber es gibt über diesen Vorsichtsaspekt hinaus ja auch genügend Berichte, wo die Menschen, die entsprechende Methoden beherrschen, um diese Barrieren zeitweise zu überwinden, nur Positives von ihrem Besuch in der Interwelt erzählen und wo große Hilfe zuteilwurde. Bibel, Talmut, Koran und viele andere Standardwerke sind voll von diesen Berichten.

Es kommt also auf die richtige Balance an. Zu wenig Interwelt macht uns das Leben auf der Erde schwerer, zu viel Interwelt aber ebenso. Nicht umsonst wurden die Intensivmethoden zum Erreichen der Interwelt früher immer in Geheimbünden oder nur Auserwählten offenbart.

Geistige Verwandlung der Materie

Hätten Sie gedacht, dass sich bis zu 70 Prozent der neuronalen Verbindungen im Hirn täglich ändern? Die Ursache dafür sind unzählige neue Erfahrungen, die wir täglich machen – vorausgesetzt, sie werden nicht vorher vom Neokortex ausgefiltert. Milliarden Hirnzellen, unzählige Synapsenverbindungen sowie Botenstoffe und Hormone verwandeln die hineinflutenden Informationen in ein üblicherweise sinnvolles Verhalten. Dafür werden große Mengen körpereigener psychoaktiver Substanzen erzeugt. Die Palette umfasst schmerzstillende Endorphine, angstlösende Tranquilizer und psychoaktive Stoffe wie DMT, LSD, Karbolin und Dopamin. Auch für Antriebssteigerung, Gemütsaufhellung, sexuelle Anregung, Euphorisierung, Immunabwehr und viele weitere Effekte kann die körpereigene Apotheke chemische Verbindungen herstellen, die auf ihre Ausschüttung warten.

Salopp gesagt, ist der Mensch ein Drogenproduzent. Die situative Anwendung solcher Substanzen muss erlernt werden und gehört in das Programm trainierter Reaktionen. Dabei wird festgelegt, in welcher Dosis die Stoffe produziert und ausgeschüttet werden. Sobald wir Standardreaktionen willentlich überschreiten und das Muster ändern, muss die Dosis entsprechend verringert oder erhöht werden, um der willentlichen Entscheidung angepasst zu sein. Sind die Ausschläge nach oben oder unten zu stark, können die harmonischen Körperfunktionen empfindlich gestört werden – etwa, wenn bei extremer Stressbelastung ein dauerndes Adrenalinhoch entsteht.

Bleiben wir einen Moment bei diesem Beispiel. Die Ausschüttung von Adrenalin ist ein Signal, das eine Kettenreaktion auslöst, weil bestimmte körperliche Vorgänge gestoppt werden, um den Muskeln mehr Energie zuzuführen – für einen eventuellen Kampf oder eine Flucht. Deshalb werden unter anderem die Verdauung zurückgefahren und die Melatoninproduktion verringert, um Müdigkeit zu verhindern. Dies ist gewissermaßen ein Notfallplan, gedacht für kurze, intensive Momente. Wird der Stress zum Dauerzustand, entstehen neben vielen weiteren Symptomen Verdauungsprobleme und Schlafstörungen.

Unsere stammesgeschichtlichen Vorfahren, aber auch native Völker bemühten sich intuitiv, ein harmonisches Zusammenspiel solcher Vorgänge einzuleiten, also eine verträgliche Dosis körpereigener Substanzen zu gewährleisten. Rituelle Heilkulte in speziellen Heiltempeln sowie Voodoo, Yoga dienten dazu, den Hirnstoffwechsel günstig zu beeinflussen, ein Wissen, das in unserer westlichen Industriegesellschaft größtenteils verloren gegangen ist. Manches versuchen wir wieder zu lernen, etwa, indem wir Yogakurse besuchen oder uns mit Meditation beschäftigen. Darüber hinaus gibt auch die medizinische Forschung einige Impulse.

Jedenfalls ist das materialistische Modell von der Neuronenmaschine Gehirn gründlich gescheitert, auch wenn der Glaube daran noch immer weite Bereiche der Hirnforschung dominiert. Nach wie vor lassen die Naturwissenschaften nur zu, was die Naturgesetze der Makrowelt vorgeben, während quantenphysikalische oder gar quantenphilosophische Erkenntnisse kaum beachtet werden. Geht es um rein subjektive Gefühle, Intuition oder unerklärliche Erfahrungen, wird schnell ins Feld geführt, hier handele es sich um unbeweisbare Gegebenheiten. Die Wissenschaft entzieht sich der Auseinandersetzung, indem sie rigoros alle Subjektivität als wissenschaftlich wertlos ignoriert. Damit hat sie sich ein Vertrauensproblem eingehandelt und ist unglaubwürdig geworden.

Es zeigt sich immer zwingender, dass alle menschlichen Phänomene ausschließlich über das Bewusstsein und Unterbewusstsein entstehen. Da Seele, Geist und Körper durch permanenten informationstragenden Energieaustausch verbunden sind, ist das Bewusstsein die zentrale Schaltstelle. Einzig und allein vom Bewusstsein werden subjektive Informationen in die Verarbeitungssysteme des Gehirns weitergeleitet. Sogenannte objektive Gegebenheiten existieren nicht, und insofern findet die Wissenschaft auch keine objektiven Daten vor, die sie sinnvoll verwerten kann.

Ein zweites Problem entsteht durch die allgegenwärtigen quantenphysikalischen Prozesse. Was bleibt von der materialistischen, objektiven Wissenschaft übrig, wenn die Träger der Materie, die Atome, sich in Wirbel und Wellen auflösen, bis sie schließlich keine nachweisbare lokale Existenz mehr haben?

Daran schließt sich ein drittes Problem an, das wohl schwerwiegendste: Etwa 96 Prozent der Energie, aus der jeder Organismus, jeder Mensch und der gesamte Kosmos bestehen, ist der traditionellen Wissenschaft mit ihren begrenzten Messmethoden nicht zugänglich. Dennoch ist diese Energie seit Billionen Jahren wirksam und hat alles irdische Leben mitsamt der Evolution gesteuert. Wir Menschen können diese Energie nicht nur aufnehmen, sondern das Wesen unseres Lebens besteht sogar exakt aus dieser Energie.

Bert Sakmann, der 1991 den Nobelpreis für Medizin erhielt, spottete: »Es ist viel Wind gemacht worden mit der Molekularbiologie, es wird viel aufgeblasen. Ich möchte da einfach nicht mitmachen. Es wird viel gesprochen von der ›Dekade des Gehirns‹, die vom amerikanischen Kongress ausgerufen wurde. Ich halte das alles für Unsinn. Das fällt auf uns zurück, weil wir nach vier bis fünf Jahren gefragt werden: Was habt ihr denn herausgebracht?«[62]

Mit der Quantenphilosophie bieten sich Auswege aus der verfahrenen Situation an. Allerdings gilt immer noch, was Max Planck, Begründer der Quantentheorie und Nobelpreisträger für Physik, einst sagte: »Eine neue wissenschaftliche Wahrheit pflegt sich nicht in der Weise durchzusetzen, dass ihre Gegner überzeugt werden und sich als belehrt erklären, sondern vielmehr dadurch, dass ihre Gegner allmählich aussterben und dass die heranwachsende Generation von vornherein mit der Wahrheit vertraut gemacht ist« (Planck 1948).

Das Gehirn als Transformer zum Universum

Prinzipiell sind wir Menschen so konstruiert, dass wir zu unserem eigenen Nutzen aus der Alltagswelt unseres Erdenlebens heraus gangbare Wege zur Interwelt finden – und zwar auf eine Weise, dass wir sie willentlich und voll bewusst aufrufen können. Wir wissen inzwischen, dass unser Gehirn uns – teils aus gutem Grund – daran hindert. Aber wir können diese Barriere einreißen. Bevor wir uns ganz der Praxis zuwenden, müssen wir die zwei wichtigsten Stationen im Gehirn kennenlernen, die Thalamus-Strukturen mit Limbischem System und Zirbeldrüse, von mir als »Jenseits-Modul« benannt, und das Wachbewusstseinszentrum des Neokortex, das letztlich die Vernunft repräsentiert. Nur wenn wir wissen, wie diese beiden Stationen funktionieren, können wir sie auch beeinflussen.

Die Bezeichnung Thalamus müsste eigentlich im Plural verwendet werden, denn dieses seltsame Gehirnzentrum ist paarig angelegt. Thalamus und Gehirnrinde (Kortex) bilden eine Kommunikationseinheit. Der Thalamus beinhaltet Kerne, die aus besonderen Neuronenzell-Konglomeraten, den Ganglien, bestehen. Diese speziellen Kerne bilden das Tor zum Tagesbewusstsein. Anhand der interferierenden Feldmuster wird entschieden, ob das Tor zur Anforderung des Bewusstseins sich öffnet oder geschlossen bleibt.

Das jeweilige Muster schlägt sich in einer ununterbrochenen Oszillatorrhythmik nieder, ganz ähnlich wie der Herzrhythmus. Deshalb bezeichnet man den Thalamus auch als Schrittmacher der elektrischen Gehirnaktivität, des EEG. Die Frequenzen des Thalamus variieren um 7,8 Hz. Langsame Frequenzen bis 15 Hz innerhalb des Gehirns werden vom Thalamus synchronisiert. Je langsamer und synchroner die Wellen verlaufen, etwa im Schlaf, bei Entspannung oder Meditation, umso mehr schließt sich das Tor für die Informationsübertragung ins Bewusstsein. Werden dagegen Informationen aus der Umwelt aufgenommen, was die Aufmerksamkeit auf die entsprechenden Signale lenkt, erhöhen sich die Frequenzen, und das Tor öffnet sich. Ein weiterer Türöffner ist das Vorderhirn, das uns bereits als Regisseur bei der Kommunikation der beiden Gehirnhälften begegnet ist.

Ein wichtiger Teil des Thalamus ist der Hippocampus, eine Art Lernzentrum. Die Nervenzellen des Hippocampus sind die Schrittmacher des Thetarhythmus, mit einer Frequenz von 4 bis 7 Hz. Bei Kindern ist dieser Rhythmus immer dominierend, bei Erwachsenen hingegen nur im Schlaf, bei tiefer Entspannung und während der Meditation. Der Rhythmus übergreift neben dem Hippocampus auch weitere Teile des Limbischen Systems und der Nasenneurone, weshalb übrigens Düfte mit Gefühlen gekoppelt sind. So kommt es, dass wir mit Gerüchen immer Erinnerungen und Gefühle verbinden.

Diese interessante Kombination hat große Bedeutung für die Steuerung der Lebensprozesse. Die enge Zusammenarbeit zwischen Hippocampus und Limbischem System ermöglicht, dass wir unsere angeborenen Gefühle auf bestimmte Situationen projizieren und diese Verknüpfungen als Prägung speichern. Da das Limbische System einen direkten Zugriff auf das vegetative Nervensystem und den Hormonhaushalt hat, erfasst jede Gefühlsregung den gesamten Körper. Der Einfluss erstreckt sich auch auf wichtige Zentren im Hals-Kopf-Bereich, auf die Medulla oblongata mit der Formatio reticularis, was zur Folge hat, dass Gefühle sich direkt auf den Tonus unserer Skelettmuskulatur auswirken. Werden wir bedroht, erfolgt blitzschnell ein Signal, und die Muskeln spannen sich an, um schneller reagieren zu können.

Umgekehrt wirkt jeder veränderte Körperstatus zurück auf die Gefühlsmuster. Die Übertragungen laufen wie bei den Elektronen ab: Auf die Angebotswelle folgt eine Bestätigungswelle, die schließlich in die Kraftübertragung mündet. Wir betrachten hier ein integriertes System, dessen Teile unaufhörlich kommunizieren. Denken wir etwa an ein gewisses Unsicherheitsgefühl. Sofort wird der Muskeltonus angehoben, und der Blutdruck steigt. Als Rückkopplung erhöht sich daraufhin die Frequenz des ehemals stabilen Thetarhythmus. Doch damit ist die Kettenreaktion noch nicht zu Ende, denn dies hat frappierende Auswirkungen auf die Generierung von Folgegefühlen. Durch Umschaltungen schottet sich die Psyche von der Umwelt ab, und die erhöhte Frequenz kreist als Nervenerregung im Thalamus.

In diesem Moment passiert etwas Merkwürdiges: Wir empfinden eine massive Angst, da die Außenreize nicht mehr in die bewusste Wahrnehmung vordringen. Das Angstgefühl lässt erst nach, wenn die Außenreize wieder bewusst werden. Offenbar ertragen wir es nicht, gleichsam in uns selbst eingeschlossen zu sein. So ergeht es auch Gefangenen, die in dunklen, schallisolierten Zellen eingesperrt sind. Ihr Unwohlsein steigert sich bis zu Panikattacken, weil der Entzug von gewohnten, wirklichkeitsstiftenden Reizen jede Ich-Wahrnehmung unmöglich macht.

Ein Mikrozentrum als Wachmacher

Der Hirnbotenstoff Noradrenalin vermittelt uns die vollkommene Wachheit. Die größte Dichte der Noradrenalin-Nervenzellen ist in einem Punkt des Stammhirns konzentriert, dem Locus coeruleus. Im frischen Hirnschnitt sieht man ihn als blauen Punkt. So winzig dieser Punkt ist, so außerordentlich folgenreich ist seine Aktivität. Nur etwa 3000 Nervenzellen bauen ihn auf, aber alle diese Nervenzellen verzweigen sich zu Milliarden Nervenkontakten in allen Bereichen des Gehirns: Hypothalamus, Limbisches System, Großhirnrinde, Stammhirn. Die Sinneswahrnehmungen Sehen, Hören, Riechen, Schmecken und Tasten lösen in den Noradrenalinzellen des kleinen blauen Punktes ein Aktionsfeuerwerk aus. Alles wird vielfältig verstärkt und mit Gefühlen verbunden, was wir als erregte Stimmung empfinden. Jede Wahrnehmung wird auf diese Weise emotional eingefärbt. Deshalb kann man auch sagen: Der Locus coeruleus ist das Zentrum unserer wachen Gemütslage.

Gehemmt wird die Noradrenalinaktivität dieses Blauen Kerns, wie er im deutschen Sprachgebrauch heißt, wenn Serotonin an seine Rezeptoren andockt. Und damit kommen wir gleichsam zum Stoff, aus dem die Träume sind: zu den psychoaktiven Substanzen, die uns die Interwelt öffnen. Sie unterbinden den hemmenden Einfluss von Serotonin auf die Aktivität des Blauen Kerns, indem sie sich zwar an die Serotoninrezeptoren setzen, das Serotonin aber beiseiteschieben und seine Wirkung blockieren. Zu diesen psychoaktiven Stoffen gehören LSD, Psilobycin, Meskalin, DMT, Haschisch, Kokain und Amphetamine. Einige dieser Drogen verhindern auch die Wiederaufnahme von Noradrenalin im synaptischen Spalt, wodurch eine wahre Flut spezieller Wachsamkeit entsteht.

Manche dieser Drogen baut der Organismus selbst auf. Wir spüren ihre Wirkung als glasklare Wachheit und Aufmerksamkeit mit übergroßer Wahrnehmungsschärfe. Wir denken schneller und haben eine positive Grundstimmung. Da Noradrenalin in diesem Fall in ungewohnt großen Mengen vorhanden ist, gibt es auch vermehrt die Vorstufe, das Dopamin, ein Hormon der Kreativität, der Feinmotorik und des »Göttlichen«. Wenn zugleich weite Gebiete der Großhirnrinde, des Neokortex, stillgelegt sind, haben wir Visionen, empfinden eine kosmische Einheit und werden uns transzendenter Welten bewusst. Der Filter ist stillgelegt.

Stillgelegt werden Gebiete der Großhirnrinde auch durch Bewusstlosigkeit, ein physiopathologischer Zustand, der durch Sauerstoffmangel des Gehirns entsteht – übrigens ein manchmal benutzter höchst gefährlicher Mechanismus, der bei der gezielten Selbststrangulation zu halluzinatorischen Erfahrungen führt. Eine andere Variante, die zur Bewusstlosigkeit führt, ist die Einnahme oder Zufuhr narkotischer Stoffe. Uns interessieren diese Zustände, weil sie uns Hinweise geben, wie das Ich mit seinem Gehirn reagiert, wenn es kein Bewusstsein mehr fühlt. Gibt es dann eine Umschaltung Richtung Interwelt?

Narkose – wenn das Bewusstsein verschwindet

Wir gehen davon aus, dass Alltagswelt und Interwelt auf ein und demselben Bewusstseinsmodus beruhen. Doch hier müssen wir genau unterscheiden. In der Alltagswelt ist das Bewusstsein mit der Materie – und daher mit der intellektuellen Vernunft – verbunden, in der Interwelt dagegen ist das Bewusstsein frei und ungebunden, analog zu einem freien Geist und einer freien Seele. Wie können wir diese Annahme auf Plausibilität testen?

Schauen wir uns einmal den Effekt der Narkose etwas genauer an. Wir wissen, dass Anästhetika unser Gehirnbewusstsein stilllegen. Aber wie funktioniert das? So eigenartig es klingt, die einzelnen Details sind noch nicht erforscht. Wir hatten in Teil 2 einen plausiblen Mechanismus beschrieben, aber der ist experimentell noch nicht belastbar. Es verlangt zu viel Fantasie, um sich vorzustellen, wie aus einem komplexen Muster elektrischer Hirnaktivitäten Gedankenströme und Bewusstseinsprozesse entstehen, die noch dazu ziemlich abrupt wieder abgeschaltet werden können. Dennoch ist das Erklärungsmodell der Spinbeeinflussung in Zellmembranen sehr wahrscheinlich.

Das Anästhetikum Propofol wurde kürzlich im Universitätsklinikum Hamburg-Eppendorf durch den Neurowissenschaftler Gernot Supp untersucht. Entgegen der bisherigen Annahme stellte er fest, dass äußere Reize auch während einer Narkose weiterhin die Großhirnrinde erreichen. Offenbar werden sie dann jedoch nicht mehr weiterverarbeitet. Der Grund ist leicht auszumachen: Durch das Narkosemittel stellt sich die gesamte Aktivität der Großhirnrinde um. Über weite Teile des Neokortex wird nun synchron »gefeuert«, wie es im Physiologen-Jargon heißt. Das bedeutet: Die Neuronen schwingen synchron auf den Frequenzen der Deltawellen – 1 bis 4 Hz – und Thetawellen – 4 bis 8 Hz. Diese Frequenzen sind typisch für traumlosen Tiefschlaf. Im Wachzustand dagegen herrschen Betafrequenzen mit 13 bis 30 Hz vor.

Die kohärent schwingenden Delta- und Thetawellen mit ihren sehr niedrigen Frequenzen verhindern offenbar die Reizverarbeitung. Verschiedene Regionen, die sonst miteinander kommunizieren, werden durch die Frequenz-Gleichschaltung gleichsam mitten im Gespräch abgeschnitten, so wie ein lauter Ton jedes Gespräch übertönt. Die Bewusstlosigkeit der Narkose ist also letztlich ein pharmakologisch induziertes Koma. Es erinnert frappierend an den Tiefschlaf. Auch hier haben wir einen hochsynchronen Zustand im Thetafrequenzbereich. Aber was ist mit den Gehirnzentren außerhalb des Neokortex, also außerhalb der Großhirnrinde?

Wissenschaftler der Universität Turku, Finnland, haben herausgefunden: Wenn die Großhirnrinde nicht mehr funktioniert, sind die Zentren des Mittelhirns immer noch aktiv: Thalamus, Limbisches System und Hirnstamm. Während der Verstand abgeschaltet wird, ist die Gefühlswelt mit ihrem Unterbewusstsein und damit die Interwelt immer noch präsent. Das ist ein wichtiges Ergebnis. Denn sobald der Neokortex mit seinen Zensor- und Filterfunktionen blockiert ist, können wir durch die Vermittler Limbisches System und Zirbeldrüse die Interwelt erreichen. Die Steuerzentrale des Wachzustands ist das ARAS, das aufsteigende retikuläre aktivierende System. Wird das System abgeschaltet, sind wir in einer anderen Welt, der Interwelt.[63]

»Wir erleben gerade den Anbruch eines Goldenen Zeitalters«, sagt George Mashour, Neurowissenschaftler an der University of Michigan, USA, im Hinblick auf diese neuen Entdeckungen.[64]

Kapitel 2:
Kontaktaufnahme mit der Interwelt

Das Vier-Punkte-Programm

Wir werden permanent von Energiefeldern durchdrungen, die geistigen Informationscharakter haben. Wir hatten sie mit der physikalisch so benannten Dunklen Energie, mit der Dunklen Materie, mit der Higgsenergie und mit der Schwerkraft in Verbindung gebracht. Sie alle sind natürliche Energien, die seit Beginn der Lebewesen vorhanden sind und nicht nur durch uns, sondern auch durch alles andere fließen.

So wie der Fernseher den zuströmenden Fluss der informationsreichen elektromagnetischen Strahlung in Bilder umsetzt, was nicht ohne Kraftentwicklung geht, können wir durch unseren Willen Kräfte aus den zirkulierenden Informationen entstehen lassen, indem wir die Energien in eine bestimmte Richtung lenken. Wenn wir auf diese Art Kräfte erzeugen, geschehen »Ereignisse«, z. B. entstehen Gedanken.

Das hört sich recht einfach an. Doch es setzt eine hohe bewusste Wahrnehmung und auch eine gewisse Übung voraus. Schließlich müssen wir dafür einige konditionierte Reaktions- und Denkmuster zurückdrängen, oder, besser noch, die dazugehörigen Hirnfunktionen neutralisieren. Selbstverständlich ist es nicht empfehlenswert, den Zugang zur Interwelt durch psychoaktive Substanzen zu suchen. Zwar ist dies eine übliche Strategie in vielen Naturvölkern, die Rauschmittel aus Pflanzen gewinnen, um in heiligen Ritualen eine Erweiterung der Wahrnehmung herbeizuführen. So verlockend das sein mag – abgesehen davon, dass vor Drogenmissbrauch gewarnt werden muss, haben wir andere Kommunikationsmittel für die Interwelt.

Um zu lernen, wie wir bewusst erschaffende Energien einsetzen, vergegenwärtigen wir uns noch einmal die physiologischen Voraussetzungen: Die Neokortex-Aktivität sollte möglichst stillgelegt sein, während die Aktivitäten von Mittelhirn mit Limbischem System und Zirbeldrüse hochgefahren werden müssen. Neben Drogen – auch körpereigenen – kommt dafür Erschöpfung und Sauerstoffmangel des Neokortex infrage, was auch in bestimmten Schlafabschnitten und Nahtodereignissen passiert. Aber auch der willentlich gesteuerte Luzide Traum und Meditation sind wirkungsvolle Verfahren. Zusammenfassend geht es um das Erwecken der »inneren Stimme«.

Eine veränderte Funktionsweise des Gehirns, die den Zugang zur Interwelt erleichtert, erreicht man mit bestimmten Verhaltensänderungen. Sie zielen erstens darauf ab, Gewohnheiten abzulegen, um konditionierte Programme loszuwerden. Im zweiten Schritt geht es darum, die Kohärenz bestimmter Gehirnzentren zu aktivieren. Drittens können wir willentlich die Funktion der Zirbeldrüse anregen, die mit der Ausschüttung psychoaktiver Substanzen reagiert. Und viertens können wir lernen, einen geistigen Konzentrationsfokus zu setzen.

Die folgende Liste zeigt, welche Parameter den Zugang zur Interwelt begünstigen:
1. Glaube als Überzeugung eines »Wissens«
2. Motivation »Jetzt oder gar nicht«
3. Tiefe Entspannung
4. Absolute Stille, ohne lärmende Gedanken
5. Unangestrengte Aufmerksamkeit auf das klar bestimmte Ziel
6. Höchste Konzentration und Wachheit
7. Starke emotionale Färbung des Vorhabens
8. Ausschluss weiterer Gedanken und Nebenziele
9. Feedback registrieren – »Es ist geschehen«

Gewohntes durch Erkenntnis wandeln

Wir haben uns zum Ziel gesetzt, die Interwelt aufzusuchen. Richtiger wäre eigentlich das Ziel, die gewohnte Alltagswelt abzubauen. Denn dann bleibt die Interwelt übrig, da sie ja immer präsent ist. Aber sie wird durch Gewohnheiten verdeckt.

Fast alles, was wir tun und denken, ist konditioniert. Deshalb muss es für einen erfolgreichen Kontakt mit der Interwelt gelingen, die erlernten Filtermechanismen auszuschalten. Eine wirksame Strategie ist es, sich der Relativität seiner Wahrnehmung bewusst zu werden. Berühren Sie beispielsweise den Stuhl, auf dem Sie sitzen. Bisher waren Ihnen die Kräfte, die in seiner Materie wirken, verborgen geblieben. Nun stellen Sie sich vor, dass Sie in Wahrheit nicht ein Stück Holz, Plastik oder Metall berühren, sondern die höchst lebendigen Energiewirbel der Atomkerne und Elektronen. Mit diesen Wirbeln entstehen Informationen für Kräfte. Diese empfinden wir aber nicht, sondern wir erkennen mit unseren Sinnen nur massive Form und Struktur. Wäre es anders, könnten wir uns in der Alltagswelt nicht orientieren.

Das Unterbewusstsein hat diese durchaus pragmatische Beschränkung nicht nötig. Wenn also das Unterbewusstsein vollkommen das Sagen hat, wie im Traum oder den vielen anderen Situationen, wie wir sie hier im Buch erwähnt haben, dann passiert das »Unmögliche«, »Unnormale«, »Paranormale«. Aber das Unterbewusstsein wird im Alltag »bewusst« abgeschirmt.

Versuchen Sie, in einen meditativen Zustand zu gleiten, in dem Ihr Unterbewusstsein sich entfalten kann wie im Traum. Dann spüren Sie vielleicht Reize, die Subliminals genannt werden. Normalerweise durchdringen sie nicht die Schwelle des Bewusstseins, werden aber vom Unterbewusstsein durchaus registriert und verwertet. Ein Beispiel dafür ist der berühmte Werbespot für Coca-Cola aus den 60er-Jahren. Man hatte in die 24 Filmfelder pro Sekunde immer nur zwei, drei Felder mit einer Colaflasche hineingeschnitten. Bewusst wahrnehmen konnte man sie nicht, doch das Unterbewusstsein erreichten sie, und so steigerten sich die Verkaufszahlen der braunen Brause.

Letztlich geht es bei den Subliminals darum, die Reizschwelle für Bewusstes zu senken, die alles vermeintlich Uninteressante und Unwichtige unterdrückt – »latente Inhibition« genannt. Wann haben Sie das letzte Mal die Kleidung auf Ihrer Haut gespürt? Ihren Blutpuls? Die Vibration des laufenden Motors, wenn Sie Auto fahren? Erst bei Abweichungen, wenn die Kleidung kratzt, das Herz »bis zum Hals schlägt« oder der Motor stottert, sind Sie aufmerksam für diese Information. Das bedeutet: Wir nehmen nur noch wahr, was sich ändert und damit momentan Neuigkeit signalisiert. Es geht auch anders: Schließen Sie zum Beispiel die Augen, und nehmen Sie intensiv wahr, was Sie hören. Stimmen? Vogelgezwitscher? Ein vorbeifahrendes Auto? Eine Fahrradklingel, ein weinendes Kind, Hundegebell?

Es ist erstaunlich, was wir wahrnehmen, wenn wir die Filter öffnen. Zugleich lösen wir damit etwas aus: Da wir derart unwichtige, also unzensierte Wahrnehmungen im Bewusstsein zulassen, setzen wir den Neokortex mit seiner Neuigkeitssucht schachmatt. Wir benutzen ihn nicht zur Aktivitätsanforderung, da wir ja alles zulassen, was an Reizen auf uns einströmt, ohne darauf reagieren zu wollen. Dies ist eine gute Vorübung für jenen Zustand anstrengungsloser Konzentration, den wir für das Andocken an die Interwelt brauchen.

Eine weitere Übung besteht darin, die Selbstwahrnehmung zu trainieren. Normalerweise schalten Sie alles weg, was nicht einem momentanen Ziel entspricht. Sie wollen ins Kino gehen, also achten Sie nicht auf Ihre Kopfschmerzen. Sie haben sich mit jemandem zum Essen verabredet und blenden aus, dass Sie eigentlich gar keinen Hunger haben. Sie schalten gewissermaßen auf »cool« und machen sich unempfindlich. Solche selbst aufgebauten Barrieren blockieren Ihr intuitives Gefühl für das, was Ihnen guttut und was nicht. Daher ist es sinnvoll, die Barrieren beiseitezuräumen und sich selbst mit vollem Bewusstsein wahrzunehmen – die Wärme der Haut, das Magengrummeln und vieles mehr. Achten Sie auf die Impulse, die Sie empfangen. Sie sind eine Vorstufe für das spirituelle Gewahrsein. Damit Sie nun nicht in die Hypochondriopathie abgleiten, sollten Sie sich nur angenehme Empfindungen bewusst machen bzw. unangenehme bewusst verschwinden lassen oder in angenehme umwandeln – das funktioniert immer zuverlässiger bei richtiger Einstellung.

Eine wichtige Übung ist natürlich die Achtsamkeit für die Gedanken. Werden Sie zum Beobachter Ihres Denkens. Machen Sie sich klar, welche Gedanken Ihnen gehören und welche Sie übernommen haben. Entspricht es Ihrem Bedürfnis oder Ihrer Erziehung, dass Sie Wert auf bestimmte Konventionen legen? Folgen Sie Erwartungen oder spontanen Empfindungen, wenn Sie in bestimmten Situationen der gute Unterhalter sind? Oft ist es schwierig, die Programme zu decodieren und ihren Ursprung herauszufinden. Je mehr Sie sich damit beschäftigen, desto besser wird es Ihnen gelingen. Auf diese Weise können Sie auch gedanklich auf Dinge reagieren, die nicht in Ihr Weltbild zu passen scheinen und die Sie nicht erwarten. Vorurteilsloses Schauen nennen spirituelle Lehren diese Haltung.

Des Weiteren können Sie versuchen, Ihr Ego in seine Schranken zu weisen. Das Ego gehört zu den stärksten Fesseln, die uns an die Alltagswelt binden. Es ist immer materiefixiert. Deshalb richtet es seine Ziele auf bequeme, gewohnte Strukturen aus und weigert sich, Alternativen zu wagen. Tricksen Sie Ihr Ego aus, indem Sie auf einem Umweg zur Arbeit fahren oder mehrere Tage enthaltsam bezüglich Fernsehen und Medien sind. Damit hebeln Sie den Pragmatismus des Ego aus, der Ihre geistigen Pläne immer wieder mit materiellen Zielen durchkreuzt. Die materielle Struktur ist das Vehikel, das uns durch die Alltagswelt fährt, ein Hilfsmittel für die Lebenserhaltung im Diesseits. Doch wenn wir uns nur daran orientieren, verlieren wir uns in der materiellen Welt. Die Macht des Ego erkennen Sie daran, dass es außerordentlich viel Energie verbraucht, um die gewohnte materielle und geistige Struktur aufrechtzuerhalten. In Ego-Gesellschaften dreht sich alles um Energie: um Nahrungsenergie, damit die Körperstruktur erhalten bleibt, um geistige Energie, damit die Vernunft funktioniert, um fossile Energie, damit die ökonomischen Kreisläufe florieren. Dämmen Sie daher egobedingte Energieverluste ein, indem Sie sich diese Mechanismen bewusst machen.

Für Ihre geistige Freiheit können Sie ebenfalls eine Menge tun. Durchschauen Sie die Meme, die man Ihnen aufdrängen will. Beugen Sie sich nicht jeder allgemein verbreiteten Glaubensüberzeugung, jedem Dogma, jeder Mode. Finden Sie sich auch nicht mit politischen Memen ab, sonst werden Sie unbegrenzt steuerbar. Das gilt auch für Fremdinteressen. Bemühen Sie sich um Informationsvielfalt. Glauben Sie nicht nur einer Zeitung oder einem Fernsehsender, denn viele medial vermittelte Informationen sind manipuliert, oft auch gefälscht.

Suchen Sie nicht nur die Gesellschaft Gleichgesinnter. Gemeinsame Glaubensmuster münden oft in Vorurteile, und die verzerren Ihre Wahrnehmung derart wirkmächtig, dass jede Erfahrung das einmal vorgefasste Glaubensmuster zu bestätigen scheint – ein Teufelskreis. Lassen Sie sich anregen, sogar provozieren. Oft entstehen dabei erstaunliche Impulse. Sobald Sie andere Meinungen zulassen und erwägen, verlassen Sie schon die gewohnten Bahnen Ihrer Wissensmuster und üben sich im multioptionalen Denken, das Sie in Richtung Interwelt ein Stück weiterbringt. Auf diese Weise widerstehen Sie auch der Versuchung, durch Ihre starren Muster Macht auszuüben oder in den Machtbereich anderer zu geraten.

Der konditionierte Geist ist geradezu süchtig nach Wiederholungen dessen, was Macht verleiht. Der amerikanische Ayurveda-Arzt Deepak Chopra stellte fest, dass wir deshalb sogar unsere Wünsche limitieren. Wir hegen immer nur fest programmierte Wunschvorstellungen und tun uns schwer damit, sie unseren tatsächlichen Bedürfnissen und Sehnsüchten anzupassen. Durch die Zwangsjacke der Gewohnheit lassen wir nichts Neues mehr zu. Wir mauern uns regelrecht ein und erleben nicht, was wir erleben könnten: das unendliche Potenzial der Interwelt und der Einheitswelt. In dem Augenblick, in dem Sie erkennen, in welche Falle Sie durch diverse Abhängigkeiten geraten sind, können die konditionierten Muster aufgelöst werden. Dann wächst Ihnen unmittelbar eine größere Freiheit im Erleben und im Verhalten zu.

Um das Falsche, blind Erlernte zu erkennen, brauchen Sie den Vergleich mit den Selbst-Instanzen der Interwelt. Das Selbst des Menschen in der Interwelt setzt andere Prioritäten. Das Wichtigste, ja, das Allerwichtigste sind hier die besonderen Informationen. Sie kommen nur beschränkt vom Ich herüber, aber dem Höheren Selbst steht eine unendlich große Menge universaler Informationen zur Verfügung. Es sind Informationen, die sich in der Evolution, in den jahrtausendealten Traditionen bestens bewährt haben. Dies gilt ganz besonders für das Wahre Selbst. Es hat Zugriff auf die gesamte Palette der universalen Information. Alles, was zur Schöpfung geführt hat, ist als Idee und Informationsmuster in der Interwelt vorhanden und kann von uns direkt genutzt werden.

Die erprobten Methoden setzen damit an, dass man sich selbst betrachtet, ohne zu urteilen. Dabei stellt man sich über die Glaubensmuster, über die Gier, über falsche Wünsche und befreit sich von einengenden gedanklichen Beziehungen. Der Schlüssel dafür ist das reine Erleben, das Jetzt, die Gedankenstille. Ich werde ein reiner, betrachtender Geist, ohne Vorurteile, ohne den analytisch urteilenden Verstand. C. G. Jung und Wolfgang Pauli fassen die angestrebte Geisteshaltung mit den Worten zusammen: »Es ist Zeit, die Beschränkungen unseres Denkens loszulassen und einen neuen Blick auf das Potenzial menschlicher Wesen zu werfen. Wenn wir ein Bild der gesamten Schöpfung in uns tragen, dann verfügen wir auch über ein riesiges Potenzial von kreativem Bewusstsein. Nur Überzeugungen begrenzen unsere Kreativität.« (Jung und Pauli 1955).

Kohärenz von Gehirnzentren

Sobald unsere Gehirnzellen im kohärenten Gleichklang arbeiten, verändert sich unser Erleben. Die Natur hat für eine Gehirnkohärenz durch den zytoarchitektonischen Aufbau des Neokortex gesorgt: Die Ausläufer der Nervenzellen, die Dendriten, liegen oben, die Zellkörper unten. Das ist bedeutsam, weil die Menge der gleichzeitig und gleichphasisch feuernden Neuronen grundlegend bei der geistigen Kommunikation mit dem Informationsfeld ist. In meditativen Zuständen steigt der Anteil der Neuronen, die den Schwellenwert durchstoßen, massiv an. In diesen Momenten wächst die Empfänglichkeit für die Kommunikation mit dem Informationsfeld über Quanteneffekte (Zohar 1982).

Auch Epilepsie ist übrigens die Folge einer Kohärenz elektrischer Impulse in verschiedenen Gehirnbezirken. Durch Veränderungen der Stimmung, der Wahrnehmung und des Empfindens kann der Betroffene sein bevorstehendes »Grand Mal« oft vorhersagen. Bei verschiedenen Naturvölkern wurden Epileptiker verehrt, weil sie paranormale Fähigkeiten während des Anfalls hatten. Sie wurden deshalb in allen Zeiten als Seher respektiert.

Alle Kohärenzen des Hirns haben eine wichtige Bedeutung für die Informationsaufnahme und -verarbeitung. Daraus können wir für die Praxis zweierlei ableiten: Erstens sollten wir in unserem Gehirn für eine möglichst hohe Kohärenz sorgen, um die quantenphysikalischen Verstärkermechanismen anzuregen. Zweitens können wir im Kollektiv mit Gleichgesinnten – allerdings nicht ideologisch Gleichgesinnten – durch identische Stimmungen und Empfindungen die Kohärenz verstärken.

Kohärenz und Harmonie sind die Elemente des Wohlgefühls. Allein durch sie erfahren wir gleichermaßen die Vielfalt der Natur und die Einheit des Geistwesens. Es waren C. G. Jung und Wolfgang Pauli, die den Weg dorthin beschrieben, in ihrem gemeinsamen Buch »The Interpretation of Nature and Psyche«. Sie kamen auf die brillante Idee, dass »das Bewusstsein die Zufälligkeit überlagert, um Synchronizität zu erreichen; es ist das organisierende Prinzip des Lebens, das dem desorganisierenden Prinzip der Entropie, das heißt dem Zerfall von Materie und Energie entgegensteht.« So steigt das Bewusstsein zum Schlüssel des synchronisierten Gehirns auf (Jung und Pauli 1955). Daher soll es im Folgenden darum gehen, wie wir unser Bewusstsein so weit entwickeln, dass es diese Leistung erbringen kann.

Schließen Sie die Augen

Wenn wir einschlafen wollen, schließen wir die Augen. Dadurch kappen wir unsere wichtigste Verbindung zur Außenwelt. Sind wir eingeschlafen, so wird eine zweite Abschaltung des Sehsinns eingeleitet: Die Augäpfel drehen sich nach außen und gleichzeitig nach oben, sodass kein geschlossenes Bild mehr auf die Retina fallen kann. Das Gehirn ist von der visuellen Außenwelt regelrecht abgeschnitten. Nun erreichen keine visuell stimulierenden Reize mehr den Neokortex. Durch die Augenbewegungen während des Einschlafens setzen auch die anregenden Impulsrhythmen des retikulären Systems aus, wo Atmung, Motorik, Emotionen und Schmerzempfindungen koordiniert werden, und deaktivieren die Relaisstationen des Thalamus. Damit ist die enge Verbindung zwischen Thalamus und Neokortex, das thalamo-corticale System, unterbrochen.

Sobald die Verbindung zwischen Thalamus und Neokortex weitgehend inaktiv ist, hält der Thalamus alle von außen kommenden Impulse zurück, gibt sie also nicht wie üblich an den Neokortex weiter. Hier funktioniert ein Netzwerk mit sich selbst synchronisierenden Neuronen. Die Erregungsmuster werden deshalb kohärent »gefeuert«, und der Schrittmacher für das übrige Gehirn ist nun generiert.

Das retikuläre System steuert auch das vegetative Nervensystem. Im Wachzustand hat der Sympathikus das Sagen. Werden aber die Fasern des retikulären Systems über die beschriebenen kohärenten Impulsmuster stillgelegt, überwiegt der Energie sparende und Ruhe bringende Parasympathikus.

Diese einzigartig eingeleitete weitreichende Ruhephase schließt das Großhirn fast vollständig von Informationen aus – wir sagen dann, jemand schlafe wie ein Stein, und nichts könne ihn aufwecken.

Alle diese Abläufe begleiten zwar die Einschlaf- und Tiefschlafphasen, doch wir können jederzeit die Augen schließen und kurze Entspannungsmomente einleiten. Es hat sich bewährt, mit geschlossenen Lidern diagonale Augenbewegungen auszuführen, abwechselnd von links oben nach rechts unten und von rechts oben nach links unten. Dabei entsteht ein elektrisches Feuerwerk durch massive Aktionspotentialsalven der Augenmuskulatur, was einen piezoelektrisch erzeugten Schall zur Folge hat. Viele Menschen können die Impulse sogar hören. Das elektrisch-akustische Feld hat Auswirkungen im ganzen Körper. In der chinesischen Medizin gelten diese Bewegungen als krampflösend, auch nach Verletzungen und Traumata. Durch die direkte Verbindung mit dem Hirn kommt es dabei augenblicklich zur Ruhigstellung der eben genannten Hirnareale, mit allen weiteren Wechselwirkungen. Nach etwa drei Minuten spürt man schon die entspannende Wirkung.

Auch psychologisch ist das Augenschließen eine sehr gute Unterbrechung der Alltagserfahrung. Wir unterstützen damit die Selbstwahrnehmung, können uns besser auf die Atmung konzentrieren und haben auf der Stelle das Gefühl, uns ein eigenes Refugium zu erschaffen. So entsteht ein virtueller Rückzugsort, wo auch immer wir uns gerade befinden. Eine gewisse innere Distanz zum Alltag entsteht, denn gerade der Sehsinn und die verarbeitenden Hirnareale sind häufig überlastet, durch Autofahren, Bildschirmarbeit, Surfen im Internet und Fernsehen. Insofern fällt ein großer Teil jener Ablenkungen weg, die uns normalerweise bedrängen, und wir können im wahrsten Sinne des Wortes durchatmen, um uns auf die Interwelt einzuschwingen.

Der Weg der Tiefenentspannung

Fast alle Methoden, in die Interwelt einzutauchen, basieren auf tiefer Entspannung und innerer Ruhe – daher ist das Schließen der

Augen mit allen beschriebenen Wirkungen ungeheuer wichtig. Tiefenentspannung ist jedoch mehr als ein kurzzeitiges Erschlaffen der Muskeln. Wenn man die Tiefenentspannung systematisch trainiert, löst sie sogar den Eindruck aus, leicht zu schweben, weil wir keine Unterlagen mehr wahrnehmen. Alle störenden Gedanken verschwinden, und mit ihnen die begleitenden Emotionen, die unweigerlich die Muskulatur anspannen. So kehrt tiefe Ruhe ein.

Dennoch sind wir bewusst auf das Feedback der Entspannung konzentriert. Wir warten auf die Rückkopplung und können uns dabei wie beim autogenen Training suggerieren, immer schwerer zu werden. Suggestion ist ein reiner quantenphilosophischer Mechanismus. Tatsächlich bedeutet die Entspannung unseres Körpers zunächst, dass wir die gesamte Muskulatur an die Schwerkraft der Erde ausliefern. Jetzt überlassen wir alles in uns bewusst der Schwerkraft. Das ist wichtig, da die uns durchfließende Dunkle Materie mit ihren WIMPs, denen wir Informationen der Interwelt zusprechen, mit der Schwerkraft eng korrespondiert. Physikalisch macht das zwar keinen Sinn, die Kräfte sind zu winzig. Doch informativ macht es Sinn, da wir davon ausgehen – wie vorher beschrieben –, dass die Schwerkraft mehr ist als die mechanische Anziehungskraft.

Wissenschaftlich wird die Idee diskutiert, dass es Schwerkraft so, wie wir sie verstehen, eigentlich gar nicht gibt, sondern dass sie vielmehr ein universelles, hologrammähnliches Konstrukt ist, ein enormer Informationsspeicher also. Das Magazin »Spektrum der Wissenschaft« titelte unlängst: »Schwerkraft – eine Illusion? Gut möglich – sofern unsere Welt ein Hologramm ist.« Nach der Interpretation John A. Wheelers von der Universität Princeton besteht die Welt quantenphysikalisch gesehen ohnehin aus Information, während Energie und Materie nur Oberflächenphänomene sind.

Im Zustand tiefer Entspannung – so »wissen« wir durch Glauben – sind wir in Berührung mit jener informativen Energie, die das universale Informationshologramm bildet und zudem auch mit unserer geistigen Energie korrespondiert.

Schwerkraft greift an bestimmten Masseneigenschaften an, die im Spin der Teilchen codiert sind. Andererseits ist Stand des Wissens in der Wissenschaft, dass die Bewusstseinsentität ebenfalls am Spin der Teilchen angreift. Das aber heißt, Schwerkrafteinfluss und Bewusstseinseinfluss haben den gleichen Teil der Materie als Angriffspunkt. Schwerkraft und bewusste Interweltinformation könnten die gleiche Quelle haben. Hier mag sich die Lösung des Rätsels offenbaren, warum mein Ich nur mit Präsenz des Bewusstseins der Schwerkraft widerstehen kann. Sobald mein Bewusstsein vom Werkzeug Gehirn und Körper abgekoppelt ist, ich also bewusstlos bin, zieht mich die Schwerkraft nach unten, ich falle um.

Wenn eine Kraft wirkt, gibt es Kraftvektoren, also Kraftrichtungen. Übergeben wir die Massen bei tiefer Entspannung der Schwerkraft, dann heißt das, wir haben die Kraftvektoren in eine gemeinsame, also kohärente Richtung gelenkt. Wir können uns nun vorstellen, dass diese Kohärenz, diese Ordnung einen Vorteil zur Ankopplung an das uns durchdringende Informationsfeld, also das universelle Geistfeld ergibt. Hier mag auch die Erklärung des Phänomens der Levitation ihren Ursprung haben, das zwar gering wissenschaftlich untersucht ist, aber zu existieren scheint. Wenn Bewusstsein die Richtung des Spins von Elektronen und anderen Masseteilchen im Raum verändern kann – was reproduzierbar nachgewiesen ist –, dann könnte dieser Effekt unter kohärenten Umständen auch die Schwerkraft nivellieren, was bedeuten würde, dass die Spins entgegengesetzt ausgerichtet sind, und ein Schweben im Raum wäre nicht mehr so einfach auszuschließen.

Wirkliches Eintauchen in den Geistraum durch Entspannung? Ist das alles? Nein, es ist erst der Beginn. Schauen wir uns weiter die nächtliche Schlafdramaturgie an. Nach der Tiefschlafphase, die gleichzeitig die höchste Entspannungsphase ist, gleiten wir in die Traumphase, die Phase höchster Aktivität innerhalb der Interwelt. Sie gleicht den Erfahrungen, die wir bei echter, tiefer Meditation machen: Das sonst so dominante Ich ist weitgehend verschwunden, und damit hört die gefühlte Trennung von Subjekt und Objekt auf, die wir in der Alltagswelt gewohnt sind. Alle Gedankenkreisläufe des analytischen Verstands verblassen, und alles, was bleibt, ist reines Gewahrsein.

Es ist jedem überlassen, welche Entspannungstechnik oder Meditationstechnik er wählt. Man kann sich auch auf die Atmung konzentrieren, auf ein Wort, ein Mantra oder auf einen Kristall, je nach persönlicher Präferenz. Allerdings muss ich auch eine Warnung aussprechen: Sobald wir jeden aufkommenden Gedanken ausschalten und den Neokortex damit weitgehend stilllegen, wird das Mittel- oder Zwischenhirn mit Limbischem System hyperaktiv, und es kann zur Explosion unterdrückter Gefühle, unerwünschter Bilder und negativer Erinnerungen kommen. Da die Filter des Unbewussten weit offen sind, dringt nun ins Bewusstsein, was die Zensoren stets weggesperrt haben, um das Ich zu schützen. Für Anfänger ist es äußerst schwierig, mit solchen unerwarteten Erlebnissen umzugehen, denn einfach ersticken lassen sie sich nicht. Hier kann eine Technik des »WuWei« aus dem Daoismus hilfreich sein, um das Bewusstsein in ruhige Bahnen zu lenken: Versetzen Sie sich eine Weile an die Stelle eines von außen beobachtenden Weisen, und treffen Sie ungerührt die Feststellung: »Es ist, wie es ist.« Das nimmt den bedrohlichen Emotionen sofort die destruktive Kraft.

Aktivierung der Zirbeldrüse

Von diesem ausgesprochen interessanten kleinen Organ war schon die Rede. Die Zirbeldrüse liegt im Zentrum des Gehirns, im sogenannten Zwischenhirn, Synonyme sind Glandula pinealis oder Epiphyse. Im Verhältnis zum gesamten Hirn ist sie winzig, etwa von der Größe einer länglichen Erbse. Form und Größe variieren beträchtlich, wenn sie auch immer einem Zirbelkieferzapfen gleicht. Das Besondere an dieser Drüse ist, dass sie fast alle Drüsenhormone des Körpers mitreguliert und selbst vor allem zwei wichtige Hormone produziert: Tagsüber verbindet sie bestimmte Aminosäuren zum chemischen Botenstoff Serotonin, während der Nachtstunden konvertiert sie diesen Neurotransmitter zum neuroendokrinen Hormon Melatonin (Quay 1974).

Rund um die Zirbeldrüse sind Magnetitkristalle angeordnet, was sie empfänglich für Einflüsse des Erdmagnetfelds macht. Bei Tieren wie Fischen, Reptilien und Vögeln hat die Epiphyse die Funktion eines Rezeptors für elektromagnetische Strahlung wie ein drittes Auge.

Das Gewebe der Zirbeldrüse besitzt die höchste Absorptionsrate von Phosphor, verglichen mit anderen Körperorganen, und nach der Schilddrüse die zweithöchste Absorptionsrate für Jod. Allerdings unterliegt sie nicht dem Schutz der Blut-Hirn-Schranke, obwohl sie neben den Nieren das am stärksten durchblutete Organ unseres Körpers ist. Deshalb kann sich neben toxischen Substanzen aus der Umwelt auch Calcium in der Drüse ablagern, was durch Fluorid forciert wird. Außerdem speichert die Zirbeldrüse Fluorid aus Zahnpasta und Trinkwasser, und so sind kalkhaltige Ablagerungen im Drüsengewebe keine Seltenheit. Der Grieß, der dabei entsteht, stört die Melatoninproduktion (Luke 1997). Das beginnt bereits mit dem zwölften Lebensjahr.

In vielen alten Kulturen wird dieser kleinen Drüse eine magische Funktion zugesprochen. Symbolisiert ist die magische Kraft mit dem Dritten Auge, dem »Auge der Weisheit«, das in verschiedenen Kulten und auch in Logen auftaucht, nicht zuletzt auf dem amerikanischen Dollarschein. Das Dritte Auge öffnet sich laut alten Überlieferungen beim Menschen erst, »wenn das Geistfeuer der Alchemisten entfacht wird«. In der altindischen Terminologie wird das »Dritte Auge« mit dem »Ajna-Chakra« gleichgesetzt. Dieses Chakra ist die Vermittlerin der Siddhis, jener Seelenkräfte, die Telepathie und andere paranormale kosmische Effekte übertragen (Swami Satyananda Swaraswati 1972).

Auch Platon erwähnt die Zirbeldrüse und ist überzeugt, dass »dieses Auge die Wahrheit schauen kann«. Descartes bezeichnete die Zirbeldrüse als Verbindung vom Körper zur Seele und sprach ihr zu, an Empfindungen, Vorstellungen und Erinnerungen beteiligt zu sein.

Kiefernzapfen sind in vielen heiligen Kunstwerken in Babylon, Ägypten, Indien, Mexiko, Italien und auch Deutschland zu sehen. Häufig tragen Buddhastatuen Kopfbedeckungen in Zapfenform, zum Zeichen dafür, dass die Zirbeldrüse im buddhistisch erweckten Menschen den Status eines »alles sehenden Zentrums« hat.

Eine der berühmtesten Darstellungen des Kiefernzapfens ist der zentrale Stein im Heiligtum des Orakels von Delphi, Omphalos genannt, Nabel und Mittelpunkt der Welt. Alte römische und griechische Münzen zeigen den Omphalos in Form des Kiefernzapfens. Oftmals wird er in anderen Abbildungen mit dem »Baum des Lebens« ergänzt oder zusammen mit geflügelten Wesen und Göttern dargestellt. Ebenso bekannt ist der große bronzene Kiefernzapfen auf dem Cortile della Pigna, nahe dem Petersdom in Rom. Er stammt aus dem 1. Jahrhundert n. Chr.; auch der Papststab enthält ein Abbild dieses Zapfens.

Die ungewöhnlich große Aufmerksamkeit, die der Zirbeldrüse in vielen Religionen und mystischen Kulten entgegengebracht wird, hat durch die Erkenntnisse der modernen Physiologie neue Nahrung bekommen. Viele Publikationen widmen sich besonders ihrem Kontakt mit dem Erdmagnetfeld, das, abhängig vom Rhythmus der Sonneneruptionen, auffällig schwankt. Ist die Sonne besonders aktiv, verändert sich daraufhin über die produzierten Hormone Serotonin und Melatonin die Steuerung der circadianen Rhythmen. Normalerweise reguliert sich die Ausschüttung durch Lichtreize, die als elektrische Signale von der Netzhaut zur Zirbeldrüse laufen. Trifft Tageslicht auf die Retina der Augen, wird das Signal zunächst über den Sehnerv zum Hypothalamus gesandt, um von dort aus über das sympathische Nervensystem zur Zirbeldrüse weitergeleitet zu werden. So wird sichergestellt, dass sie tagsüber kein schlafförderndes Hormon Vasotocin über Melatonin bildet.

In der Zirbeldrüse wird die größte Menge Serotonin produziert, weit mehr als in jeder anderen Gehirnregion. So wurden im Thalamus 61 Nanogramm pro Gramm Gewebe gemessen, im Hippocampus 56 Nanogramm, im Zentrum des Zwischenhirns 482 Nanogramm, in der Zirbeldrüse jedoch bis zu 3520 Nanogramm. Serotonin im Gehirn ist das »Muntermacher«-Hormon, das gute Laune und Lebensfreude erzeugt. Es ist zugleich als Ausgangsstoff für Melatonin unentbehrlich. Bei der Umwandlung von Serotonin zu Melatonin bildet sich das Schlafhormon Arginin-Vasotocin, das uns den vollkommenen Tiefschlaf beschert (Pavel et al. 1981).

Melatonin ist eines der wirkungsvollsten Antioxidanzien und wird für die nächtliche Regeneration dringend gebraucht. Die Zirbeldrüsenhormone haben darüber hinaus Einfluss auf den Hypophysen-Hypothalamus-Komplex und das Limbische System mit seinen Empfindungsaktivitäten. Die Hormone, die vom Hypophysen-Hypothalamus-Komplex aktiviert werden, werden durch die Zirbeldrüse gehemmt. Über die Bedeutung dieses Antagonismus ist noch wenig bekannt, doch es wird vermutet, dass die Zirbeldrüse ein wirkmächtiger Regisseur unserer Gefühlswelt ist.

Wundert man sich schon angesichts dieser vielen zentralen Funktionen der vergleichsweise kleinen Zirbeldrüse, so ist erstaunlich, dass sie noch weitere Aufgaben übernimmt. Sie hat einen ähnlichen Zellaufbau wie die Netzhaut von Säugetieren und Menschen. Genau wie dort werden auch in der Zirbeldrüse Proteine gebildet, die durch ihre Photonenleitung die Lichtwahrnehmung ermöglichen. Das schon erwähnte und gleich näher beschriebene DMT, jene körpereigene psychoaktive Substanz, die bewusste Wahrnehmung stark erweitert, ist ein Kristall und reagiert auf Druck, auch auf den speziellen Blutdruck innerhalb der Drüse, mit der Freisetzung von Licht. Liegt hier möglicherweise eine physiologische Ursache für innere Lichterscheinungen während der Meditation vor, das, was wir »Erleuchtung« nennen?

Magische Drogen

Schon jetzt dürfte klar geworden sein, dass die Zirbeldrüse ein komplex arbeitendes Chemielabor ist, das mit Serotonin und Melatonin zwei kardinale Hormone in den Hirnstoffwechsel schleust. In dieser Drüse verbirgt sich aber noch ein weiteres Geheimnis, denn sie bildet Stoffe, die in vielen Kulturen zur Herstellung magischer Tränke verwendet wurden: wie Pinolin. Es ist ein Stoffwechselprodukt des Melatonins und gehört zu den Beta-Carbolinen. Sein wissenschaftlicher, nahezu unaussprechlicher Name ist 6-Methoxy-1,2,3,4-Tetra-Hydro-Beta-Carbolin (6-MeOTHBC) (Airaksinen und Kari 1981 a, b).

Pinolin kommt zusammen mit weiteren Drogen wie Harmin und Harmalin auch in einigen Pflanzen vor, etwa in der Syrischen Steppenraute, einem Jochblattgewächs. Im Altertum gehörte sie aufgrund ihrer starken Heilkräfte zu den wichtigsten medizinisch verabreichten Pflanzen mit dem botanischen Namen Peganum harmala L. Die Wirkungen verdankt die Syrische Raute diversen Flavonoiden wie Glycoflavonen, Glycosiden und Acacetinen. Auch in der Ayurvedischen Medizin der Rigveda nutzt man ihre Kräfte, indem man den zerriebenen Extrakt mit Gold und Meteoritenstaub versetzt und auf erkrankte Hautareale aufträgt. In der Kombination mit Mineralien stellen sich unter anderem antibakterielle und antifungale Effekte ein, außerdem lindert diese Mixtur den Juckreiz. In Zeiten Zarathustras, des persischen Lichtkultbegründers, wurde das Rezept Haoma genannt und vom »Weisen Gott des Lichtes« übergeben. Der Enkel Zarathustras, Nimrod oder auch König En Meru dug genannt, der die 2. ägyptische Dynastie gründete, brachte diese Pflanzenstoffe als ein zentrales Mysterium in Heilschulen ein.

Ein gewisser Samuel Hill Norton beschreibt 1425 ein Mittel, das ebenfalls aus den zerriebenen Pflanzenteilen der Syrischen Raute bestand. Zu seiner Zeit setzte man dem Brei neben Gold auch Akaziengummi zu, um es kauen zu können – sehr wahrscheinlich das erste Kaugummi mit medizinischer Wirkung. Leonardo da Vinci und Michelangelo sollen Rautenextrakte regelmäßig zu sich genommen haben, um ihre Kreativität zu steigern. Solche Stoffe waren in Italien nicht unbekannt – schon die Etrusker bereiteten eine Kräutermedizin mit Heiligem Gras zu, das ebenfalls Pinolin enthielt, Phallaris arundenacia. Es kann neben seinen Heilwirkungen auch Visionen begünstigten.

Da der Zellaufbau der Zirbeldrüse Komponenten der Augen enthält, ist nicht verwunderlich, dass man Pinolin und Melatonin auch in der menschlichen Retina fand. Man stuft diese Stoffe als mögliche Neuromodulatoren ein (Leino 1984).

Sowohl Melatonin als auch Pinolin sind potente Fänger von Freien Radikalen und verhindern die schädliche Lipid-Peroxidation, bei der es zu Zellschädigungen bis hin zur Arteriosklerose kommt (Frederiksen und Pless 1998).

Welche Wirkungen lassen sich für das menschliche Bewusstsein feststellen? Die Tatsache, dass pinolinhaltige Pflanzen in allen Kulturen für spirituelle Rituale eine große Rolle spielten, deutet bereits auf ihre psychische Potenz hin. Definitiv ist Pinolin das perfekte Antidepressionsmittel, ohne bekannte Nebenwirkungen. Obwohl Pinolin in zwei Schritten aus Melatonin metabolisiert werden kann, nutzt die Zirbeldrüse einen eigenen zusätzlichen Produktionsweg für Pinolin. Der dazugehörige Mechanismus gehört zu den ausgeklügeltsten Konzepten, mit denen ein intelligenter Geist uns Menschen meditative Fähigkeiten verlieh.

Kapitel 3:
Vernetzt mit der Interwelt

Der 8-Hz-Mechanismus

Es gibt heute hervorragende Forschungsergebnisse zur Veränderung des Gehirns durch Meditation. Ein wichtiges Merkmal einer guten Meditationspraxis ist die Synchronisierung der beiden Gehirnhälften, die zeitweise ein kohärentes elektrisches Schwingungsfeld im EEG-Thetabereich mit 4 bis 8 Hz aufbaut. Die wichtigsten Frequenzen liegen genau zwischen 7,8 und 8,1 Hz. Warum das so wichtig ist? Weil dies der Resonanzfrequenzbereich der Zirbeldrüse ist. Sie schwingt also auf der »meditativen Frequenz«, als »wüsste« sie, dass dies ein nahezu magischer Schwingungsbereich ist – jedenfalls könnte man dies spekulativ sagen, da sie zugleich ja auch psychoaktive Drogen produziert.

Die Zirbeldrüse bezieht aus ihrer elektrischen Schwingungsfrequenz Energie für sich selbst. Überraschend ist, dass diese Frequenz als elektromagnetische Resonanzfrequenz zwischen Erdoberfläche und Ionosphäre den Menschen und allen übrigen Organismen zur Verfügung steht. Wie es physikalisch zur Resonanz kommt, ist ungewiss, da eine typische Antennenfunktion (Lambda-Viertel) der Zirbeldrüse für elektromagnetische Wellen hier keine Rolle spielen kann. Die Wellenlänge Lambda liegt im hohen Kilometerbereich, während die Ausdehnung der Zirbeldrüse eher im Millimeterbereich liegt. Vielleicht sind es elektromechanische Wandlungen aufgrund piezoelektrischer Erscheinungen, was dann eine rein akustische Körper-Schallresonanz bedeuten würde. Tatsächlich sprechen erfahrene Meditations-meister schon seit früher Zeit von einem eigenartigen Schwin-gungsklang im Inneren des Hirns.

Wenn die Zirbeldrüse durch die Schwingung von etwa 8 Hz angeregt ist, schüttet sie vermehrt Melatonin und in Folge Beta-Carboline wie Pinolin aus – auch wenn es nicht dunkel ist. Nor-malerweise ist ja die Produktion dieses Neurotransmitters an die Dunkelheit gebunden. Aufgrund der Neuromodulation und der drogenartigen Wirkung dieser Hormonsubstanzen wird die Effek-tivität der Meditation auch bei Licht stark erhöht. So sind wir nicht darauf angewiesen, uns nachts im Traum an die Interwelt anzukoppeln, sondern können das auch tagsüber tun. Die Beta-Carbolin-Ausschüttung wird durch die 8 Hz angeregt, aber die ausgeschütteten Beta-Carboline erzeugen verstärkt 8 Hz bzw. sta-bilisieren sie, eine typische sich selbst verstärkende Rückkopplung (Airaksinen und Kari 1981). Daraus lässt sich folgern: Eine akti-vierte Zirbeldrüse ist das entscheidende »Jenseits-Modul«.

Daneben sind auch die gesundheitlichen Wirkungen von hoher Relevanz. Melatonin und Pinolin haben zusammen mit der reso-nanten elektrischen Feldfrequenz Auswirkungen auf die Struktu-ren der DNA. Wasserstoffbindungen öffnen sich, und die DNA geht in die Replikationsphase – die Körperzellen regenerieren sich verstärkt. Addiert mit den oben genannten Wirkungen, können nun auch schädliche Mikroorganismen wie Bakterien und Pilze besser eliminiert werden, während gleichzeitig ein Schub Anti-oxidanzien freigesetzt wird.

Pinolin hemmt die Monoaminooxidase (MAO), ein Mitochon-drienenzym. Es sorgt dafür, dass 80 Prozent des ausgeschütteten Serotonins in ein physiologisch inaktives Zwischenprodukt ver-wandelt werden. Genauso macht es MAO mit den Hormonen Do-pamin, Adrenalin und Noradrenalin. Jeder MAO-Hemmer be-wirkt, dass der Spiegel der genannten Hormone ansteigt und dem Bewusstsein farblich intensive Bilder und Ereignisse entlockt. Die endogenen Drogen der Zirbeldrüse sind echte MAO-Hemmer, in-dem sie die Hormonanbindung an MAO stoppen, und so können

Serotonin und die anderen Hormone für mehrere Stunden weiterwirken. Aus dem zwischengelagerten, inaktiven Serotonin bilden sich weitere Drogen wie 5-Methoxy-N,N-Dimethyl-Tryptamin (5-MeDMT). Es verursacht Zufriedenheit und Glücksgefühle in ungeahnten Höhen. Auf diese Weise werden die Zirbeldrüsenprodukte zu Antidepressionsmitteln, die beispielsweise der Winterdepression entgegenwirken (Langer et al. 1984). Ein natürlicher Mechanismus, um die dunkle Jahreszeit psychisch unbeschadet zu überstehen.

Die »meditative Frequenz« von 8 Hz hat seit ihrer Entdeckung immer wieder zu interessanten Experimenten inspiriert. Das HeartMath Institute in Boulder Creek, Colorado, testete die Frequenz mit sehr überraschenden Ergebnissen. Wurden Probanden mit extra geformten Impulsen mit der Frequenz von 8/sec befeldet, schüttete ihr Gehirn verstärkt Melatonin und Pinolin aus. Dadurch wurde eine wahre Kaskade von Effekten ausgelöst, denn unmittelbar danach wurden weitere gesundheitlich wichtige Hormone und Eiweißverbindungen gebildet. Das Regenerationshormon DeHydroEpiAndrosteron DHEA, dessen Spiegel im Alter stark sinkt, erreichte Level, wie sie normalerweise nur bei Jugendlichen vorkommen.

Meditierten die Probanden, fokussiert auf konzentrierte Liebesgefühle, passierte das Gleiche. Auch die Bildung des Wachstumshormons Somatotropin konnte mit dieser Methode stimuliert werden. Somatotropin ist das einzige anabole Hormon, das die Innenwände unserer Arterien und Venen repariert. Dabei sollte man bedenken, dass Arteriosklerose, eine Krankheit, die auf der Entzündung verletzter Blutgefäß-Innenwände beruht, zu den häufigsten Todesursachen in den Industrienationen gehört. Ohne Medikamente, ohne teure Apparatemedizin setzt der Selbstheilungsmechanismus ein. Somatotropin bewirkt, dass Cholesterin in Pregnelenon und dann in DHEA umgeformt wird, eine Vorstufe von Testosteron und Östrogen. Alle diese Hormone haben stark regenerierende Wirkungen auf geschädigtes Gewebe, wobei Pregnelenon als neuroaktives Steroid auch stark angstlösend wirkt.

Tierversuche haben gezeigt, dass Pinolin die Funktionsfähigkeit des Immunsystems bis auf das 2,6-Fache steigern kann und sogar gegen Gamma-Strahlung schützt.

Körpereigene psychogene Substanzen

Ein weiterer Wirkmechanismus der Zirbeldrüse ist im Hinblick auf unser Bewusstsein hochinteressant: Noradrenalin spielt dabei eine wichtige Rolle, aber nur dann, wenn die Zirbeldrüse mit Pinolin gesättigt ist. Die Stoffe sind synergetisch miteinander verknüpft. Pinolin braucht für seine Wirksamkeit einen Noradrenalin-Burst, der im Allgemeinen durch Stress und Lichtreize geregelt ist. Licht lässt die Noradrenalin-Freisetzung sinken, Stress lässt sie durch die Aktivierung des Sympathikus dagegen ansteigen. Erst dann wird Serotonin zum berühmten DiMethylTryptamin DMT umgewandelt. Das geschieht relativ schnell, innerhalb von nur 30 Sekunden.

Mit DMT haben wir einen ganz besonderen Stoff im körpereigenen Labor. Der US-Psychologe und Mediziner Strassmann nennt ihn das »Molekül des Bewusstseins und der Spiritualität«. James Callaway von der Universität in Kuopio, Finnland, entdeckte es erstmals im Spinalserum von Menschen, und zwar während außerkörperlicher Erfahrungen und Luzider Träume, oder unmittelbar nach dem Tod eines Menschen. Normalerweise verschlafen wir die außergewöhnlichen Wirkungen von DMT, denn es wird nachts ungefähr 20 Minuten nach dem Einschlafen erstmals ausgeschüttet, besonders in Luziden Träumen, wie Callaway nachwies. Alle REM-Phasen mit Trauminhalten werden durch DMT hervorgerufen (Callaway 1988, 1993).

DMT aktiviert im Verbund mit Pinolin, 5-Methoxy-DMT und Noradrenalin bestimmte Zentren im Gehirn um 40 Prozent, verglichen mit zehn Prozent im normalen Alltagsgeschehen. Pinolin wirkt dabei als Hemmstoff der Enzyme, die DMT zur Wirkungslosigkeit abbauen. Viel Pinolin bedeutet also lange Wirksamkeit

324

von DMT. Die gemeinsame psychoaktive Wirkung dieser Stoffe erklärt unter anderem, warum in lebensbedrohlichen Situationen der berühmte Zeitrafferfilm vor unserem inneren Auge abläuft, in dem unser gesamtes Leben Revue passiert. Die nahezu segensreiche Wirkung von DMT zeigt sich kurz vor dem Tod, wo es durch Stilllegung des Neokortex in übergroßen Mengen ausgeschüttet wird. Es bereitet den Übergang ins Geistfeld vor. Während der Wirkung wird die Hemm- und Filterfunktion des Neokortex gegenüber der Interwelt unterbrochen. Unser Bewusstsein kann dann ungehindert Informationen aus dem universalen Feld zu unserem Ich schalten.

Werden klinisch tote Menschen reanimiert, bleiben Mechanismen der DMT-Überflutung zurück – diese Menschen haben auch später im Alltagsleben vermehrt paranormale Erlebnisse.

Nachts ist die Zirbeldrüsenaktivität erhöht, weil nur im Dunkeln Melatonin gebildet werden kann. Aber ein im Hypothalamus liegender Kern, der suprachiasmatische Nucleus, treibt die Zirbeldrüse ebenfalls an. Dieser Kern liegt unmittelbar neben den Sehnerven und synchronisiert seine Aktivität ebenfalls in Abhängigkeit von den Lichtverhältnissen.

In Untersuchungen wurde herausgefunden, dass die Steigerung von Gehirnaktivitäten aufgrund der Zirbeldrüsenaktivierung auch bei Föten, Säuglingen und Kleinkindern stattfindet (Callaway 1988). Babys schlafen den Großteil ihres Daseins mit stark erhöhtem Melatoninspiegel und lang anhaltenden Eindrücken aus der Interwelt, mit größerer Empfänglichkeit für paranormale Erlebnisse, wie E. Spinelli nachweisen konnte (Spinelli 1983). Das leuchtet ein, denn detaillierte Eindrücke empfangen Babys ja noch nicht aus der Alltagswelt, und noch weniger ist ihnen die kognitive Verarbeitung solcher Eindrücke möglich. Diese visionsreiche und oft magische Welt der Kleinstkinder hält noch bis ins späte Kindesalter an. In der Pubertät setzt bereits die Verkalkung der Zirbeldrüse ein, hinzu kommt die Macht erlernter Programme. Durch diese beiden Faktoren wird der Mensch mehr und mehr von seinen einstigen Kindervisionen abgeschnitten.

Die wichtigste Erkenntnis dieses Buches könnte man in dem Satz zusammenfassen: Reduziere die Neokortexaktivität und erhöhe die Aktivität deines Limbischen Systems. So wirst du aufnahmefähig für die Informationsflüsse aus der Interwelt. All dies bewirkt die Ausschüttung von DMT und Pinolin. Es unterbricht die Filterfunktionen des Gehirns, die eine Barriere gegen die Interwelt aufbauen. DMT erweitert unsere bewusste Wahrnehmung derart wirkungsvoll, dass Informationen aus dem universalen Feld ungehindert zum Ich strömen. Möglicherweise werden Sie jetzt den Wunsch verspüren, Erfahrungen mit der Zauberdroge DMT zu machen. Die gute Nachricht ist: Man kann lernen, die vermehrte Ausschüttung bewusst herbeizuführen.

In der asiatischen Tradition ist das Kundalini-Yoga eine gängige Methode, in den Genuss von DMT zu kommen. Gopi Krishna beschreibt die Wirkungen aber auch mit einem warnenden Unterton und berichtet von teilweise beängstigenden Erscheinungen (Krishna 1971). Wesentlich angenehmer sind Erfahrungen, die von innerer Ruhe und Gelassenheit und von einem blendenden Licht geprägt sind, sobald Kundalini-Schüler sich in dieser Spielart des Yoga üben.

Eines ist unbestritten: Wenn unsere Zirbeldrüse zu wenig DMT und Pinolin erzeugt, werden wir keine besonderen Erfahrungen machen können. Oft mangelt es an der Aminosäure Tryptophan, der Vorstufe für DMT, die essenziell für uns ist und mit der Nahrung aufgenommen werden muss. Leider wird Tryptophan beim Kochen zerstört. Zu wenig Tryptophan aber bedeutet, dass zu wenig Serotonin, zu wenig Pinolin und daher auch zu wenig DMT gebildet werden können. Wertvolle Tryptophanquellen sind vor allem Soja und Cashewkerne, aber auch Haferflocken, ungesüßtes Kakaopulver und Milch.

Besondere Bedeutung werden die Zirbeldrüse und die DMT-Produktion zweifellos in der Gerontologie bekommen. Die sogenannte Altersdepression wird sehr wahrscheinlich durch einen zu niedrigen Pinolin- und DMT-Spiegel ausgelöst, neben anderen Faktoren. Das wird plausibel, wenn man die schleichende Verkalkung der Zirbeldrüse bei älteren Menschen betrachtet, die durch Röntgenaufnahmen gut nachgewiesen werden kann. Kaum ein Wissenschaftler kümmert sich um dieses wichtige Geschehen. Vergegenwärtigt man sich auch die vielen anderen elementaren Steuerungsmechanismen, die von einer funktionell unbeeinträchtigten Zirbeldrüse ausgehen – etwa zelluläre Regenerationsprozesse –, haben wir hier einen Schlüsselfaktor für das körperlich und geistig gesunde Alter.

Der Ernährungswissenschaftler Weston A. Price behauptet, eine drei Monate dauernde Kur mit einer speziell abgestimmten Diät könne den Verkalkungsprozess der Zirbeldrüse rückgängig machen und die ursprünglichen Funktionen wiederherstellen. Als wichtigsten Bestandteil der Nahrung nennt er den »Aktivator X«, Vitamin K$_2$. Er findet sich ausschließlich in Produkten aus biologischer Erzeugung wie Biobutteröl, fermentiertem Fischleberöl oder Seekatzenöl. Auch Hühner, die Körner aus biologischem Anbau erhalten, legen Eier mit dem Aktivator X. Ebenso reichert es sich in Rindern an, die auf Almweiden grasen (Price 1998). Mit einer tryptophanreichen Ernährung und vielen Proteinen und Enzymen können wir den Mangel zumindest ein wenig ausgleichen.

Das erinnert sehr an die konjugierten Fettsäuren, die wir eigentlich täglich für unsere Gesundheit benötigen, die aber nur durch Bakterien des Viehlabmagens beim Wiederkäuen von frisch abgerupften Almpflanzen entstehen. Das heute übliche Pelletfutter für Stalltiere unterbindet die Herstellung dieser wichtigen Fettsäuren.

Bewusste Wahrnehmungserweiterung

In den Abschnitten über die Zirbeldrüse wurde bereits deutlich, dass auch gewisse Pflanzen, deren Fasern DMT enthalten, eine Gehirnkohärenz herbeiführen. Südamerikanische Ureinwohner am Amazonas, die Scharanahua- und Cuhina-Indianer, stimulieren die körpereigene Produktion von DMT mit der Lianen-Geiß-blattart Ayahuasca, wie sie in Ecuador und Peru genannt wird. Der botanische Name lautet Banisteriopsis caapi. In Kolumbien heißt die Pflanze Yage, in Brasilien Caapi, beim Jivaro-Stamm nennt man sie Natema und bei den Cashinahua Nixipae. Im Jahr 1905 wies Zerda Barron in der Pflanze ein Alkaloid nach, dem er den sprechenden Namen Telepathin gab, in sinnreicher Anspielung auf die Wirkung (Deulofeu 1967). Die telepathischen Fähigkeiten, die Ayahuasca auslöst, sind lange bekannt. Die Namen »Yagein« und »Banesterin« sind Synonyme, schließlich einigte man sich auf Harmin, das seit mehreren Hundert Jahren bereits aus dem Samen der syrischen Raute Peganum harmala isoliert wurde. Inzwischen ist klar, was die Banisteriopsispflanze enthält: Harmin, Harmalin, d-Tetrahydroharmin, Harmol und das 6-Methoxytryptamin (Rivier und Lindgren 1971).

Fast immer wird die Geißblattart mit weiteren Pflanzen gemischt, um den Wirkstoff zu konservieren oder zu verstärken, zum Beispiel mit Prestonia amazonica oder Psychotria viridis. Die herausragenden Effekte auf die Psyche wurden von dem Psychotherapeuten Claudio Naranjo beschrieben. Die Klienten machten unter anderem außerkörperliche Erfahrungen, wie man sie aus Nahtoderlebnissen kennt (Naranjo 1987).

Zwar wird immer wieder von Halluzinationen gesprochen, wenn über die Drogenpflanze diskutiert wird, doch es entsteht weit mehr als eine Halluzination: Eher handelt es sich um Hellsichtigkeit, heute meist Remote Viewing genannt.

Unter dem Einfluss von Ayahuasca können Testpersonen verlorene Gegenstände wiederfinden, oder sie beobachten räumlich weit entfernte Personen. Manche besuchten auf einer inneren Reise fremde Städte und konnten sie in allen Einzelheiten mit Straßen, Häusern, Geschäften und Plätzen beschreiben. Die Richtigkeit dieser Aussagen war schnell nachzuweisen. Alle Erzählungen entsprachen dem tatsächlichen Aussehen der betreffenden Städte, die Straßennamen stimmten ausnahmslos. Das passierte dem Antropologen K. M. Kensinger. Er berichtet auch, dass nach einer Ayahuasca-Feier insgesamt sechs Personen den Tod eines Verwandten vorhersagten, der zwei Tage später starb (Kensinger 1973).

Wie müssen hier trennscharf zwischen Visionen und Halluzinationen unterscheiden. Halluzinationen sind reine Fantasiegebilde und Hirngespinste, während Visionen zeitlich und räumlich weit entfernte Dinge ins Bewusstsein treten lassen. Unter dem DMT-Einfluss von Zirbeldrüse und Ayahuasca werden reale Informationen zugänglich, die nicht über die Kommunikationswege der Alltagswelt, sondern durch den Zugang zur Interwelt empfangen werden.

Die Wissenschaftlerin Serena Roney-Dougal hat persönliche Erfahrungen mit der Einnahme von Beta-Carbolin der Zirbeldrüse gemacht. Je nach Dosierung stellte sie unterschiedliche Auswirkungen fest. Bei einer niedrigen Dosis nahm sie alles um sich herum wahr, war jedoch der Alltagswelt schon entrückt. Experimentierte sie mit höheren Dosen, spürte sie eine unglaubliche Energie und Kraft. Die Eindrücke und die Wahrnehmungsschärfe wurden extrem klar, und sie hatte das Gefühl, alles erreichen zu können. Als sie die Dosis weiter erhöhte, auf einer Stufe, die fast der für paranormale Zustände empfohlenen Intensität entspricht, wurden ihre Empfindungen sehr friedvoll und still. Sie meinte, durch Dinge hindurchschauen zu können, sah beispielsweise den Raum hinter einer massiven Wand. Alles Materielle wurde zu Energie (Roney-Dougal 1993).

Die Versuche des Psychologen Rick Strassman fielen weit drastischer aus. Alle Phänomene, die seine Probanden beschrieben, stimmen exakt mit Erfahrungen überein, wie sie charakteristisch für den Kontakt mit der Interwelt sind. Es geht also nicht um einen Drogenrausch, wie manchmal fälschlich angenommen, sondern um die Untersuchung einer bewusst wahrnehmungserweiternden Substanz. Sie verändert das Gehirn auf eine Weise, die den Geist befreit und empfangsbereit für Informationen der Interwelt macht. Der Übersichtlichkeit halber zähle ich die wichtigsten Wirkungen in Form einer Liste auf:

> Die persönliche Identität verschmilzt mit dem gesamten Dasein.
> Vergangenheit, Gegenwart, Zukunft werden ein zeitloser Augenblick im ewigen Jetzt.
> Der Raum wird grenzenlos, alles ist hier vorhanden.
> Es besteht die Überzeugung, dass nach dem Tod das Bewusstsein weiter existiert.
> Ekstatische Gefühle fluten das Bewusstsein, bei gleichzeitig grundlegendem Frieden und Gleichmut.
> Intensive Gefühle des »Heiligen« und der absoluten Wirklichkeit herrschen vor.
> Als Urgrund allen Seins werden Liebe, Weisheit, Kraft erkannt.
> Führer, Engel und körperlose Wesen begegnen den Probanden.
> Alles ist in gleißendes, liebevolles Licht getaucht.
> Kein anderes Erlebnis kommt an diese Erfahrung in Bedeutung und Tragweite auch nur annähernd heran.
> Erschreckend ist die ungeheure Authentizität der Geschehnisse – wahrer als die Wirklichkeit, mit der Gewissheit, keinem Traum zu unterliegen.
> Mit geschlossenen und mit offenen Augen erlebt der Proband die gleiche veränderte Welt; es gelingt sogar, beide Welten – die Alltagswelt und die Interwelt – gleichzeitig wahrzunehmen.
> Es besteht ein bleibender Eindruck fort.

Geistiger Konzentrationsfokus

Wie gesagt: Ich empfehle niemandem, diese drogenartigen Pflanzenstoffe einzunehmen, zumal einem furchtbar übel von dem äußerst bitteren Sud wird. Was jedoch möglich und gänzlich ungefährlich ist, liegt in uns selbst: Wir können durch geistig meditative Konzentration unsere eigene DMT-Produktion stimulieren. Dafür ist es zunächst nötig, den Gedankenlärm von uns zu weisen, der das Selbst überdeckt. Stille ist die Voraussetzung dafür, dass wir unser Selbst spüren können. Sich absolut auf das »Jetzt und hier bin ich Selbst« zu konzentrieren, bedeutet die Entleerung von allen Gedanken. Der für störende Gedanken verantwortliche Neokortex wird ausgebremst, und wir genießen Stille und Freiheit, ein Gefühl des Friedens und der Freude.

Auch der Begriff Achtsamkeit ist im Jetzt. Er ist die absichtsvolle, nicht wertende Aufmerksamkeitslenkung auf gerade erscheinende Gedanken und Erfahrungen. Einige Techniken der Meditation beschreiben, wie wir Gedanken ohne jede Anteilnahme durch uns wandern lassen, dabei aber einen neutralen, wachsamen und geduldigen, nach innen gerichteten Beobachter für Informationen aufrechterhalten. Wir schenken der Beobachtung der Informations- und Energieflüsse unsere ganze Aufmerksamkeit. Dies muss ohne jede Anstrengung geschehen.

Wir sind gewohnt, Aufmerksamkeit mit einer »Habachtstellung« zu verbinden, was die Skelettmuskulatur zu unwillkürlichen Kontraktionen veranlasst. Hier aber bleiben wir bewusst neutral und enthalten uns jeder Bewertung. Allein deshalb bleiben wir ganz entspannt und fühlen in uns den gleichmäßigen Fluss von energetischer Information, der darauf wartet, durch unseren Willen geschaltet zu werden. In diesem Zustand entstehen besonders intensive kohärente Delta- und Thetawellen im Bereich 3 bis 8 Hz, wobei die Achtsamkeitskonzentration höherfrequente Bündel von bis zu 40 Hz einstreut, ebenfalls kohärent.

Glaube als Wissen

Menschen, die ihrem Glauben eine hohe Priorität einräumen, werden in unserer Gesellschaft manchmal etwas abfällig betrachtet und mit schlicht oder einfältig gleichgesetzt. Wer so abfällig urteilt, übersieht völlig, dass uns Menschen die Fähigkeit und das Bedürfnis des Glaubens inhärent sind. Mit dieser Eigenschaft werden wir geboren. Man könnte auch sagen: Sie ist uns als Merkmal mitgegeben worden. Wir können diese Eigenschaft nicht ausschalten, selbst wenn wir wollten. Glauben ist eine Lebensessenz, die immer und überall tätig ist – und das aus gutem Grund.

Wir sollten hier sorgfältig differenzieren. Auch Vorurteile und Dogmen, wie sie von Ideologen und Fanatikern propagiert werden, sind natürlich Glaubensmomente. Selbst ein Skeptiker glaubt, alles besser zu wissen. Jeder urteilt aufgrund seines derzeitigen Wissensstands. Das meiste Wissen ist jedoch nicht faktisches, sondern geglaubtes Wissen; kaum jemand kann unterscheiden, ob sein Wissen einer absoluten Wahrheit gleichkommt oder nur geglaubt ist. Das gilt ganz besonders für die nahezu blinde Wissenschaftsgläubigkeit, die noch immer grassiert. K. H. Müller bemerkt daher mit gewissem Sarkasmus: »Der wahre Aberglaube unserer Zeit besteht darin, dass die Mehrheit der akademisch gebildeten Welt fälschlicherweise glaubt, ihre materialistische Weltanschauung sei wissenschaftlich erwiesen« (Müller 1982).

Glaube wird in der psychischen Wirklichkeit zur Überzeugung und in der gesellschaftlichen Wirklichkeit zum Machtfaktor. Wichtig ist zu erkennen, dass übernommene Glaubensüberzeugungen unser gesamtes Denken und Fühlen verändern, da sie zu den Memen gehören. Sie produzieren unsere Gedanken und Argumente, steuern unseren Willen und schließlich auch unser Verhalten. Wer nicht erkennen will, wie stark er möglicherweise von seinem geglaubten Wissen geprägt und abhängig ist, verliert einen natürlich angelegten Kanal der Beeinflussung des eigenen Wohlbefindens. Im schlimmsten Fall wird er zu einer Gefahr des seelisch-geistigen Fortschritts – wobei der größte Schaden bei ihm selbst entsteht.

An dieser Stelle möchte ich noch einmal betonen, dass die Energien der Interwelt nicht nur außerhalb von uns existieren und auch nicht »im Himmel« und in fernen Galaxien schweben. Sie durchfließen uns permanent, wenn auch oft unerkannt, weil sie nicht automatisch den Bewusstseinsmodus verwenden. Wir haben es selbst in der Hand, die Informationsmuster bewusstzumachen und anzuwenden. Daher liegt unsere seelische und geistige Gesundung nur in uns, nicht außerhalb. Im Thomas-Evangelium, im Teil der Nag-Hammadi-Bibliothek, fand ich Sätze, die genau dies nahelegen: »Das, was ihr habt, wird euch retten, wenn ihr es in euch selbst hervorgebracht habt; falls ihr jenes nicht in euch habt, wird das, was ihr nicht in euch habt, euch töten.«[65]

Heute haben viele Menschen die Fähigkeit des Glaubens verloren, da Instinkt und Verstand ihre Intuition überlagern. Ihre weise Intelligenz befindet sich mehr oder weniger in einem Zustand der Degeneration. Sie wollen wissen statt glauben und bemerken nicht, dass ihre angeblichen Wissensinhalte allesamt nur Meinungen sind. So retten sie sich in die Vorstellung, alles, was sie als Wahrheit anerkennen, solle eine logische Begründung oder wissenschaftliche Untermauerung haben. Das intuitive Wissen, wie es sich aus der Interwelt herleitet, braucht keine wissenschaftlichen Beweise – auch wenn viele Ideen dieses Buches durch die Kenntnis quantenphysikalischer Abläufe plausibler werden. Denn unsere heutige Gesellschaft ist auf Wissenschaftshörigkeit konditioniert, und das führt zu dem Paradoxon: Je mehr bewiesen ist, desto mehr glauben wir daran.

Richtig ist allerdings, knapp gefasst: Wer sein Wissen mit den Informationen der Interwelt bereichert, kann bewusst und willentlich mithilfe seines Geistes und seiner Seele sein jetziges Leben in optimale Bahnen lenken, ohne große Anstrengung.

Der Philosoph Martinus erkannte: »Unwissenheit ist nämlich die wirkliche Ursache von allem, was die Welt ›das Böse‹ nennt. Wo die Unwissenheit entfernt wird, dort hört das sogenannte Böse auf zu existieren.« (Livets Bog I, 19. Stück).

Viele Menschen glauben an einen Gott. Wenn ihnen dann ein Unglück widerfährt, heißt es: Wie konnte Gott das zulassen? Der Glaube dieser Menschen hat einen falschen Weg genommen. Wenn es eine überragende Intelligenz gibt, die wir Gott nennen können, dann greift dieser Gott nicht direkt in alle kleinen und großen Menschensorgen und Geschehnisse ein, auch nicht in Kriege und Unglücke. Vielmehr hat er in seiner Schöpfungsorganisation von Anfang an vollkommene Gesetzmäßigkeiten erschaffen, die ohne weiteres Eingreifen, also quasi automatisch funktionieren – nach dem Prinzip, dass man erntet, was man sät.[66]

Dabei gibt es viel Freiraum für Willensentscheidungen. Wenn

der Mensch diese Gesetzmäßigkeiten allerdings nicht erkennt oder missachtet, dann verläuft sein Leben eventuell in selbstverschuldeten, unsicheren Bahnen. Alle Menschen haben exakt dieselben Ausgangsbedingungen durch die bestehenden Gesetzmäßigkeiten. Es gibt keine Ungerechtigkeit, keine Benachteiligung, denn jeder hat selbst in der Hand, wie er diese Gesetzmäßigkeiten anwendet. Oder, wie es der Pädagoge Uwe Todt ausdrückt: »Der Sinn der physischen Verkörperung liegt in dem Erlernen der Logik der Schöpfung« (Todt 2008, S. 274).

Der Mensch selbst ist mit einer Kombination aus bewusstem Willen, Empfindung und Vernunft ausgestattet, und die alles organisierende Intelligenz hat ihn in seine lebendige Schöpfungskraft eingebunden. Doch wir sind nur so weit fähig, unser Leben zu optimieren, wie unsere eigene Reife im Erkennen und Wissen es erlaubt. Alles muss erarbeitet werden, so auch der bewusste Zustand der Energie- und Informationssteuerung. Da eine genaue Festlegung der Ziele sehr wichtig ist, hebe ich sie besonders hervor:

> die gesunde Materiekonstruktion des Körpers durch Nutzung von Ur-Information im Original,
> die heile Seelenkonstruktion der Persönlichkeit der Interwelt durch gewollte individuelle Erfahrungen,
> die klare Geistkonstruktion des universellen Feldes als Ergebnis der Achtsamkeit,
> die helfenden, schützenden wesenartigen und informativen Konstruktionen in gezielter Auswahl und als neue Schöpfungen.

Alle vier Konstruktionen formen unser jeweiliges Erdenleben. Alle beeinflussen uns unentwegt, und alle können optimiert abgerufen werden. Jesus beschreibt den Weg zur Unsterblichkeit im Thomas-Evangelium der Nag-Hammadi-Bibliothek folgendermaßen: »Wenn ihr zwei zu eins macht, und wenn ihr das Innere wie das Äußere und das Äußere wie das Innere und das Göttliche wie das Irdische macht und ihr das Männliche und das Weibliche zu einer Einheit macht, [...] dann werdet ihr in das Königreich eintreten.«

Das ist die Beschreibung des alles durchdringenden Feldes, das erkannt und bewertet sein muss: im männlich interpretierten Geist und in der weiblich interpretierten Seele. Das Ich der Vernunft, in der spirituellen Tradition als König bezeichnet, muss lernen, sein Selbst, seine Seele, verkörpert durch die Königin, zu lieben. Nun muss das Ich erkennen, dass das Selbst die nachhaltige, weisere Macht ist. Dafür muss das Ich lernen, das Selbst erst einmal zu erkennen, um es dann lieben zu lernen und mit ihm zu verschmelzen.

Der auslösende Impuls kommt aus der Motivation. Um ihre Funktion zu verstehen, kann man sich zum Beispiel eine psychosomatische Erkrankung, eine Funktionsstörung vor Augen rufen, die sich ohne Außenwirkung entwickelt hat. Die gequälten Patienten laufen jahrelang von einem Arzt zum anderen, ohne dass sich die Beschwerden bessern. Auf einmal geraten sie an einen Punkt, an dem sie eine innere Aufforderung spüren: »Worauf wartest du noch? Du kannst dich selbst heilen! Die Krankheit ist nun vorbei!« Ein neuer Status quo wird verinnerlicht. Wenn jetzt die Motivation, also der unbewusste Wille zur Heilung unverrückbar da ist, dann ist die Erwartung der Heilungsfunktion abgesendet und wird verwirklicht.

Die psychisch aufgeladene Erwartung – ein magischer Moment

Im Gegensatz zur Mystik, die nur erkennen will, ist Magie Machtausübung. Wir sollten die Macht eines magischen Moments anerkennen. Die drei Säulen der Magie bestehen aus folgenden Motivationen: Man braucht klare Zielsetzungen. Man braucht zweitens eine klare Wachsamkeit und Achtsamkeit, gepaart mit einem starken Willen zur Vorstellung. Drittens muss man sich vergegenwärtigen, dass das, woran man glaubt, bereits eingetreten ist.

Dafür legt man das Angestrebte zuerst im Unterbewusstsein ab, was bedeutet, dass man es dem Selbst der Interwelt übergibt.

Von dort wird dann über Empfindungen die gewohnte Realität geschaltet. Das ist notwendig, weil der durch Gewohnheit etablierte Neokortex-Zensor verbietet, dass sich nicht-kausale Ereignisse ereignen können.

Wie können wir einen klaren Wunsch ins Unterbewusstsein befördern? Der Wunsch wird psychisch aufgeladen. Wir stellen uns den erwünschten Zustand oder ein Ereignis auf sehr emotionale Weise vor: beispielsweise mit Vorfreude oder mit gerechtem Stolz, der allerdings keinesfalls als Hybris, sondern demütig ausfallen muss. Keinesfalls darf das Ego in den Mittelpunkt gestellt werden. Dann funktioniert nichts. Ganz besonders gut wirkt kindliche Neugier. Und wer bereits die Zuversicht durch erlebte Erfolge kennt, schwört auf liebende Gefühle.

Ein weiteres Nachdenken ist nicht erlaubt, sonst kann der intellektuelle Neueintrag den vorherigen emotionellen Eintrag überdecken oder löschen.

Was wir gemeinhin Unterbewusstsein nennen, entspricht der Seele, zusammen mit unseren Selbst-Instanzen in der Interwelt. Die Seele besitzt und versteht ausschließlich die Bilder- und Gefühlssprache. Deshalb sind es imaginierte Bilder und damit verbundene starke Gefühlsmomente, die ein Ereignis in der Alltagswelt aktivieren. Voraussetzung für die Realitätsschaltung ist also die plastische visuelle und gleichzeitig emotionelle Vorstellung dessen, was sich ereignen soll. Dieses so antizipierte Vorbild und das als Gewissheit erkannte Zustandsbild »es ist geschehen« werden nun in Übereinstimmung gebracht, sozusagen verschmolzen. Genau das ist der magische Moment! Erst jetzt wird der Wirklichkeitsschalter in der Materie betätigt: Energie und Information werden zu Kräften. Vielleicht ist der Vorgang leichter zu verstehen, wenn wir hier nochmals den Feedbackmechanismus beschreiben, der letztlich als Quantenbildner aus dem Meer aller Möglichkeiten heraus funktioniert: Wir visieren einen gewollten Zustand an und erfühlen dann, dass genau dieser Zustand entstanden ist, also existiert. Dieses Schöpfungsprinzip kann jeder ausprobieren und trainieren. Bald schon werden Sie überrascht feststellen: Dieses Prinzip weckt die Kräfte. Genau so haben wir Laufen, Radfahren, Autofahren und alles andere gelernt.

Die beste Trainingsmethode ist das Ritual. Denn Rituale befestigen unsere intuitiven Gewissheiten, geben uns die nötige Selbstsicherheit für noch ungewohnte neue Schritte und lösen uns endgültig aus alten Programmen. Mit jeder Wiederholung werden Rituale effektvoller. Das energetische Niveau steigt an, während wir immer trittfester auf dem neuen Weg gehen. Nicht von ungefähr sind sämtliche magischen Praktiken mit Ritualen verbunden, mit Tanz, Musik, bestimmten Orten und Zeiten, mit Körperhaltungen und bestimmten Gewändern. Das sind keine bloßen Inszenierungen, sondern die Umstände verstärken die gewollten Ziele durch Konditionierungs- und Lernprozesse.

Eine Erklärung für die magische Macht der Rituale gibt die Neurotheologie. Sie beschreibt meditative Rituale mit einem geistigen Konzentrationsfokus in zwei Phasen, die genauso bei einem intensiven Gebet ablaufen. In der ersten Phase wird das Aufmerksamkeitsfeld im Stirnhirn aktiviert, wo das Zentrum für willentliche Handlungen liegt. Es wirkt auf den Thalamus, der Signale von Sinnesrezeptoren des Körperinneren zum Großhirn schaltet und den Hippocampus anregt. Hier geschieht etwas Entscheidendes: Da der Hippocampus die Informationsflüsse zwischen den Gehirnarealen koordiniert, hemmt er im aktivierten Zustand den Zustrom von Nervenimpulsen und Sinnesdaten ins Orientierungsfeld der Großhirnrinde. Jetzt kann das Ich die Außenwelt und auch den materiellen Körper kaum noch wahrnehmen. Die Grenze zwischen Ich und Selbst schwindet und macht einem Unendlichkeitsgefühl Platz. Eine innere Ruhe und ein Ganzheitsgefühl entstehen, die »unio mystica«.

Auch an dieser Stelle möchte ich noch einmal ganz anschaulich und übersichtlich die verschiedenen Stufen darstellen, die uns auf die Ankopplung an Informationskomplexe der Interwelt vorbereiten. Wir befreien dabei das Unterbewusstsein, sodass die verborgenen Informationen bewusst werden. Das erleichtert den Empfang intuitiver Eingebungen, um ungewohnte Realitäten zu erzeugen. Informationskomplexe werden Wirklichkeit.

> Tiefe Ruhe und Entspannung herbeiführen und die Sinne, die für Reize zuständig sind, schließen.

> Keinen Willen aufbringen, etwas zu tun, was außerhalb des Ziels liegt.

> Ziel dennoch wissen und Feedback erwarten, mit der vorwegnehmenden Haltung: »Es ist geschehen.«

> Gedanken kommen und gehen lassen, ohne jede Wertung.

> Internes Geschehen, soweit angenehm, achtsam begleiten.

> Hohe Konzentration auf die Erwartung dessen, was kommt, setzen.

Die Erschaffung helfender Wesen

Im Kapitel über die selbst erschaffenen Wesen war deutlich geworden: Wir Menschen besitzen ein angeborenes Vermögen, durch die Prinzipien der Quantenphilosophie Wesen zu erschaffen. Allerdings müssen wir auch akzeptieren, dass diese Wesen sich eigenständig entwickeln – ganz genau so, wie das Ich eine Schöpfung der Selbst-Instanzen ist und dieses Ich dann ein lernendes Eigendasein führt, eine Persönlichkeit entwickelt. Außerdem erschaffen ja nicht nur wir Wesen, sondern alle Menschen können dies.

Bleiben wir einen Moment lang bei den Wesen, die wir Engel nennen. Wir erzeugen Engel, weil wir überzeugt sind, dass es sie gibt. Bemerken Sie die Paradoxie dieser Aussage? Aber genauso läuft die Realitätsbildung ab: Was möglich ist, wird Wirklichkeit, sobald wir es mit Sinn und Bedeutung füllen.

Da viele diesen Prozess nicht kennen, sind sie bei allen Ereignissen felsenfest davon überzeugt, dass über ihren Kopf hinweg, von außen kommend, etwas geschieht. Richtig ist: Sehr oft sind wir selbst die Ursache dessen, was geschieht, sogar dann, wenn uns Wesenheiten begegnen. Weil wir Engel erschaffen, sind sie ein Teil von uns. Deshalb bereitet uns die Kommunikation mit unseren Engeln auch keinerlei Probleme. Wenn wir gleichzeitig erwarten, dass unsere Engel als Wesen jenseits jeder Materie einen viel größeren Informationshorizont haben, dann können wir glauben, dass diese Engelwesen mehr vermögen als wir.

Dieser Glaube ist beliebig erweiterbar. Und genau dadurch werden Engel die hilfreichen »übernatürlichen« Wesen, die uns in allen Lebenslagen überlegen sind und mit großer Weisheit unserem Ich dienen. Sie schützen, heilen und stehen uns bei. Dadurch werden sie zu unseren Mitarbeitern innerhalb des Schöpfungsprozesses, Träger unseres Geistes. Wer das bezweifelt, macht den großen Fehler, einen enorm wichtigen Kanal zum optimierten Leben ungenutzt verkümmern zu lassen – die Auswirkungen können wir täglich beobachten in einer getriebenen und oft ausgebrannten Gesellschaft. Ganz anders zeigt sich das Bild, wenn wir mit dem beschriebenen Schöpfungsprinzip verbunden sind. Dann spüren wir Demut, großes Glück und den Drang zu verantwortungsvollem Handeln.

Grundlegend dafür ist das universelle Gesetz der »Dreieinigkeit«. Sobald das Ich und das Selbst eine Einheit bilden, können wir uns auf drei Gewissheiten stützen:
> Wir sind Urheber einer Idee,
> wir sind Verwirklicher dieser Idee, und
> wir spüren unmittelbar die Folgen, wenn sich diese Idee verwirklicht.

Auf allen drei Ebenen sind wir präsent. Stellen Sie sich ein Kino vor – jetzt sind Sie der Projektor einer Szene und gleichzeitig Zuschauer und Protagonist der projizierten Szene. Dies kann man eine wahrhaft gigantische Konstruktion der höchsten Intelligenz nennen. Die »Dreieinigkeit« der christlichen Theologie, »Vater, Sohn und Heiliger Geist«, ist eine direkte Ableitung aus diesem Urprinzip. Auch ein Gott muss zugleich Schöpfer, Schöpfung und Geschöpf sein, um die Einheit zu erfahren.

Jeder Mensch kann seinen Engel, seinen Heiler, Beschützer und Wunscherfüller jederzeit aus der »Dreieinigkeit« heraus selbst konstruieren und in die geistige Wirklichkeit führen. Alles, was ihn daran hindern kann, ist die Überzeugung, dass er nicht dazu in der Lage ist. Wir wissen jedoch: Skeptiker leben weder glücklicher noch selbstbestimmter. Sie ahnen nicht, dass ihr Leben in der Alltagswelt lediglich eine Projektion der Selbst-Instanzen ist und dass das Ich nur aus Illusionen Erfahrungsinformation abschöpft. Das wahre Wissen liegt im Mechanismus der Schöpfung aus der Interwelt heraus, in der alles möglich wird.

Gebete

Wir leben und sind Felder intelligenter Energie und Information, die uns dienlich sind. Sie funktionieren nach dem Feedbackmechanismus: Ereignisse, die wir in der Außenwelt erleben, sind Geschehnisse in unserem Innern – wir verkörpern sie. Dadurch, dass wir Ereignisse und innere Geschehnisse mit unserem Willen und Wollen und mit unseren Empfindungen lenken können, sind wir nicht hilflos von einer höheren Macht abhängig, sondern sind selber machtvoll. Die heilige Katharina von Siena schrieb: »Dieselbe Macht, die sowohl unvorstellbare Pracht wie auch unvorstellbares Grauen hervorgebracht hat, wohnt in unserem Inneren und befolgt all unsere Befehle.«

Das alles durchdringende Feld ist angefüllt mit einer universal wirkenden Kraft, von der Max Planck sagte: »Wir vermuten einen bewussten und intelligenten Geist hinter dieser Kraft.« Wir haben nun schon einige Techniken und Methoden kennengelernt, durch die wir mit diesem Feld korrespondieren. Eine besonders energetische Art der Kommunikation kommt hinzu: das Gebet. Es ist die wohl älteste Form einer Kontaktaufnahme mit höheren Kräften, vom spontanen Stoßgebet bis hin zu ritualisierten Gebetstexten wie dem Vaterunser.

Neuerdings beschäftigen sich auch Psychologen und Neurologen mit der Kraft des Gebets. Vor einiger Zeit gab das Nationale Institut für Gesundheit in Washington D. C. eine Studie in Auftrag, bei der die Zusammenhänge zwischen physischer Gesundheit und Gebeten untersucht werden sollten. Federführend war Yakir Kaufmann, leitender Professor der neuropsychiatrischen Abteilung des Herzog-Krankenhauses in Jerusalem. Das Ergebnis übertraf alle Erwartungen: Bei den Probanden, die regelmäßig beteten, sank die Wahrscheinlichkeit, an Alzheimer zu erkranken, um bis zu 50 Prozent.

Wie ist das zu erklären? Sind höhere Mächte im Spiel? Ja, und zwar auf ganz konkrete Weise. Gebete verändern unsere Beziehung zum informativen Energiefeld, das gleichzeitig für das Geist- und Bewusstseinsfeld steht. Gebete, die auf Empfindungen basieren, stellen auf quantenmechanische Weise die Weichen für große Kraftentwicklungen. Wir konzentrieren uns dabei auf die Qualität des Gefühls. So können wir beispielsweise bewusst tiefe Dankbarkeit für die Verwirklichung unserer Erwartungen empfinden – als ob ein Gebet bereits erhört wurde. Diese Haltung ist absolut notwendig. Nur so haben wir direkten Zugriff auf das Geistfeld, denn das Feld reagiert auf diese Gefühle.

Einmal mehr finden wir in der Bibel eine Stelle, die dieses Prinzip als Anweisung formuliert. Im 16. Kapitel des Johannes-Evangeliums lesen wir: »Bittet ohne hintergründige Motive und seid umgeben von der Antwort.« Die Gewissheit ist der Schlüssel. Luther setzt in seiner Bibelübersetzung einen anderen Akzent: »Bisher habt ihr um nichts gebeten in meinem Namen. Bittet, so werdet ihr nehmen, dass eure Freude vollkommen sei.« Legt man jedoch den aramäischen Originaltext zugrunde, lautet die wörtliche Übertragung: »Bittet um alle Dinge klar und direkt [...] in meinem Namen werden sie dir gegeben werden. Bisher hast du das nicht getan. Bitte ohne hintergründige Motive und lasse dich von deiner Antwort umgeben. Sei eingehüllt in das, was du ersehnst, dann wird deine Freude groß sein.«

Analysieren wir kurz die hier im Aramäischen gebrauchten Worte:

Die erwähnten »hintergründigen Motive« sind ablenkende bzw. widersprechende Gefühle, die wegzulassen sind. »Lasse dich von deiner Antwort umgeben« zeigt auf den Feedbackmechanismus. »Sei eingehüllt in das, was du ersehnst« weist auf das notwendige Erleben und Empfinden intensiver Erwartungen.

Ohne jede Empfindung, nur mit der kühlen Vernunft und noch dazu fordernd ausgesprochen, können Gebete keine wirklichkeitsstiftende Kraft erlangen. Bitten, um etwas haben zu wollen, ist zu wenig und löst nichts aus. Erst die Empfindung, dass sich bereits im Moment des Gebets etwas geändert hat, lässt Bitte und Wirklichkeit verschmelzen. Nicht Sehnsucht und Verlangen sind die Veränderungsparameter, sondern Leichtigkeit und ein Gefühl der Befreiung. Wer beispielsweise im Gebet um Beendigung der Krankheit ringt, richtet alle Energien auf diese Erkrankung – und wird krank bleiben. Richtet er aber den Fokus auf den geheilten, gesunden Zustand, wird die Genesung ihren Weg suchen. Er empfindet die Veränderung bereits, und genau dadurch erschafft er sie. Wir kennen dieses Wirkprinzip von Placebo- und Noceboeffekten.

Kapitel 4:
Strategien der Ankopplung

Auslösen des Luziden Traums

Ein alttibetischer Weisheitsspruch lautet: »Wenn der Traumzustand anbricht, liege nicht wie eine Leiche in Unwissenheit da. Betrete die natürliche Sphäre der beständigen Aufmerksamkeit. Erkenne deine Träume und wandle Illusion in Illumination. Schlaf nicht wie ein Tier. Tu, was Schlaf und Wirklichkeit vermischt.«[67] Dieser Appell ist fast so etwas wie eine Gebrauchsanweisung für den Luziden Traum. Denn damit ist gesagt: Wir können willentlich den Traum beeinflussen, vor allem aber können wir das Prinzip des Handelns zu unserem machen. Durch unsere aktive Beobachterrolle übernehmen wir die Regie und können gleichzeitig wertvolle Informationen erhalten. Ähnlich gemeint ist das »Dormiens vigila« der Alchemisten: »Wache im Schlaf.«

Der Luzide Traum entsteht durch einen Bewusstseinszustand, den wir schon als Kommunikationsmodus mit der Interwelt kennen: aufmerksames Gewahrsein, Wegfiltern der Gedanken, emotionale Intensität, erschaffendes Beobachten. Hirnphysiologisch ist der Luzide Traum dadurch gekennzeichnet, dass währenddessen keine von außen kommenden Reize das Gehirn erreichen, und auch der Neokortex ruht bis auf das Aufmerksamkeitszentrum im Stirnhirn. Die Zensoren schweigen, und das Selbst kann sich mithilfe der Aktivität des Mittelhirns repräsentieren: Der Traum wird gestartet.

Mit dem Luziden Traum haben wir eine ausgezeichnete Methode, um bewusst die Interwelt zu erleben. Punktuell hatte ich schon die Vorteile erwähnt: Das Ich kann in einen Dialog mit den Selbst-Instanzen, dem Unterbewusstsein treten, und falls optimale Bedingungen vorherrschen, bekommen wir die Antworten als Inspirationen. Oder, genauer: Wir bekommen kreative Potenziale als schöpferische Inspiration, also eingeatmet, was das lateinische Wort inspirare übersetzt heißt. Einstein bekannte beispielsweise, viele seiner bahnbrechenden Ideen seien ihm im Traum erschienen. Ein anderes Beispiel ist ein Traum des Chemikers Herman Kekules. Er sah träumend eine Schlange, die sich selbst in den Schwanz biss, und sofort wurde ihm klar, dass Benzol eine Ringstruktur aufweisen muss.

Im Gegensatz zum nächtlichen Träumen sind Inhalte des Luziden Traums bleibend abrufbar. Wer wäre nicht schon morgens aufgewacht mit dem sicheren Gefühl, soeben etwas absolut Sensationelles, Aufschlussreiches geträumt zu haben? Doch wenige Sekunden später ist alles plötzlich verblasst. Auch die Einwirkmöglichkeiten als Beobachter gestalten sich in normalen Träumen als unmöglich. Gleichwohl gibt es Menschen, die dazu in der Lage sind. Sigmund Freud schrieb in seiner »Traumdeutung« von Personen, »bei denen die nächtliche Festhaltung des Wissens, dass sie schlafen und träumen, ganz offenkundig wird und denen also eine bewusste Fähigkeit, das Traumleben zu lenken, eigen scheint. Ein solcher Träumer ist z. B. mit der Wendung, die ein Traum nimmt, unzufrieden, er bricht ihn, ohne aufzuwachen, ab und beginnt ihn von neuem, um ihn anders fortzusetzen« (Freud 1968).

Wer diese Fähigkeit besitzt, kann sich glücklich schätzen. Dann ist ihm gegeben, Albträume in eine angenehme Richtung zu lenken. Doch er vermag noch mehr: Auf diese Weise ist es möglich, unterbewusste Ängste aus posttraumatischen Belastungsstörungen, die sich im Traum spiegeln, für immer zu löschen (Spierling 1997).

Im Luziden Traum werden ebenfalls Lernprozesse angestoßen – oder bewusst herbeigeführt. Beispielsweise können Sportler im Luziden Traum ihre motorischen Bewegungsabläufe erlernen und verfestigen (Erlacher 2005).

Wir können daher den Luziden Traum als eine Art Generalprobe für einen immerwährenden Kontakt zur Interwelt betrachten. Wir üben, wie es sich anfühlt, beobachtende und handelnde Figuren zu sein, mit dem vollen Informationspotenzial der Interwelt. Außerdem lernen wir, dass wir nicht-materielle Wesenheiten um wohlmeinende Hilfe bitten können oder dass wir negativ wirkende Wesenheiten neutralisieren können. Den Möglichkeiten sind keine Grenzen gesetzt im »Meer aller Möglichkeiten«.

Obwohl das Phänomen des Luziden Traums intensiv erforscht wird, gibt es bislang keine verlässliche Methode, die reproduzierbar bei verschiedenen Persönlichkeiten den Luziden Traum herstellt. Jeder trainiert seine selbst erprobten und bewährten Methoden. Die folgenden Techniken erläutere ich daher mit dem Vorbehalt, dass jeder selbst herausfinden muss, welche Methode am besten für ihn geeignet ist.

Eine Technik besteht darin, dass man sich – respektive dem Ich – vor dem Einschlafen autosuggestiv befiehlt, die Träume der Nacht bewusst wahrzunehmen. Das erleichtert tatsächlich ein stark beobachtendes Träumen und ist vergleichbar mit dem autosuggestiven Befehl, morgens zu einer bestimmten Zeit aufzuwachen. Anfangs konzentriert man sich nur morgens auf die Träume, da sie zum Morgen hin länger werden.

Physiologisch ist das damit zu erklären, dass der Schläfer immer mehr auskühlt und die Körpertemperatur deutlich unter 37° Celsius absinkt. Da in Unterkühlungsmomenten die Diffusion von Sauerstoff von den roten Blutkörperchen ins Gewebe stark abnimmt und Erstickungsgefahr droht, muss der Körper dringend gegenregulieren. Alle Erwärmungstaktiken des Wachzustands fallen im Schlaf weg – etwa Muskelaktivitäten oder Nahrungszufuhr, und so sind aufregende, auch belastende Träume geeignet, den Körper in diesen kritischen Phasen erneut aufzuheizen. Sie setzen durch die Ausschüttung von Adrenalin und Noradrenalin Fette frei, die sofort verbrannt werden können. So steigt die gesunkene Temperatur wieder nachweislich an. Zum Morgen hin, nach langen Stunden des Schlafs, wird dieser Stoffwechselprozess immer dringlicher; deshalb entstehen die verlängerten Traumphasen zum Morgen. Gleichzeitig nimmt die Schlaftiefe zum Morgen hin ab, mit dem Vorteil, dass Tagesbewusstseinsmomente in die verbliebene Schlafarchitektur hineindrängen. So fällt es uns leichter, den Trauminhalt bewusst zu beachten.

Wichtig ist zuerst einmal, sich darüber klar zu werden, ob das Bewusstsein in Träumen gefangen ist oder ob man bewusst wahrnimmt, dass man träumt, so wie man bewusst wahrnimmt, dass man fantasiert. Mithilfe von Realitätsüberprüfungen soll man angeblich zwischen Traum und Realität unterscheiden können. Es sei aber betont, dass diese Überprüfungen oft nicht funktionieren, weil das Bewusstsein enorme Täuschungsvarianten bereithält. Der Atemtest durch die zugehaltene Nase bei geschlossenem Mund ist eine Option. Man kann weiter testen, ob Arm und Hand durch die Bettunterlage aufgehalten werden oder hindurchgehen. Weiterhin kann man sich leicht auf die Zunge beißen und probieren, ob man dabei Schmerzen fühlt.

Was solche Check-ups unzuverlässig macht, ist die Tatsache, dass im Traum immer das passiert, was im Unterbewusstsein erwartet wird. So können die Tests durchaus positiv ausfallen, obwohl man sich nicht im Luziden Traum, sondern im normalen Traumgeschehen befindet. Man träumt ja auch, dass man auf die Toilette gegangen sei und die Blase geleert habe, was sogar als eine Erleichterung empfunden werden kann – dennoch ist nichts dergleichen passiert. Man steckt zu tief im Traum. Das Bewusstsein ist eben nur eine Schalteinheit für Informationen, die als Möglichkeit in der Interwelt abgespeichert sind. Der Wille – und im Fall des Unbewussten die Motivation – schaltet nur diejenige Information in die subjektive Realität, die momentan opportun ist. Im Traum ist die Alltagswelt ausgeschaltet, sodass die Information, die für diese Welt wichtig ist, nicht realisiert werden kann.

In seinem Buch »Schöpferisch Träumen – wie Sie im Schlaf das Leben meistern« hat Paul Tholey solche Vorgänge beschrieben. Offenbar ist er den meisten Menschen bei der Erfahrung mit Luziden Träumen weit voraus. Tholey hat sich auch mit den Voraussetzungen beschäftigt und einen Dekalog aufgestellt, mit dem man seine Beobachterrolle im Traum testen und zwischen nächtlichem und Luzidem Traum unterscheiden kann. Deshalb gebe ich seine »10 Gebote« im Wortlaut wieder:

1. Stelle dir die kritische Frage, ob du wach bist oder träumst, mindestens fünf- bis zehnmal am Tag.

2. Stelle dir dabei intensiv vor, dich in einem Traum zu befinden, dass also alles, was du wahrnimmst, inklusive deines eigenen Körpers, geträumt ist.

3. Achte bei der Beantwortung der Frage sowohl auf das, was gerade in diesem Moment geschieht, als auch auf Vergangenes, denn oft setzen Traumerlebnisse unvermittelt ein, und in der Regel gibt es im Traum kein Gestern, sondern eine Lücke. Also, hast du Erinnerungslücken oder bemerkst du etwas Ungewöhnliches? (Realitätscheck)

4. Stelle dir die kritische Frage immer in Situationen, die für Träume charakteristisch sein könnten, z. B. wenn etwas Ungewöhnliches geschieht.

5. Hast du wiederkehrende Inhalte in deinen Träumen, tauchen z. B. häufig Hunde oder Katzen auf? Stelle dir in diesem Fall die kritische Frage immer, wenn du einen Hund bzw. eine Katze siehst.

6. Stelle dir im Wachzustand bestimmte Trauminhalte vor, wie z. B. durch die Luft zu fliegen, und versuche dich intensiv in das Erlebnis hineinzuversetzen (Visualisierung). Diese Vorstellung wird mit dem Gedanken verbunden, dass man sich im Traum befindet.

7. Schlafe mit dem Gedanken ein, dass du einen Klartraum haben wirst (Autosuggestion).

8. Ist deine Traumerinnerung eher schwach, so führe ein Traumtagebuch, um sie zu verbessern.

9. Nimm dir vor, im Traum eine ganz bestimmte Handlung auszuführen (Intention).

10. Übe regelmäßig, aber nicht verbissen, und bewahre Geduld!

Manche Menschen versuchen, das luzide Träumen mit chemischen Hilfsmitteln herbeizuführen. Alle Wirkstoffe, die den Acetylcholin-Haushalt betreffen, haben Auswirkungen auf luzides Träumen: Galantamin, Hyperzin A, Nicotin und Cholin. Acetylcholin ist ein Hormon, das mehrere wichtige Rollen im Körper spielt. Es ist der Neurotransmitter in Synapsen der Muskulatur und des Parasympathikus. Für uns interessant ist die Rolle, die das Hormon beim Lernen spielt, denn Acetylcholin ist der wichtigste Stoff im Neokortex und vermittelt Gedanken, Vernunft, Logik, Kritikfähigkeit. Zu viel Acetylcholin lässt uns zwar schneller lernen, aber auch nichts mehr vergessen. Selbst die unwichtigsten Dinge kommen immerfort in die Erinnerung, was quälend werden kann. Zu den Stoffen, die Acetylcholin im Gehirn verstärkt wirken lassen, gehört Galantamin. Es wird aparterweise aus Schneeglöckchen gewonnen und verbessert Gedächtnis sowie Konzentration. Aber auch die Chance, luzide zu träumen, ist deutlich erhöht. Der Wissenschaftler LaBerge hat dafür eine Patentanmeldung laufen.

Einige Vulgärnamen von Pflanzen und Wurzeln verweisen auf die Traumerfahrungen von Naturvölkern, die sich von jeher psychogener Stoffe bedienten: Aztekisches Traumkraut (Calea zacatechichi), Afrikanische Traumwurzel (Silene capensis) und Afrikanisches Traumkraut (Entada rheedii). Bei diesen Pflanzen gilt größte Vorsicht, denn sie haben starke Nebenwirkungen. Es kann zu massiven Schlafstörungen und Konzentrationsstörungen kommen.

Atropin oder Scopolamin der »Hexensalben« bewirken genau das Gegenteil. Es sind antagonistische Stoffe an Acetylrezeptoren, schalten die Wirkung von Acetylcholin also aus. Die Folgen sind gewaltig: Verlust der Selbstkontrolle, stark erotisch gefärbte und triebhafte Halluzinationen, Gefügigkeit. Personen, die unter dem Einfluss dieser Wirkstoffe stehen, geben ungehemmt Geheimnisse preis, weshalb man auch vom Wahrheitsserum spricht. Das indianische Pfeilgift Curare vertreibt Acetylcholin ebenfalls von den Rezeptoren, ist aber bekanntlich tödlich, weil Curare die Atemmuskulatur lähmt.

Den Luziden Traum aufrechtzuerhalten ist eine weitere Hürde, die gemeistert werden muss. Werden die Szenen zu ungewöhnlich, fällt man aus dem Traum heraus. Das bedeutet, dass man der Traumhandlung anfangs nicht zu viel abverlangen darf, etwa durch Wände zu gehen. Am leichtesten ist das Schweben zu erreichen, also die Aufhebung der Schwerkraft. Gelingt dies, kann man sich auch in der Luft fortbewegen, indem man sich das Ziel einfach denkt. Am meisten Spaß macht das Abheben vom Erdboden, denn es gelingt nach einiger Übung immer – selbstverständlich rein virtuell, nur geistig ablaufend.

Allerdings sollte man das luzide Träumen nicht übertreiben, sonst fällt die Unterscheidung zwischen Wachsein und Schlafen immer schwerer, und Bewusstsein und Unterbewusstsein, Realität und Fantasie verschwimmen. Manchmal weiß solch ein »Traum-Junkie« gar nicht mehr, ob etwas tatsächlich passiert ist oder ob er es nur geträumt hat. Das kann zu fatalen Fehleinschätzungen führen. Die betreffende Person meint zum Beispiel, sie befinde sich in einem Traum, und stürzt sich ohne Zögern von einem hohen Felsen – in der irrigen Annahme, fliegen zu können, wie aus den Träumen vertraut.

Ich will aber keine falschen Mythen oder neue Meme produzieren. Generell sind luzide Träume ein hervorragendes Werkzeug zur Überwindung konditionierter Programme. Sie wecken den Möglichkeitssinn. Durch diese Art des Träumens verlassen wir die Zonen ängstlich gehüteter Konditionen und nähern uns wieder dem kindlichen, unvoreingenommenen Zustand, in dem uns nichts unmöglich scheint. Außerdem sei in Erinnerung gerufen, dass der Luzide Traum kein künstlicher Rausch, sondern ein natürlicher physiologischer Vorgang ist. Er ist als Potenzial in uns eingepflanzt und funktioniert ohne Zuführung von Drogen oder Hilfsmitteln.

Hat man den Luziden Traum trainiert, dann ist der Stirnlappen aktiv, während weitere Teile der Großhirnrinde sozusagen schlafen und abgeschaltet sind. Der Stirnlappen bewertet Situationen. Nun kann es passieren, dass der Körper in die sogenannte Schlafparalyse fällt und das wache Stirnhirn diese Lähmung registriert. Dadurch entstehen leicht Panikgefühle. Sie sind völlig unbegründet, denn die Schlafparalyse ist eine intelligente physiologische Vorsichtsmaßnahme, damit wir im Traumgeschehen nicht aufstehen und gegen die Wand laufen oder uns sonstwie verletzen.

Dennoch ist die Schlafparalyse eine eher beängstigende Erfahrung. Jeder kennt Traumsituationen, in denen man schreien möchte, weil etwas Schreckliches passiert. Oder man möchte weglaufen, und dennoch gelingt es nicht. Wenn wir im bewussten Traum einige Sekunden warten, löst sich die vorübergehende Lähmung, und wir können uns wieder frei bewegen. Ohne den halbwachen Luziden Traum hätten wir überhaupt nichts von der normalen Lähmung gemerkt.

Die Inhalte des bewussten Traumgeschehens bleiben lange im Gedächtnis. Normalerweise hält die Erinnerung ohne weitere Maßnahmen etwa einen Tag lang an, aber auch eine Woche oder länger sind nicht ungewöhnlich. Ist das Erleben mit starken Empfindungen verbunden, dann ändert sich sogar die Ich-Persönlichkeit, was die soziale Umgebung durchaus bemerkt. War das Erleben schön, dann wird auch das Leben in der Alltagswelt schöner. Sind die Träume hingegen problembehaftet, werfen sie einen dunklen Schatten auf das Alltagsleben. Wie gezeigt, können wir aber bestimmte Ängste und Konflikte gerade im Luziden Traum auflösen, sodass die furcherregenden, belastenden Träume zusehends seltener werden.

Neuroplastizität durch intensive Übung

Jedes intensive Erleben der Interwelt verändert Ihr Bewusstsein – verändert es auch Ihr Gehirn? Als ich anfangs das Gehirn und seine Funktionen beschrieb, wurde schon deutlich: Das Hirn ist kein Organ, das wie Herz oder Nieren bei der Geburt voll ausgebildet ist, sondern es formt sich, abhängig davon, wie wir es nutzen. Die Anzahl und Dicke von Nervenfasern, die Art der synaptischen Verschaltungen, all das wird gleichsam durch den Gebrauch sukzessive geformt. Nun könnten wir fragen: Wenn wir im Kontakt mit der Interwelt intensiven Informationsfeldern ausgesetzt sind und sie auch selbst evozieren – können diese Felder auch Milliarden von Nervenzellen im Gehirn verändern?

Einige unabhängige Wissenschaftler sehen genau diesen Prozess ablaufen und erforschen die Wirkmechanismen. Dazu gehören Henry Stapp, theoretischer Physiker in Berkeley, Jeffrey Schwartz, Neurologe und Psychiater der University of California, Los Angeles, und Mario Beauregard, Psychologe der University of Montreal. Gemeinsam formulierten sie eine Theorie des Geistfeldes aus Quanteneinheiten. Dabei gehen sie von der These aus, dass nicht der Geist das Ergebnis von Gehirnaktivität ist, sondern dass der Geist das Gehirn für seine Zwecke formt.

Wie eine Elektronenwolke den Kern eines Atoms umgibt und damit das Atom in seiner Eigenschaft festlegt, so umschwärmt der Geist die Strukturen des Gehirns. Aber auch für die subatomaren Prozesse des Hirns gilt der quantentheoretische Grundsatz: Elektronen besitzen keine informative Identität, bevor ein bewusster Beobachter diese Elektronen funktional und energetisch informiert – aus der virtuellen Wahrscheinlichkeitsvielfalt formt sich eine reale Existenz.

Damit korrespondiert eines der jüngeren Forschungsergebnisse von Neurologen: Sie wiesen nach, dass bereits eine Absicht oder ein Entschluss die Gehirnstruktur verändert. Jede geistige Aktivität hat Auswirkungen auf die Vernetzung der Gehirnnerven, auch der Luzide Traum. Selbst wenn man über Gespräche oder Erlebnisse nachdenkt, verändert sich das Gehirn. Ein übergeordnetes Quantenfeld formt unterschiedlichste Erfahrungen mittels Informationsimpulsen in materielle Realitäten um: soziale Beziehungen, emotional besetzte Ereignisse, depressive Stimmungen, euphorische Zustände. Nichts geht verloren, alles findet seine Entsprechung in der veränderten Hirnstruktur. Die veränderte Hirnstruktur hat rückwirkend wiederum Einfluss auf das Quantenfeld – die berühmte gegenseitige Wechselwirkung.

Eine Studie des Boston Children's Hospital im Juli 2012 zeigte, dass Kinder, die in Heimen groß geworden waren, eine andere neuronale Anatomie haben als Kinder, die bei ihren Eltern lebten. Die Heimkinder hatten signifikant weniger Zellen in der Großhirnrinde. Doch auch dieser Status quo war kein unabänderliches Schicksal: In einer weiteren Studie fand man heraus, dass dieser Mangel durch ein spezielles Training ausgeglichen werden kann.[68]

Nachdem wir wissen, dass die Gehirnstruktur sich mit unserer Denkweise ändert und sich den jeweiligen gesellschaftlichen wie individuellen Denkmustern anpasst, ist zu erwarten, dass die Anatomie unseres heutigen Gehirns die Widerspiegelung kultureller Prägungen ist. In früheren Zeiten war es offensichtlich anders aufgebaut. Diese hochinteressante Feststellung beruht auf den Forschungen des Psychologieprofessors Julian Jaynes, der an der Princeton University einen Lehrstuhl innehatte und aufgrund seiner hohen Kompetenz Herausgeber mehrerer Fachzeitschriften war. Jaynes plädiert für einen neuen Blick auf die Evolutionsgeschichte: »Völlig undenkbar, dass sich die Innenwelt des Bewusstseins auf irgendeine Weise aus bloßen Molekül- und Zellansammlungen hätte bilden können. Bei der Evolution des Menschen muss mehr mitgespielt haben als lediglich Materie, Zufall und Überleben« (Jaynes 1988).

Anhand überlieferter Heldensagen wie Homers »Ilias«, aber auch anhand heiliger Texte und großer Epen weltweit analysierte er die archetypische Mythenwelt, um etwa antike und mittelalterliche Vorstellungswelten zu rekonstruieren. Sein Resümee bestand darin, dass vor der Aufklärung Götter die Rolle des Bewusstseins gespielt hätten. Mit anderen Worten: Der Mensch akzeptierte, dass übernatürliche Wesen uneingeschränkte Macht hatten. Vor allem die Dichtungen der griechischen Antike kennen kein Konzept des eigenen Willens. Odysseus hat kein Ich und wird zum Spielball der Götter wie auch Ödipus oder Klytämnestra.

Damit fallen auch die Ich-Instanzen weg. Das Individuum

braucht streng genommen keine ethische Ausrichtung, denn seinem Schicksal kann es nicht entrinnen, sobald die Götter darüber befunden haben. Daher räsonniert Jaynes: Immer ist es ein Gott, der die Heere in die Schlacht führt, der in kritischen Momenten zu den einzelnen Kriegern spricht, der Hektor vorschlägt und ihn lehrt, was er tun soll, der die Krieger antreibt oder ihre Niederlage bewirkt. Handlungen werden nicht von bewussten Planungen, Überlegungen oder Motiven eines Menschen in Gang gebracht, sondern durch das Handeln und Reden der Götter initiiert. Die Helden der »Ilias« überlegen nicht, was als Nächstes zu tun sei. Sogar die Dichtung ist nicht Menschenwerk in unserem Sinn. Ihre ersten drei Worte lauten: Menin aeide, thea, »Singe, o Göttin, vom Zorn!«

Die Parallele Gott und Bewusstsein, die Jaynes zieht, bringt einen ganz neuen Aspekt in die Debatte. Die Menschen nehmen die Stimmen der Götter wahr. Pallas Athene spricht zu Achilles, und so sind Menschen permanent Empfänger von Botschaften und Handlungsanweisungen. Dies wiederholt sich in den monotheistischen Religionen. Jahwe spricht zu Moses aus dem brennenden Dornbusch, Gott spricht zu Jesus in der Nacht vor Golgatha. Christliche Mystiker wie Meister Eckhart oder Hildegard von Bingen hörten Stimmen und hatten Lichterscheinungen. Reine Projektionen?

Der altägyptische Begriff »Ka« steht für eine personifizierte einflüsternde Stimme. Die gängigen Übersetzungen dafür sind Geist, Seele, Doppelgänger, Beschützer, Wächter. Ähnliche Vorstellungen fand Jaynes in China, Indien, Mesopotamien und im präkolumbianischen Südamerika. Etwa um 1000 v. Chr., so Jaynes, habe sich die Organisation des menschlichen Denkapparats kollektiv gewandelt. Nun waren es nur noch Auserwählte, denen sich die Götter offenbarten. Für die Masse galt: Die Stimmen der Götter verstummten. Dafür entwickelte sich immer stärker die Schrift, die von einem »Ich« gelesen und verstanden werden musste. Erst jetzt entstand das, was unser subjektives Ich-Bewusstsein ausmacht. Durch die verstärkte Beziehung auf das Ich im 3. bis 2. Jahrhundert v. Chr.

kam der Zusammenbruch. Das Verstummen der Götter wird auf mesopotanischen Keilschrifttafeln des späten 2. Jahrhunderts v. Chr. beklagt »Mein Gott hat mich im Stich gelassen.« Und auf einer anderen Tafel: »Jemandem, der keinen Gott hat, umfängt der Kopfschmerz wie ein Gewand, während er die Straße entlanggeht.« (Zitiert in Devereux 2006, S. 78).

Seither erfolgte ein stetiger Umbau des Gehirns. Heute leben wir in einer Kultur, die die Leistungen der linken Hirnhemispäre favorisiert: Sprache, Rationalität, logisches Denken. Weniger gefragt ist das Leistungsspektrum der rechten Hirnhälfte, zuständig für Intuition, Fantasie, Kreativität, Empfindungen. Das war in archaischen Zeiten anders. Dort war gerade die rechte Gehirnhälfte tonangebend, und möglicherweise, so Jaynes, kam auch aus dieser Hemisphäre die Stimme der Götter. Sie entwickelte auch die Epoche der Orakel. Ausgewählte Personen mit Fähigkeiten der Dominanz rechter Gehirnhälften wurden Propheten und Priester/innen.

Buddhas werden seit mehr als 2000 Jahren sehr häufig mit einer Erhöhung, einer Ausbuchtung auf ihrem Haupt dargestellt. Es ist das Symbol für die Öffnung der Wahrnehmung. Im Kontext dieses Buches gesprochen: Bei Buddha und anderen hochspirituellen Menschen bildete sich der Kontakt zu den allmächtigen mystischen Fähigkeiten der Interwelt durch die Veränderung bestimmter Gehirnareale ab. Die buddhistische Literatur spricht von Usnisa kamala, also vom Lotos. Dies ist identisch mit der tantrischen und Hatha-Yoga-Literatur, wo der Zustand Saharara, tausendblättriger Lotos, genannt wird. Gemeint ist die hohe Entwicklung des oben beschriebenen Zwischenhirns mit Limbischem System und Zirbeldrüse.

Mystische Wahrnehmungen aufgrund eines veränderten Gehirns sind seit 2000 v. Chr. dokumentiert und werden auch in den Veden erwähnt. Seit 7000 Jahren wissen die Ägypter davon. Der Schlangenkopfschmuck der Pharaonen weist auf die Fähigkeit hin, dass sich durch Übung und Wandlung große poetische und mathematische Fertigkeiten ausprägen können, ja, dass es bestimmten Menschen sogar möglich sei, paranormale Kräfte zu steuern. In China verbreitete sich diese Überzeugung vor 5000 Jahren. Indien und das alte Griechenland übernahmen dieses Wissen. In Geheimwissenschaften und Logen zog sich dann die Erkenntnis im Abendland bis ins späte Mittelalter.

Wir leben in der ersten Epoche, in der dieses geheime Wissen unbeachtet geblieben ist, im »aufgeklärten« Zeitalter. Mit geradezu religiösem Eifer setzten sich die Naturwissenschaften das Ziel, den Glauben zu entmachten, ohne spirituelles Äquivalent. Seitdem ist die westliche Kultur weder friedlicher, zufriedener noch gesünder. Wir sind inzwischen Giganten der egozentrischen Vernunft und gleichzeitig Zwerge der ganzheitlichen Spiritualität. Es fehlt jeder intelligente Weitblick der Zusammenführung. Ich plädiere für Versöhnung, indem mit Quantenphilosophie und Spiritualität unter Einschluss der Interwelt eine neue Wissenschaft etabliert wird.

Das Höhere Selbst aktivieren

Auf der Website »India Daily« findet man in der Rubrik »Technology« Informationen, die mit Berichten der indischen Regierung weitgehend identisch sind. Die Verfasser sind meist anonym und belegen ihre Ausführungen mit keinerlei Quellenangaben. Eigentlich lässt man derartige Seiten links liegen, weil sie nur zu oft mit abstrusen Inhalten oder wilden Spekulationen aufwarten. Von Zeit zu Zeit aber tauchen auf der Website faszinierende Texte auf. Sie zeigen ein spezielles Wissen, das anregt und durchaus mit den neueren wissenschaftlichen Untersuchungen zu Parallelwelten sowie mit meinem Interweltmodell übereinstimmt.

So wurde am 23. Juli 2005 ein Konzept mit folgenden Behauptungen eingestellt: Es gibt höhere Sphären im Universum, in denen alle bekannten physikalischen Gesetze des materiellen Universums versagen. Physische Objekte kollabieren in mehrere Seinszustände, und in solchen Momenten gehören wir mehreren Paralleluniversen an. Sie existieren in uns und sind uns daher näher, als wir es uns vorstellen können. Während sich der materielle Körper weiter im physischen Universum befindet, kommunizieren wir vom Paralleluniversum aus mit uns selbst. Unser Gehirn wird von dort aus aufgefordert zu arbeiten und unser Leben zu erhalten. Wenn wir sterben, leben wir weiter. Wir ziehen uns nur aus dem stofflichen Universum in diese Welten zurück, weil der Körper keinen Nutzen mehr hat, leben aber in den Paralleluniversen weiter. Einige Tage später, am 26. Juli 2005, konnte man Folgendes weiterlesen: Zwei Drittel unseres Gehirns entziehen sich unserer Kontrolle. Sie werden von Wesenheiten aus dem Paralleluniversum gesteuert. Wir kommunizieren mittels geistinduzierter Signale, die auch unter dem Begriff Telepathie bekannt sind, mit vielen anderen Wesen, sogar mit uns selbst in höheren Raumdimensionen. Immer wieder durchreisen wir geistig diese Welten, ohne das physische Universum körperlich zu verlassen. Dieser Teil des Gehirns kann nicht von uns gesteuert werden. Es scheint, dass wir genetisch mit einer fortschrittlichen Lebensform verknüpft sind, die jederzeit vom materiellen ins parallele Universum reisen kann (India Daily Team 2005a, b).

Zwei Punkte erscheinen mir wesentlich. Einmal die These, wir lebten gleichzeitig in mehreren Welten, was wir ja als Alltagswelt und Interwelt kennen. Und zum anderen die Behauptung, wir würden von Wesenheiten dominiert, zu denen unsere eigenen Selbst-Instanzen gehören. Nichts anderes habe ich in den vorhergehenden Kapiteln erläutert: die Existenz hierarchisch geordneter Wesenheiten, die auch das Selbst auf verschiedenen geistigen Stufen wiedergeben: Einfaches Selbst, Höheres Selbst und Wahres Selbst, die zweithöchste unabhängige Schöpfungsinstanz.

Wissenschaftlich können wir solche Modelle nie lückenlos beweisen, trotz einer weit entwickelten Grundlagenforschung und vieler einschlägiger Experimente weltweit. Deshalb sind wir auf unsere authentische Erfahrung angewiesen, um die Plausibilität solcher Aussagen zu überprüfen. Glaubhafte Berichte, dass Erfahrungen mit der Interwelt tatsächlich vorliegen, gibt es mehr als genug – wir hatten über einige Phänomene im ersten Teil des Buches berichtet. Und natürlich werde ich hellhörig, sobald mir solche Schilderungen begegnen.

Die innere Stimme

Vor Kurzem geriet ich an den Bericht des promovierten Psychotherapeuten Jürgen Briegel aus Frankfurt, der den Titel trägt: »Offenbarungen eines Unsterblichen. Ein 192-Jähriger berichtet von der Erweckung der inneren Stimme«. Mit dem seltsamen Teil dieser Aufzeichnung, der angeblichen materiellen Unsterblichkeit und dem entsprechend extremen Alter, wollen wir uns hier nicht weiter beschäftigen. Sie scheinen mir doch stark aus dem Reich der Meme zu kommen. Ganz anders verhält es sich mit Briegels Einlassungen zur Erweckung des tiefen Selbst, wie er es nennt. Er hat offenbar Erfahrungen gemacht, die dem Übergang des Höheren Selbst zum Wahren Selbst entsprechen. Deshalb halte ich seine Erfahrungen für wertvoll und möchte sie hier erwähnen. Die detaillierten Methoden und Begrifflichkeiten muss jeder Mensch selbst entwickeln, seinen Prägungen und Erlebnissen gemäß.

Was Briegel schildert, ist, wenn auch in anderer Terminologie, die Begegnung mit dem Höheren Selbst, ein von schlechten Empfindungen geklärter Kern von vielfachen Persönlichkeiten des Einfachen Selbst. Er charakterisiert das Höhere Selbst mit Begriffen wie Liebe, Güte und Harmonie, »in der vollkommensten und reinsten Bedeutung dieser Worte«. Die Kommunikation des Höheren Selbst mit dem Ich der Alltagswelt nahm er als wohliges Kribbeln, aber auch durch eine innere Stimme wahr, die er hören konnte. Kann man so etwas glauben?[69]

Für die Glaubwürdigkeit von Briegels Darstellung spricht, dass er einen Interweltzustand dokumentiert, der ja unter anderem dem Traum ähnelt. Auch im Traum hören wir Stimmen, obwohl wir nicht real sprechen und obwohl keine realen Personen im

Schlafzimmer sind, die sich mit uns unterhalten könnten. Dennoch fragt man sich, woher die Stimme kommt.

Ich hatte die Interwelt als ein komplexes Informationsfeld definiert. Alles, was sich in der materiellen Alltagswelt ereignet, wird informativ durch einen Bewusstseinsmodus geschaltet, der als Transformer zwischen materiellen Ereignissen und puren Informationsgebilden fungiert. Das heißt, alle Geschehnisse der Alltagswelt sind codiert in Informationsbits. Das Bewusstsein decodiert die Informationsbits der Interwelt und gibt sie entweder der Materie zurück oder speichert sie in der Interwelt ab. Auch unser Sprechen ist das Ergebnis einer Codierung: Worte und Sätze werden gedacht und dann in die materielle Ebene der Stimmbandmuskulatur übersetzt.

Wenn Höheres und Wahres Selbst als komplexes Informationsmuster jeweils eine eigene Wesenheit repräsentieren, dann können diese Wesenheiten, auch mit informativen Anleitungen der Materiebeeinflussung, die ja von unserem Ich gelernt wurden, Sprachen, Worte, Sätze formulieren, eben als innere Stimme kommen. In jedem Fall wird die Materie durch geistige Informationen dazu gebracht, Worte und Sätze erklingen zu lassen. Hier waren sie als innere, als rein virtuelle Stimme hörbar, ganz so wie im Traum.

Unzweifelhaft kommunizieren Alltagswelt und Interwelt auf eine ähnlich codierte Weise, wie wir Worte als Buchstaben in eine Computertastatur eingeben oder wie wir mit dem Handy codierte elektromagnetische Trägerwellen transformieren, analog zum Fernsehen. Alles ist Information, mit zahllosen Schnittstellen.

Das Höhere Selbst kennt unsere geheimsten Gedanken, alle unsere Wünsche, und es könnte auch zu uns sprechen – haben wir nicht selbst alle nötigen Informationen über Sprache in der Interwelt und damit bei unserem Selbst abgelegt? So kann man folgern, dass wir unser Einfaches und Höheres Selbst übergeben, wie man spricht, weil unser Ich dies in der materiellen Welt gelernt hat. Die Möglichkeit des Lernens als ein Mechanismus ist wiederum von der Interwelt gegeben. Eins bedingt das andere.

Wie lange der Adept braucht, um die Stimme des Höheren Selbst zu vernehmen, ist offenbar individuell unterschiedlich. Man muss geduldig sein und sollte sich nicht entmutigen lassen, falls diese Erfahrung zunächst ausbleibt. Man kann sich aber auch fragen, ob man vielleicht in der Vergangenheit schon einmal eine innere Stimme gehört hat. Viele Menschen erzählen, dass sie in unerkannten Gefahrensituationen plötzlich einen warnenden Zuruf erhielten, wie aus dem Nichts. Wir sollten uns mit der Idee vertraut machen, dass wir das Höhere Selbst, weit mehr als bisher geschehen, aktiv in unser Leben einbeziehen sollten. Sonst verzichten wir auf unseren Bund mit »höheren Mächten«, der in alten Kulturen völlig selbstverständlich war und damals wie heute unglaubliche Fähigkeiten und Auswirkungen verspricht.

Die Beschäftigung mit dem Erfahrungsbericht Briegels ließ mich die Kommunikationsmöglichkeiten mit der Interwelt noch einmal überdenken. Gab es noch mehr Optionen? Und sollten sie nicht noch konkreter umrissen werden, sodass sie Übungscharakter bekommen?

Vier Pfade in die Interwelt

In meinen obigen Empfehlungen hatte ich bereits einige Voraussetzungen für den gelingenden Kontakt mit der Interwelt aufgelistet. Sie decken sich übrigens im Wesentlichen mit den Erfahrungen, die auch Jürgen Briegel machte. Deshalb will ich noch einmal vier Pfade genauer untersuchen. Sie kreisen um innere und äußere Stille, um die Achtsamkeit für Intuitionen und um die bewusste, beobachtete und gelebte Verbindung mit dem Höheren Selbst. Und das ist leichter gesagt als getan.

Allein die äußere Stille zu finden stellt uns heute vor ernsthafte Probleme, da wir von einer permanenten Geräuschkulisse umgeben sind. Aber man sollte ergänzen, dass wir lernen müssen, die Stille zu suchen und zu genießen.

Wir sind ja gewohnt, dass unsere Umgebung voller Lärm ist. Die Straßen dröhnen vom donnernden Verkehr, pausenlos laufen Fernseher in den Haushalten, ohne dass jemand hinschaut, Radiosounds dudeln ohne Unterlass. Inzwischen gibt es wissenschaftliche Untersuchungen, wonach Menschen derartige Geräusche mittlerweile der Stille vorziehen. Das sind jedoch reine Gewohnheitseffekte, die größten Täuschungen unseres Daseins.

Die äußere Stille ist die erste unbedingte Voraussetzung, um die innere Stille jemals hören zu können. Also suchen Sie sich eine Umgebung, die Stille gewährleistet. Ertragen und genießen Sie die Stille täglich etwa eine Viertelstunde lang. Sie können die Phase auch bis zu einer Stunde ausdehnen. Nun sind Sie bewusst mit sich allein, und schon steigt ein neues Problem hoch: die Gedanken, die sich wie selbsttätig in die Stille schieben. Wehren Sie sich nicht dagegen, sondern lassen Sie die Gedanken spielerisch vorüberziehen. Sie sollten sich nicht von den Gedanken einfangen lassen, auch nicht auf Erinnerungen oder Bilder einlassen. Konzentrieren Sie sich nur auf die wunderbare Stille. Sie erleben Ereignislosigkeit als ein bisher vollkommen unbekanntes Phänomen, nämlich als eine relative Nacktheit des Ich. Halten Sie diese Situation aus, und ja, jetzt genießen Sie es. Entwickeln Sie Genuss im Feedback. Das Ich, ohne sein Repertoire angelernter Egomanie, ist nun unschuldig wie ein kleines Kind.

Selbstverständlich kommt irgendwann Langeweile auf, die zu erdulden Mühe macht. Daraus erwächst die Motivation, sich innerlich auf das einzulassen, was für Ihr bisheriges Leben wichtig war – Lebensthemen, die verschüttet waren. Suchen Sie keine Lösungen zu diesen wichtigen Themen, sie kommen später von ganz allein. Schauen Sie sich nur die Themen an, ohne jede Bewertung, nur mit der Haltung der Achtsamkeit.

Nach Ablauf dieser Phase werden Sie sich bereits erleichtert fühlen, denn in Ihnen weiß das bereits aktivierte Höhere Selbst, dass Sie jede Situationen meistern können, wenn Sie die nächste Stufe erklimmen: die innere Stille. Diese Stufe ist weit schwieriger als die erste. Das Innere ist ein Zentrum, in dem sich die durch uns vorher genannten vier universellen fließenden Energien vorübergehend zu einer kommunizierenden Wirbelstruktur vereinigen, die auf Weiterverarbeitung wartet. Da hier unendliche kosmische Energien unser Sein berühren, ohne ablenkendes Bewusstsein, ohne willentliche Gedankenkontrolle, ohne automatische Gefühlszuweisung, identifizieren wir intuitiv tatsächlich einen Ort der inneren tiefen unendlich ausgebreiteten Stille.

Körper, Geist und Seele befinden sich nun in Ruhe, nicht zu verwechseln mit Tatenlosigkeit, denn das Hineintauchen in diesen Ort ist eine Tat. In dem Moment, in dem Sie Ihr Ich beobachten, wird dem Bewusstsein eine höhere Wahrnehmung präsentiert. Das Ich zu beobachten, es »von außen« zu fühlen und anzusehen, dies ergibt eine Zeugenpräsenz des Selbst und setzt höchst konzentrierte Wachheit voraus. Wer Schwierigkeiten mit der Annäherung an die innere Stille hat, kann die tiefe Zwerchfellatmung als Hilfsmittel visualisieren. Jedes lang anhaltende Ausatmen, das ein langes Einatmen voraussetzt, führt näher an die weit ausgebreitete Phase der Ruhe und des Friedens. Die Konzentration auf die Atmung verhindert auch, dass Sie erneut Ihren plappernden Gedanken nachgehen.

Atemübungen sind so alt wie die Meditation. Doch sie harmonisieren nicht nur die Körperfunktionen und lassen den Geist zur Ruhe kommen. Denn wir atmen nicht nur Sauerstoff und andere Moleküle der Luft ein, sondern auch das Vakuum, das Meer aller Möglichkeiten. Da die Luft verglichen mit unserem Körper weniger Moleküle, also Massen pro Volumeneinheit, enthält, befindet sich in einem Atemzug relativ mehr masseloser Raum. Jeder masselose Raum ist mit der informativen »Geistenergie« angefüllt, die ich bereits als »Lebenskraft« definiert hatte. Wenn wir dieser eingeatmeten Luft nun Achtsamkeit und Bewusstheit zukommen lassen, dann führt das zur Dekohärenz der möglichen Energie- und Informationsgrößen, zum Kollaps der Wellenfunktionen und damit zu wirksamer Kraft an den Massen des Körpers.

Nicht auf die Größe des Atemvolumens kommt es an, sondern auf ihre bewusste Beseelung. Diese Form der Atmung nenne ich geistiges Atmen. Entspannung und Stille unterstützen es, umgekehrt führt aber auch geistiges Atmen zu Entspannung und Stille. Es ist ein sich selbst verstärkender Prozess.

Wenn Sie der Konzentration auf die Atmung nach einigen Wochen überdrüssig sind, weil alles bestens eingeübt ist und funktioniert, dann konzentrieren Sie sich darauf, Ihren gesamten Körper zu spüren. Das gelingt am besten, wenn Sie den Körper in Zonen einteilen. Beginnen Sie bei den Füßen, dann arbeiten Sie sich langsam hoch: Unterschenkel, Knie, Oberschenkel, unterer Bauchbereich, Rückenbereich, Brustbereich, Hals, Kopf. Wenn Ihnen das gelingt, spüren Sie in den Konzentrationsabschnitten ein leichtes Kribbeln oder den Puls, zumindest aber die Wärme.

Zum Abschluss dieser Übung empfinden Sie alle Körperzonen als Ganzes. Ihr gesamter Körper ist eine Empfindungseinheit, die von den realen kosmischen Energien durchflossen wird. Diese Energien warten darauf, von Ihrem Bewusstsein geschaltet zu werden. Sie wissen zuversichtlich, dass Sie die durchfließende universelle Energie und ihre Ur-Information in der Materie Ihres Körpers wirksam werden lassen können, auch für die Stabilisierung Ihrer Gesundheit. Machen Sie sich diese Energien deshalb immer wieder bewusst.

Nachdem diese Stationen vollständig eingeübt sind, sodass sie unmittelbar abgerufen werden können, kommt ein weiterer entscheidender Schritt, der Sie Ihrer Intuition näher bringt: Konzentrieren Sie sich auf eine Schwärze vor den geschlossenen Lidern. Das ist ein interessanter Zustand. Sie sehen im abgedunkelten Raum tatsächlich eine von mattem Schimmer durchwebte Schwärze, die Sie sich wie das Firmament als unendlich ausgedehnt vorstellen können. Mit dem Empfinden der körperlichen Ganzheit tauchen Sie nun in diese endlose Schwärze hinein und zerfließen darin. Jetzt sind Sie sowohl in der äußeren als auch in der inneren Stille angekommen.

Aus der inneren Stille der reinen energetischen Ur-Information beziehen Sie enorme Ruhe und große Kraft. Versuchen Sie, diesen Zustand so lange wie möglich zu halten. Ablenkungen durch auftauchende Gedanken, Themen und Bilder sind normal, werden aber mit der Zeit immer geringer. Ärgern Sie sich nicht darüber, sonst reißt Sie Ihr Missmut aus der Trance des Erlebens, und Sie verlieren den wunderbaren Augenblick. Die nächste Aufgabe besteht darin, tiefer in das Zentrum der Stille einzutauchen. Je mehr Sie sich dem Inneren hingeben, desto glückhafter empfindet Ihr Ich einen Hort der Harmonie und des Friedens – es sind die Vorboten des Höheren Selbst.

Durch Meditation zum Wahren Selbst

Nun steht Ihnen der letzte Schritt bevor: die direkte Kontaktaufnahme zum Höheren Selbst und schließlich auch zum Wahren Selbst. Unter Umständen können Sie dann die aktive, erschaffende Wahrnehmung der inneren Stimme hören. Deren Botschaften kommen mithilfe der Intuition, die auch als Eingebung oder unmittelbare Anschauung bezeichnet wird. Sie ist kein Ergebnis des Nachdenkens, sondern kommt unvermittelt. Man unterscheidet zwischen kreativer Intuition, die den Blick für verborgene Möglichkeiten öffnet, und praktische Intuition, die uns unerklärliche, oft irrational wirkende Handlungen ausführen lässt. Manchmal erweisen sie sich im Nachhinein als sehr sinnvoll. In der Literatur werden beispielsweise prognostische Intuitionen erwähnt, die vor konkreten Gefahren warnen.

Das vernunftdominierte Ich verhindert im Alltag, dass wir das Höhere Selbst über die Intuition hören können. Jetzt allerdings sind wir durch die vorausgegangenen Übungen in einer Stimmung, die den Geist auf die Wahrnehmung der Intuition vorbereitet hat. Wir sind durch tiefe Ruhe und Ausgeglichenheit im Inneren hellhörig für intuitive Empfindungen geworden. Sie fragen und erhalten kluge Antworten. Es ist kein Selbstgespräch, sondern Sie erfahren die Meinung einer Wesenheit, die es gut mit Ihnen meint. Auch hier müssen Sie lernen, genau hinzuhören, ob das Höhere Selbst die Ratschläge wirklich selbst gibt oder ob sich falsche, von Ihnen oder anderen erschaffene Wesen einmischen. Prüfen Sie, ob Ihr Egoismus sich meldet, etwa mit materialistischen Wunschvorstellungen oder schlechten Gefühlen wie Neid, Hass oder Machtgier.

Es gibt einen exzellenten Indikator für die authentische Intuition: Sie stellt sich immer blitzartig und unerwartet ein, also ohne Vorbereitung. Kein Denkprozess geht ihr voraus, kein Feedback auf einen Gedanken oder ein Gefühl. Negative Intuitionen wie Angst, Besorgnis und Ungeduld kommen nicht vom Höheren Selbst. Geben Sie solchen Gefühlen momentan keinen Sinn und Bedeutung, und neutralisieren Sie sie damit. Wenn Sie das alles ausreichend ausgelotet haben und sich sensibilisiert haben, kann es passieren, dass Sie Intuitionen in jeder beliebigen Situation empfangen. Mit dem Nachteil, dass unter ungünstigen Umständen auch vermehrt falsche Intuitionen auftauchen. Es bleibt Ihnen nicht erspart, dem Werdegang von als falsch erkannten Intuitionen gedanklich nachzuspüren und sie zurückzuverfolgen. Daraus lernen Sie, die günstigen von ungünstigen Umständen zu unterscheiden, so wie wir auch gute und schlechte Stimmungen unterscheiden können.

Ein tiefes Vertrauen, das Sie dem Höheren Selbst entgegenbringen, ist schließlich die Voraussetzung für den letzten Schritt, die direkte willentliche Verbindung mit dem Höheren Selbst oder sogar mit dem Wahren Selbst. Wird der Kontakt mit dem Höheren Selbst intensiver, erleben Sie Empfindungen, die sich auch körperlich auswirken. Es kribbelt hauptsächlich in Hautabschnitten des Gesichts, oft genau zwischen den Augen oder am Kinn. Oder Sie spüren einen angenehmen Schauer auf dem Rücken. Oder es tauchen unvermittelt Bilder und Szenen vor Ihnen auf. Irgendwann werden Sie dann tatsächlich eine sprechende Stimme in sich hören. Sie spricht vollkommen logische, kurze Sätze, passend zu von Ihnen gestellten Fragen oder Wünschen.

Wenn Ihnen gelingen sollte, über das Höhere Selbst hinaus tatsächlich mit dem Wahren Selbst eine bewusste Verbindung herzustellen, dann haben Sie etwas erreicht, was in allen Traditionen der Geheimlehren als oberstes Ziel galt: die bewusste Verbindung zwischen Ihrem Ich, Ihrer Geist-Seele und dem höchsten Schöpfer-prinzip. Die Betonung liegt auf »bewusst«, denn nun dürfen Sie den Willen und das Wollen einsetzen. Wir können keine Information erlangen, von der wir überhaupt nicht wissen, dass sie existieren könnte. Wir würden eine derartige Information als Information nicht erkennen. Das Erreichen der Ebene des Höheren Selbst kennt diese Beschränkung nicht und eröffnet eine enorm stark erweiterte Wahrnehmung.

Der Erfolg der Verbindung ist geradezu unbeschreiblich. Eigentlich ist Ihnen dann alles möglich, Informationserlangung, Materiebeeinflussung, Zielerfüllung. Die Evolution hat es vorgemacht.

Da die Aktivierung des Höheren Selbst höchste Priorität für den Zugang der Interwelt hat, stelle ich Ihnen nun noch eine weitere Methode vor, die eine etwas andere Weichenstellung vornimmt.

Wieder schließen Sie die Augen und gehen in die Tiefenentspannung, um kohärente Gehirnwellen auszulösen und die Zirbeldrüse anzuregen. Nun visualisieren Sie einen schönen Ort mit besonderer Stille. Das kann eine einsame Berghütte sein oder eine Hütte an einem spiegelglatten, einsam gelegenen See. Alles ist vollkommen friedlich. Sie fühlen sich an diesem Ort wohl und geborgen. Sie liegen bequem, ohne fühlbaren Druck, mit weiterhin geschlossenen Augen. Gestatten Sie sich, vorurteilslos alles zu hören, zu sehen, zu erfahren und zu verstehen, was Ihnen begegnet.

Atmen Sie eine Weile tief ein und aus. Bei jedem Ausatmen stellen Sie sich vor, wie alles Negative Ihren Körper verlässt, zusammen mit allen räumlich und zeitlich einengenden Begrenzungen. Jedes Ausatmen intensiviert dadurch die Entspannung. Mit jedem Einatmen wird die konzentrierte, wache Bewusstheit stärker. Sie spüren, dass Sie zu einer wichtigen Begegnung bereit werden. Jeder vollständige Atemzug verbindet beides: friedvolle Gelassenheit beim Ausatmen und kristallklar wache Bewusstheit beim Einatmen. Beobachten Sie eine Weile diese Koinzidenz von Ruhe und Wachheit ohne Mühe und Anstrengung.

Wenden Sie nun Ihre Aufmerksamkeit dem zu, was Ihren Atemzügen schon gewisse Zeit lang zusieht: ein Beobachter. Er ist identisch mit Ihrer wachen Bewusstheit. Im anschwellenden und abschwellenden Rhythmus Ihrer Atmung tritt zu Ihrer Ich-Individualität eine Präsenz, die Sie bisher nicht bemerkt haben. Steigen Sie noch tiefer in die Ruhe und in die kristallklare Wachheit. Erkennen Sie, dass die bewusste Wachheit kein einzelner Beobachter ist, sondern ein unendliches, überall gegenwärtiges Feld.

Sie verlassen jetzt willentlich Ihr gewohntes Ich und springen in voller Freiheit hinein in dieses Feld. Es ist das unendliche Meer des unbegrenzten, bewussten Geistes, der in allem wirkt. In diesem Meer gehen Sie weder unter, noch verschmelzen Sie mit anderen Wesen, die ebenfalls im Meer sind. Sie existieren als individuelle Einheit weiter. Alles hat ein Recht, in diesem Meer zu sein. Es vereint alles, ist an nichts gebunden, unendlich und ewig.

Sie sind ein Teil des Meeres, und plötzlich erkennen Sie, dass der universelle Geist nicht nur unendlich und ewig ist, sondern auch die Quelle von allem. Jetzt wird Ihnen klar, dass Sie nur deshalb in dieses Geistmeer eintauchen konnten, weil Sie aus dem gleichen »Stoff« bestehen. Sie erkennen darüber hinaus: So wie der ewige, unendliche Geist durch seinen Willen zum Schöpferwesen werden kann, haben Sie die Möglichkeit, es ihm gleichzutun. Sie spüren immer deutlicher, wie Sie von diesem mächtigen Schöpferwesen durchflutet werden, und verstehen, dass diese energetische Durchflutung die Ursache Ihrer extrem wachen Bewusstheit ist. Sie werden eine Einheit mit dem Schöpferwesen, das allgegenwärtig und allwissend ist. Dadurch ist das gesamte Universum in Ihnen enthalten.

Der bewusste Beobachter, der Sie nie aus den Augen lässt, ist das Wahre Selbst. Es ist identisch mit dem universellen Geist, der alle Dinge hervorbringt. Alles Wissen können Sie hier erfahren, da alles bereits existiert. Steht Ihr Wille im perfekten Einklang mit dem Willen des Schöpferwesens, dann wird alles möglich. Der Tropfen und der Ozean sind eine Einheit, keine Einförmigkeit, denn jeder Wassertropfen behält seine eigene Individualität. Sie begreifen: Vielfalt macht die Einheit reich. Diese Einheit, das große Ganze, ist die höchste Wahrheit, das Wesen aller Dinge, die Essenz des Lebens, aus der wir alle schöpfen. Nutzen Sie diese Essenz. Sie haben jetzt den Zugriff.

Mein Dank gilt dem Verlag, Herrn Strasser und seinen Mitarbeiterinnen und Mitarbeitern für die gute Zusammenarbeit. Außerdem danke ich Frau Dr. Eichel für das gelungene professionelle Lektorat.

Literaturverzeichnis

Abdrushin, 1931: Gralsbotschaft – Das Wissen für den Weg der Seelen. Verlag »Der Ruf«, München.

Airaksinen, M.M., Kari, I. 1981 a: Beta-Carbolines. Psychoactive compounds in the mammalian body. Part I Occurrence and Metabolism. Medical Biology 59, S. 21–34.

Airaksinen, M.M., Kari, I. 1981 b: Beta-Carbolines. Psychoactive compounds in the mammalian body. Part II Effects. Medical Biology 59, S. 190–211.

Alfred, J., 2006: http://de.slideshare.net/darkplasma/dark-earth

Andrews, S., 2010: Educating for Peace through Planetary Consciousness; The Human Connection Project; www.connectioninstitute.org/PDF/HCP_Fund_Prposal.pdf.

Bärtschi-Roschaix, W., 1951: Bewusstsein und Bewusstlosigkeit im Lichte moderner Hirnforschung. Schweizerische Medizinische Wochenschrift 35, S. 829–833.

Benford, M.S., 1999: »Spin doctors«: A new paradigm theorizing the mechanism of bioenergy healing. Journal of Theoretics, June–July, Vol. 1, No. 2.

Bethe, H., 2000: Begegnungen mit Wolfgang Pauli. In: Wolfgang Pauli und die moderne Physik. Katalog zur Sonderausstellung der ETH-Bibliothek, S. 85.

Bohm, D., 1986: Die implizite Ordnung. In: Kakuska, R. (Hrsg.): Andere Wirklichkeiten. Die neue Konvergenz von Natur- wissenschaften und spirituellen Traditionen. Goldmann, München, S. 65.

Bohr, N., 1961: Atomic Theory and the Description of Nature. Cambridge University Press, S. 116.

Braden, G., 2009: Fractal Time. Koha Verlag, Burgrain.

Braud, W.G., 1985: Blocking/shielding psychic functioning through psychological and psychic technics: a report of three preliminary studies. In: White, R., Solfin, I. (Hrsg.): Research in Parapsychology. Scarecrow Press, Metuchen, NJ. S. 42–44.

Braud, W.G., Schlitz, M.J., 1983: Psychokinetic influence on electrodermal activity. Journal of Parapsychology 47, 2, S. 95–119.

Brodie, R., 2011: Virus of the Mind: The New Science of the Meme. Hay House; reissue edition (February 15, 2011), New York, Carlsbad, California.

Brunner, A.,1972: Eine Fülle von Unsterblichkeitsbeweisen. ABZ, Zürich, 2. Aufl., S. 90.

Brunton, P., 1949: Die Weisheit des Überselbst. Zürich, S. 251.

Brunton, P., 1988: Relativity, Philosophy, and Mind. Bd. 13 der Notizbücher Paul Bruntons. Burdett, New York: Larson Publications, S. 25.

Callaway, J.C., 1988: A proposed mechanism for the visions of dream sleep. Medical Hypotheses 26, S. 119–124.

Callaway, J.C., 1993: Tryptamines, Beta-carbolines and You. MAPS – Newsletter 4, 2; http:// www.maps.org/news-letters/v04n2/04230cal.html.

Chögyal Namkhai Norbu, 1992: Dream Yoga and the Practice of Natural Light. Snow Lion Publications, Boston.

Conforto, G., 2006: Das organische Universum. Mosquito Verlag, Potsdam.

Cook, E.W., Greyson, B., Stevenson, I., 1998: Do Any Near-Death Experiences Provide Evidence for the Survival of Human Personality after Death? Relevant Features and Illus-trative Case Reports. Journal of Scientific Exploration 12, 3, . 377–406.

Cytowic, R.E., 2002: Wahrnehmungs-Synästhesie. In: Adler, H.; Zeuch, U. (Hrsg.): Synästhesie. Interferenz-Transfer-Synthese der Sinne. Würzburg, S. 7–23.

David-Néel, A., 2005: Magier und Heilige in Tibet. Goldmann Verlag, München, 2. Auflage.

Davies, P.G.W., 1987: The Mind Body Problem and Quantum Theory. In: Proceedings of the Symposium on Consciousness and Survival. Hrsg. John S. Spong, Sausalito, Calif. Inst. of Noetic Sciences, S. 113f.

Davies, P.G.W., 1990: Die Urkraft. Auf der Suche nach einer einheitlichen Theorie der Natur. Deutscher Taschenbuch Verlag, München.

Davies, P.G.W., Gribbin, J., 1995: Auf dem Weg zur Weltformel. Der große Überblick über den neuesten Stand der Physik. Byblos, Berlin.

Dawkins, R., 2006: Das egoistische Gen. Spektrum Akademischer Verlag, Heidelberg.

Deulofeu, V., 1967: Chemical components from Banisteriopsis and related Species. In: Daniel et al. (Hrsg.): Ethnopharmacologic Search, S. 393–401.

Devereux, P., 2006: Der heilige Ort. AT Verlag, Stuttgart, S. 78

Domash, L., 1973: Physics and the Science of Creative Intelligence (II), Lecture V: Quantum Field Theory. MIU Videotape Library, Fairfield, Iowa.

Dönt, E., 1997: Aristoteles. Kleine Naturwissenschaftliche Schriften. Reclam, Stuttgart, S. 127.

Dossey, L., 1989: Recovering the Soul: A Scientific and Spititual Search, Bantam, New York.

Dossey, L., 1992: Era III medicine: the next frontier. ReVision 14,3.

Dossey, L., 1993: Healing Words: The Power of Prayer and the Practise of Medicine. Harper, San Francisco.

Eccles, J.C., 1975: Wahrheit und Wirklichkeit – Mensch und Wissenschaft. Springer, Berlin.

Eccles, J.C., 1996: Wie das Selbst sein Gehirn steuert. Piper, München.

Eccles, J.C., Popper, K., 1982: Das Ich und sein Gehirn. Piper, München.

Edwards, J.F., Gebhardt-Henrich, S., Fischer, K., Hauzenberger, A., Konar, M., Steiger, A., 2006: Hereditary hydrocephalus in laboratory-reared golden hamsters (Mesocricetus auratus). Veterinary Pathology 43, 4, S. 523–529.

Einstein, A., 1953: Brief an Jeremiah McGuire, 24. 10. 53, Einstein-Archiv, S. 60–487.

Eliade, M., 1992: Schmiede und Alchemisten. Mythos und Magie der Machbarkeit. Herder Verlag, Freiburg im Breisgau.

Enz, C.P., 2002: Not time to be brief – a scientific biography of Wolfgang Pauli. Oxford University Press, London, S. 150.

Enz, C.P., 2009: Of Matter and Spirit – Selected Essays, World Scientific, Singapur, 2009, darin: Rational and irrational features of Pauli's Life, S. 152.

Erlacher, D., 2005: Motorisches Lernen im Luziden Traum. Dvs-Informationen 20, 3, S. 7–9.

Evans-Wents, W.Y., 1935: Tibetian yoga and secret doctrines. Oxford University Press, London.

Frederiksen, T., Pless G, 1998: Antioxidantive Potential of Melatonin and Pinoline in Lipid Peroxidation of Brain Tissue. Master's thesis, S. 1–52, App.

Freeman, D., 1971: Energy of the Universe. Scientific American 9, S. 51.

Freud, S., 1968: Die Traumdeutung. Gesammelte Werke Band II/III. 4. Auflage. Fischer, Frankfurt am Main.

Fuller, J.G., 1979: The Airman who would not die. GP Putnam, New York.

Georgi, H.M., 1989: Grand unified theories. (Hrsg.): Davies, Paul. In: »The New Physics«; Cambridge (Cambridge University Press) 1989, S. 425–445.

Gielas, A., 2013: Ein bisschen Aberglaube schadet nicht – im Gegenteil! Psychologie Heute Jan. 2013, S. 21.

Göhler, B., Hamelbeck, V., Markus, T.Z., Kettner, M., Hanne, G.F., Vager, Z., Naaman, R., Zacharias, H., 2011: Spin Selectivity in Electron Transmission Through Self-Assembled Monolayers of Double-Stranded DNA. Science 331, 6019, S. 894 bis 897. AG Zacharias, Universität Münster: www.uni-muenster.de/Physik.PI/Zach

Graves, F., 1988: The Ultimate Frontier: Edgar Mitchell, the Astronaut-Tuned-Philosopher Explores Star Wars, Spiritua-lity, and How we Create Our Own Reality. New Age Mai/Juni, S. 87. Zitiert in Talbot, S. 237

Green, C., 1968: Lucid dreams. Oxford. Institute for psychophy-sical Research.

Green, C., McCreery C, 1996: Träume bewußt steuern. Über das Paradox vom Wachsein im Schlaf. Krüger, Frankfurt am Main.

Greyson, B., 2003: Incidents and Correlates of Near-Death-Experiences in a Cardiac Care Unit. General Hospital Psychiatry 25, S. 269–276.

Greyson, B., 1997: The near-death experience as a focus of clinical attention. J Nerv Ment Dis. 1997 May, 185,5, S. 327–334.

Grinberg-Zylberbaum, J., 1994: Brain to Brain Interactions and the Interpretation of Reality. Universidad Nacional Autónoma de México und Instituto Nacional Para el Estudio de la Conciencia, Projekt: D6APA UNAM IN 500693, IN 503693; www.start.gr/user/symposia/zylber4.htm

Grinberg-Zylberbaum, J., 1994: The Einstein-Podolsky-Rosen Paradox in the Brain. The Transferred Potential. Physics Essays 7, S. 4.

Grinberg-Zylberbaum, J. et al., 1992: Human Communication and the electrophysiological activity of the brain. Subtle Energies 3, 3, S. 25–43.

Grinberg-Zylberbaum, J., Ramos, J., 1987: Patterns of interhemi-sphere correlations during human communication. International Journal of Neurosciences 36, S. 41–53.

Grof, S., Bennet, H.Z., 1997: Die Welt der Psyche – Die neuen Erkenntnisse der Bewusstseinsforschung. rororo, Reinbek bei Hamburg.

Hagelin, J., Orme-Johnson, D., Rainforth, M., Cavanaugh, K.A.C., 1999: Results of the National Demonstration Project to Reduce Violent Crime and Improve Governmental Effective-ness in Washington, D. C. Social Indicators Research 47, 2, S. 153–201.

Haldane, J.B.S., 1955: The Origin of Man. Nature 176, S. 169.

Hartmann, P., 1992: Der magische Ergregor. Metathron, 2, 20.

Hawking, S., 1988: Eine kurze Geschichte der Zeit. Dt. von Hainer Kober. Rowohlt Verlag, Reinbek bei Hamburg, S. 92.

Heisenberg, W., 1973: Der Teil und das Ganze, R. Piper & Co. Verlag, München, S. 146–148.

Heisenberg, W., 1971: Physics and Beyond. Cambridge, S. 101.

Holzbauer, M., 1999: Der Papst und die armen Seelen. Verlag Das Weisse Pferd, Marktheidenfeld, Ausgabe 2.

Hu, H., Wu, M., 2004: Possible Roles of Neural Elektron Spin Networks in Memory and Consciousness; http://cogprints.org/3544/1/ElectronSpinMind.pdf.

Hu, H., Wu, M., 2007: How mind influences brain through proactive spin. Neuro-Quantology.

Hu, H., Wu, M., 2006: Spin-Mediated Consciousness Theory and Its Experimental Support by Evidence of Biological, Chemical and Physical Non-local Effects; arxiv.org/ftp/quant-ph/papers/0208/0208068.pdf.

Hutson, M., 2012: The 7 laws of magical thinking: How irrationality makes us happy, healthy and sane. Hutson Street Press, New York.

Imhof, B., 2012: Wie auf Erden, so im Himmel. Wie das Leben als Mensch das Leben im Jenseits bestimmt. Aquamarin, Grafing, S. 157.

India Daily Team: The fact that our mind can traverse the spatial dimensions of the parallel universe shows we are genetically connected to aliens; http://www.india-daily.com/editorial/ 3818.asp.

India Daily Team: The parallel universe exists within us – it is clo- ser to you than you can ever imagine; http://www.indiadaily.com/editorial/3728.asp.

Jahn, R., Dunne, B.J., 1999: An den Rändern des Realen. Über die Rolle des Bewusstseins in der Physikalischen Welt. Zweitausendeins, Frankfurt/Main.

Jakoby, B., 2007: Wir sterben nie. Was wir heute über das Jenseits wissen können. Nymphenburger Verlag, München, S. 218.

Jaynes, J., 1988: Der Ursprung des Bewusstseins durch den Zusammenbruch der bikameralen Psyche. Rowohlt, Reinbek bei Hamburg.

Jones, M.D., Flaxman, L., 2010: Déjà-Vu. Eine Reise in die Rätsel von Geist, Gedächtnis und Zeit. Lotus, München S. 110.

Jung, C.G., 1988: Septem Sermones ad Mortuos. In: Erinnerungen, Träume und Gedanken. Walter Verlag, Freiburg.

Jung, C.G., (1995) Theoretische Überlegungen zum Wesen des Psychischen. In: Gesammelte Werke, Bd. VIII. Düsseldorf, S. 197.

Jung, C.G., Pauli, W., 1955: The Interpretation of Nature and Psyche. Pantheon Books, New York.

Kant, I., 1821: Vorlesungen über Metaphysik, Erfurt 1821, S. 230, 238, 258, zitiert in Jaffé, A., 1997: Geistererscheinungen und Vorzeichen. Mit Vorwort C. G. Jung. Herder Spektrum, Freiburg im Brsg.

Karamanolis, S., 1988: Rätsel der Materie. Elektra Verlag, Neubiberg/München, S. 56.

Kenny, R., 2004: What can Science tell us about Collective Consciousness?, www.collectivewisdominitiative.org/paper/kenny_ science.htm.

Kensinger, K.M., 1973: Banisteriopsis usage among the Peruvian Cashinahua. In: Harner M (Hrsg.): Hallucinogens and Shamanism. Oxfort University Press, New York, S. 9–14.

Knoblauch, H., 1999: Berichte aus dem Jenseits. Mythen und Realität der Nahtod-Erfahrung. Herder Verlag, Freiburg, Basel, Wien, S. 16.

Kothari et al., 1973: The yogic claim of voluntary control over the heart beat. Am. Heart J. 86, S. 282–284.

Krishna, G., 1971: Kundalini: the evolutionary energy in man. London.

LaBerge, S., Reingold H, 1990: Exploring the Worl of Lucid Dreaming. Ballantine Books, New York.

LaBerge, S., 1986: Lucid dreaming: The Power of Being Awake and Aware in Your Dreams. Ballantine Books, New York.

LaBerge, S., 2000: Lucid dreaming: Evidence and methodology. Behavioral and Brain Sciences 23, 6, S. 962.

Langer, S.Z., Lee, C.R., Segonzac, A., Tateishi, T., Esnaud, H., Schoemaker, H., Winblad, B., 1984: Possible endocrine role of the pineal gland for 6-Methoxy-tetrahydro-beta-carboline. A putative endogenous neuromodulator for the (3H) Imipramine recognition site. Europ. J. Pharmacol. 102, S. 379–380.

Leino, M., 1984: 6-Methoxy-Tetra-Hydro-Beta-Carbolin and Me- latonin in the Human Retina. Exp. Eye Res 38, 3, S. 325–330.

Lewin, R., 1980: Is your Brain Really necessary? Science 12. 12. 1980, S. 1232–1234.

Lorber, J., 1984: The family history of ›simple‹ congenital hydrocephalus. An epidemiological study based on 270 probands. Zeitschrift für Kinderchirurgie 39, 2, S. 94–95.

Lu Zujin, 1997: Scientific Qigong Exploration. Amber Leaf Press, S. 373.

Luke, J., 1997: The Effect of Fluoride on the Physiology of the Pineal Gland. University of Surrey, Guildford. In Fluoride Action Network: Health Effects. Fluoride and the Pineal Gland; www.fluoridealert.org/health/pineal.htm.

Mandel, R. In: Neuser, W., Neuser-von Oetingen, K. (Hrsg.) 1997: Quantenphilosophie, Spektrum, Akademischer Verlag, Heidelberg.

Müller, K.H., 1982: Informationen aus dem Jenseits. Eine Studie über mediale Mitteilungen. Turm Verlag, Bietigheim, S. 7.

Musès, C.A., 1983: Consciousness and Reality. Morrow/Avon, New York.

Nahm, M., Greyson B, 2009: Terminal lucidity in patients with chronic schizophrenia and dementia: A survey of the literature. Journal of Nervous and Mental Desease, 197, S. 942–944.

Nahm, M., Greyson, B., Kelly, E.W., Haraldsson, E., 2011: Terminal lucidity: A review and a case collection. Archieves of Gerontology and Geriatrics pre-print online publication: doi:10.1016/j.archger.2011.06.031.

Naranjo, C., 1987: Die Reise zum Ich. Psychotherapie mit heilenden Drogen. Behandlungsprotokolle. Fischer, Frankfurt/M.

Niemz, M.H., 2006: Lucy mit c. Mit Lichtgeschwindigkeit ins Jenseits. Leben nach dem Tod. Neue wissenschaftliche Indi-zien. Books on Demand, 3. aktualisierte Neuauflage.

Orme-Johnson, D.W., 1993: The Science of World Peace: Research shows Meditation is effective. The International Journal of Healing and Caring On-Line, 3, 3, S. 2.

Orme-Johnson, D.W., Dillbeck, M.C., Alexander, C.N., 2003: Preventing terrorism and international conflict: effects of large assemblies of participants in the Transcendental Meditation and TM-Sidhi programs. Journal of Offender Rehabilitation 2003 36(1–4), S. 283–302.

Parnia, S., Waller, D.G., Yeates, R., Fenwick, P., 2001: A Qualitative and Quantitative Study of the Incidence, Features and Aetiology of Near-Death experiences in Cardiac Arrest Survivors. Resuscitation 48, S. 149–156.

Paul, D., 1990: Die Urkraft. dtv, München, S. 45/46/54.

Pauli, W., Jung, C.G., 1952: Naturerklärung und Psyche. Rascher Verlag, Zürich, S. 25ff.

Pauli, W., 1950: Wissenschaftlicher Briefwechsel mit Bohr, Einstein, Heisenberg u. a. (Hrsg.): Karl von Meyenn 1996, vol. 4/I. Springer, Berlin, S. 37

Pavel, S., Goldstein R, Petrescu M, Popa M, 1981: Melatonin, Vacotocin and REM-Sleep in prepubertal boys. In: Biran N, Schloot W (Hrsg.): Melatonin. S. 343–347.

Penfield, W., 1975: The Mystery of the Mind. Princeton, Univer-sity Press.

Philip, Y., 2003: Das zähe Leben von Schrödingers Katze. Spektrum der Wissenschaft Digest ND 3: Quantenphänomene, S. 32.

Pietschmann, H., 1995: Die Physik und die Persönlichkeit von Wolfgang Pauli. In: Atmanspacher, H., Primas, H., Wertenschlag-Birkhäuser, E. (Hrsg.): Der Pauli-Jung-Dialog und seine Bedeutung für die moderne Wissenschaft. Springer, Berlin, S. 71.

Planck, M., 1948: Wissenschaftliche Selbstbiographie. Mit einem Bildnis und der von Max von Laue gehaltenen Trauersprache. S. 22, Johann Ambrosius Barth Verlag, Leipzig.

Platton, C.M., Wheeler, J.A., 1975: Is Physics Legistated by Cosmogony? In: Isham CJ, Penrose R, Sciama DW (Hrsg.) 1975: Quantum Gravity. Clarendron Press, Oxford

Playfair, G., 2002: Twin Telepathy: The psychic connection. Vega Books, London.

Powell, D.H., 2009: Das Möbius-Bewusstsein. Warum es paranormale Fähigkeiten gibt und wie wir sie trainieren können. Goldmann Arkana, München, S. 217.

Price, W.A., 1998: Nutrition and Physical Degeneration. La Mesa, California.

Quay, W.B., 1974: Pineal Chemistry. CC Thomas, Springfields, Illinois.

Rimland, B., Fein, D., 1988: Special talents of autistic savants. In: Obler, L.K., Fein, D. (Hrsg.): The Exceptional Brain. New York, zitiert in Powell 2009.

Ring, K., Elsässer-Valerino E, 1999: Im Angesicht des Lichts. Ariston-Verlag, München.

Rivier, L., Lindgren, J.E., 1971: Ayahuasca the South American hallucinogenic drink: an ethnobotanical and chemical investigation. In: Frankel, O.H., Bennet, E. (Hrsg.): Economic Botany. Blackwell Scientific Publications, London, S. 101–129.

Roebke, J., 2010: Realität auf dem Prüfstand. Spektrum der Wissenschaft Dossier 4/10.

Roney-Dougal, S., 1993: Wissenschaft und Magie. Zweitausendeins, Frankfurt, S. 136.

Roth, G., 2003: Aus Sicht des Gehirns. Suhrkamp, Frankfurt/M., S. 214.

Ruch, W., Proyer, R.T., Buschor, C., 2012: Testing Strenths-Based Interventions: A Preliminary Study on the Effectiveness of a Program Targeting Curiosity, Graditude, Hope, Humor, and Zest for Enhancing Life Satisfaction. Journal of Happiness Studies, 14, S. 275–292. doi:10.1007/s10902-012-9331-9.

Saint-Deny, H., 1982: Dreams and how to guide them. Duckworth, London.

Sarfatti, J., 1975: The physical roots of consciousness. In: Mish-love, Jeffrey: Roots of consciousness, S. 292.

Sartori, P., 2006: The Incidence and Phenomenology of Near-Death-Experiences. Network Review Scientific and Medical Network) 96, S. 23–25.

Satyananda Swaraswati, Swami, 1972: The Pineal Gland (Ajna chakra). Bihar, India: School of Yoga.

Schlag, O., 1998: Von alten und neuen Mysterien – die Lehren des A. Bd I. Ergon Verlag, Würzburg, 1998.

Schrödinger, W., 1959: Geist und Materie. Vieweg, Braunschweig, S. 41

Serrano, M., 1968: Meine Begegnungen mit C. G. Jung und Herrman Hesse. Rascher Verlag, Zürich, S. 130.

Spangler, D., 1978: New Age – Die Geburt eines Neuen Zeitalters. Fischer Taschenbuch, Frankfurt.

Spektrum der Wissenschaft: Schwerkraft – eine Illusion? 16. 02. 2006, 01. 11. 2003, 23. 12. 2008.

Spierling, K.H., 1997: Der Klartraum und seine Anwendung zur Angstreduktion und Streßbewältigung im Traum. Mikrofiche-Ausgabe Tectum, Marburg.

Spinelli, E., 1983: Paranormal cognition: summary and implications. Parapsychic Revue 14, 5, 5–8.

Stapp, H.P., 1993: Mind, Matter, and Quantum Mechanics. Springer, New York.

Strassmann, R., 2004: DMT – Das Molekül des Bewusstseins: Zur Biologie von Nahtod-Erfahrungen und mystischen Erlebnissen. AT Verlag, Aarau.

Swanson, C.V., 2003: The Synchronized Universe: New Science of the Paranormal. Poseidia Press, Tucson, AZ, S. 105–108.

Taimni, I.K., 1961: The Science of Yoga – the Yoga Sutras of Pantanjali. A Quest Book, The Theosophical Publishing House, Weaton, Illinois, USA.

Talbot, M., 1992: Das holographische Universum. Die Welt in neuer Dimension. Knaur, München.

Tammert, D., 2006: Born on a Blue Day. New York.

Targ, R., Puthoff H, 1977: Mind-Reach. Delacorte Press, N.Y.

Tart, C., 1963: Physiological Correlates of Psi Cognition. International Journal of Parapsychology 5, S. 375–386.

Tart, C., 2000: Was wir von Sterbenden lernen können. Psychologie Heute 1, S. 15.

Tart, C.T., 1969: Altered States of Consciousness. Wiley & Sons, New York.

Taube, M., 1988: Materie, Energie und die Zukunft des Menschen. Hirzel, Wissenschaftliche Verlagsgesellschaft, Stuttgart, S. 135.

Tholey, P., 1997: Schöpferisch träumen – wie Sie im Schlaf das Leben meistern. Klotz, Eschborn bei Frankfurt am Main, S. 61f.

Todt, U., 2008: Martinus' Leben und Werk. Bd. II. Das Werk von Martinus. Novalis, Schaffhausen, S. 209.

Ullman, M., Krippner, S., Vaughan, A., 1973: Dream Telepathy: Experiments in Nocturnal Extrasensory Perception. Hampton Roads Publishing. Waggoner, R: Lucid Dreaming: Gateway to the Inner Self. Moment Point Press, Needham, MA 01.10.2008; www.lucidadvice.com.

van Eeden, F.W., 1913: A Study of Dreams. Proceedings of the Society for Psychical Research 26, S. 431–461.

van Lommel, P., 2010: Endless Consciousness, A Scientific Approach to the Near Death Experience. Harper Collins, Ten Have, Kampen.

van Lommel, P., van Wees, R., Meyers, V., Elfferich I, 2001: Near Death Experiments in Survivors of Cardiac Arrest: A Prospectiv Study in the Netherlands. Lancet 358, S. 2039–2049.

von Görres, J., 1836: Die christliche Mystik. GJ Manz, München, Neuauflage 1960, S. 515–519.

von Meyenn, K. (Hrsg.), 1993: Wissenschaftlicher Briefwechsel mit Bohr, Einstein, Heisenberg u. a. Band 3 von Wolfgang Pauli, Karl von Meyenn. Verlag Birkhäuser, S. 763.

von Rohr, W., 1996: Es steht geschrieben ... Ist unser Leben Schicksal oder Zufall? Goldmann, S. 95; S. 133..

von Weizsäcker, K.F., 1997: Nachwort im Sammelbandes in Neuser, W., Neuser-von Oetingen, K. (Hrsg.): Quantenphilosophie. Spektrum Akademischer Verlag, Heidelberg.

Voss, U., Holzmann, R., Tuin, I., Hobson, A., 2009: Lucid dreaming: a state of consciousness with features of both waking and non-lucid dreaming. SLEEP 32, 9, S. 1191–1200.

Waelti, E., 1983: Der dritte Kreis des Wissens. Ansata, Interlaken.

Warnke, U., 1998: Gehirn-Magie: Der Zauber unserer Gefühlswelt. Der archaische Zivilisationsmensch III. Popular-Acad.-Verl.-Ges., 2. Aufl., Saarbrücken.

Wasiljew, L.L., 1976: Experiments in distant influence. E. P. Dutton, New York

Wheeler, J.A., Misner, C., Thorne, K.S., 1973: Gravitation. Freeman, San Francisco.

Wittmann, U., 1984: Leben wie ein Krieger. Die verborgene Botschaft des Yaqui-Zauberers Don Juan. Ansata Interlaken, 2. Aufl. 1988.

Xin Yan, Feng Lu, Hongjian, Jiang et al., 2002: Certain Physical Manifestation and Effects of External Qi of Yan Xin Life Science Technology. Journal of Scientific Exploration 16, 3. Allen Press, Lawrence.

Zohar, D., 1982: Through the Time Barier. A Study of Precogni-tion and Modern Physics. Heinemann, London.

Zuger, A., 1997: Removal of Half the Brain Improves Young Epileptics Lives. New York Times, 19.08.1997.

Anmerkungen (zu Literaturverzeichnis)

1   Hamlet, Erster Akt, Szene 5
2   von Weizsäcker, K.F., 1997: Nachwort im Sammelbandes in Neuser, W., Neuser-von Oetingen, K. (Hrsg.): Quantenphilosophie. Spektrum Akademischer Verlag, Heidelberg.
3   von Weizsäcker, K.F., 1997: Nachwort im Sammelbandes in Neuser, W., Neuser-von Oetingen, K. (Hrsg.): Quantenphilosophie. Spektrum Akademischer Verlag, Heidelberg.
4   Wheeler JA., Misner C, Thorne KS. (1973): Gravitation, Freeman, San Francisco.
5   Whitehead AN.1929: Process and Reality. An Essay in Cosmology, Corrected Edition, hrsg. von David Ray Griffin und Donald W. Sherburne, Free Press, New York 1978, ISBN 0-02-934570-7 (orig. Macmillan Publishing Co.,Inc.
6   Boltz, WG. Lao tzu Tao te ching. In Early Chinese Texts: A Bibliographical Guide, edited by Michael Loewe. Berkeley: University of California, Institute of East Asian Studies. 1993.
7   v. Weizsäcker, C. F. im Kontext. Gesammelte Werke auf CD-ROM, Hrsg. Michael Drieschner, Worm, Berlin 2011.
8   Goldin-Meadow, S. Mylander, C.,1998: Spontaneous sign systems created by deaf children in two cultures. Nature, 391(6664):279--281.
9   DER SPIEGEL 4/1981, http://www.spiegel.de/spiegel/print/d-14319714.html
10 Popper, K R., Eccles J C. 1982: Das Ich und sein Gehirn. München. Piper Verlag.
11 Nitamo Federicco MONTECUCCO, (Cyber Richerche Olistiche, C.so Porta Romana 121, Milano): Zeitschrift für Psychobiophysik und Interdimensionale Kommunikations-Systeme Vol. II, No. 4, 1995, S. 4-16.
12 Braud, W. (1997). The ley and the labyrinth: Universalistic and particularistic approaches to knowing. Working Paper No. 1997-1. William James Center for Consciousness Studies, Institute of Transpersonal Psychology, Palo Alto, CA Braud, W. G. (1997). Parapsychology and spirituality: Implications and applications. In C.T. Tart (Ed.), Body, mind, and spirit: Exploring the parapsychology of spirituality (135-152). Charlottesville, VA: Hampton Roads.
13 Rhine JB, 1950: Die Reichweite des menschlichen Geistes - Parapsychologische Experimente. Stuttgart Deutsche Verlagsanstalt
14 http://www.medjugorjeusa.org/boguslawstudy07.htm
15 Doyle, Arthur Conan, 1926: The History of Spiritualism, Band 1, S. 196f
16 Der Spiegel 29/1976, Dreh dich, dreh dich 12.07.1976 http://www.spiegel.de/spiegel/print/d-41170645.html
17 Kakuska, R [Hrsg.] 1984: Andere Wirklichkeiten. Die neue Konvergenz von Naturwissenschaften und spirituellen Traditionen. München, Dianus-Trikont Buchverlag
18 Warnke, U.; Gehirn–Magie – Der Zauber unserer Gefühlswelt, Saarbrücken, 1998
19 Bundesminister für Bildung und Forschung, Wissenschaft im Dialog http://www.einsteinjahr.de/page_2896.html
20 Himmel und Hölle (.pdf), beschrieben nach Gehörtem und Gesehenem von Ema-

nuel Swedenborg. Aus der lateinischen Urschrift übersetzt von Dr. J. F. I. Tafel. Fünfte Auflage, Zürich: Buchverlag der Neuen Kirche, o.J. (P101, 1758)

21 Emanuel Swedenborg - Die Weisheit der Engel betreffend die göttliche Liebe und die göttliche Vorsehung. http://www.archive.org/details/EmanuelSwedenborg-DieWeisheitDerEngelBetreffendDieGoettlicheLiebeUnd

22 http://www.spiegel.de/wissenschaft/mensch/schlafforschung-wie-klartraeumer-ihre-gedanken-steuern-a-744502.html

23 (Voss et al. 2009).

24 http://www.hrvg.org/discussion/showthread.php?61-Sony-Investigates-ESP

25 Österreichische Zeitschrift für Geschichtswesen 14.Jg, H 4, 2003 Hrsg. Geppert ACT, Braid AB.

26 http://parapsychologie.ac.at/programm/ws199900/mulacz/cia.htm

27 http://en.wikipedia.org/wiki/SRI_International

28 Radin DI. 2004: Electrodermal Presentiments of Future Emotions. Journal of Scientific Exploration, Vol. 18, Nr. 2, pp. 253–273

29 Freak earthquake warning a puzzle to Hunter medicos collections.ncc.nsw.gov.au/.../webmedia.php?

30 Linnemann R. Hrsg. 2002: Der Delpasse-Effekt. Psychowissenschaftliche Grenzgebiete. http://ww.psychowissenschaften.de

31 http://www.ksta.de/ratgeber/parapsychologie-koennen-wir-in-die-zukunft-sehen-,15189524,12601654.html

32 Staudenmaier L. 1922: Die Magie als experimentelle Naturwissenschaften. Original-Ausgabe Leipzig. Pdf-Version Paul Allen 2004.

33 http://www.philipcoppens.com/mirindajo.html

34 Haldane, J. B. S.; 1955: The Origin of Man. Nature 176, S. 169.

35 Wheeler, J. A., Misner, C., Thorne, K. S., 1973: Gravitation. Freeman, San Francisco.

36 Ring K, Elsässer-Valarino E. 1999: Im Angesicht des Lichts, Ariston-Verlag, Kreuzlingen / München.

37 Die Bibel, Einheitsübersetzung. Altes und Neues Testament, Herder, Freiburg, Basel, Wien 1980.

38 http://www.quotty.de/zitate/thema/himmel?page=8

39 DER SPIEGEL 26/1977, Ganz ruhig, in einem himmlischen Zustand. Erlebnisse und Erfahrungen im Grenzbereich des Todes, 20.06.1977 http://www.spiegel.de/spiegel/print/d-40830619.html

40 Holden, Janice Minor (Ed); Greyson, Bruce (Ed); James, Debbie (Ed), (2009). The handbook of near-death experiences: Thirty years of investigation., (pp. 1-16). Santa Barbara, CA, US: Praeger/ABC-CLIO, xv, 316 pp.

41 Hampe JC, 1976: Sterben ist doch ganz anders - Erfahrungen mit dem eigenen Tod. Kreuz-Verlag; 5. Auflage (1. Januar 1976)

42 Ritchie G, Sherill E, 2010: Rückkehr von morgen. Francke-Buchhandlung 39. Auflage

43 Biermann, K. 2012: Antoine de Saint-Exupéry. Reinbek bei Hamburg: Rowohlt-Taschenbuch-Verl., 2012, Original-Ausgabe.

44 Ganz ruhig, in einem himmlischen Zustand. Erlebnisse und Erfahrungen im Grenzbereich des Todes, 20.06.1977 http://www.spiegel.de/spiegel/print/d-40830619.html

45 Plüss M. Zurück im Leben: Eben nach dem Tod | Die Weltwoche, Ausgabe 23/2005 | Donnerstag, 18. Juli 2013. http://www.weltwoche.ch/ausgaben/2005-23/artikel-2005-23-eben-nach-dem-to.html

46 Plüss M. Zurück im Leben: Eben nach dem Tod | Die Weltwoche, Ausgabe 23/2005 | Donnerstag, 18. Juli 2013. http://www.weltwoche.ch/ausgaben/2005-23/artikel-2005-23-eben-nach-dem-to.html

47 www.schlüsseltexte-geist-und-gehirn.de/Nahtod-Erfahrungen.html

48 Albert Einstein in ‚The Human Side', Princeton University Press, 1979, S. 33

49 www.cosmiq.de/qa/show/779542/Wie-viele-Atome-gibt-es-im-Universum – I Eddington A. 1939: lecture titled »The Philosophy of Physical Science.« London: Cambridge University Press.

50 Treder HJ. 2006: Kosmologische Koinzidenzen und Diracsche Kosmologie. Annalen der Physik (impact factor: 0.84). 03/2006; 496(3):208 - 217.

51 en.wikipedia.org/wiki/MichaelTurner

52 Jung CG. 1963: Band 14/1+2: Mysterium Coniunctionis. Gesammelte Werke, Walterverlag

53 Schrödinger E. 1956: Expanding Universe. Turner Lectures in Cambridge, Cambridge University Press.

54 www.bild-der-wissenschaft.de/bdw/bdwlive/heftarchiv/index2.php?... Symposium 6. - 7. November 2006 im Deutschen Technikmuseum Berlin: Ist das Universum ein Computer? FH Potsdam, http://iw.fh-potsdam.de/fileadmin/FB5/Dokumente/News/DTMB_Computer_Raum_Plakat.pdf

55 Alfred J. 2007: Earth's Brain, Akashic Records and Paranormal Imprints. http://ezinearticles.com/?Earths-Brain,-Akashic-Records-and-Paranormal-Imprints&id=571353

56 Brunton P. 1951: Die Philosophie der Wahrheit - tiefster Grund des Yoga., Rascher, Zürich. 556 S.

57 Kakuska, R [Hrsg.] 1984: Andere Wirklichkeiten. Die neue Konvergenz von Naturwissenschaften und spirituellen Traditionen. München, Dianus-Trikont Buchverlag

58 Können Gedanken Materie verändern? P.M. Magazin 02/2010, http://www.pm-magazin.de/r/mensch/k%C3%B6nnen-gedanken-materie-ver%C3%A4ndern

59 »Gottverdammtes« Teilchen soll Dunkle Energie erklären. 06.12.2012 http://bmadradio.forumprofi.de/news-nachrichten-f16/-gottverdammtes-teilchen-soll-dunkle-energie-erkla-t35773.html#.UekAIn4Y3bo

60 Talbot M. 1980, Mysticism & New Physics. NY, Bantam Books.

61 Penfield W. 1975: The Mystery of the Mind : A Critical Study of Consciousness and the Human Brain. Princeton University Press.

62 Talbot W. 1994 Das holographische Universum. Die Welt in neuer Dimension. Droemer Knaur.

63 Airaksinen, M.M., Kari, I. 1981 a: Beta-Carbolines. Psychoactive compounds in the mammalian body. Part I Occurrence and Metabolism. Medical Biology 59, S. 21–34. Airaksinen, M.M., Kari, I. 1981 b: Beta-Carbolines. Psychoactive compounds in the mammalian body. Part II Effects. Medical Biology 59, S. 190–211. http://issuu.com/germanmags/docs/pmmagazin_februar

64 http://issuu.com/germanmags/docs/pmmagazin_februar

65 http://www.meyerbuch.de/pdf/Thomas-Evangelium.pdf.

66 http://www.meyerbuch.de/pdf/Thomas-Evangelium.pdf.

67 Malcolm Godwin - Der Traum. http://de.scribd.com/doc/96218402/Malcolm-Godwin-Der-Traum

68 Neue Züricher Zeitung 24.07.2012, Untersuchung bei Heimkindern. Spuren im Gehirn von Waisen http://www.nzz.ch/wissen/wissenschaft/spuren-im-gehirn-von-waisen-1.17394756, [1] PNAS, Online-Publikation vom 23. Juli 2012.

69 Briegel J. 1997: Offenbarungen eines Unsterblichen. München, Droemer Knaur

Anmerkung:
Leider ist es möglich, dass manche der angegebenen Internetseiten nach einiger Zeit nicht mehr (oder zumindest nicht mehr unter den angegebenen Adressen) auffindbar sind.

Register